# DATA FLOW
DESIGN GRAPHIQUE ET
VISUALISATION D'INFORMATIONS
## 2

gestalten

# AVANT-PROPOS 4
# DATAPROCESS 10
# DATABLOCKS 52
# DATACIRCLES 80
# DATACURVES 102
# DATALOGY 126
# DATANETS 162
# DATAMAPS 188
# DATAESTHETIC 228
# INDEX 269
# IMPRESSUM 272

INTERVIEW
Andrew Vande Moere & Manuel Lima
/ P.28 /

INTERVIEW
Steve Duenes
/ P.140 /

INTERVIEW
Menno-Jan Kraak
/ P.214 /

INTERVIEW
Joachim Sauter
/ P.250 /

# AVANT-PROPOS

**En l'espace de quelques années, la tâche autrefois peu glamour consistant à donner forme à des données abstraites est devenue l'une des préférées des designers. Ce livre en est la preuve. Publié à peine dix-huit mois après le premier tome, Data Flow 2 est rempli d'exemples intéressants, innovateurs et inspirants de visualisation créative de données.**

•

**Cet énorme gain d'intérêt ne devrait pourtant pas surprendre : la visualisation d'informations est un défi idéal pour les designers graphiques. Formés à communiquer par le biais du langage visuel et experts de la résolution créative de problèmes, les designers peuvent mettre tous leurs talents à contribution. Autrefois, de grandes quantités de données étaient le pré carré des sphères élitistes de la science et des affaires. Même si elles avaient été plus facilement accessibles, ces séries de données scientifiques incompréhensibles ou ces ennuyeuses statistiques d'affaires auraient rebuté la plupart des créatifs. Aujourd'hui nous disposons de toutes sortes de données. Nous pouvons en rassembler sur presque tous les sujets, les enregistrer avec des appareils GPS, des podomètres et autres capteurs, accéder aux énormes bases des gouvernements ou d'autres institutions ou utiliser les pétabits de données générés par les réseaux sociaux.**

      **Voilà précisément ce que designers, programmeurs et artistes ont fait ces dernières années. Tout ou presque semble avoir été dit sous forme de**

PAGE PRÉCÉDENTE
ORANGE ALERT USA
Diana Cooper
/ 2005 / Acétate, acrylique, feutre, néoprène, papier, mousse, plastique et épingles / 203 × 168 × 108 pouces / Photographié par Bill Orcutt à la Postmasters Gallery, New York /
/ ›PP. 264, 265 /

graphique. Consommation personnelle de bière, intrigues de film étranges, messages émotionnels sur *Twitter*, il existe même une application web pour retracer et visualiser notre vie sexuelle. Certains projets au design réussi ont parfois un objectif contestable et sont fustigés au motif qu'il s'agit de « visualisation pour la visualisation » ou qu'ils « insistent trop sur le style ». Cette accusation est légitime et vaut pour certains projets présentés ici. Mais il ne faut pas oublier que la qualité générale de la visualisation d'informations s'est beaucoup améliorée ces dernières années. On voit certes plus de visualisations qui se concentrent trop sur le « look », mais l'intérêt croissant des designers fait qu'il y a moins de diagrammes illisibles, grossiers, réalisés par des experts en données, mais incapables de communiquer de façon appropriée.

## L'OBJECTIF DE LA VISUALISATION EST LA COMPRÉHENSION, PAS LES IMAGES

Les expériences – qu'elles soient de nature visuelle ou de design interactif – sont vitales pour les innovations. La visualisation d'informations venant de sortir de l'enfance, nous devrions nous lancer. Plus on la pratiquera, mieux ce sera. La sélection de travaux présentée ici est intentionnellement large. Projets d'étudiants ou commandes commerciales, sujets amusants ou plus sérieux, travaux manuels ou réalisés à l'aide de logiciels : de nombreuses facettes sont explorées. Certains travaux n'essaient même pas de transmettre des informations intelligibles par tous. Ils utilisent des données dans un but artistique, pour exprimer des émotions. La frontière entre art et design est évidemment floue.

Aussi importantes que soient ces expériences, et sans nier les mérites de l'art basé sur les données, nous devrions être conscients que le champ de la visualisation d'informations est bien plus qu'un terrain de jeu créatif. Il est un instrument indispensable pour gérer les quantités énormes de données auxquelles nous sommes confrontées. Le moindre clic sur un site Internet laisse une trace numérique et, dès que les mécanismes sensoriels seront omniprésents, mêmes nos mouvements physiques seront traduits en uns et en zéros. Nous ne sommes qu'au début d'une ère de données enregistrées. Il est impératif de leur donner du sens, de les changer en informations qui augmenteront nos connaissances et celle des générations futures. Vu les problèmes de notre société et de notre planète, la visualisation de données peut être un outil efficace pour nous pousser à agir. L'information peut changer le comportement des gens. Rendre cette information visible, facile à comprendre et agréable à utiliser est probablement l'un des défis les plus intéressants jamais proposés aux designers.

Pour être à la hauteur de cette tâche, certains aspects doivent être pris en considération quand on réalise une visualisation d'informations.

/1/ Ben Schneiderman, pionnier dans ce domaine, nous donne un bon principe directeur: «L'objectif de la visualisation est la compréhension, pas les images.» /2/ La fonction d'une visualisation est de faciliter la compréhension. La forme doit être au service de cette fonction. Cela n'annihile pas l'importance de l'esthétique – au contraire. Des chercheurs, comme Andrew Vande Moere interviewé dans ce livre, /voir interview ›PP.28,29/ ont noté le lien entre la qualité esthétique d'une visualisation et la qualité de sa compréhension.

1
À lire:
INFORMATION VISUALIZATION MANIFESTO
sur le site visualcomplexity.com.
Vous trouverez un entretien avec Manuel Lima, l'auteur de ce manifeste, P. 28

2
USING VISION TO THINK (1999)
Stuart K. Card, Jock D. Mackinlay, Ben Shneiderman

## TOUTE VISUALISATION EST UNE INTERPRÉTATION

Cependant, l'esthétique n'est pas le seul vecteur d'informations. Le récit est également un outil très puissant. «J'essaie d'écrire des histoires de manière appropriée et intéressante.» nous dit Joachim Sauter sur son approche, /voir interview ›PP. 250,251/ sachant que personne ne résiste à un bon récit car il permet de transmettre l'information de manière plus efficace. Ce qui nous amène à un autre aspect: le designer devient auteur (et pas seulement narrateur). Toute visualisation est une interprétation. En sélectionnant les données et en choisissant la manière de les présenter, il fait apparaître un message.

Cela peut paraître anodin, mais c'est un grand changement pour les designers graphiques. Avant, ils travaillaient sur du matériel qui contenait déjà un message – des textes ou des images. Lorsqu'ils travaillent sur des données, en revanche, les designers définissent le message. Or, une visualisation peut être lacunaire, voire mensongère, les designers ont donc une responsabilité énorme.

## LA VISUALISATION D'INFORMATIONS A TROP DE POUVOIR ET D'IMPORTANCE POUR ÊTRE LAISSÉE UNIQUEMENT ENTRE LES MAINS DES DESIGNERS

A cet égard, ils ont beaucoup à apprendre des journalistes, pour qui recherches, comptes rendus, analyse et mise en perspective de faits pour délivrer un message font partie du quotidien. Une des raisons pour lesquelles nous avons interviewé Steve Duenes, directeur du département graphique du *New York Times*. /voir interview ▸ PP.140, 141/ Nous nous sommes également entretenus avec Menno-Jan Kraak. /voir interview ▸ PP.214, 215/ Ce cartographe néerlandais sait « comment faire mentir les cartes » /3/ et est tout à fait conscient de sa responsabilité lorsqu'il réalise des cartes servant de base à des prises de décisions (parfois sur des sujets critiques). En termes de visualisation, les designers ont à apprendre de la cartographie. En effet, cette vieille discipline utilisait des graphiques pour représenter des informations bien avant qu'on parle de design graphique.

Il s'agit juste de deux exemples de disciplines qui intègrent elles aussi un élément de visualisation. Il y en a bien d'autres – la programmation, la science ou la statistique, notamment. Les designers d'informations doivent élargir leur horizon et collaborer avec ces professions connexes. Dans notre monde complexe, où tout semble lié, le travail interdisciplinaire ou, mieux, transdisciplinaire, est une nécessité. La visualisation d'informations a trop de pouvoir et d'importance pour être laissée uniquement entre les mains des designers – ou de toute autre profession, d'ailleurs.

3
HOW TO LIE WITH MAPS, de Mark Monmonier, a eu beaucoup de succès. Ce livre nous montre comment les cartes peuvent être manipulées — pour le meilleur comme pour le pire.

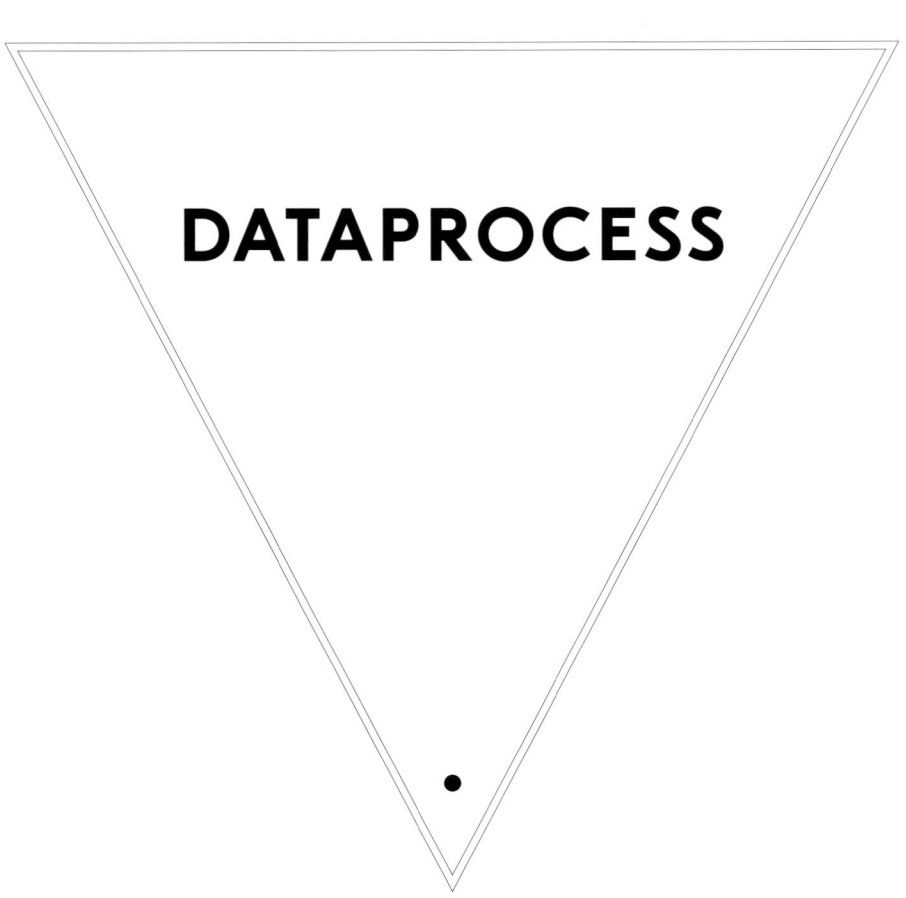

La plupart des données numériques actuelles contiennent une référence géospatiale. On peut faire des associations géographiques en utilisant un GPS, mais aussi en utilisant codes postaux, noms ou autres notions spatiales. Il n'est pas étonnant que les cartes soient omniprésentes aujourd'hui. Ce chapitre présente différentes approches du design de cartes, de la gravure au travail avec Processing, du minimalisme à l'opulence.

•

Souvent, les informations à présenter ne sont pas qu'un ensemble de valeurs dans une base de données qu'on peut comparer et relier entre elles. Dès que la dimension du temps et les interdépendances entrent en jeu – lorsque les données suivent une trajectoire – l'organigramme devient un instrument de choix. Des processus psychologiques aux chaînes de production alimentaire, des instructions pratiques aux études anatomiques de mouvements, les exemples présentés dans ce chapitre couvrent toute une palette de sujets différents, expliqués à l'aide de constructions séquentielles.

Un organigramme ne ressemble pas nécessairement à une ennuyeuse accumulation de rectangles et de flèches. En feuilletant les pages suivantes, on s'aperçoit que ce type de diagramme autorise une grande variété de représentations. Prenez la visualisation par Jude Buffum du sort réservé à chaque partie du corps d'un animal. /1/ Une représentation abstraite n'aurait pas le même effet. Non seulement ces images d'une vache ou d'un cochon nous rappellent qu'il est question d'êtres vivants, mais elles rendent les mots caducs. Cette visualisation parle le langage universel des images, que tout le monde comprend.

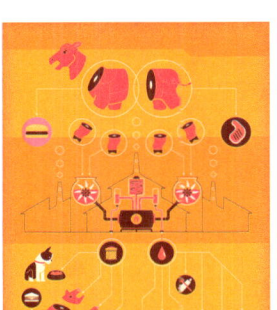

1
HERITAGE BEAST
Jude Buffum
/›P.25/

Mais les images ne suffisent pas toujours. Il vaut mieux décrire verbalement certains processus. Cela ne veut pas dire que l'organigramme doit perdre en élégance, comme nous le prouve Katrin Schacke. /2/ Réalisé avec soin, il peut même nous raconter une histoire entre les lignes. Avec une bonne dose d'humour et d'esprit, Joshua Covarrubias nous pose des questions simples, auxquelles on doit répondre par oui ou par non, pour déterminer nos chances d'apparaître sur *thesartorialist.com*. /3/ Sans les énoncer clairement, il nous révèle les préférences de ce blog de mode.

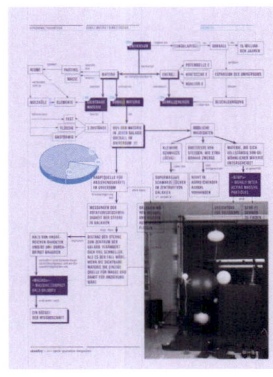

2
STANLEY
THE OPEN QUESTION MAGAZINE
Katrin Schacke
/›PP. 40, 41/

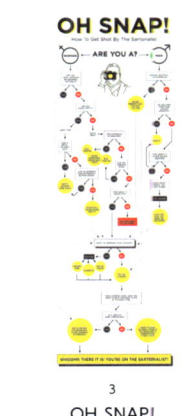

3
OH SNAP!
OUR STEP-BY-STEP GUIDE TO GETTING SHOT BY THE SARTORIALIST
Joshua Covarrubias
/›P. 39/

Tous les exemples de ce chapitre ne décrivent pourtant pas des séquences. Comme cette illustration pour un magazine réalisée par Salottobuono (à droite), certaines visualisations dissèquent un objet, le ramènent à ses éléments et principes de base, /4/ révélant ce qui est ordinairement caché. Elles nous informent en nous montrant les différentes parties et strates d'un tout. Tout l'art de ces illustrations techniques consiste à se concentrer sur les détails les plus pertinents, en soulignant les informations importantes et en réduisant les superflues, en amplifiant le signal et en diminuant le bruit.

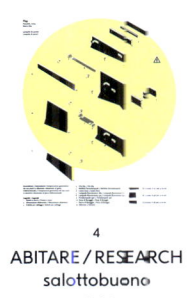

4
ABITARE / RESEARCH
salottobuono
/›P. 36/

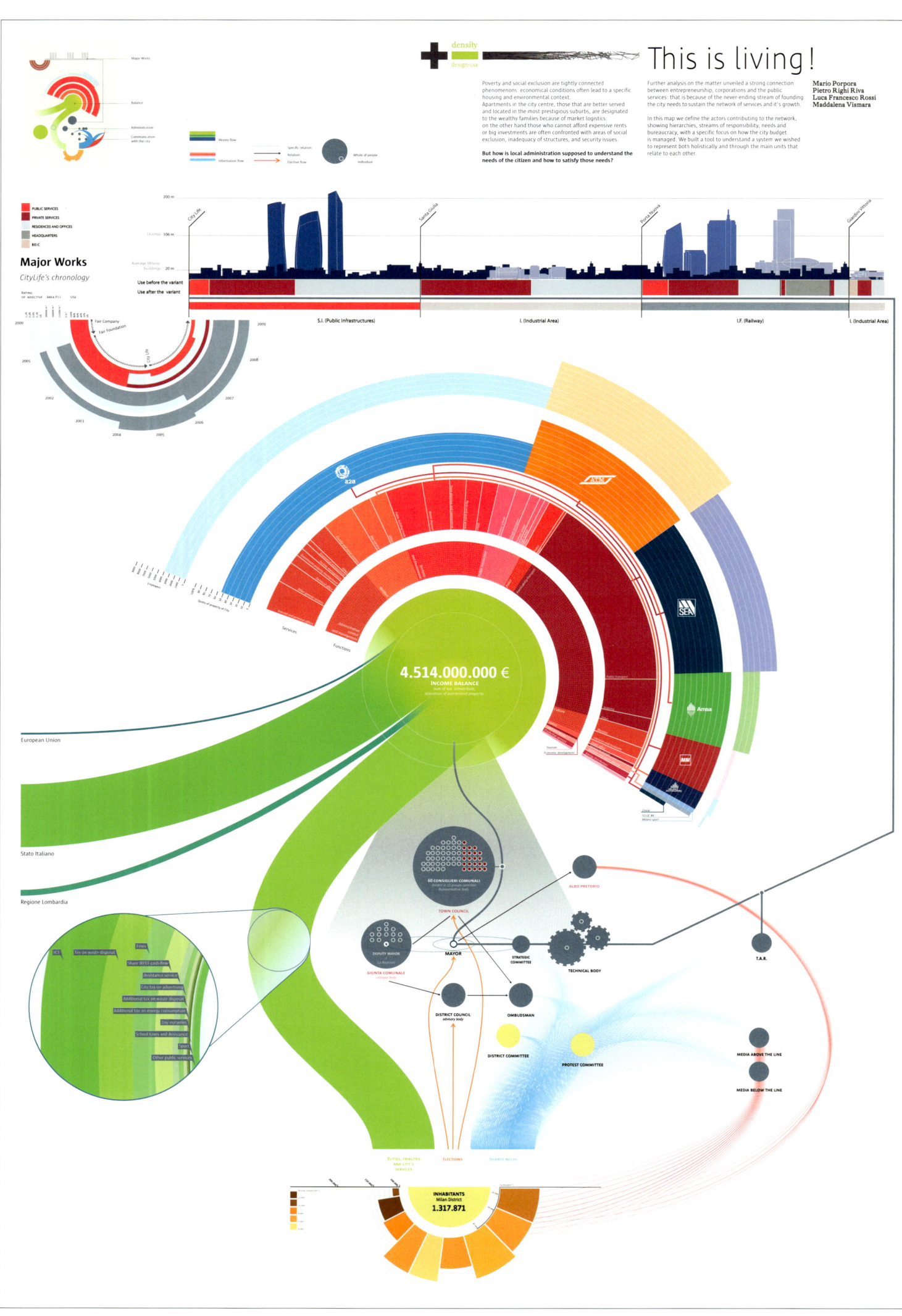

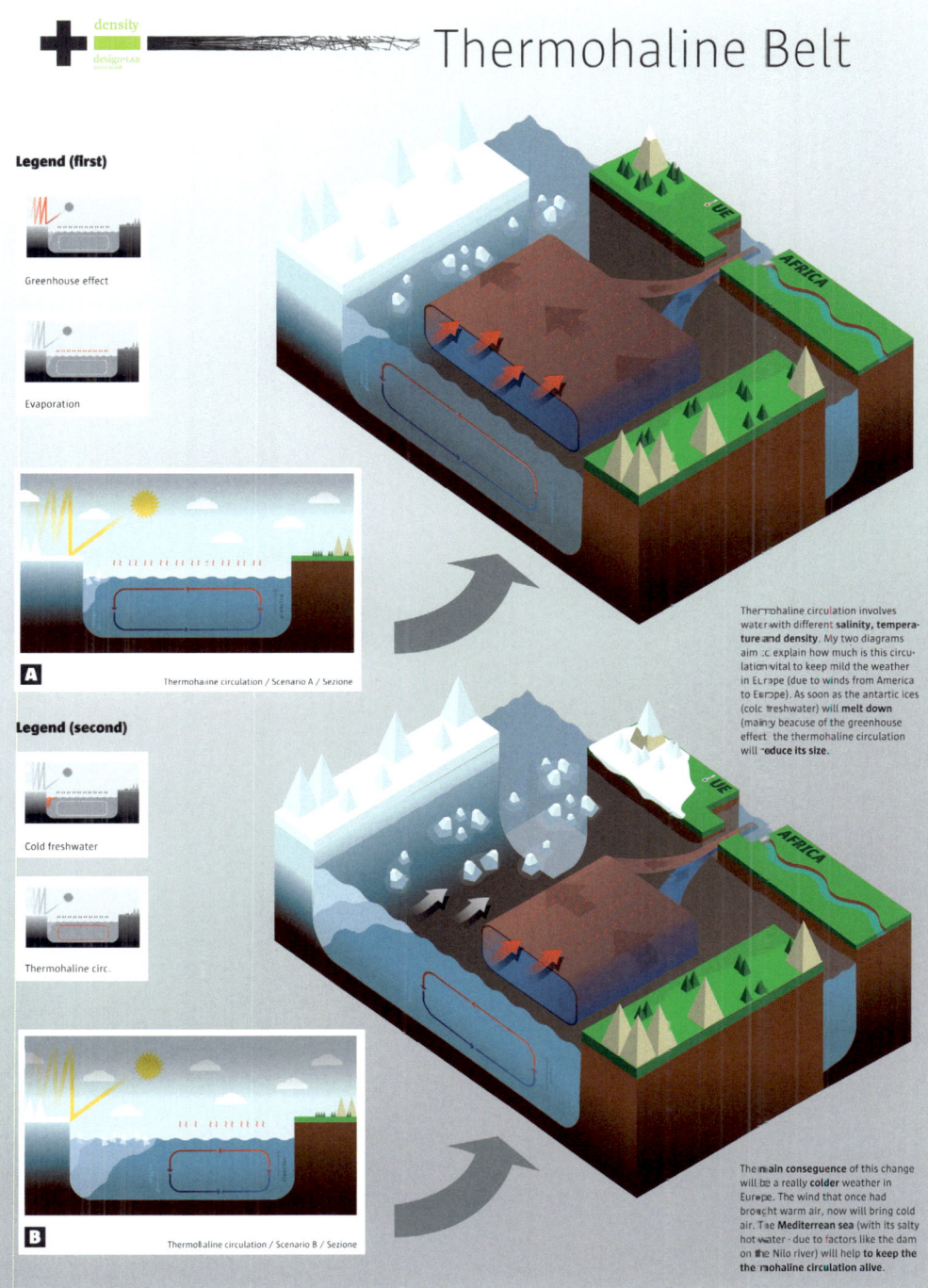

1
HOUSING POVERTY – THIS IS LIVING!
DensityDesign
Mario Porpora, Pietro Righi Riva,
Luca Francesco Rossi
et Maddalena Vismara
Pauvreté et exclusion sociale sont des phénomènes étroitement liés: les conditions économiques vont souvent de pair avec des logements et des situations environnementales spécifiques. Cette carte définit les acteurs de l'urbanisme et nous montre les hiérarchies impliquées, les responsabilités, les besoins, la bureaucratie et les budgets en jeu. / Supervision scientifique, universitaire: Paolo Ciuccarelli (Professeur associé, Politecnico, Milan), Marco Fattore (Prof. de statistiques, Università Bicocca, Milan), Marco Maiocchi (Prof. de réseaux, Politecnico, Milan), Alessandro Casinovi (Designer graphique), Salvatore Zingale (Prof. de sémiotique, Politecnico, Milan) /

2
THERMOHALINE BELT
DensityDesign
Guido Tamino

3
BOILING OCEAN
DensityDesign
Michele Graffieti
/ ›P.22 / Superviseur scientifique: Donato Ricci /

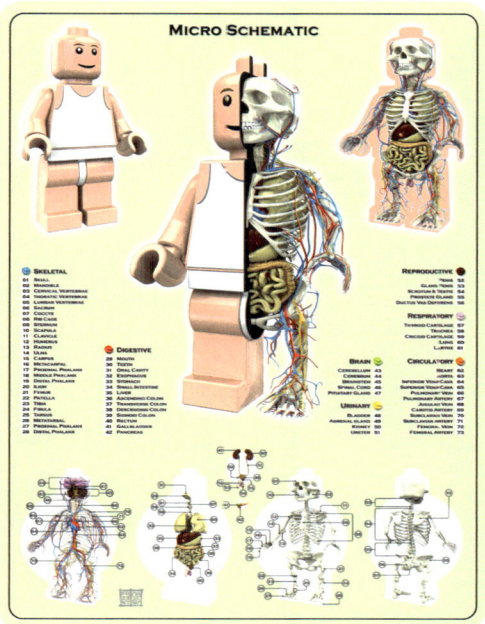
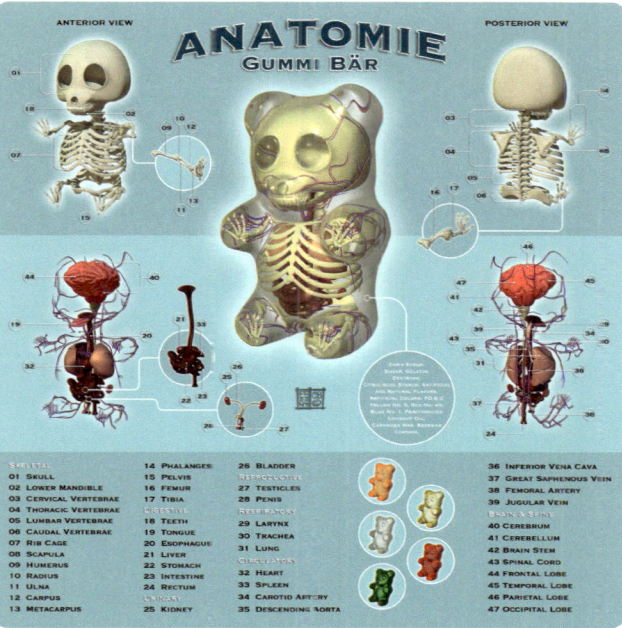

1
FOOD & POVERTY — THE CHOICE
DensityDesign
Lorenzo Fernandez, Davide Passini,
Azzurra Pini et Shreyas R. Krishnan
Communication visuelle et design sont des outils importants pour réaliser des changements sociaux. Ce projet s'intéresse à la distribution et à l'accès à la nourriture en Italie — et interroge notre façon de faire les courses. / Supervisior scientifique universitaire: Paolo Ciuccarelli (Professeur associé, Politecnico, Milan), Marco Fattore (Prof. de statistiques, Università Bicocca, Milan), Marco Maiocchi (Prof. de réseaux, Politecnico Milan), Alessandro Casinovi (Designer graphique) Salvato e Zingale (Prof. de sémiotique, Politecnico, Milan) /

2
MICRO SCHEMATIC
3
ANATOMIE GUMMI BÄR
4
PNEUMATIC ANATOMICA
Jason Freeny
Les esquisses anatomiques de Jason Freeny dépouillent de leur chair virtuelle nos délicieux bonbons d'enfance pour offrir une étude approfondie de l'industrie des loisirs.

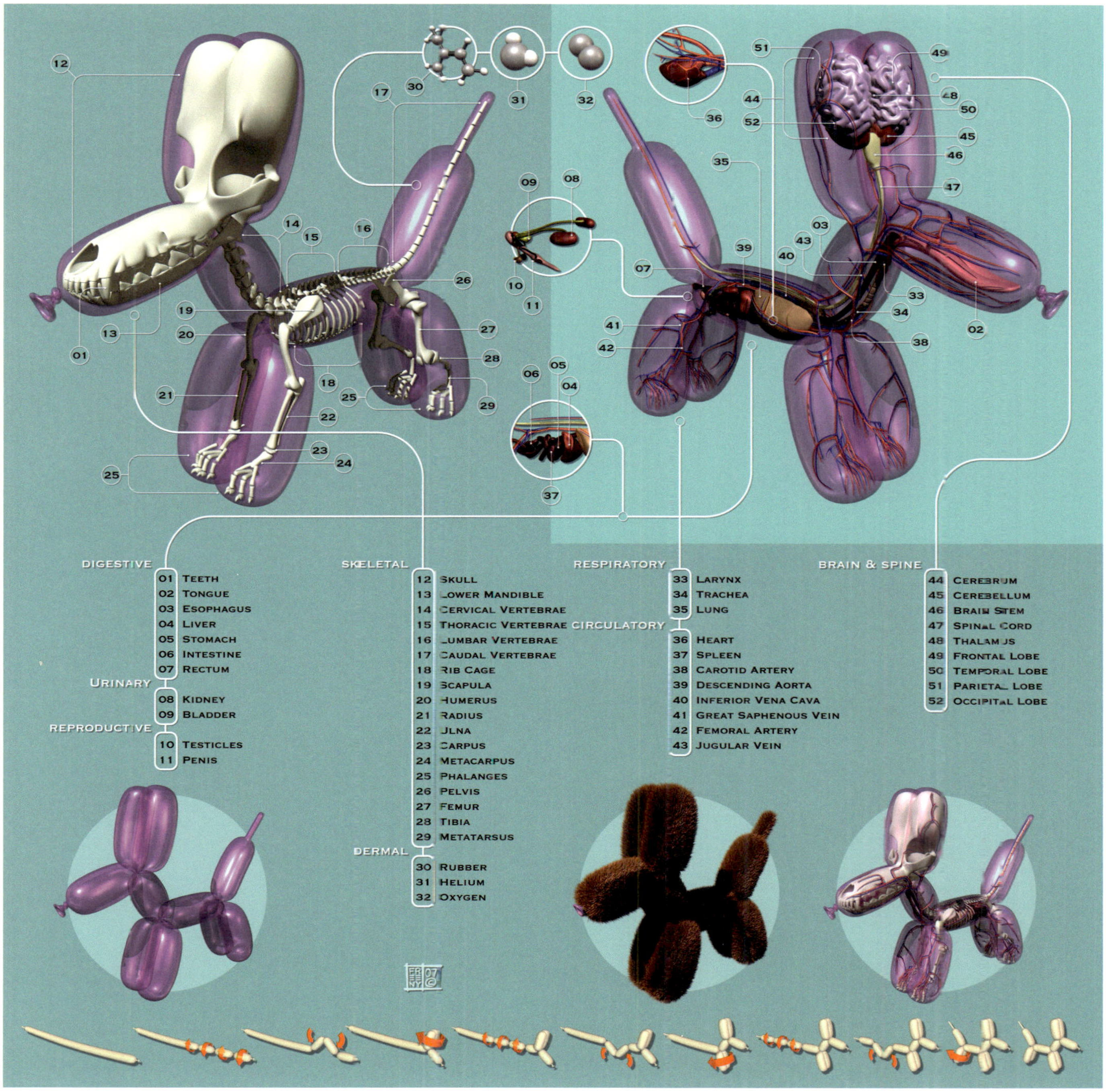

## GREEN REPORT – ANALISI GRAFICA

### L'ELENCO DELLE SPECIE A RISCHIO

Il consumo di pesce pro capite è quasi duplicato negli ultimi cinquant'anni. Se continuassimo a pescare e a mangiare pesce al ritmo attuale rischieremmo di svuotare gli oceani. Greenpeace ha compilato un elenco delle specie a rischio: il **tonno pinna gialla** è il sorvegliato speciale più famoso. Eccone altri

**Anguilla**
(Anguilla anguilla)

**Merluzzo bianco**
(Gadus morhua)

**Salmone dell'Atlantico**
(Salmo salar)

# La fattoria dei pesci

*Mentre la domanda continua a crescere, le scorte di pescato diminuiscono e i mari si svuotano. Ormai quasi il 50 per cento dei consumi mondiali viene coperto da prodotti allevati. Ma l'acquacoltura è davvero una soluzione sostenibile? Tra fautori del cambiamento e ambientalisti, il dibattito è iniziato*

– *di* **Francesco Franchi**
*illustrazioni* **Laura Cattaneo**

### PESCATORI O ALLEVATORI?

La maggior parte delle specie ittiche commerciali sono state acclimatate nel Novecento: la produzione dell'acquacoltura, che nel 1950 era quasi pari a zero, ora rappresenta **più di un terzo** dei prodotti ittici globali (la maggior parte in Asia).

- pesci d'acqua dolce
- pesci diadromi
- pesci marini
- crostacei
- molluschi
- altri animali acquatici

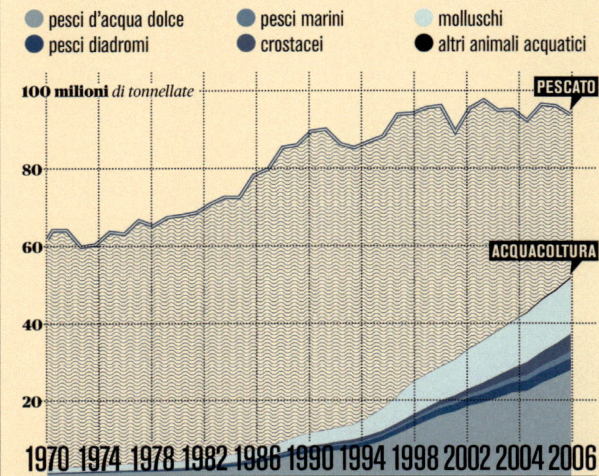

### ADDIO MANDRIE E BISTECCHE

L'allevamento tradizionale di terraferma è destinato a finire. Lo sostiene Paul Roberts nel libro *La fine del cibo* (Codice Edizioni, 2009, pagg. 460, euro 28). Secondo il giornalista inglese dovremmo dunque ricavare le nostre proteine dal mare, mettendo in atto una **"rivoluzione blu"**.

**Limiti biologici**
Numero limitato di specie commercializzate, crescente vulnerabilità alle malattie, alto consumo energetico

*Bestiame tradizionale*

**Limiti ecologici**
Impoverimento delle risorse naturali, cambiamenti climatici, aumento della popolazione mondiale

*Diventa più conveniente ricavare il nostro fabbisogno energetico dall'allevamento di pesci nel mare*

### CON LA CARNE INQUINI DI PIÙ

Tra i vari parametri per calcolare la propria **impronta di $CO_2$** (annuale) la dieta è determinante

**4,8** ton $CO_2$
Dieta a base di pesce

**5,8** ton $CO_2$
Per chi mangia carni rosse tutti i giorni

🌐 carbonfootprint.com

### L'ONDA LUNGA DELL'ACQUACOLTURA NELLE DIVERSE REGIONI

Analisi dei tassi di crescita della produzione per regione: nel 2006 Medio Oriente e Sud America hanno avuto il più alto incremento

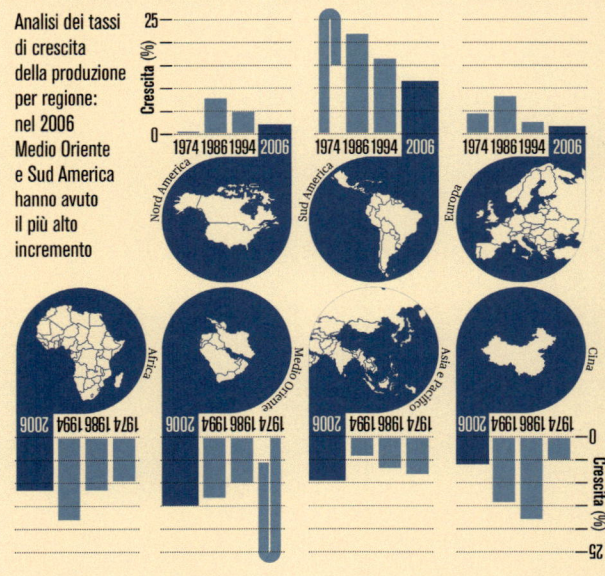

### È L'OSTRICA GIGANTE LA PIÙ RICHIESTA IN CATTIVITÀ

I pesci consumano meno. Per vivere hanno bisogno di un apporto calorico minore rispetto alle specie di terra. Essendo a **sangue freddo** e **idrodinamici**, per far funzionare il proprio organismo bruciano poche calorie e utilizzano le rimanenti per crescere di peso. Inoltre si prestano all'**industrializzazione** meglio dei loro concorrenti terrestri: si possono **allevare in massa** e rispondono bene alla **selezione**. Ecco, nel disegno a destra, le maggiori specie allevate in acquacoltura.

**01 Ostrica Gigante**
*Crassostrea Gigas*

**02 Carpa Argentata**
*Hypophthalmichthys Molitrix*

**22 %** sul totale mondiale è la produzione asiatica di pesce in acquacoltura, Cina esclusa

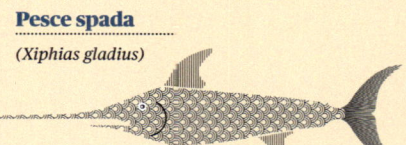
**Pesce spada**
(Xiphias gladius)

**Platessa**
(Pleuronectes platessa)

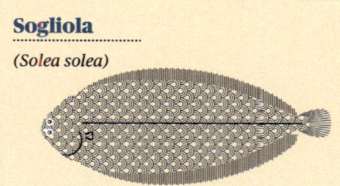
**Sogliola**
(Solea solea)

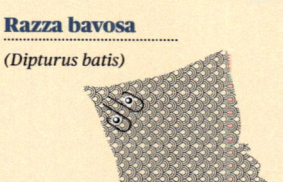
**Razza bavosa**
(Dipturus batis)

## GIRO DEL MONDO SUBACQUEO IN VENTI PRODUTTORI

La mappa dell'acquacoltura mondiale. Sotto: la top 20 dei Paesi produttori. A destra, le aree di allevamento. Il mercato è dominato dall'**Asia**, con la locomotiva cinese in primo piano. Il continente orientale produce da solo l'89% del pesce del mondo (corrispondente al 77% del fatturato complessivo del settore). Sono invece in **Africa** i Paesi con i maggiori tassi di crescita. Record all'**Uganda**: dal 2004 al 2006 ha registrato un aumento della produzione del 140%. L'acquacoltura, secondo gli esperti, ha ancora **ampi margini di crescita** visto che al momento viene praticata solo vicino alla costa. L'**allevamento in acque aperte** ha tuttavia bisogno di tecnologie adeguate.

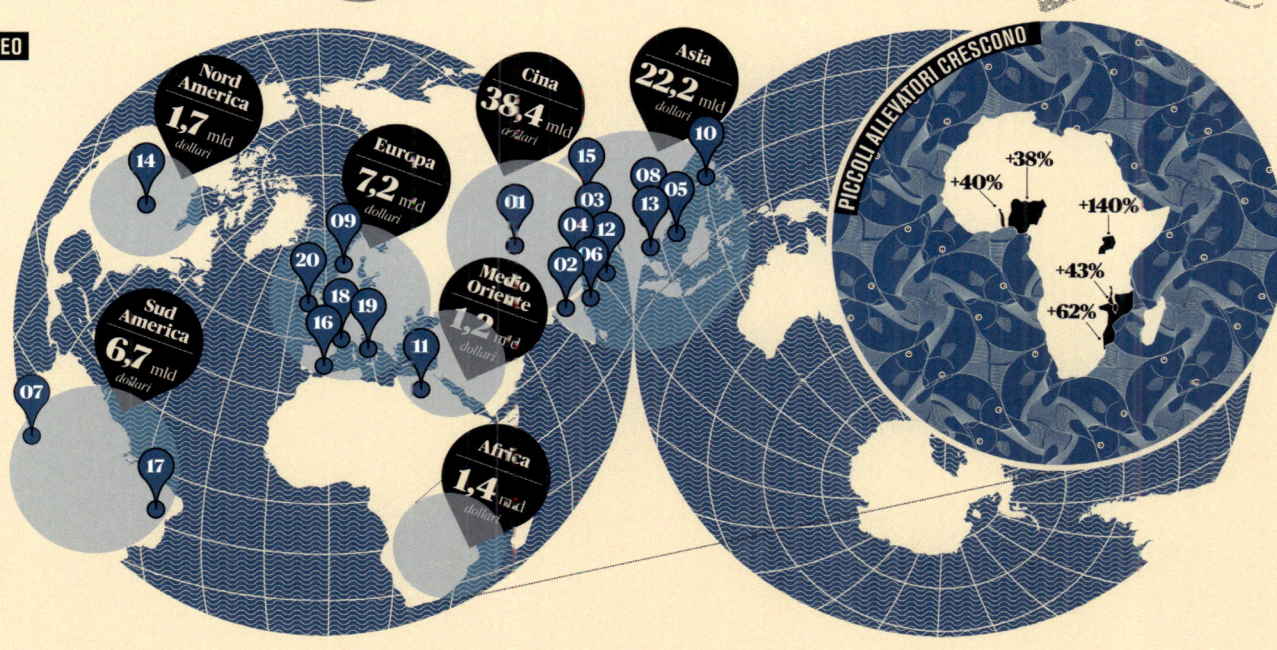

### PAESE CHE VAI PESCE CHE TROVI

- 2-5 kg/anno
- 5-10 kg/anno
- 10-20 kg/anno
- 20-30 kg/anno
- 30-60 kg/anno
- >60 kg/anno

Non tutti mangiano pesce allo stesso modo. Vari i motivi, oltre a quelli di cultura e tradizione culinaria: disponibilità, prezzo, stagionalità. I Paesi con il **consumo di pesce pro capite** annuo più alto nel mondo (più di 60 kg) sono Groenlandia e Giappone.

### SEMPRE PIÙ PESCE D'ALLEVAMENTO SULLE TAVOLE GLOBALI E IN CINA IL PESCATO NON SI MANGIA QUASI PIÙ

- acquacoltura
- pescato

La quota di pesce allevato e pescato sul totale del consumo medio pro capite

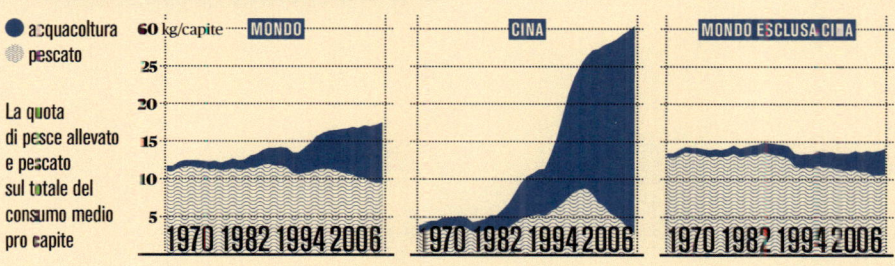

FONTE PRINCIPALE – *The State of World Fisheries and Aquaculture 2008* (FAO Fisheries and Aquaculture Department)

DATAPROCESS

PAGE PRÉCÉDENTE
**LA FATTORIA DEI PESCI**
Francesco Franchi
/›PP. 90, 207/ Quelle belle prise: l'«usine de poissons» de Francesco Franchi explore l'état des océans du monde du point de vue des humains. Prenant en considération l'exploitation exagérée des ressources, ce diagramme analyse la pêche et l'aquaculture par régions, type d'utilisation et espèces. /Illustrateur: Laura Cattaneo/

**50 YEARS OF EXPLORATION**
5W Infographics
«Un petit pas pour l'homme, un grand pas pour l'humanité»? 50 ANNÉES D'EXPLORATION retrace l'histoire de l'humanité en tant qu'espèce voyageant dans l'espace et parle également des missions ratées. /5W Infographics: Samuel Velasco, Sean McNaughton/

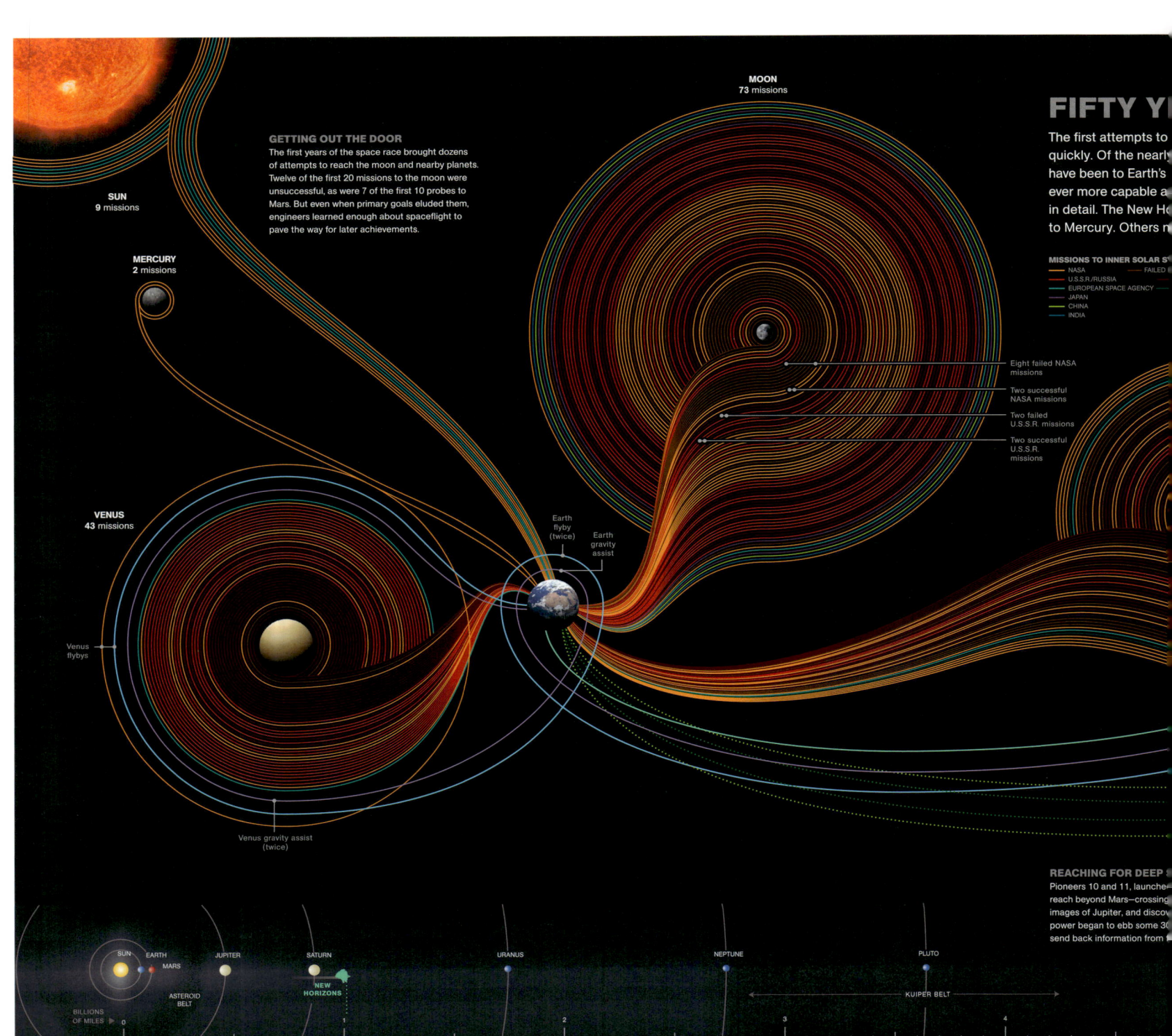

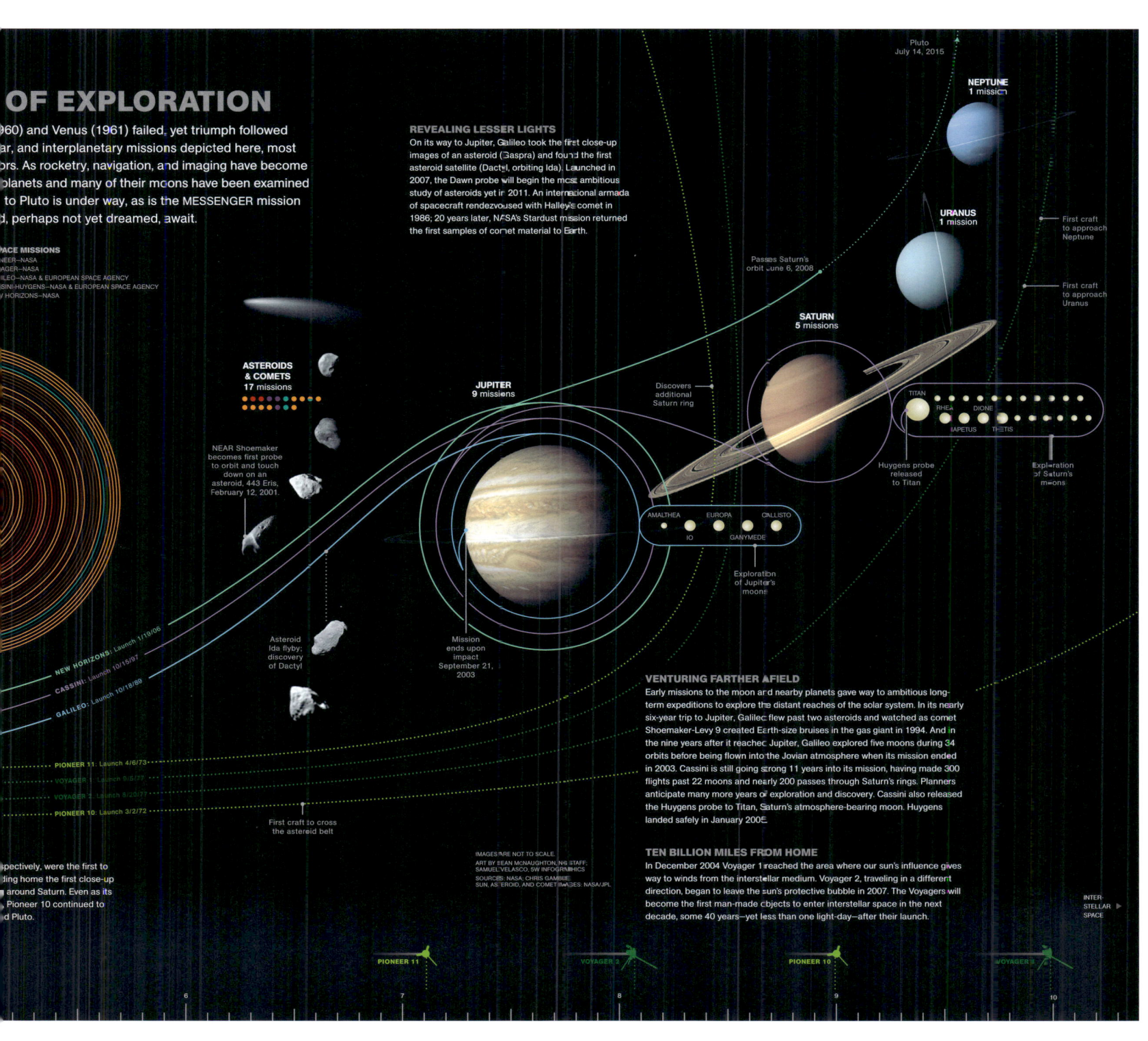

1
BOILING OCEAN
DensityDesign
Lucia Pigliapochi
OCÉAN BOUILLANT se penche sur la vision d'un océanographe sur les conséquences du réchauffement climatique. Comparant la situation actuelle de l'océan à un avenir hypothétique basé sur les projections de Vincenzo Artale, cette carte souligne l'importance grandissante de la convection méditerranéenne et les interdépendances maritimes qui pourraient être à l'origine d'une nouvelle ère glaciaire. /Superviseur scientifique: Donato Ricci/

2
HUMAN BLOOD CIRCULATION
FROM VISUAL AID
Draught Associates

3
HOW TO PLEASE ELISE
Christoph Niemann
Un guide simple et visuel pour jouer LA LETTRE À ÉLISE et autres grands classiques au piano.

4
CYCLOPEDIC MAGAZINE FOR HEALTH
TUBE Graphics
L'exposé médical de Tube Graphics nous explique pourquoi, en termes anatomiques, le destin de l'humanité est d'avoir mal au dos et quand faire les examens appropriés.

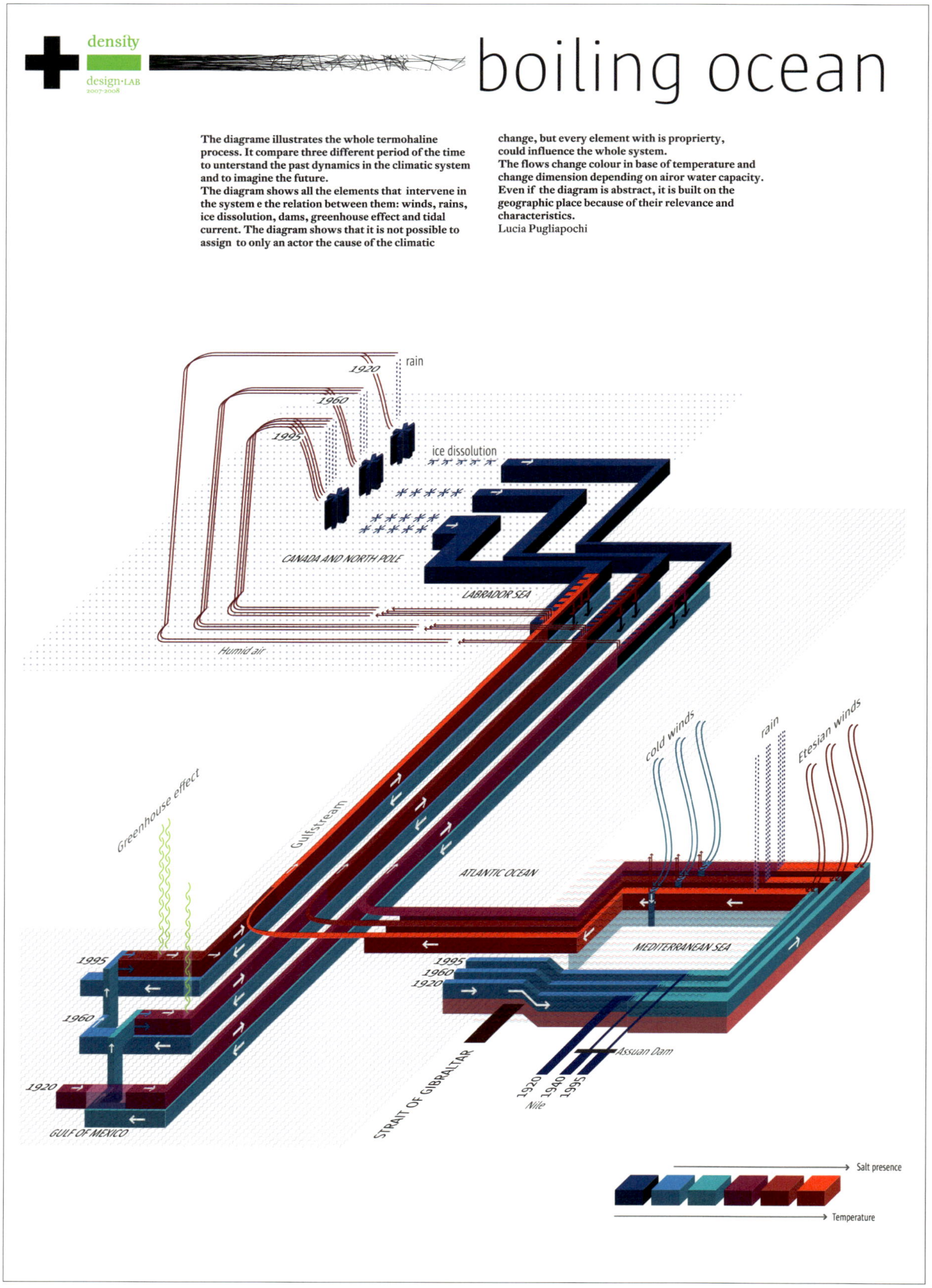

# boiling ocean

The diagrame illustrates the whole termohaline process. It compare three different period of the time to understand the past dynamics in the climatic system and to imagine the future.
The diagram shows all the elements that intervene in the system e the relation between them: winds, rains, ice dissolution, dams, greenhouse effect and tidal current. The diagram shows that it is not possible to assign to only an actor the cause of the climatic change, but every element with is proprierty, could influence the whole system.
The flows change colour in base of temperature and change dimension depending on airor water capacity.
Even if the diagram is abstract, it is built on the geographic place because of their relevance and characteristics.
Lucia Pugliapochi

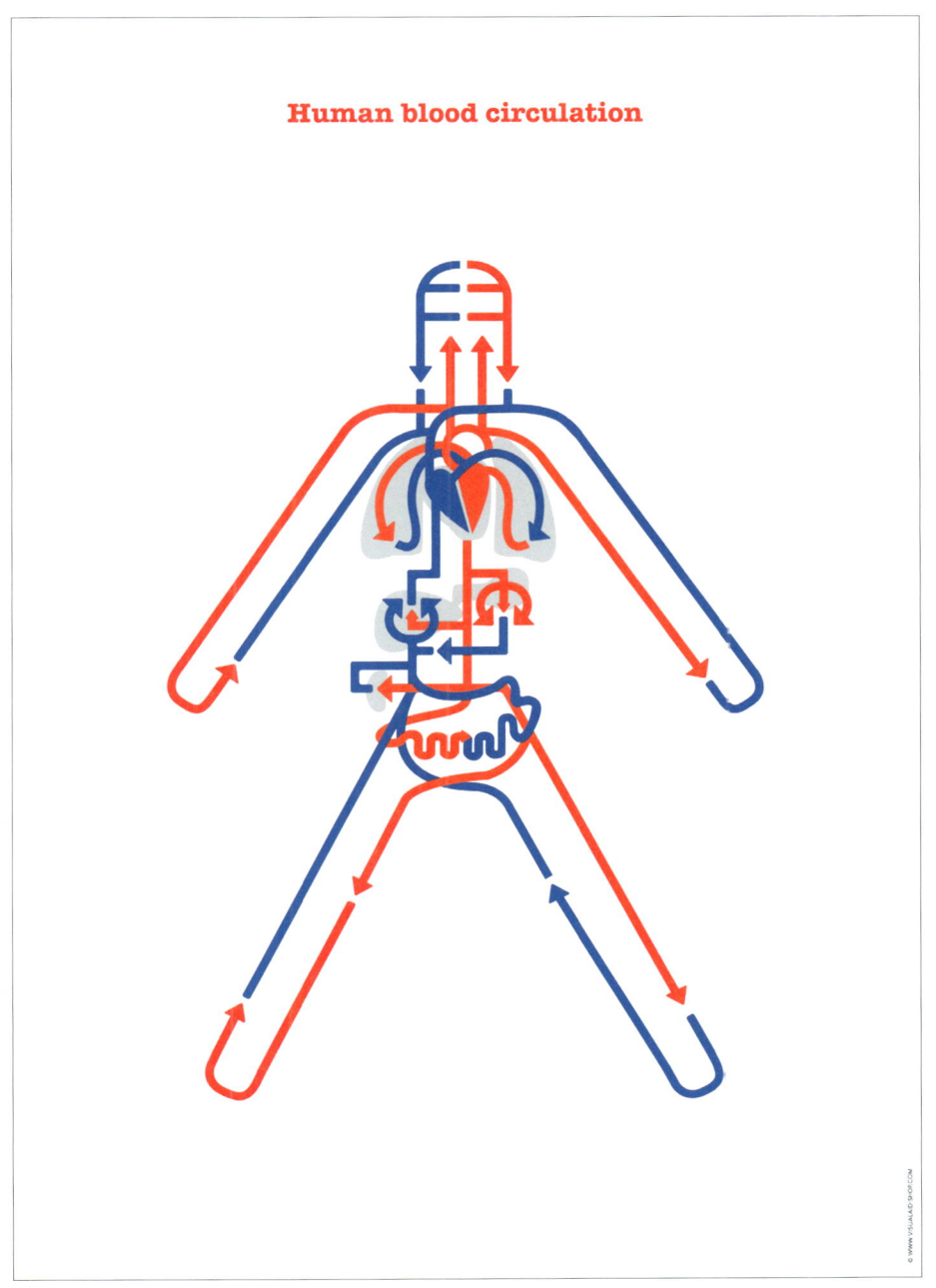

2

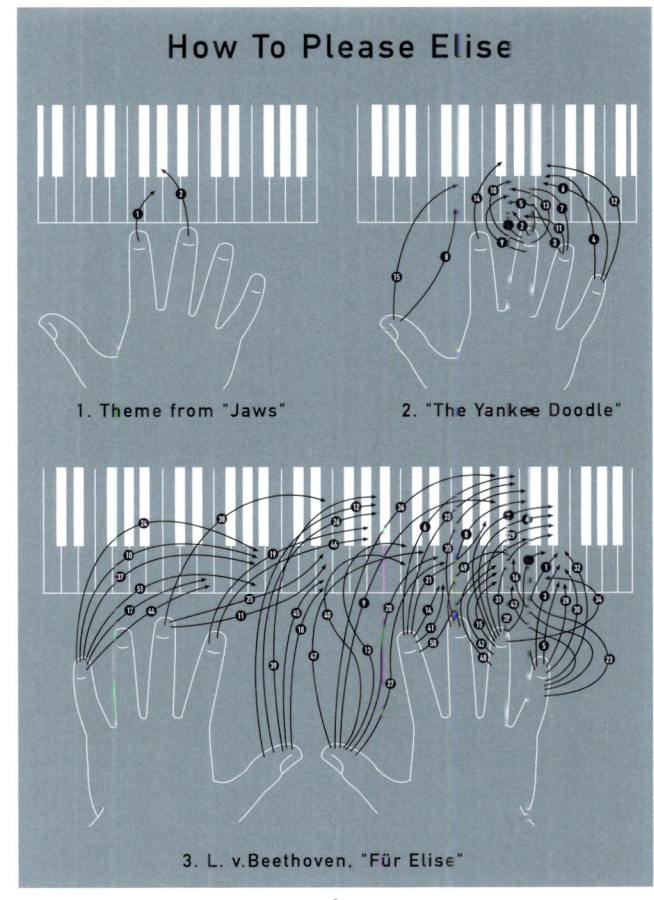

3

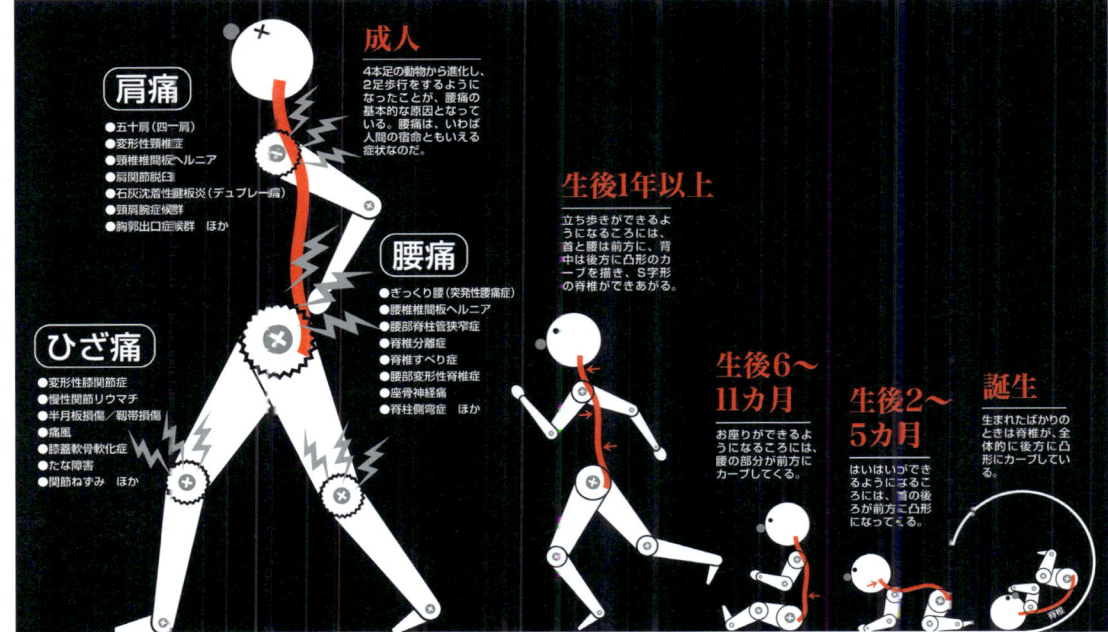

4

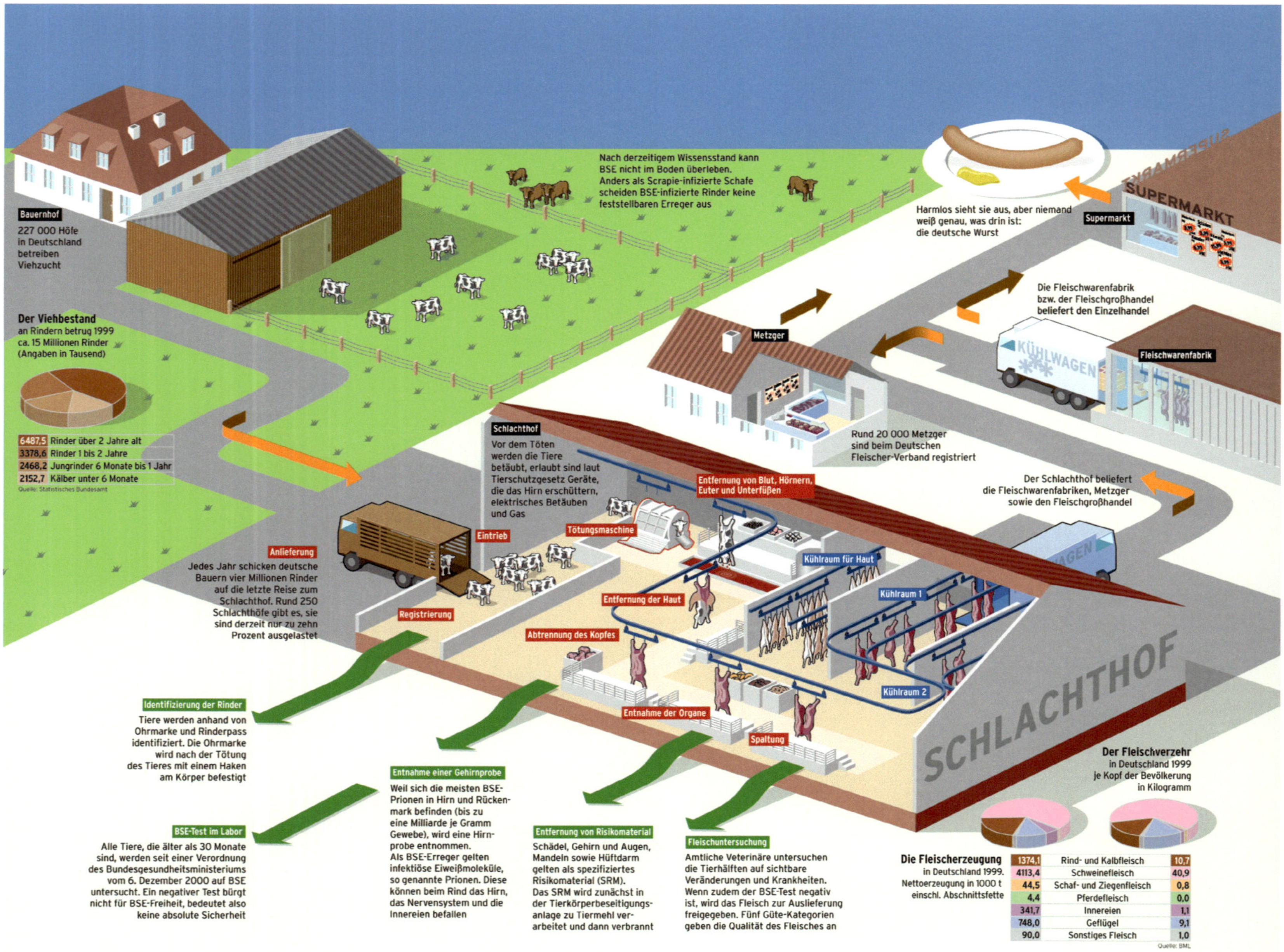

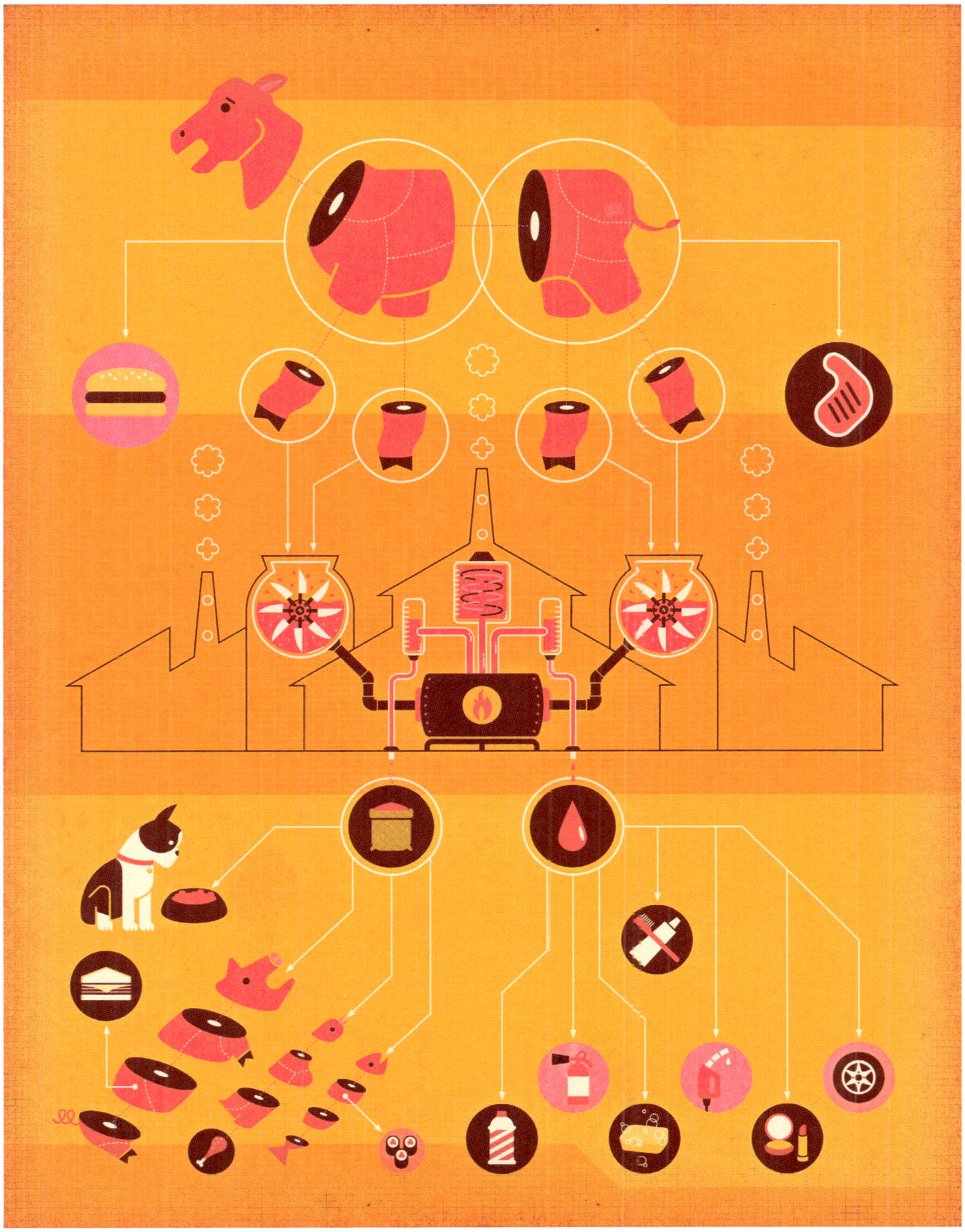

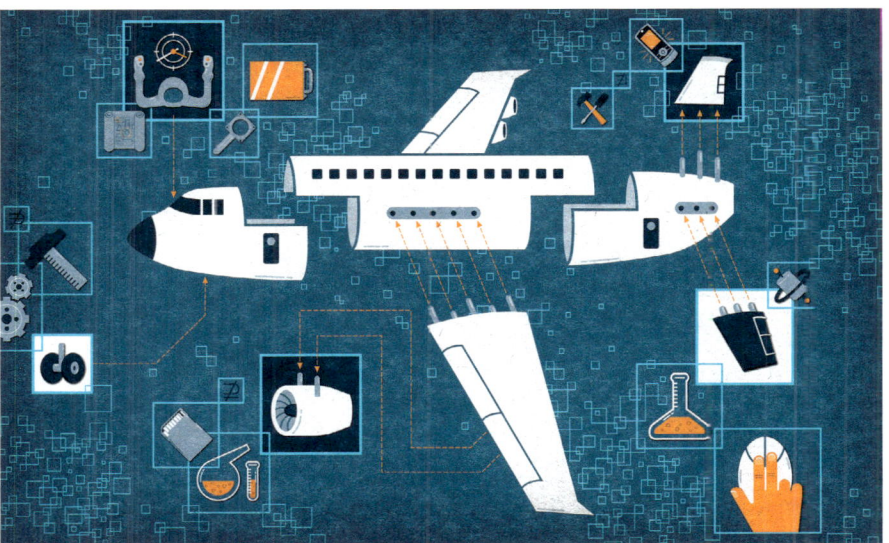

### 1
### VON DER WEIDE AUF DEN TELLER
#### Golden Section Graphics
Faisant partie d'une enquête sur la propagation, DU CHAMP À L'ASSIETTE nous montre l'itinéraire d'un bon morceau de viande — de la bête d'élevage à l'abattoir et au consommateur. /Jan Schwochow/

### 2
### TASTER'S CHOICE
#### Jude Buffum
De l'arôme initial à la stimulation du cerveau; décomposée en processus anatomiques et physiologiques simples, cette illustration réalisée pour un magazine examine de quelle façon différents goûts — sucré, salé, acide, épicé, et umam, « savoureux » en japonais — chatouille nos papilles et nos centres du plaisir. /Direction artistique: Brian Johnson, Minnesota Monthly/

### 3
### SUPER FOODS
#### Jude Buffum
L'équation est simple — ce qui entre détermine ce qui ressort!? Chaîne de causalité, SUPER ALIMENTS, l'illustration de Jude Buffum pour la fédération américaine de taekwondo, se penche sur les apports nutritionnels qui font un corps sain — ou l'aident à se maintenir en bonne santé — et retire le dard de la science avec une touche de vive naïveté. /Direction artistique: Jill Adler (M&P Communications)/

### 4
### SHATTERING RECORDS NOT DREAMS
#### Jude Buffum
Très bon exemple de dynamique d'équipe, cette illustration du retour d'un sportif place la star sur le devant de la scène, mais souligne également le rôle de ses coéquipiers — de l'entraîneur aux professionnels de santé, des pom-pom girls aux nutritionnistes — qui le ramènent sur le terrain après un arrêt dû à une blessure. /Direction artistique: Hilary Robynne Fitch (SOBEFit Magazine)/

### 5
### HERITAGE BEAST
#### Jude Buffum
Vous êtes-vous déjà demandé ce que deviennent ces morceaux bizarres qui ne sont ni steaks ni premières côtes" Travaillant régulièrement pour différents journaux et magazines, l'illustrateur Jude Buffum propose une intelligente simplification sous forme d'œuvre d'art — sans laisser de côté aucune information importante. Sa démystification remarquablement propre de l'industrie de transformation de la viande ôte tout aspect dégoûtant à ce sujet chargé émotionnellement et nous révèle où finissent ces restes, de la nourriture pour animaux de compagnie aux sushi, au savon et aux cosmétiques. /Direction artistique: Joe Kimberling (Los Angeles Magazine)/

### 6
### ARE YOUR ENGINEERS TALKING TO ONE ANOTHER WHEN THEY SHOULD?
#### Jude Buffum
Comme tout constructeur de maquettes le sait, il est facile de démonter quelque chose — et bien plus compliqué de le remonter.
Jouant de ce lieu commun, le diagramme explosé, faussement simpliste, de Jude Buffum permet de visualiser toute la science, la technologie et l'expertise en matière d'ingénierie requises par l'industrie aéronautique. En définitive, les produits de haute technologie sont bien plus complexes qu'ils n'en ont l'air — et sont toujours tributaires d'une excellente communication entre les différents experts impliqués dans le projet. /Direction artistique: Lindsay Sweeney (Harvard Business Review)/

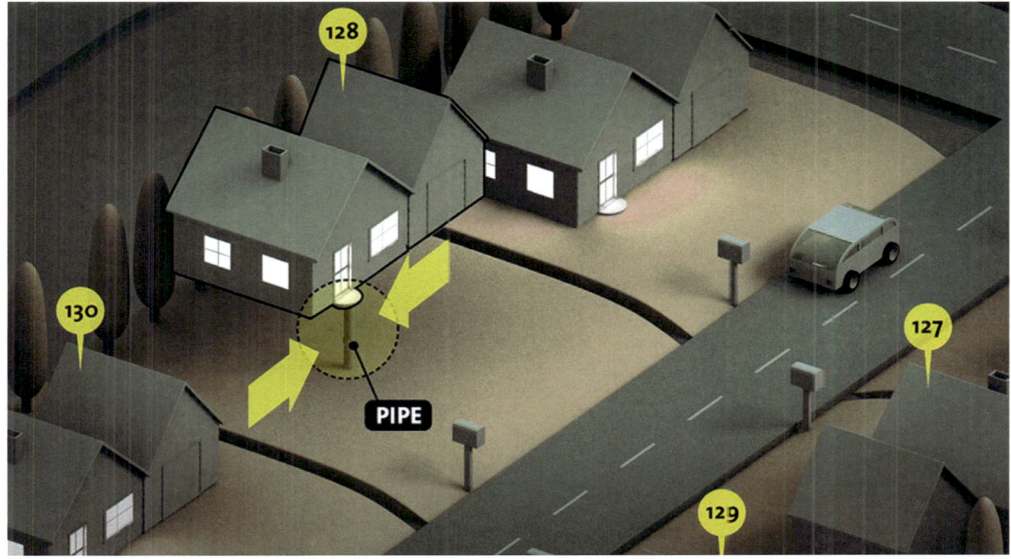

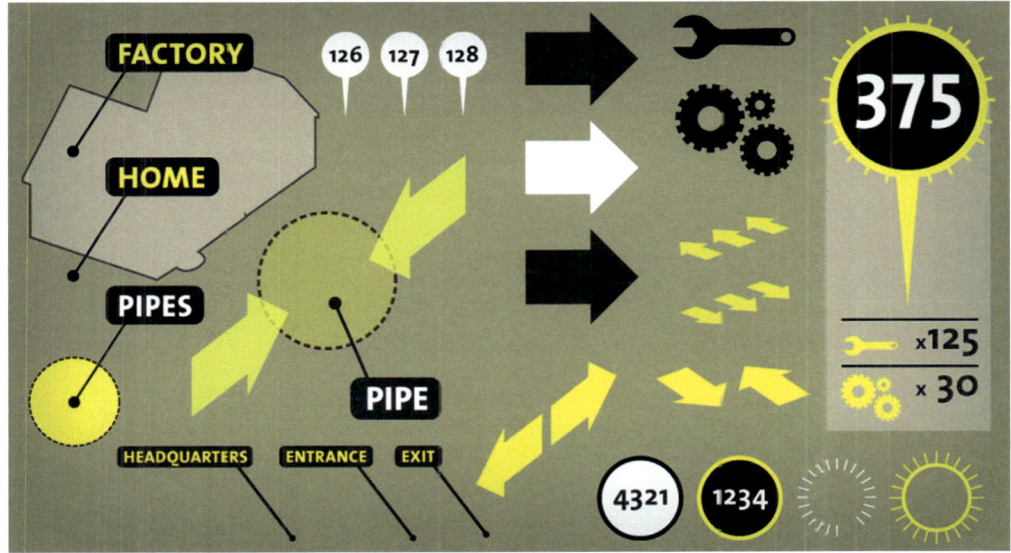

1
MODERN INDUSTRY
Adam Hancher
INDUSTRIE MODERNE souligne l'importance d'une communication efficace en se servant de l'analogie d'un schéma de circuit. Dans l'industrie comme en électronique, lorsqu'une seule connexion se rompt, c'est tout le circuit — ou la chaîne de production — qui s'arrête.

2
SPRINT / NEXTEL
Rafaël Macho
Ce qui nous relie: SPRINT / NEXTEL nous explique comment les réseaux de télécommunication amènent les communications mobiles dans nos maisons, par ondes ou câbles. /Superfad: Kevin Batten, Justin Leibow/

# ANDREW VANDE MOERE

est né en Belgique, a fait ses études en Suisse et enseigne aujourd'hui à l'université de Sydney en Australie. Il tient un blog très populaire, *infosthetics.com*. Comme le suggère ce beau néologisme, Vande Moere s'intéresse principalement à « l'esthétique de l'information », un domaine que peu de gens explorent aussi minutieusement que lui.

•

# MANUEL LIMA

est Senior User Experience Designer chez Nokia NextGen Software & Services à Londres. Comme Vande Moere, il observe et documente assidûment le champ de la visualisation d'informations sur son site *visualcomplexity.com*. Là encore, nomen est omen : la visualisation de réseaux complexes est un sujet souvent évoqué par Manuel Lima lors des conférences qu'il donne dans le monde entier.

•

Comment expliquez-vous la récente popularité de la visualisation d'informations ? /AVM/ Je crois qu'il y a plusieurs raisons à ce gain de popularité, qui semblent être apparues en même temps, au cours des dernières années. En particulier, je crois que depuis que les designers se sont engagés dans ce domaine, la visualisation de données est devenue plus accessible pour les développeurs comme pour les utilisateurs finaux, convainquant les autres de son réel potentiel. Ce domaine n'est plus réservé aux experts et est devenu un médium en soi. Cela peut paraître sans importance, mais c'est une petite révolution de ne plus affirmer que la visualisation de données ne sert qu'à trouver des motifs précieux dans d'importantes séries de données hautement spécialisées, complexes et multidimensionnelles, et de l'orienter vers une fonction de démocratisation de l'accès et de l'exploration de données socialement pertinentes pour un public large et profane. /ML/ Trois raisons principales expliquent pour moi cet engouement pour la visualisation d'informations. Premièrement, le stockage informatique : avec les dernières avancées technologiques, notre capacité à produire et acquérir des données a de loin dépassé notre capacité à donner du sens à ces données. Une information qui fait sens n'est pas un acquis, en particulier depuis que nos artefacts culturels se mesurent en térabits et en pétabits ; organiser, trier et présenter les informations de manière efficace est un gage de compréhension, de connaissance et, en fin de compte, de sagesse. Deuxièmement, les données n'ont jamais été aussi accessibles par le plus grand nombre à un coût aussi bas. De plus en plus, des entreprises, des gouvernements et des institutions ouvrent leurs bases de données au public, permettant à un nombre croissant de gens de les représenter comme bon leur semble. Les réseaux sociaux, avec leur structure complexe et la somme de contenu partagé, sont également un vecteur de visualisation d'informations. Tout comme les médias grand public : le *New York Times*, *WIRED*, *CNN*, pour n'en citer que quelques-uns, ont adopté une palette de nouvelles méthodes de présentation de l'information et contribuent à une prise de conscience de l'étendue de cette discipline qui va bien au-delà de nos familiers camemberts.
La démocratisation des outils de visualisation est également un facteur important. Si, il y a dix ans, la recherche, l'analyse et la visualisation de séries de données complexes étaient à la portée d'une petite poignée de personnes, aujourd'hui, une profusion d'initiatives open source contribuent à rendre le domaine plus accessible, attirant des gens d'autres branches sans connaissance approfondie de la programmation. Tout cela, associé à un appétit inédit pour les données factuelles et pour une entité universellement quantifiable, a entraîné cet énorme gain de popularité de la visualisation d'informations. /AVM/ Je voudrais ajouter quelques raisons : l'interdisciplinarité s'est beaucoup développée ces dernières années – les designers apprennent l'informatique, les étudiants en informatique utilisent des approches plutôt de l'ordre du design. L'immédiateté des visualisations est aussi un encouragement important. De nos jours, quand on développe une visualisation, on a un résultat direct qui peut être potentiellement compris par un large public. De plus, les nombreux défis de visualisation qui restent ouverts et requièrent une attention urgente – recherche visuelle, shopping visuel, appareils de mesure d'énergie intelligente, etc. – suscitent un intérêt pour ce domaine.

Manuel, vous avez publié sur votre blog le *Manifeste de la visualisation d'informations*, une liste de dix aspects à prendre en considération lorsqu'on réalise un projet de visualisation.

---

> NOTRE CAPACITÉ À PRODUIRE ET ACQUÉRIR DES DONNÉES A DE LOIN DÉPASSÉ NOTRE CAPACITÉ À DONNER DU SENS À CES DONNÉES
> Manuel Lima

**Qu'est-ce qui vous a poussé à écrire ce manifeste?**
/ML/ J'avais plusieurs motivations, mais les deux principales ont à voir avec l'utilisation abusive du terme «visualisation» et l'absence de cadre théorique conciliable avec la récente croissance de ce domaine. Certains diront que l'époque est à l'innovation florissante sans direction donnée, mais on peut toujours rechercher une certaine direction. On peut voir ce manifeste comme un pas dans ce sens.

**Vous proposez de distinguer entre «visualisation d'informations» et «art de l'information».** /ML/ Les deux existent déjà comme champs de pratique distincts. Comme j'ai proposé une série de dix considérations dans le contexte de la visualisation d'informations, j'ai simplement envisagé l'utilisation d'un terme différent pour les projets qui ne correspondent à aucun de ces points, d'où la suggestion du terme «art de l'information».

**Mais quelques-unes des visualisations récentes les plus intéressantes ne se situent-elles pas entre ces deux catégories?** /ML/ Cela dépend de votre définition d'«intéressant» et de «visualisation». Si par intéressant vous voulez dire qui fait appel aux émotions, qui est d'une beauté renversante ou qui a un potentiel de popularité, je dirais que ce sont là des qualités qui peuvent être englobées par la visualisation d'informations, mais ce ne sont pas les seules. L'aspiration centrale de ce domaine réside dans l'explication et le dévoilement de faits qui permettent à un public de découvrir et de comprendre quelque chose. /AVM/ Il est évident qu'il faut distinguer entre différentes manières de représenter des données abstraites, définir les attentes des utilisateurs, mais aussi des critères permettant de différencier une bonne d'une mauvaise visualisation. Je pense toutefois que la distinction entre «visualisation d'informations» et «art de l'information» va trop dans le sens de l'opposition déjà beaucoup débattue entre utilité et art. Je crois que la véritable innovation est dans la combinaison des deux, que j'ai nommée «esthétique de l'information». Finalement, de telles applications se servent d'un engagement esthétique pour augmenter le flux d'informations, et ainsi rendre la visualisation – quand elle est vue comme un outil – plus utile, plus durable, plus attrayante ou plus éducative. En fait, je crois que ce sont justement les visualisations réussissant cet équilibre qui sont actuellement l'objet de l'attention médiatique que vous avez évoquée dans votre première question.

**«Excès d'information» est une expression que nous entendons souvent ces jours-ci. Peut-il y avoir «trop d'informations»?** /ML/ Même si cette inquiétude est apparue à différentes étapes de la civilisation, notre époque a indéniablement quelque chose d'unique. Certains diront que cet excès d'information est avant tout un problème de design. Mais comment le design peut-il rivaliser avec la perspective d'un ordinateur portable ordinaire pouvant stocker tous les livres jamais écrits ou toutes les chansons jamais produites? De nouvelles méthodes devront être inventées et les anciens paradigmes ont changé, mais la visualisation d'informations sera toujours l'une des disciplines les mieux à même de relever ce défi. /AVM/ La notion de «trop» ou «trop peu» est trop relative au contexte actuel pour mener une réflexion utile sur cette question. Ce que nous trouvons inutile aujourd'hui peut avoir une valeur inestimable pour quelqu'un d'autre demain. Il est intelligent de conserver les connaissances accumulées pour les générations futures, elles-mêmes basées en quelque sorte sur des données.

**La visualisation d'informations est-elle juste une drogue de plus qui nourrit notre dépendance à l'information ou est-elle le remède?** /AVM/ Elle peut être les deux. Elle peut apaiser notre soif de données en nous permettant de découvrir exactement ce que nous cherchions ou ce que nous nous demandions. Mais en même temps, et cela arrive souvent quand on utilise une visualisation, elle peut provoquer des questions complètement nouvelles, dont nous n'étions pas conscients avant. /ML/ J'ai envie de la considérer comme un remède addictif à la surabondance de données, ce qui pourrait expliquer pourquoi tant de gens sont tombés amoureux de ce domaine.

**Dans quel domaine avons-nous besoin de plus d'informations, en particulier sous forme de visualisations?** /AVM/ Nous avons un besoin urgent d'utiliser la visualisation pour des sujets socialement pertinents, pour aider les gens à prendre conscience des problèmes du monde ou simplement à se nourrir plus sainement: mettre l'information à disposition des gens quand les circonstances le requièrent, dans le but d'aider. Par exemple, il a été scientifiquement prouvé que fournir aux gens un outil simple et direct de «visualisation» comme un podomètre les aide à être plus conscients de leur comportement en matière d'activité physique, et finalement motive plus les gens à être actifs que les méthodes traditionnelles. De la même manière, on peut imaginer ce qui se passera lorsque les appareils de mesure d'énergie intelligente en temps réel ne se contenteront plus d'afficher des chiffres et seront à même de révéler nos schémas d'utilisation durables. /ML/ Je crois aussi que la visualisation d'informations peut aider à changer le comportement des gens. Elle peut finalement aider à persuader les gouvernements et les législateurs, et aussi contribuer à une prise de conscience publique de l'importance du développement durable. Nos outils ne sont pas seulement une source de découverte et de connaissance, mais aussi de prise de conscience et d'action.

> **NOUS AVONS UN BESOIN URGENT D'UTILISER LA VISUALISATION POUR DES SUJETS SOCIALEMENT PERTINENTS**
> Andrew Vande Moere

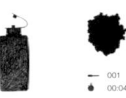

PROZESS · MAL VOM TROPFEN DES WASSERS · GESCHWINDIGKEIT (SEK.) · KONZEPTEN

Visuelle Programme / Visual Codes
Gruppenseminar Martin Grothmaak
Student: Liu, Xueying / Zwanzig Minuten Zeit
Sommersemester 2008 Studienbereich Kommunikationsdesign
Staatliche Hochschule für Gestaltung Karlsruhe
www.visuelle-programme.de

**WERKZEUGE UND MATERIALIEN**

TUSCHE · CHINESISCHE PINSEL
MESSGLAS · GLÄSER
PIPETTEN
STOPPUHR · REISPAPIER (20 METER)

**TUSCHTROPFEN**

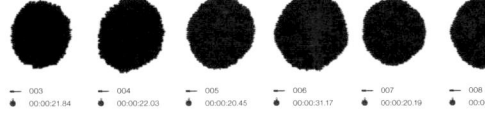
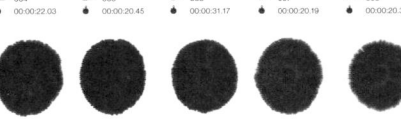
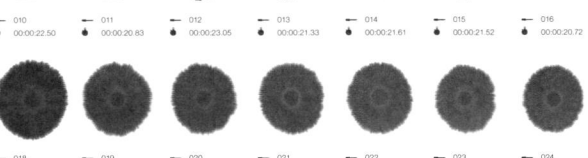
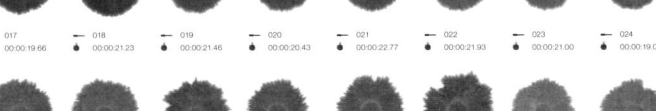
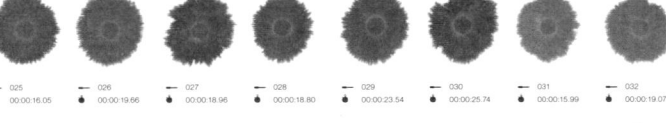
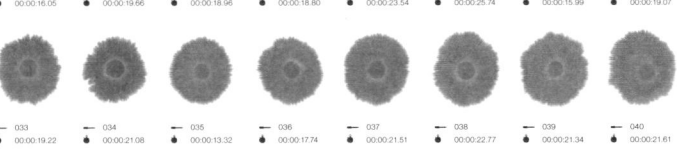
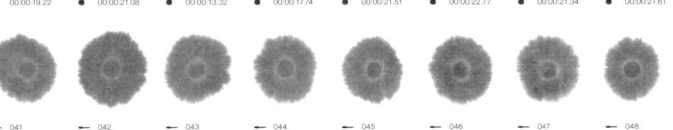
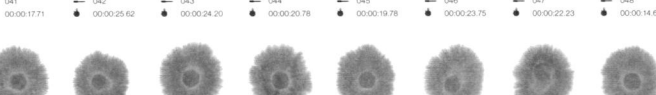

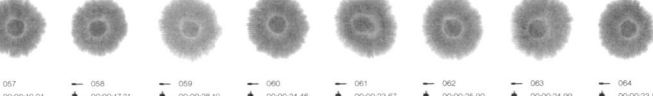
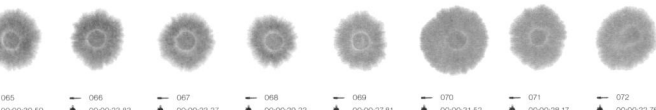

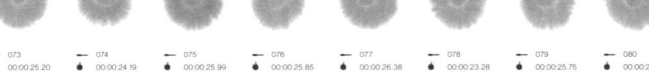
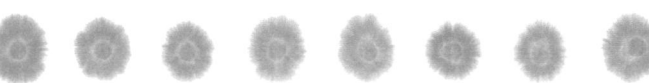
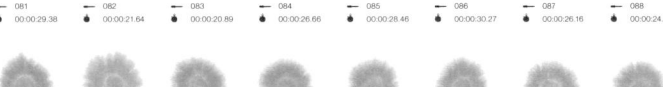

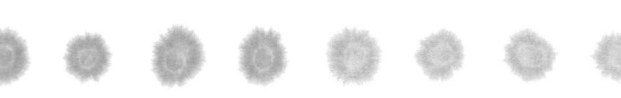

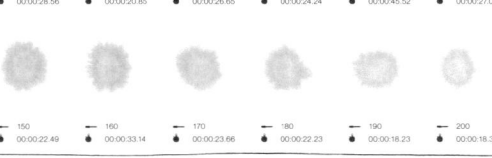
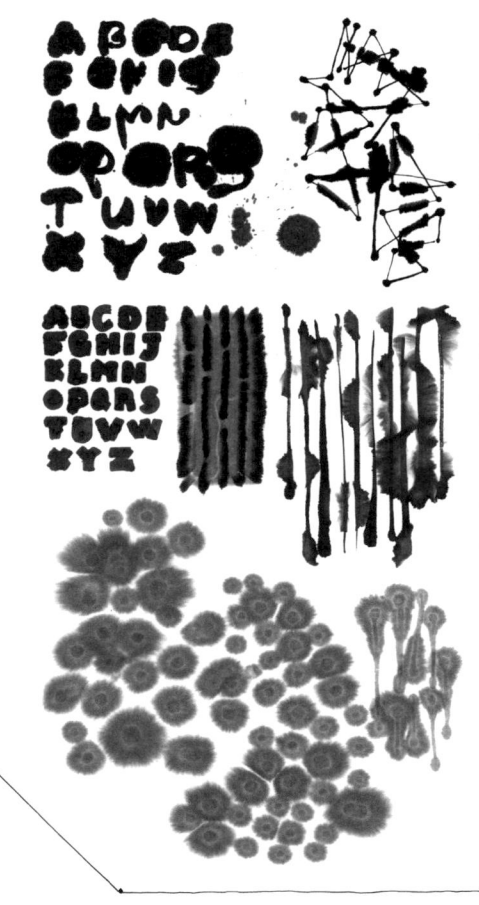
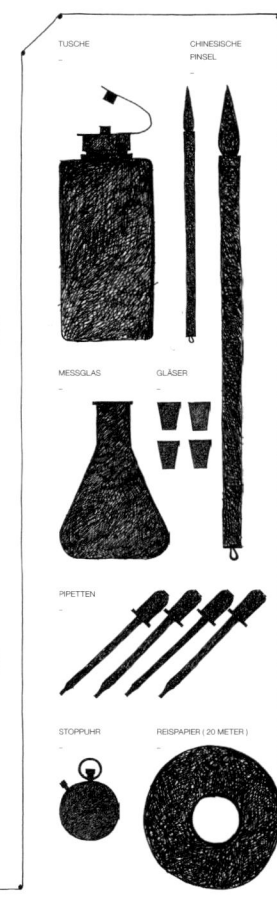

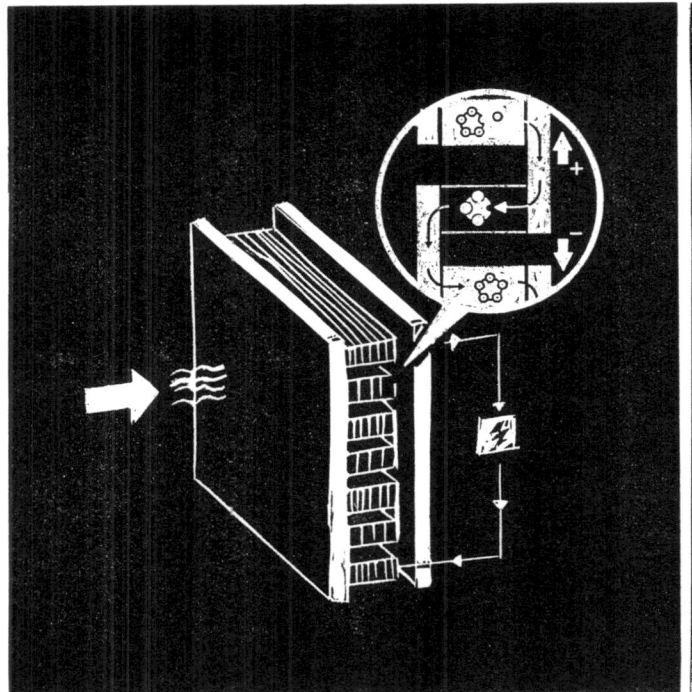
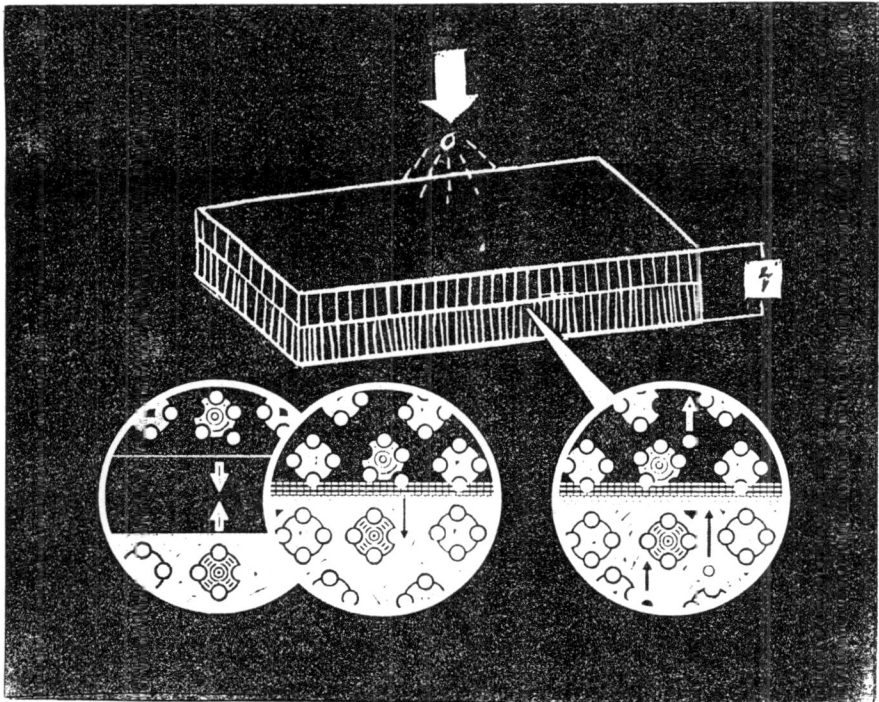
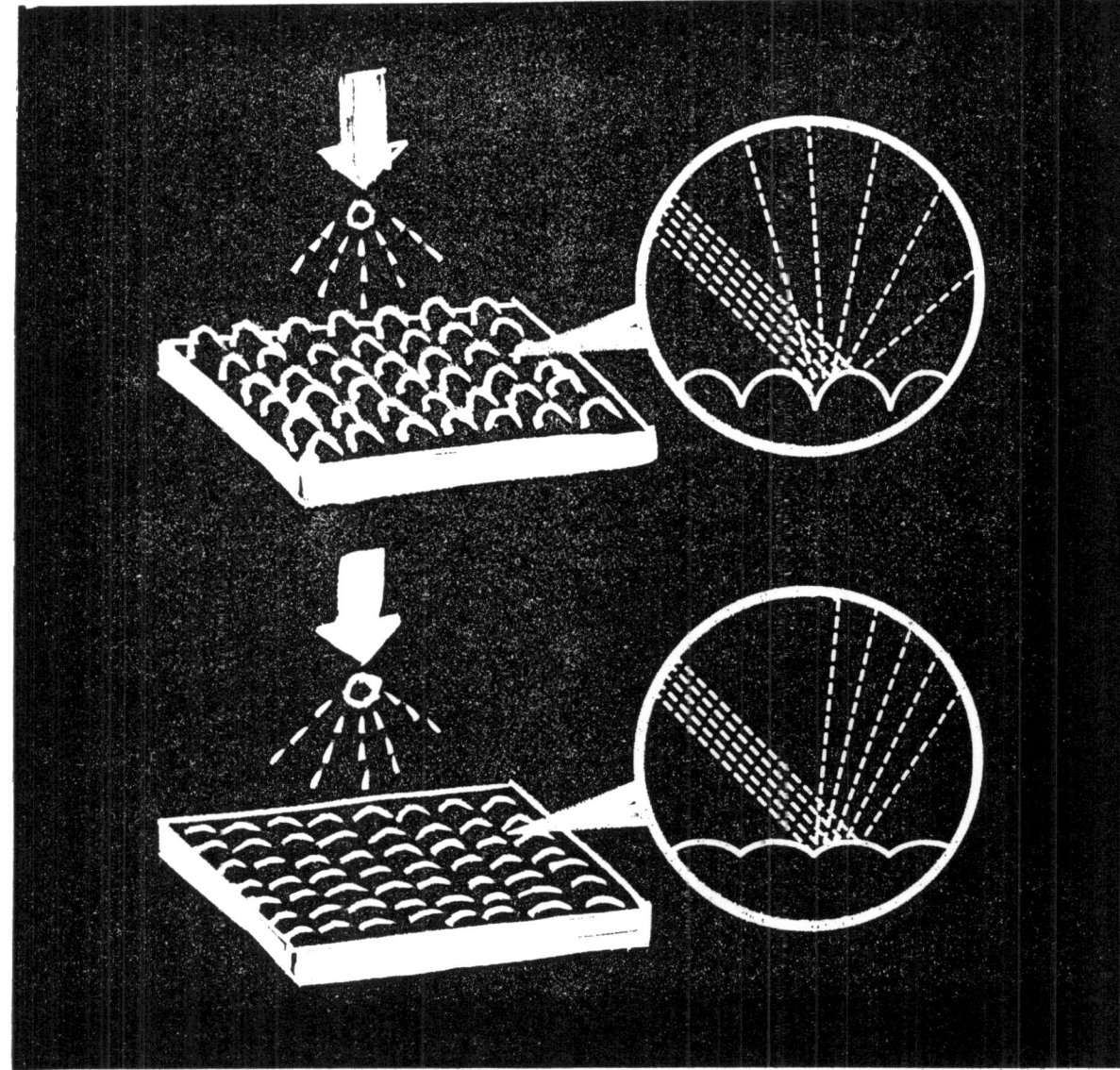

1
VISUELLE PROGRAMME 2.0
projekttriangle
Liu Xuejing
Hochschule für Gestaltung Karlsruhe
Martin Grothmaak enseigne comment créer des programmes pour générer des nouveaux moyens d'expression visuels à l'École de design (HfG) de Karlsruhe. Les projets des étudiants incluent la classification de messages textuels sous l'apparence de feuilles de fougère ou la dilution et la dispersion d'encre à calligraphie au fil du temps. /Intervenant: Martin Grothmaak/Titre du cours: Visuelle Programme 2.0/Visual Codes 2.0/Codes visuels 2.0, www.visuelle-programme.de/

2
SMART SURFACES AND THEIR APPLICATION IN ARCHITECTURE AND DESIGN
onlab
Les derniers développements en ingénierie des matériaux laissent présager de la richesse des nouvelles applications en matière de surfaces intelligentes pour l'architecture et le design. Mais que se passe-t-il sous la surface de ces technologies complexes? Si les explications scientifiques peuvent paraître énigmatiques, les schématiques gravures sur lino d'onlab sont limpides et dénudent l'invention pour révéler les composants, les processus et les méthodes de production. Avec leur radicale simplification — due au caractère brut de la gravure sur lino — les images démystifient ce qui est écrit en petits caractères pour nous donner une explication claire et directe du futur potentiel de ces matériaux /Direction artistique: onlab, Nicolas Bourquin, Thibaud Tissot/Illustrations et linogravure: onlab, Nicolas Bourquin, Marte Meling Enoksen, Maike Hamacher, Matthias Hübner/Coordination du projet: onlab, Judith Wimmer/

PAGE SUIVANTE (GAUCHE)
I HATE MOSQUITOES
Christoph Niemann
/PP.85,107/Un rapide organigramme de ces créatures qui nous empoisonnent la vie.

PAGE SUIVANTE (DROITE)
CRYONICS POCKET GUIDE: SIGN UP, CRYOPRESERVATION AND VITRIFICATION
Tutu
Quelqu'un veut de l'être humain en boîte? Le Guide de poche de la cryoconservation de Tutu s'intéresse à la cryoconservation et à sa place dans la science, la culture et la société modernes.

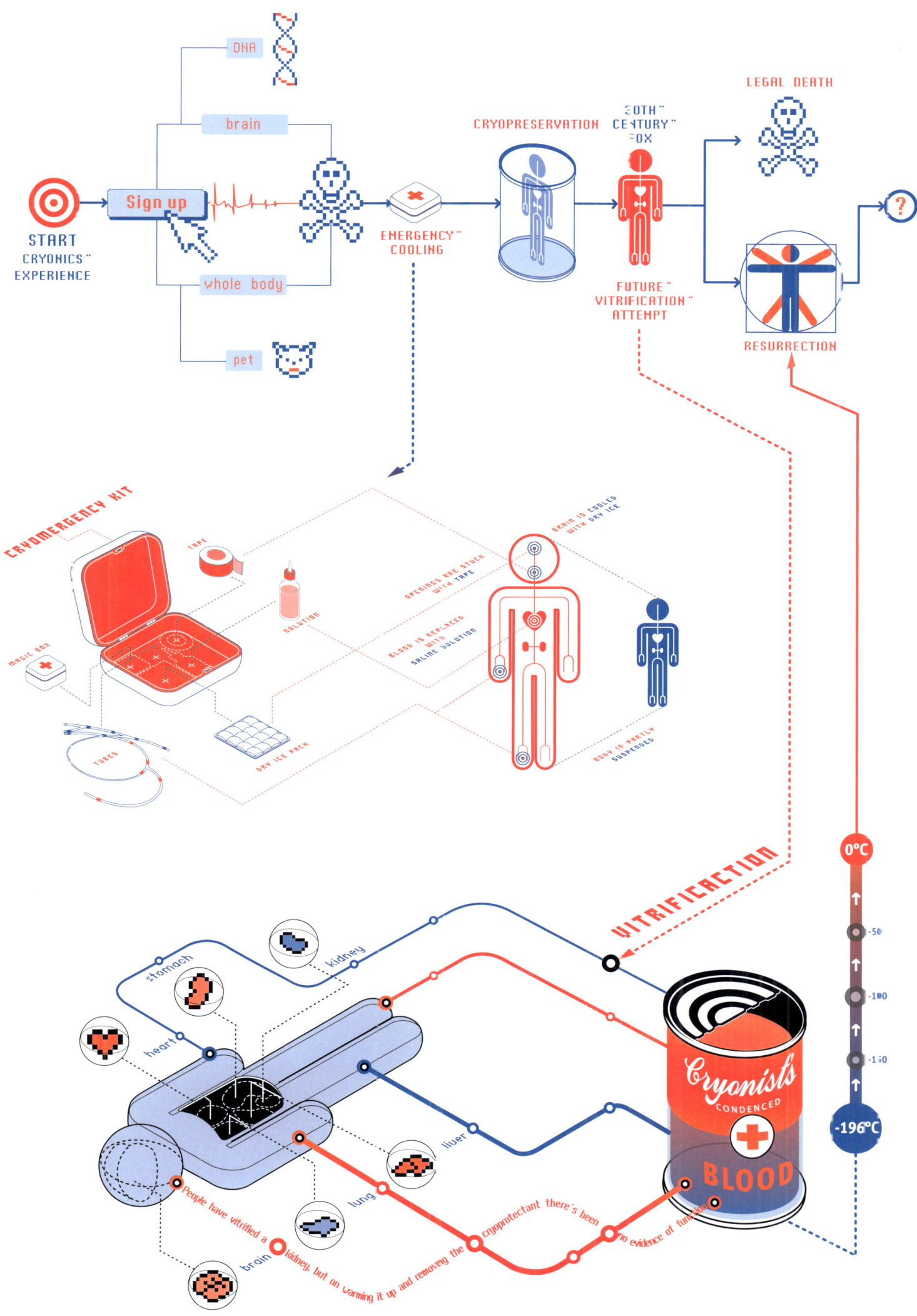

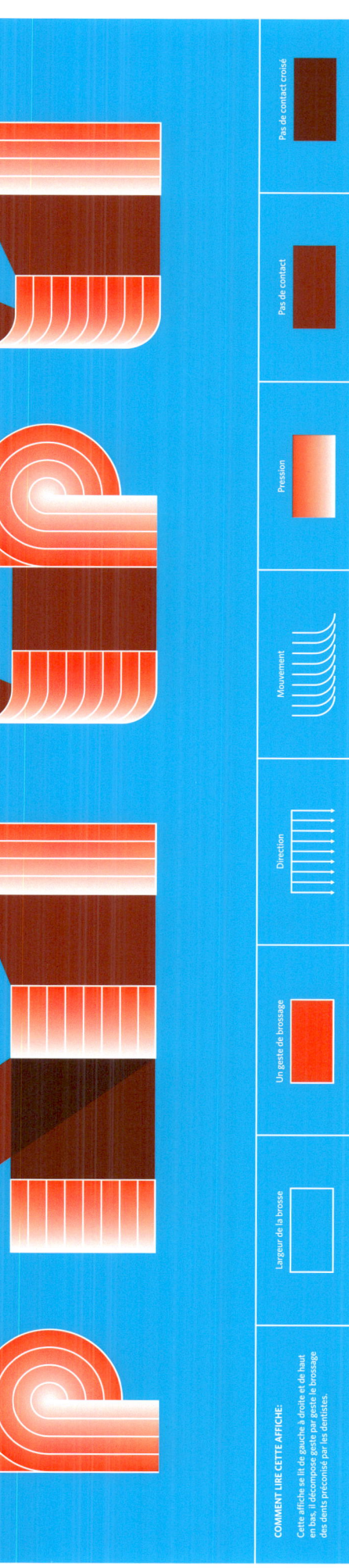

## 1
### THE SEED
### Johnny Kelly

Du tout petit pépin à l'arbre en fleurs et au fruit juteux, LA GRAINE suit les tribulations d'un modeste pépin de pomme dans son voyage animé de deux minutes à travers la chaîne alimentaire humaine et le cycle de la nature. Commande d'Adobe, ce petit film est un mélange de stop motion et d'animation en deux dimensions, avec une saine dose de magie informatique. / Scénario et réalisation: Johnny Kelly / Directeur de la production: Jo Bierton / Animation 2D: Michael Zaumer / Animation 3D: Eoin Coughlan / Modèles papier: Elin Svensson / Assistée de: Anna Benner / Directeur de la photographie stop-frame: Micolaj Jarosewicz / Animation stop-frame: Mathew Cooper / Composition: Alasdair Brotherston / Musique: Jape Sound / Supervision: Mike Wyeld Foley / Artiste: Sue Harding / Producteurs exécutifs: Charlotte Bavasso, Chris O'Reilly / Productrice: Christine Ponzevera / Agence: Goodby, Silverstein & Partners / Directeur de création: Keith Anderson Associate / Directeur de création: Tony Stern / Directeur de création associé: Frank Aldorf / Directeur artistique: Johan Arlig / Rédacteur publicitaire: Steve Payonzeck / Directrice artistique: Karishma Mehta / Rédacteur publicitaire: Gregory Lane / Productrice interactive: Stella Wong / Acheteur d'art: Jenny Taich /

## 2
### BRUSHING TEETH POSTER
## 3
### HOW TO USE IT?
### Benjamin Dennel

Manuel coloré consacré à l'utilisation d'une brosse à dents, le blueprint pratique de Benjamin Dennel se penche à la fois sur le processus d'apprentissage humain et sur la représentation du mouvement dans l'espace. Sa méthodologie du brossage transforme les mouvements de haut en bas recommandés par les dentistes en une frise chronologique des gestes proposés. Brillamment exécutée — dans la gamme de couleurs de dents et gencives en bonne santé — la nomenclature visuelle inventée par Dennel traduit les différents bruits de brossage en un langage nouveau et universel au moyen de différents médias.

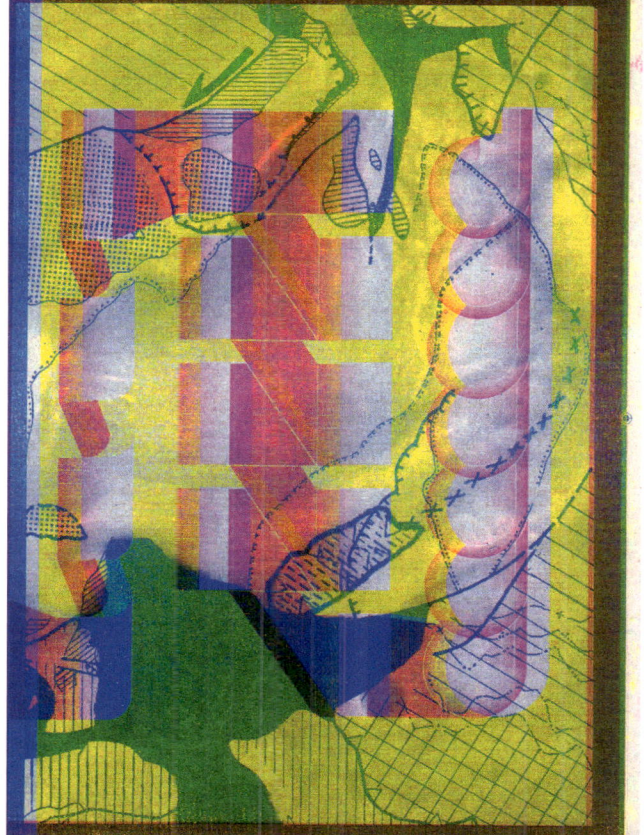

# DATAPROCESS

## 1
### ABITARE / RESEARCH
#### salottobuono

Les architectes italiens du cabinet Salottobuono sont experts pour démonter les choses — et les ramener à leurs éléments et principes de base. Leur schéma d'analyse constante met à nu les points faibles et critiques ainsi que les discontinuités de produits et de structures. Coéditeurs de la rubrique recherche de la revue italienne d'architecture et de design ABITARE, ils jettent ici un regard dans les coulisses et sous le capot des techniques et projets d'innovation développés dans leur pays natal. Réduites à leur plus simple appareil, couche après couche, ces représentations directes, à l'échelle, jettent une lumière nouvelle sur les dernières créations et révèlent leur structure comme leurs mécanismes.

## 2
### MANUAL OF DECOLONIZATION
#### salottobuono

Salottobuono a conçu plusieurs «stratégies de subversion» pour les colonies résidentielles israéliennes en Cisjordanie et les a intégrées dans son MANUEL DE DÉCOLONISATION: une boîte à outils générique pour créer des scénarios post-occupation. Ce manuel pose la question de savoir dans quelle mesure des structures évacuées pourraient être adaptées à de nouvelles formes d'utilisation et fournit une représentation architecturale détaillée de solutions possibles. Davantage qu'une simple proposition d'urbanisme, ce projet suggère des transformations profondes sur le plan architectural. Bien que des centaines de milliers d'Israéliens aient construit en Cisjordanie, les types de constructions se limitent aux colonies de petites maisons individuelles et aux baraques préfabriquées de l'armée. Ces «fragments de possibilités» constituent une approche semi-générique qui pourrait être modifiée et adaptée à d'autres territoires évacués. / Decolonizing Architecture, Barbara Modolo, Pietro Onofri, Armina Pilav, Manuel Singer, Alessandro Zorzetto /

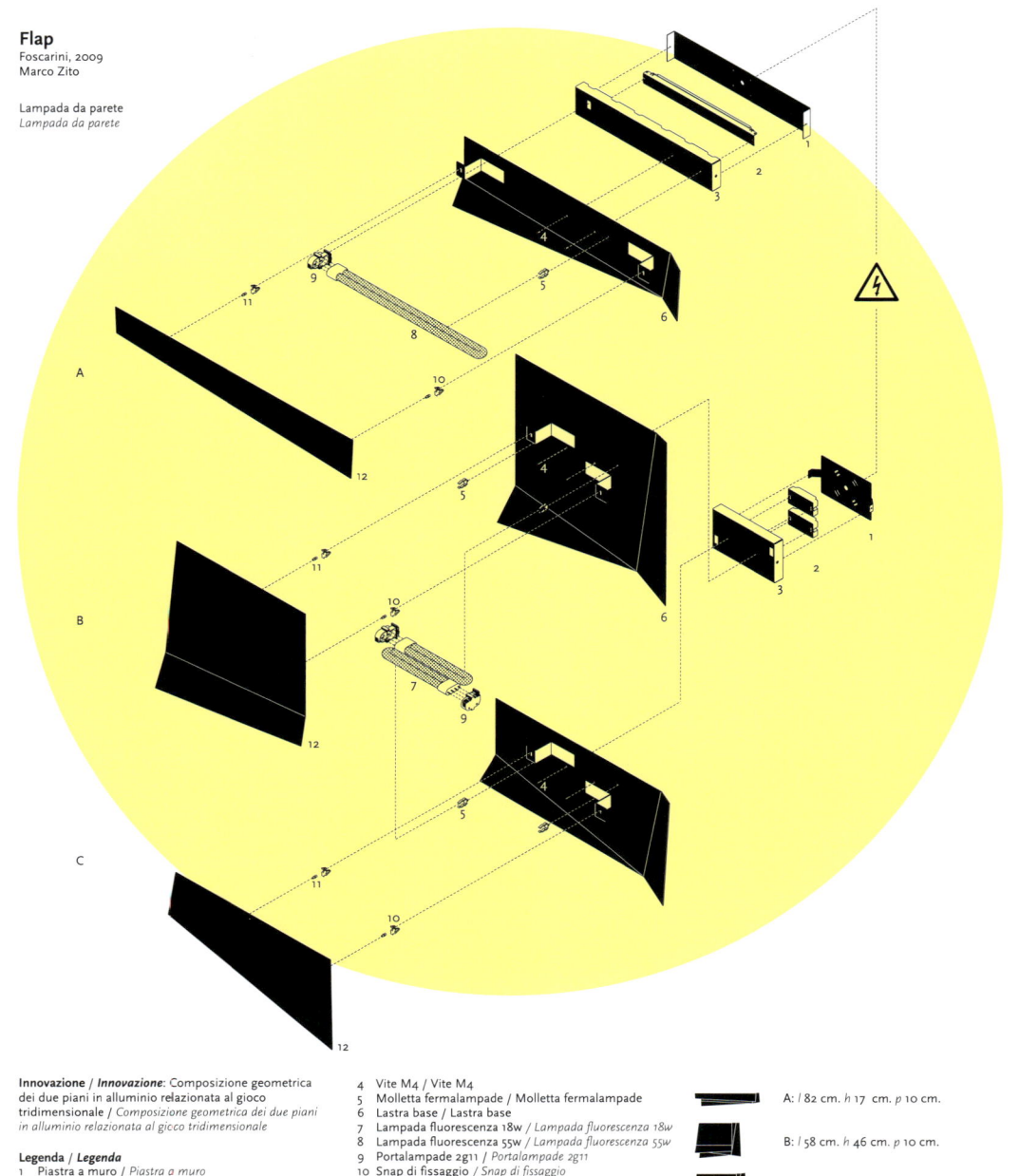

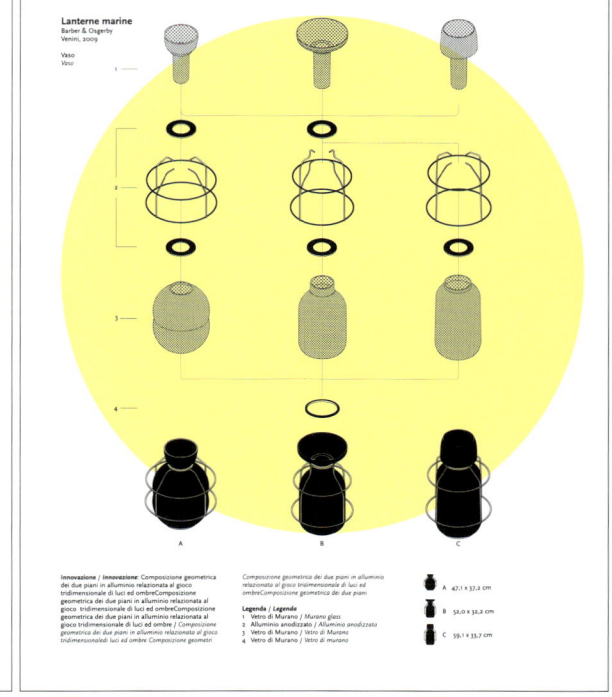

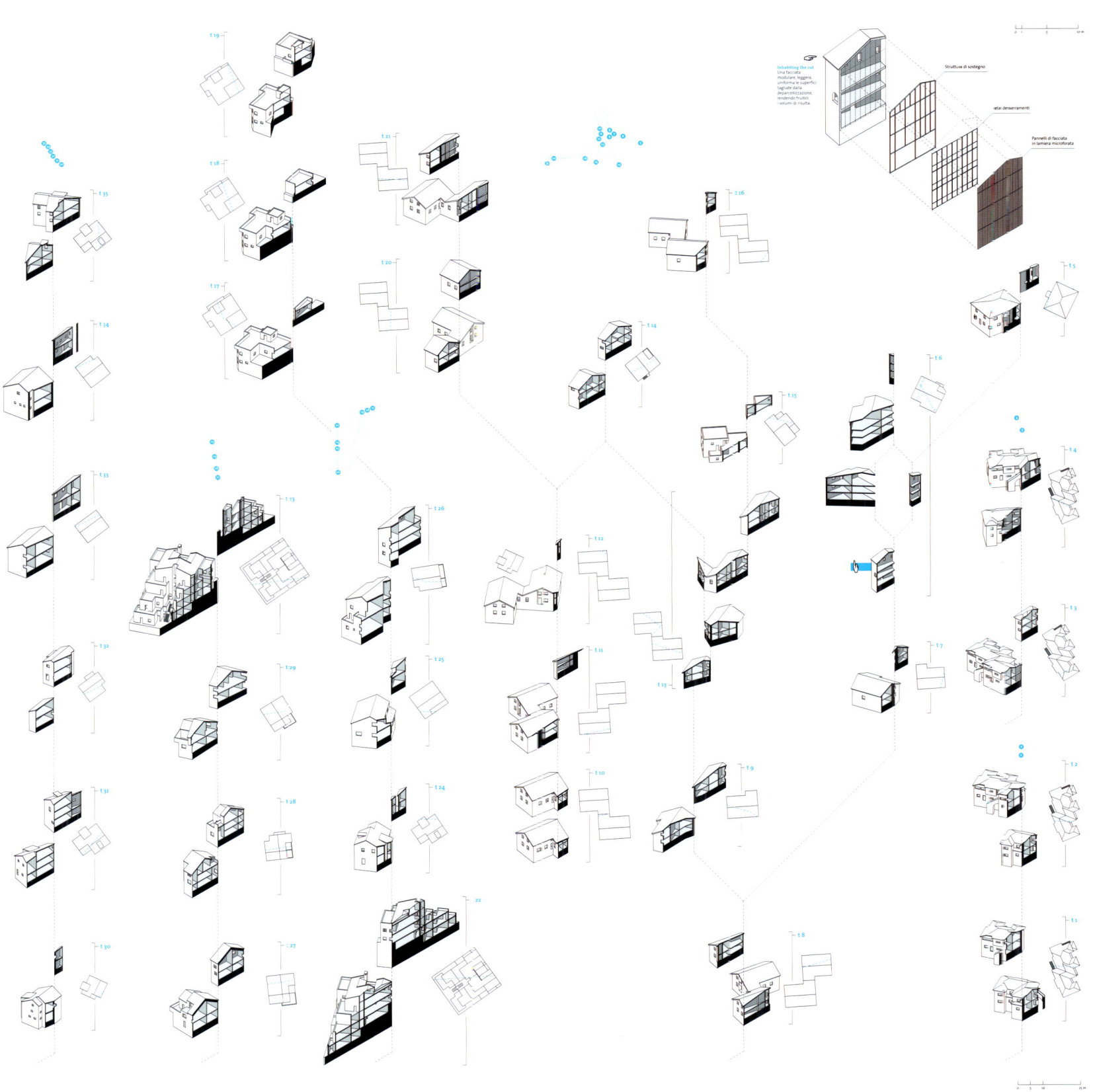

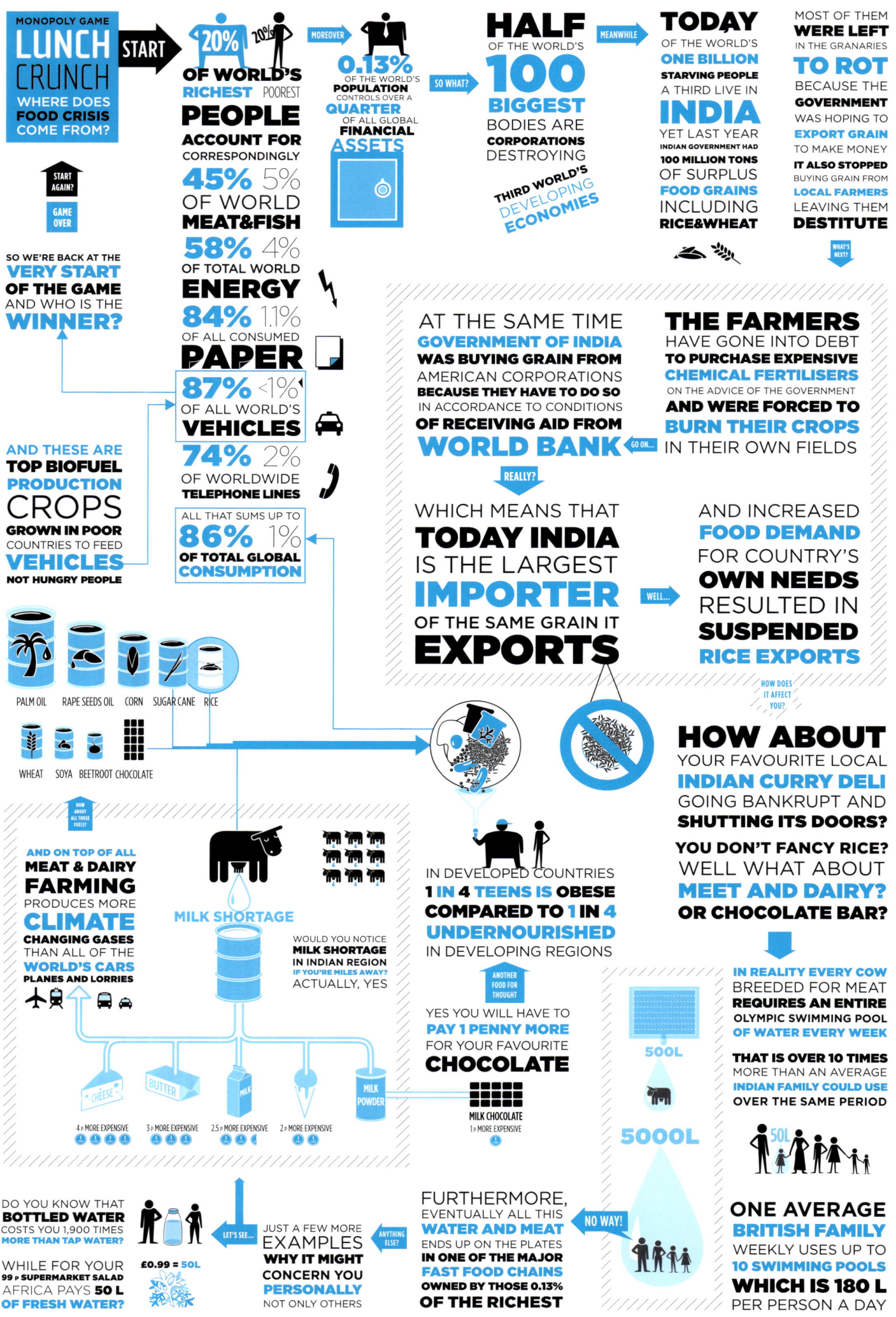

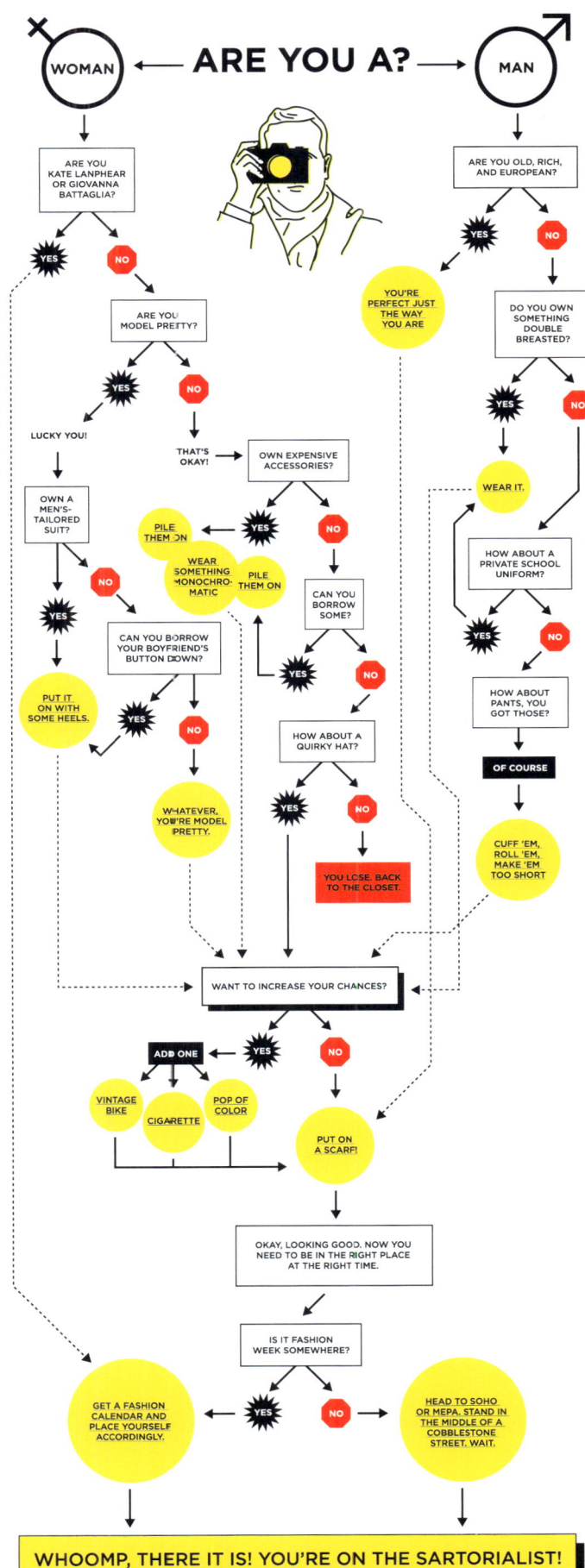

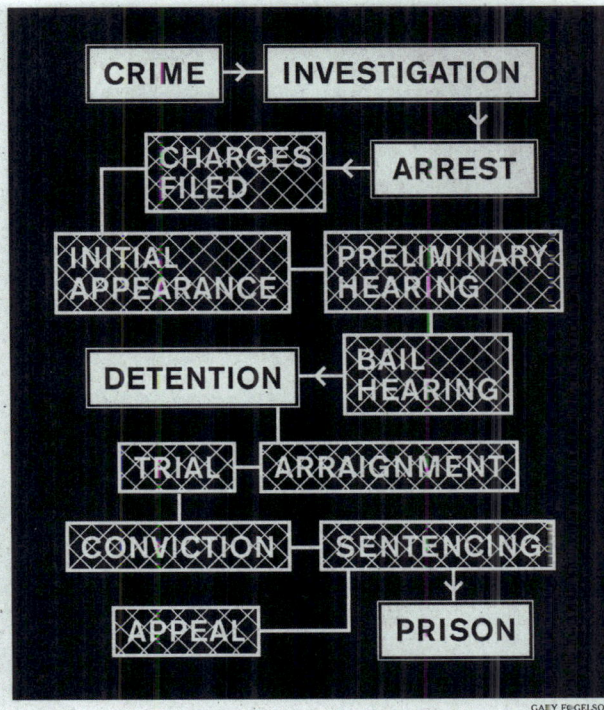

### 1
**LUNCH CRUNCH: WHERE DOES THE FOOD CRISIS COME FROM?**
Tutu
Aperçu très riche de l'industrie alimentaire, PAUSE DÉJEUNER se penche sur des faits peu connus pour expliquer la crise alimentaire mondiale.

### 2
**OH SNAP! OUR STEP-BY-STEP GUIDE TO GETTING SHOT BY THE SARTORIALIST**
Joshua Covarrubias
Scott Schuman (alias The Sartorialist), célèbre photographe new-yorkais de la mode de la rue et spécialiste ès style, fixe sur sa pellicule les dernières tendances sur le podium de la vie. Qu'est-ce qui l'attire chez les gens? L'organigramme ironique de Covarrubias fait défiler les thèmes récurrents du photographe et nous explique comment mettre dans le mille avec ce courtois chasseur de tendances globales. /Écrit par Christene Barberich & Piera Gelardi/

### 3
**HOW TO TRY A TERRORIST**
Fogelson-Lublirer
Tous les chemins mènent en prison? Trouvez votre propre réponse et choisissez votre propre chemin dans cette illustration d'art optique et cet organigramme réalisés pour le NEW YORK TIMES. /Direction artistique: Brian Rea (The New York Times)/

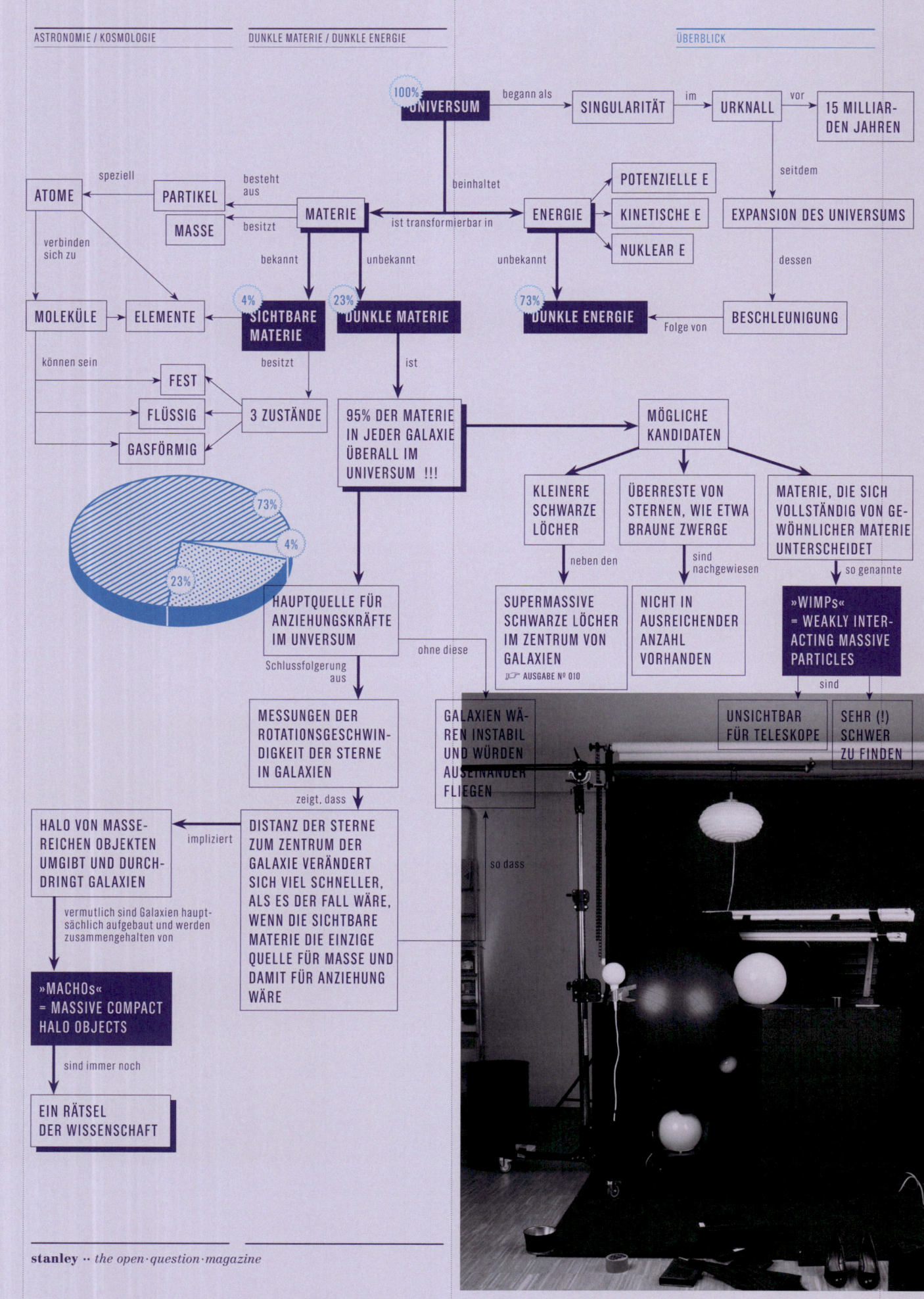

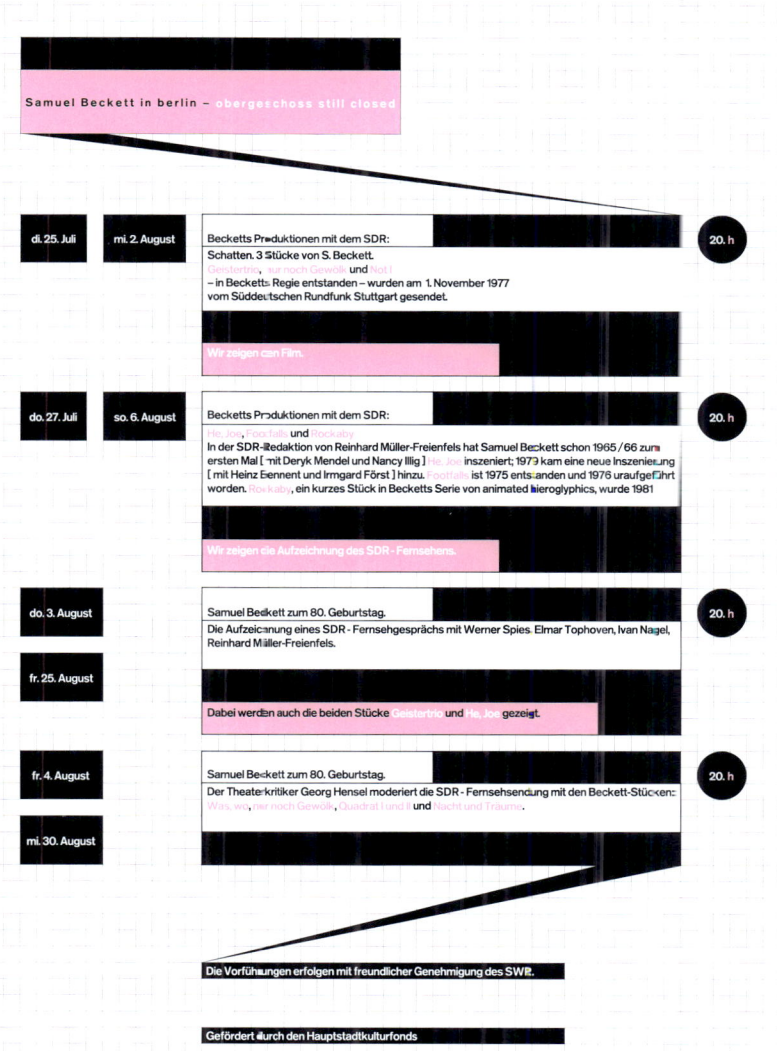

**1**
**STANLEY**
**THE OPEN QUESTION MAGAZINE**
Katrin Schacke
↗ PP. 182, 183 ╱ STANLEY — LE MAGAZINE DES QUESTIONS OUVERTES entreprend de combler les lacunes de la connaissance humaine et souligne ce qui est encore à explorer. Se concentrant sur les cent questions les plus importantes toujours sans réponse dans le domaine scientifique, chaque numéro résume l'état actuel des connaissances ou des lacunes sur un mystère scientifique particulier. Avec sa vue d'ensemble des sujets traités dans STANLEY, Katrin Schacke tente de dessiner un paysage du savoir — une entreprise au moins aussi ambitieuse que la recherche des réponses elle-même. Divisé en grandes disciplines, de l'astronomie à la médecine, son diagramme permet de visualiser leurs corrélations et met l'accent sur ces fugaces moments d'émerveillement qui continuent à aiguiser l'ingéniosité humaine.

**2**
**SAMUEL BECKETT — OBERGESCHOSS STILL CLOSED**
jung + wenig
Affiches publicitaires pour une série de performances autour de SAMUEL BECKETT À BERLIN — ÉTAGE TOUJOURS FERMÉ à la Literaturhaus de Berlin.

DATAPROCESS 42

1

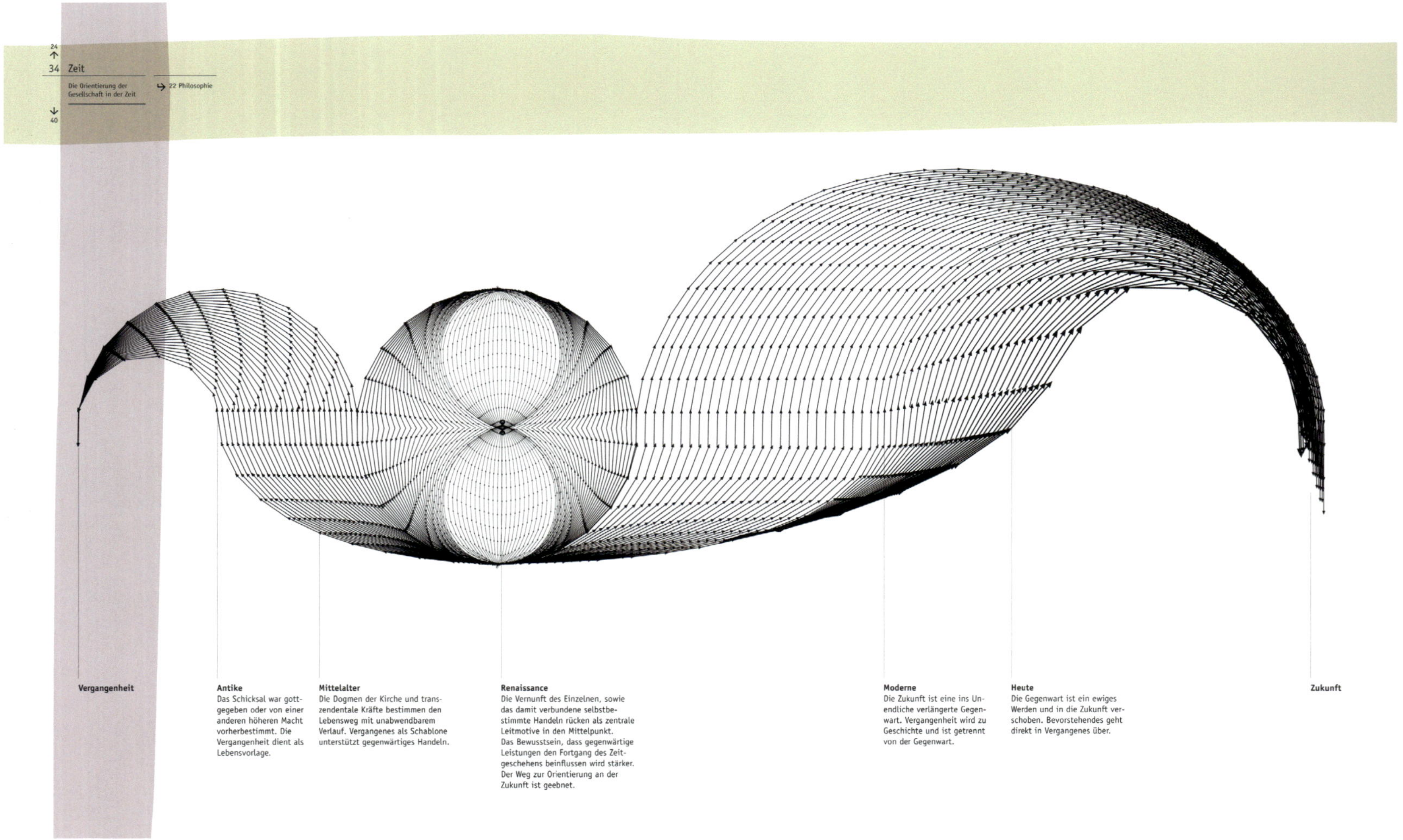

| | Zeit | |
|---|---|---|
| 24 ↑ | | |
| 34 | Die Orientierung der Gesellschaft in der Zeit | → 22 Philosophie |
| ↓ 40 | | |

**Vergangenheit**

**Antike**
Das Schicksal war gottgegeben oder von einer anderen höheren Macht vorherbestimmt. Die Vergangenheit dient als Lebensvorlage.

**Mittelalter**
Die Dogmen der Kirche und transzendentale Kräfte bestimmen den Lebensweg mit unabwendbarem Verlauf. Vergangenes als Schablone unterstützt gegenwärtiges Handeln.

**Renaissance**
Die Vernunft des Einzelnen, sowie das damit verbundene selbstbestimmte Handeln rücken als zentrale Leitmotive in den Mittelpunkt. Das Bewusstsein, dass gegenwärtige Leistungen den Fortgang des Zeitgeschehens beinflussen wird stärker. Der Weg zur Orientierung an der Zukunft ist geebnet.

**Moderne**
Die Zukunft ist eine ins Unendliche verlängerte Gegenwart. Vergangenheit wird zu Geschichte und ist getrennt von der Gegenwart.

**Heute**
Die Gegenwart ist ein ewiges Werden und in die Zukunft verschoben. Bevorstehendes geht direkt in Vergangenes über.

**Zukunft**

2

**1**
**STATIC MOVEMENTS**
Piero Zagami

Rapide comme l'éclair et mortel! Un spécialiste en arts martiaux peut battre son adversaire en un tour de main. Dans cet extrait de son étude conceptuelle des mouvements humains, Piero Zagami, designer graphique basé à Londres, révèle les trucs du métier en disséquant image par image les mouvements fluides du maître. Imprimée sur du papier transparent, cette expérience esthétique fige les gestes pleins de force d'interprètes expérimentés en une série concrète et incrémentielle d'actions. En même temps, Zagami invite l'utilisateur à faire des expériences avec les différentes strates de données, ajoutant une certaine complexité à ces phases. Poussés à l'extrême et superposés à l'excès, les mouvements disséqués se refondent en des formes organiques et se dissolvent en un tissu abstrait et flou.

**2**
**NEU — WEGE ZUM FORTSCHRITT**
Martin Gorka

/P.97/ NOUVEAU — CHEMINS DU PROGRÈS se sert du format d'un plan de rues pour reconstruire la manière dont les nouvelles idées et inventions se sont diffusées dans le monde. TEMPS, par exemple, trace une carte de la société à différentes époques, tandis qu'un chapitre sur les réseaux nous montre la prolifération des serveurs Internet entre 1981 et 2006.

**3**
**GESTURE**
Élodie Mandray

Se passant de fioritures inutiles, les «graphiques gestuels» d'Elodie Mandray réduisent une série de disciplines sportives à l'essentiel — et les font passer des quatre dimensions de l'espace et du temps aux deux dimensions d'une page ou d'un écran. Pour ce faire, Mandray sélectionne image par image des séquences ultra-rapides d'athlètes professionnels et rapporte les positions caractéristiques des mains, des pieds et de l'équipement sportif (club de golf, disque, raquette) au cours de l'instant qui définit la discipline en question.

1
SALTICUS SPIDER'S COURTSHIP DISPLAY
Clio Chaffardon

Certains animaux se déchaînent vraiment pendant la saison des amours. Prenez par exemple l'araignée-sauteuse: sa frénétique parade nuptiale vaut le coup d'œil — et n'est pas évidente à consigner de manière scientifique. Clio Chaffardon a pris sur elle d'enregistrer et de «retranscrire» la parade nuptiale de l'araignée dans une série de carnets. Divisée en différentes dimensions: son (triangles bleus), contact avec le sol ou «jeu de jambes» (points et lignes noires) et vibrations de l'air qui amplifient le son (formes jaunes et orange), cette danse devient une œuvre à la beauté rigoureuse, débarrassée de sa signification première.

Une affiche accompagnant le projet résume les éléments de la séduction arachnéenne grâce à une notation colorée, mais rigoureuse, imaginée par l'artiste.

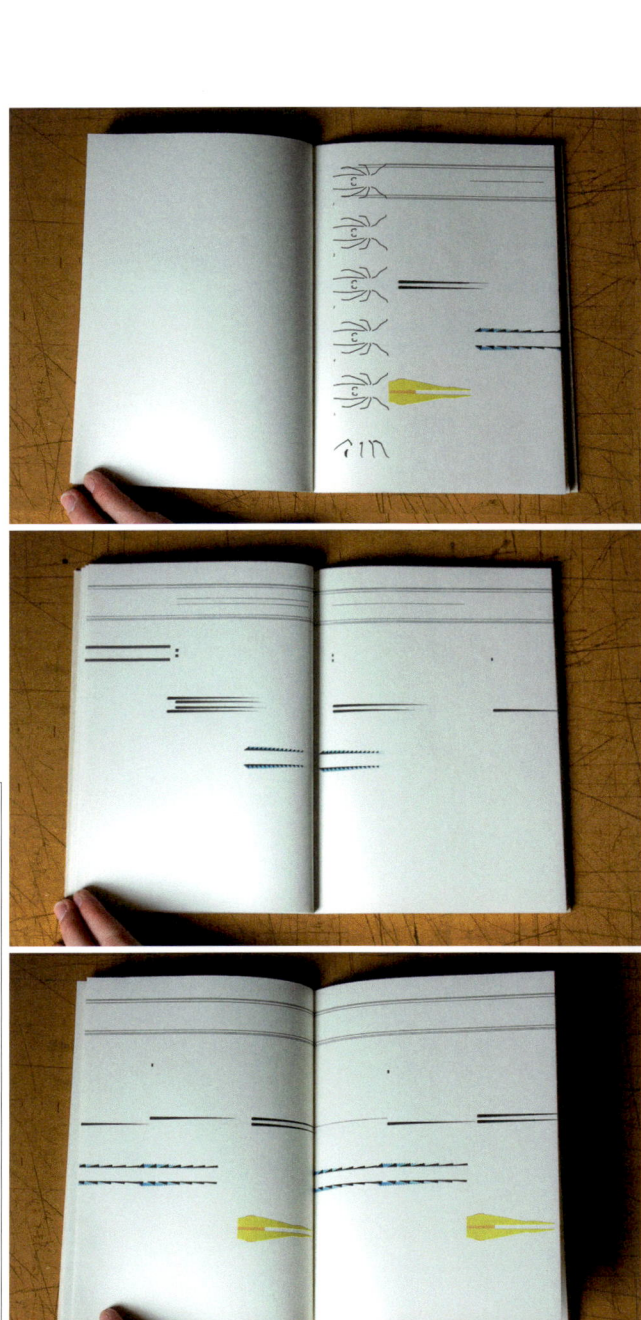

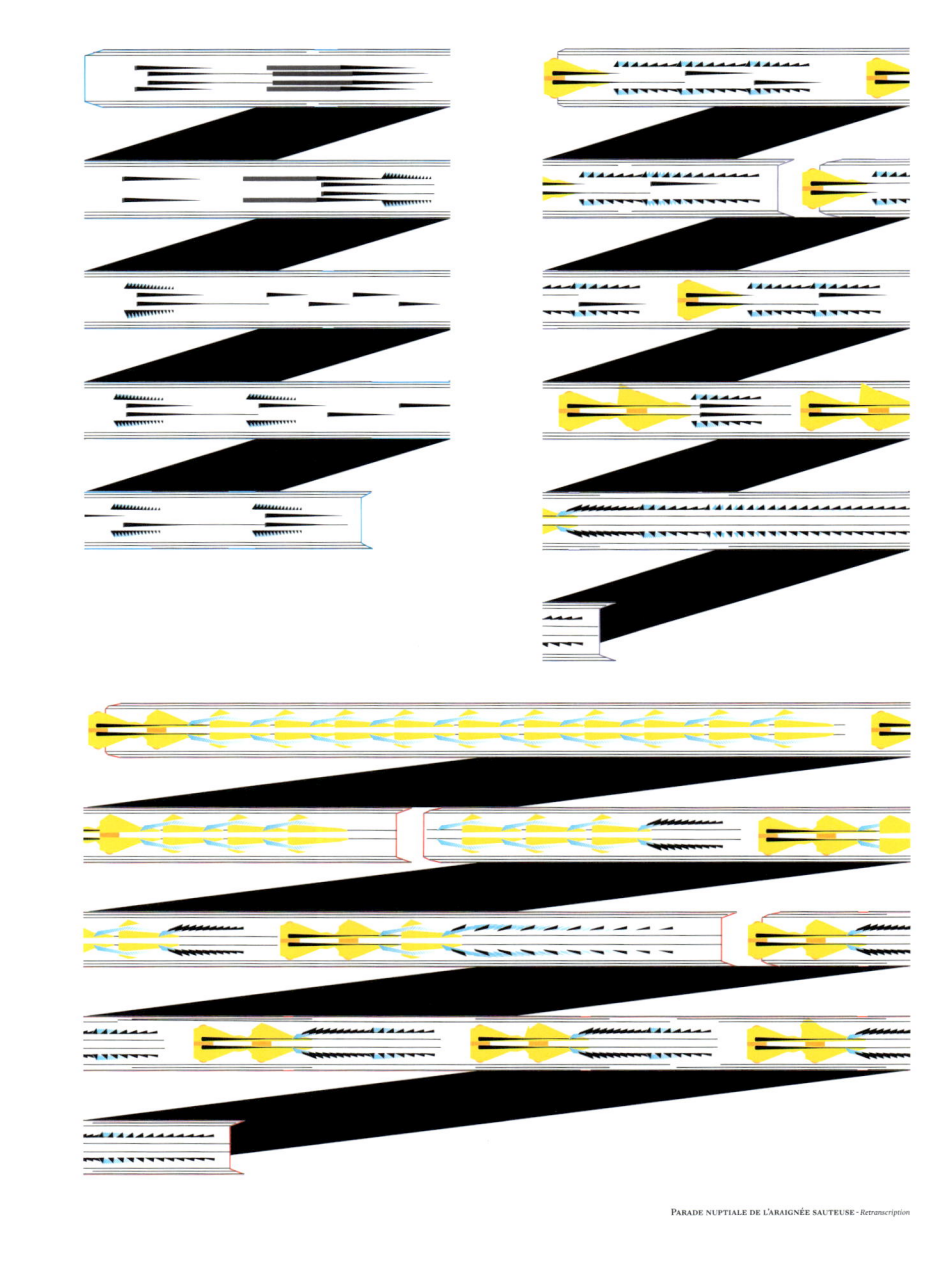

Parade nuptiale de l'araignée sauteuse - *Retranscription*

METROPOLIS
Twopoints.Net

De plus en plus de designers prennent exemple sur la nature — le BLUEPRINT d'origine d'un design réussi. Développent cette tendance importante, la revue de design new-yorkaise METROPOLIS se penche sur des exemples de design réussi dans le monde qui nous entoure, notamment sur l'évolution des types de comportement. Que ce soit une file indienne, un banc amorphe ou une formation en flèche, les illustrations de cet article mettent en valeur des types de formations éprouvées et les principes de design sous-jacents à un banc de poissons, à un vol d'oiseaux ou à une piste d'insectes. Suivant les lignes de moindre résistance, l'élégance naturelle et l'efficacité prévalent.

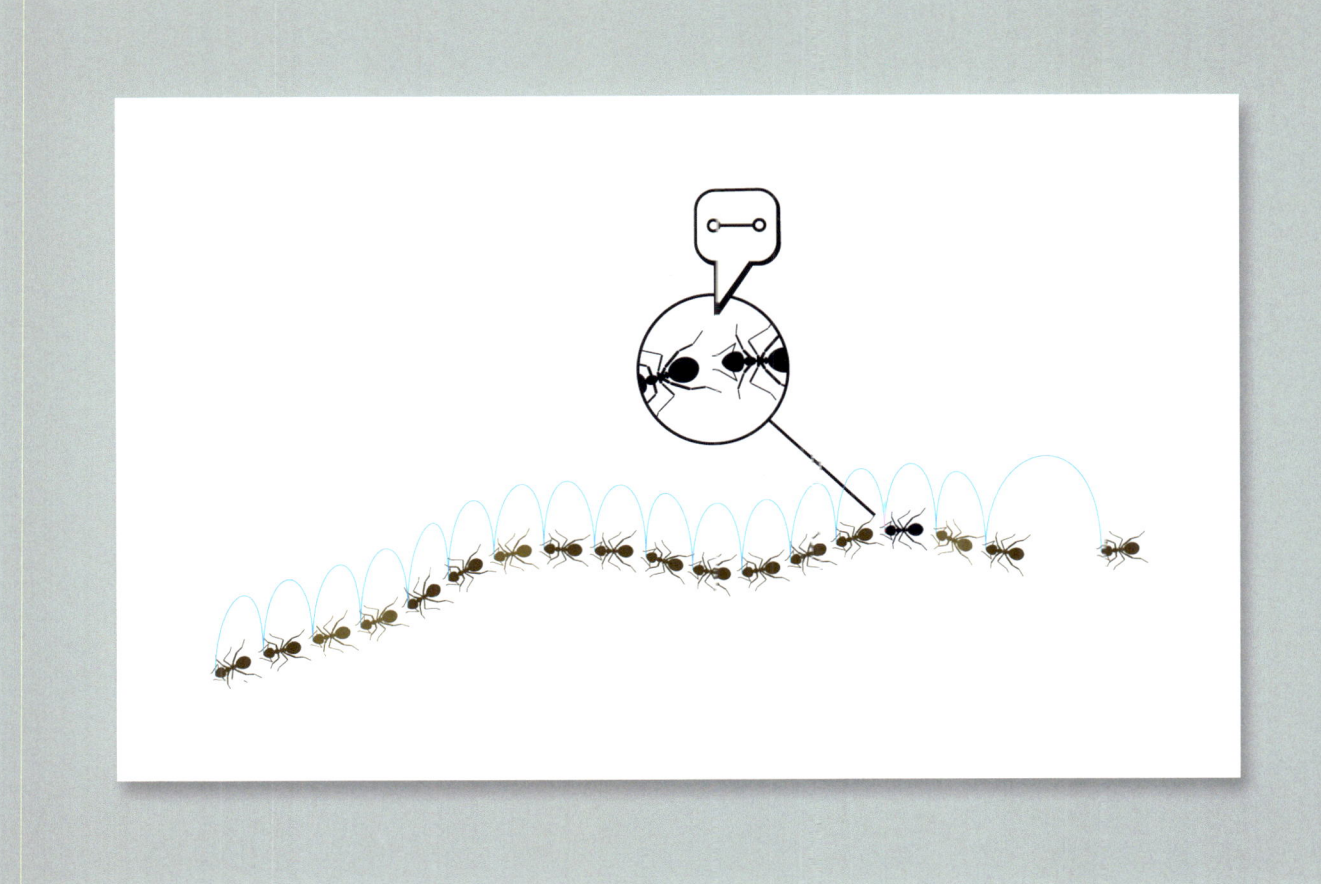

1
POKER DRAWINGS II (3ᴿᴰ PLACE)
2
POKER DRAWINGS I (8ᵀᴴ PLACE)
Torgeir Husevaag

Le gagnant rafle la mise?   Dans les dessins de poker de Torgeir Husevaag, c'est le processus qui importe. La victoire n'est ici qu'un aspect des dynamiques de groupe et de jeu.   Inspirées par un tournoi de poker à dix joueurs sur Internet, ces esquisses obéissent à leurs propres règles. Afin de visualiser les dynamiques de groupe entre les joueurs les plus confiants et les participants plus timides, Husevaag dessine les trajectoires des mises et des appels, des défaites, des victoires et des éliminations, colorées par type/montant et reliées entre elles par des lignes pointillées.   Réglementées par cette série de signes et de symboles qu'il a imposée, les illustrations de Husevaag rendent compte des interactions et des interdépendances des différents groupes de joueurs — celui du designer compris. / POKER DRAWINGS II (3ᴿᴰ PLACE) / 2008 / Encre sur papier / 52 × 48 cm / POKER DRAWINGS I (8ᵀᴴ PLACE) / 2006 / Encre sur papier / 50 × 63 cm /

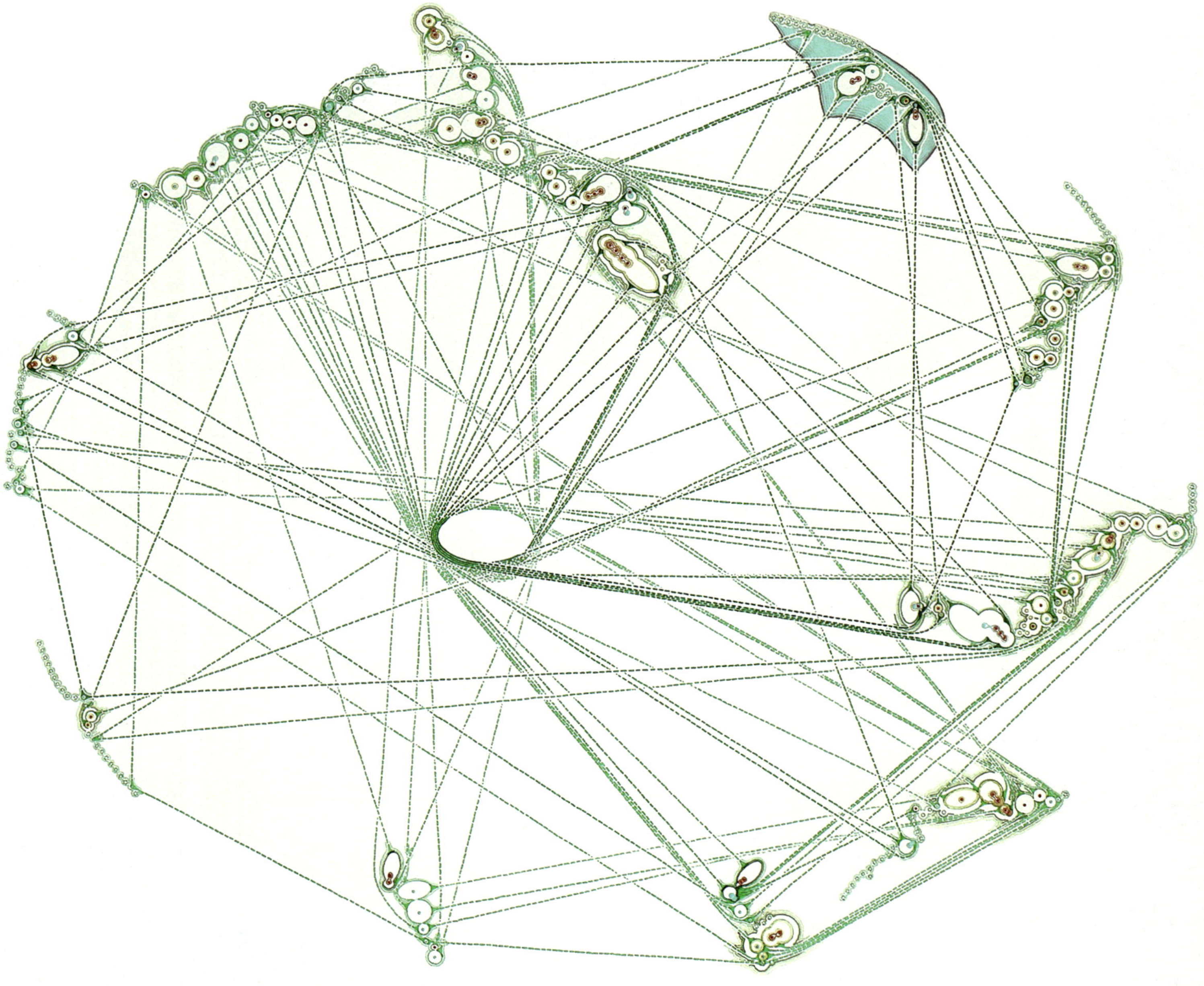

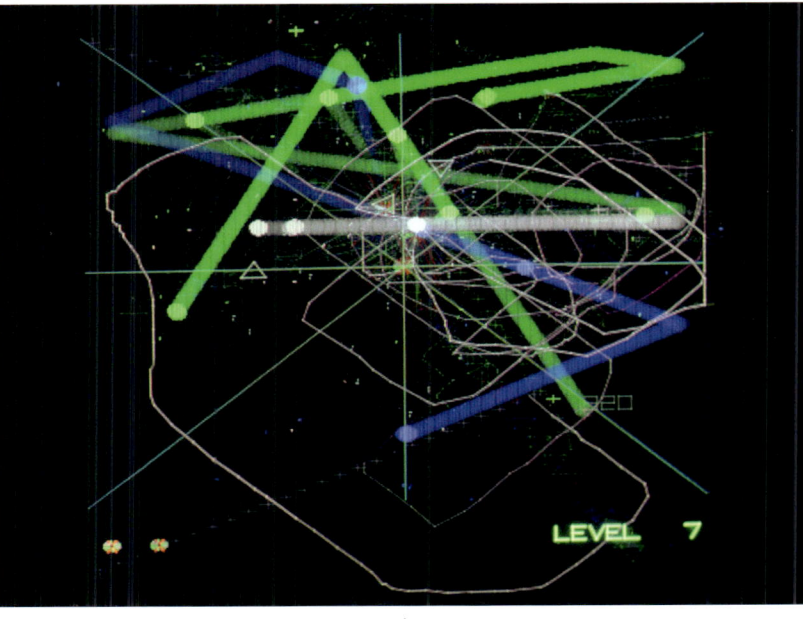

3
TEMPEST 1
4
QUANTUM 1
5
LONG EXPOSURE PHOTOGRAPHS OF 80'S ERA ARCADE GAMES
Rosemarie Fiore

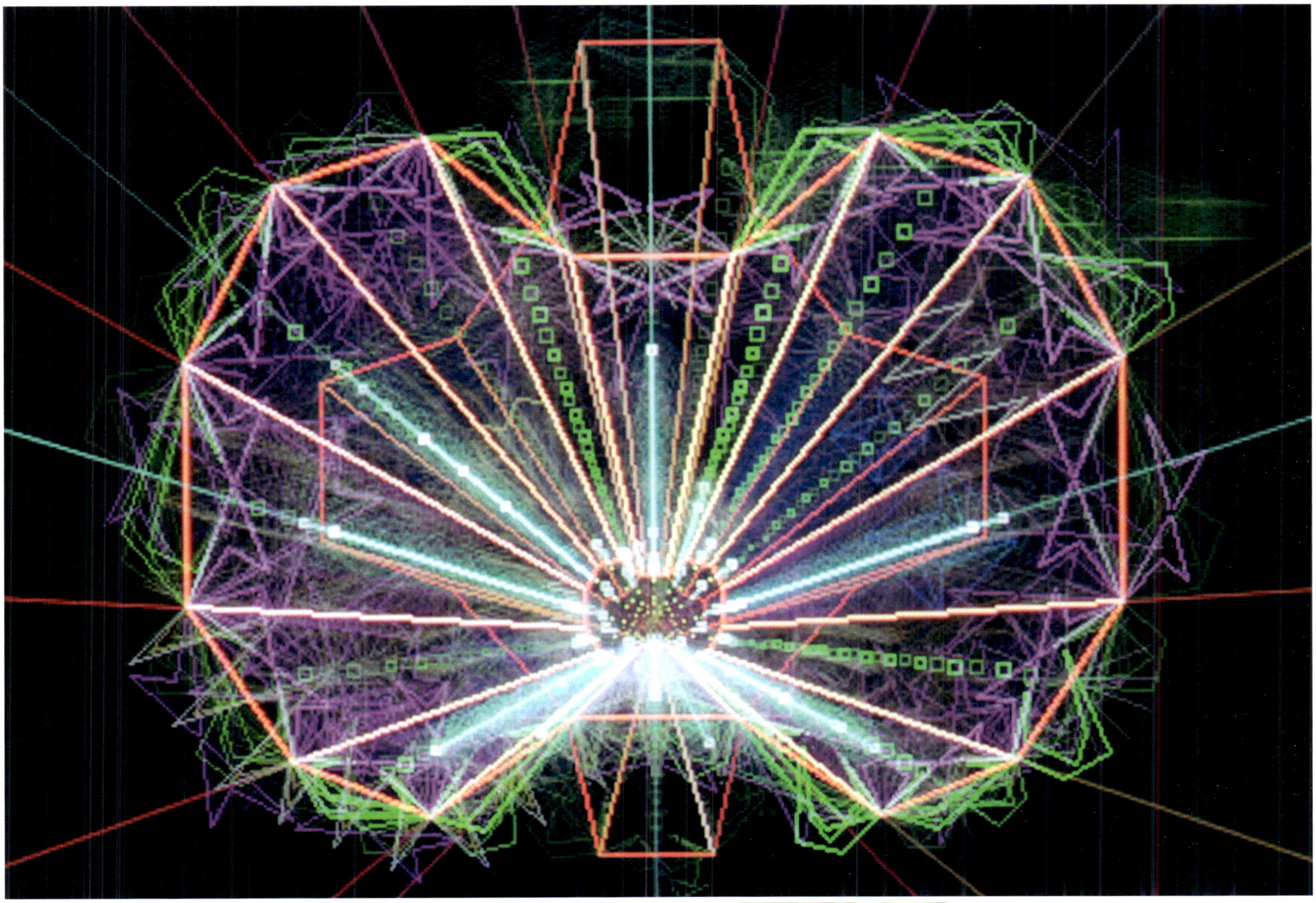

Réalisant là une œuvre d'amour et une documentation très personnelle, Rosemarie Fiore, artiste basée à New York, a décidé de jouer à plusieurs jeux d'arcade populaires dans les années 1980 (Tempest, Quantum et Gyruss) jusqu'à leur niveau final. Enregistrant chaque partie complète en une photographie longue exposition, elle a créé une série de discrètes cartes cinématiques de la structure et du déroulement de chaque jeu.

Rappelant la caractéristique esthétique pixellisée des jeux vidéo de cette époque, les documents de Fiore ramènent chaque jeu à une seule prise de vue et condensent l'ensemble du processus et des heures de jeu requises pour venir à bout de chaque niveau en une représentation unique qui expose la logique cachée du jeu comme un test de Rorschach numérique. / TEMPEST 1 / 2001 / Tirage: Digital C-print 48×72 pouces (122×188 cm) / QUANTUM 1 / 2002 / Tirage: Digital C-print 36×40 pouces (91.5×101.5 cm) / LONG EXPOSURE PHOTOGRAPHS OF 80'S ERA ARCADE GAMES / 2004 / Photo: Michael Ferris Jr. / Avec l'aimable autorisation de Priska C. Juschka Fine Art /

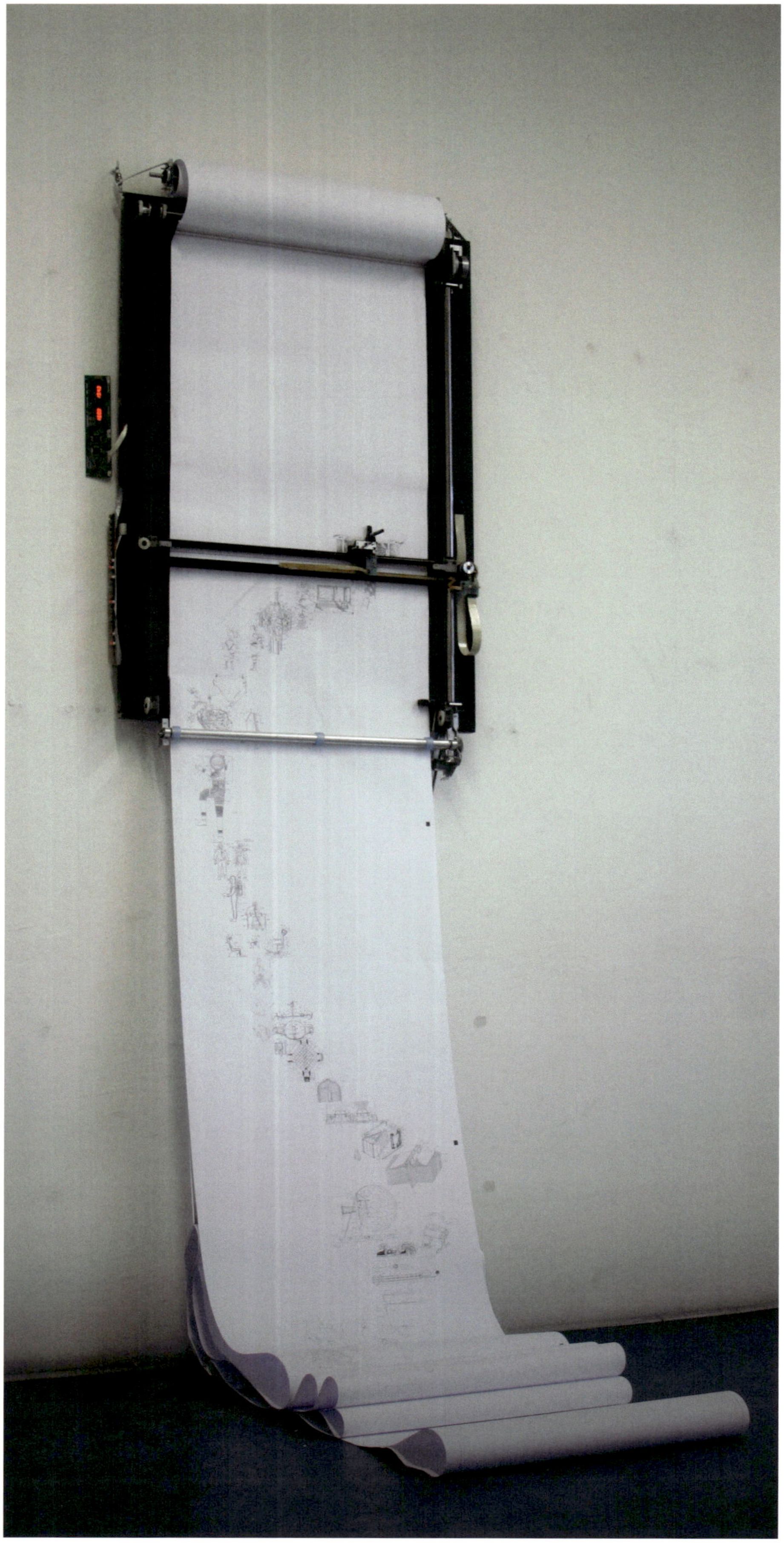

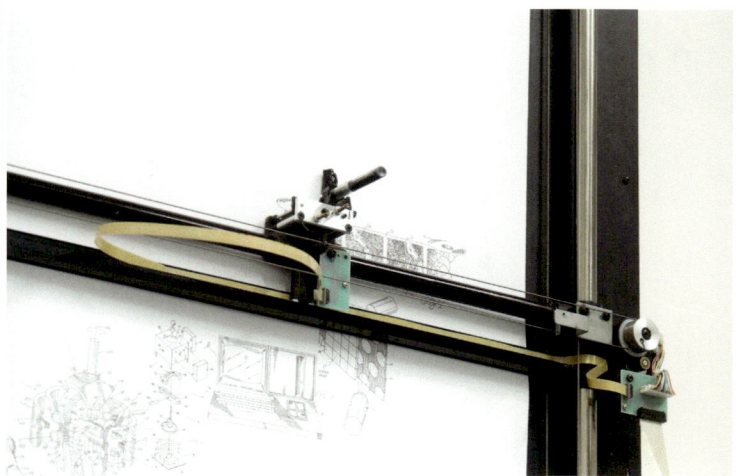

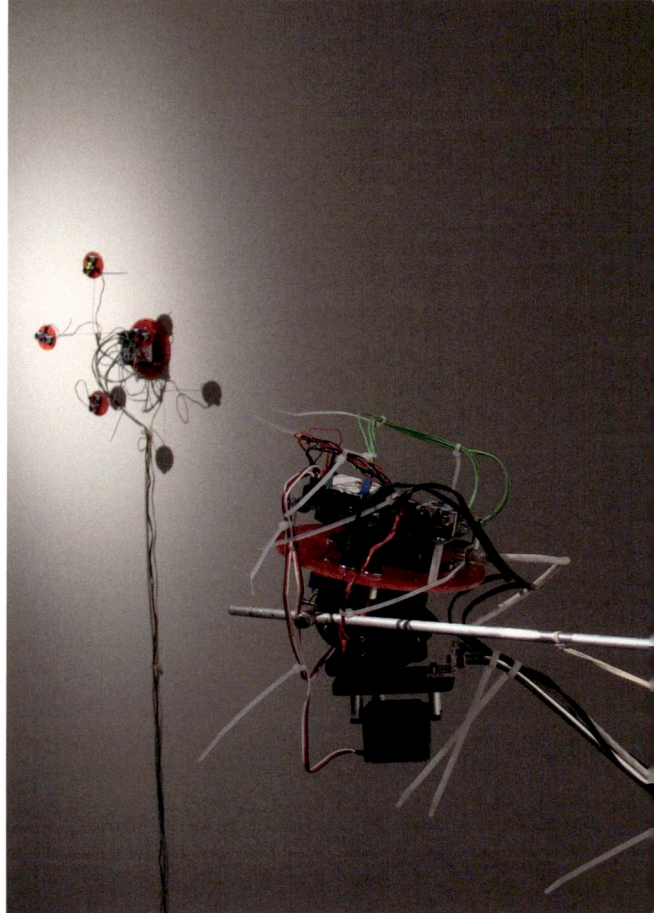

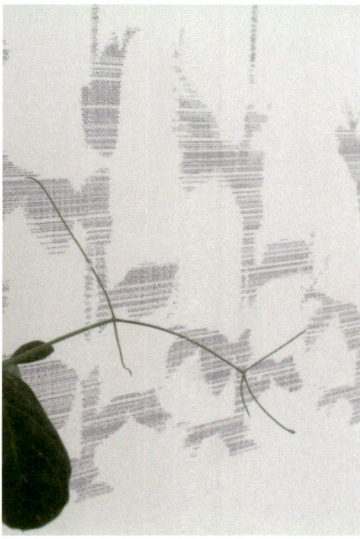

3

### 1
### PERPETUAL STORYTELLING APPARATUS
**Benjamin Maus et Julius von Bismarck**
L'intrigue s'épaissit et l'histoire se démêle: L'APPAREIL À HISTOIRES PERPÉTUEL de Julius von Bismarck et Benjamin Maus transforme des brevets oubliés en un flot d'associations et de trouvailles. Leur machine à dessiner transforme des best-sellers en schémas de brevets grâce à l'analyse d'une banque de données de 7 millions de brevets reliés par plus de 22 millions de renvois. L'algorithme des deux artistes élimine les conjonctions de coordination du roman et se sert du reste — dans l'ordre chronologique — pour rechercher des brevets-clefs. Une fois identifiés, le programme établit des liens pertinents — ce qu'on appelle « l'état de la technique », pour construire une intrigue linéaire. De nouvelles associations visuelles et couches de narration émergent du mélange de l'intrigue contemporaine et des inventions techniques. En résulte un magnifique conte qui serpente sans fin sur le rouleau de papier — mais reste aussi énigmatique et impénétrable que nombre des brevets. /2009/ Machine à dessiner customisée, logiciel customisé, rouleau de papier.

### 2
### REMOTE SONAR DRAWING DEVICE
**David Bowen**
Onde d'amitié venant de l'autre bout du monde ou exercice d'(in)compréhension? L'installation robotique de téléprésence internationale de Bowen est une œuvre interactive et interprétative. Au Laboral Centro de Arte y Creación Industrial de Gijón (Espagne) et au Visualization and Digital Imaging Lab de l'université du Minnesota (États-Unis), deux tableaux et bras identiques équipés d'un sonar consignent les mouvements des gens dans l'espace (de la galerie). Toutes les informations sensorielles sont transmises en temps réel à l'installation partenaire et le fusain du robot dessinateur traduit les actions des visiteurs en une série de gestes espiègles. Entre passants passifs et gestes de la main, l'expérience se nourrit de l'interaction de mouvements et de dynamiques entre les deux endroits, comme de l'intérêt mutuel. /2008/

### 3
### GROWTH RENDERING DEVICE
**David Bowen**
Dans le système clos de David Bowen tournant autour des notions de croissance et d'émulation, de nature et de technologie, chaque élément « se nourrit » de l'autre. Le système fournit lumière et nourriture à la plante, elle répond en poussant. En réaction à cette croissance, l'installation mesure le développement de la plante et produit une ombre légère — un dessin à trame réalisé par une imprimante — des derniers changements. Toujours en mouvement et déconnecté du monde extérieur, le système déplace automatiquement la rame de papier après chaque dessin, signalant une croissance et un nouveau cycle de mesure. Le projet a une fin ouverte et le résultat final n'est pas prédéterminé. /2007/

DATAPROCESS

PAGE DE GAUCHE
**TREE DRAWING
HAWTHORN ON EASEL#1**
1
**OAK ON EASEL#1**
2
**LARCH ON EASEL [FOUR PEN]#1**
Tim Knowles
DESSIN D'ARBRE est une série d'esquisses obtenues en attachant de quoi dessiner aux branches d'un arbre et en laissant faire la nature (et le vent). Comme notre propre signature, chaque dessin en dit long sur les qualités et les caractéristiques de leur « auteur »: de la légèreté des lignes fluides et décontractées du saule aux traits durs, irritants et névrosés de l'aubépine. /Copyright: Tim Knowles/ TREE DRAWING HAWTHORN ON EASEL#1/2005/C-type Print et encre sur papier 790×620mm+790×620mm/OAK ON EASEL#1/2005/Détail diptyque C-type Print et encre sur papier 790×620mm+790×620mm/LARCH ON EASEL [FOUR PEN]#1/2005/Dessin détail diptyque C-type Print et encre sur papier 780×980mm+780×590mm/

3
**WIND WALK #2
SEVEN WALKS FROM SEVEN DIALS**
Tim Knowles
PROMENADE DU VENT #2 — 7 promenades à partir des 7 cadrans « The answer, my friend, is blowing in the wind ... » Une leçon d'errance: Tim Knowles cherche un élément fortuit dans nos vies de plus en plus réglées. Semblables à des expériences scientifiques soumises à des forces extérieures, ses projets révèlent les puissances invisibles dans le monde qui nous entoure et la nature de systèmes cachés. L'artiste s'en remet à des outils, des mécanismes, des systèmes ou des procédés qui échappent à son contrôle. Dans Promenades du vent, une voile montée sur un casque sert de flèche directrice à 7 promenades dans le centre de Londres, enregistrées par un GPS et une caméra embarquée. Partant du lieu historique des 7 cadrans — d'où partent 7 rues — Knowles répète son expérience aléatoire jusqu'à ce que les 7 rues aient été parcourues. /2009/Copyright: Tim Knowles/

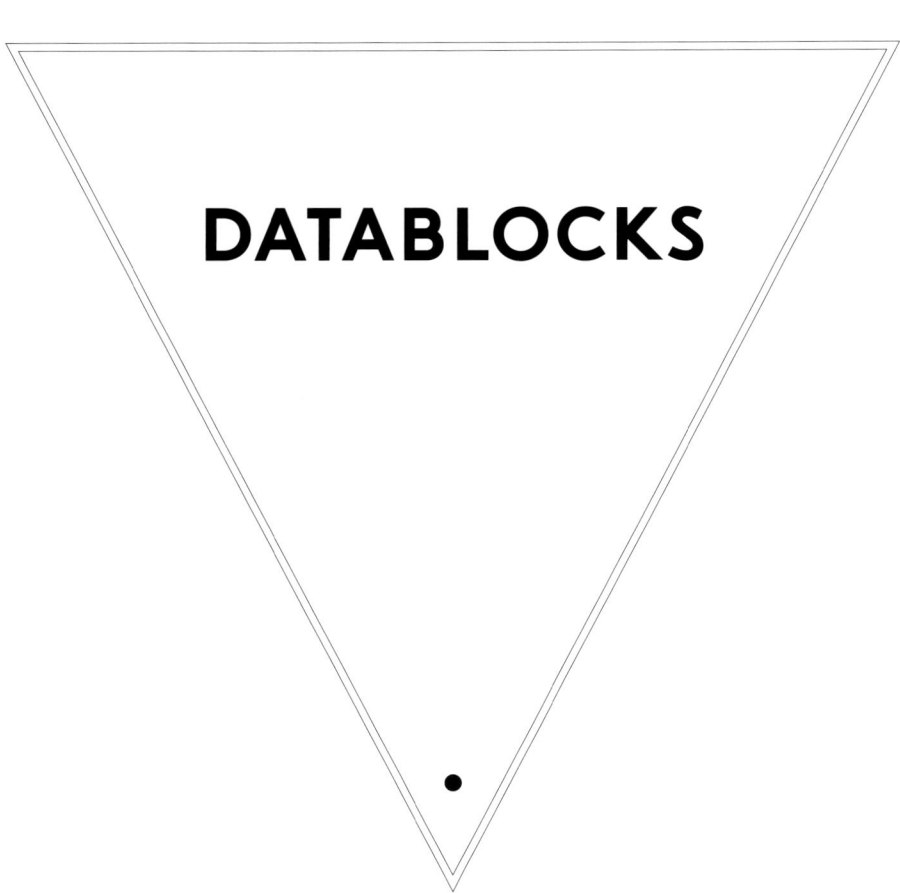

**Le rectangle est la forme la plus populaire en matière de visualisation d'informations. On ne l'utilise pas seulement dans les graphiques en barres ou les organigrammes plus sophistiqués, ce chapitre nous le montrera. Barres, carrés, cubes: les pages suivantes sont remplies de diagrammes qui ont recours à des surfaces, des figures ou des volumes pour classer et comparer des données – dans toute leur rectangulaire splendeur.**

•

**Les structures rectangulaires sont partout. Dans les fenêtres, les portes, les carrelages, les tables, les boîtes de céréales, les briques de LEGO, les bâtiments. Grâce à ses nombreuses qualités, le rectangle est la forme la plus utilisée dans de nombreux domaines. L'une d'entre elles, qui le rend parfait pour la visualisation d'informations, est son utilisation efficace de l'espace. Lorsqu'on empile des blocs, on ne gaspille pas de place. Le moindre millimètre, le moindre pixel (lui-même un rectangle) peut être utilisé au maximum. Nombre des projets présentés dans ces**

PAGE PRÉCÉDENTE
PAPER MASK
Johnny Kelly

pages sont extrêmement denses et présentent une grande quantité d'informations dans un espace compact, sans perdre en clarté. Le projet gigantesque de Haohao Huang, la carte de l'histoire de sa famille, est un exemple parmi d'autres. /1/ Tous les chiffres qui la composent sont placés sur une grille serrée avant d'être peints à la main en fonction d'un code de couleurs. Il en résulte un impressionnant condensé d'informations.

1
MAPPING TIME BASED ON GENEALOGY
AND HISTORICAL STUDY
COLORING STAGE
Haohao Huang
/›PP.74,75/

L'organigramme est particulièrement efficace. Cette méthode relativement nouvelle dans l'histoire de la visualisation d'informations jouit d'une popularité grandissante et a même trouvé sa place dans les médias de masse. Par définition, aucun espace n'est gaspillé. Des cases remplissent toute la surface, recouvrant tout de blocs de données. On peut avoir une vue d'ensemble en un coup d'œil, comme c'est le cas avec la visualisation de la circulation d'informations en science réalisée par Moritz Stefaner. /2/ Les rectangles jouent gentiment à l'intérieur des grilles imposées par leur environnement. Les feuilles de papier ont des angles droits, les écrans aussi. Sur la plupart des sites Internet par exemple, HTML et CSS rangent les contenus dans des boîtes. Des barres et des carrés alignés par rapport à ces limites extérieures – et les uns par rapport aux autres – suggèrent harmonie, stabilité et clarté. Le système typographique et codé par couleurs de Caroline Fabès en est un exemple parfait. /3/

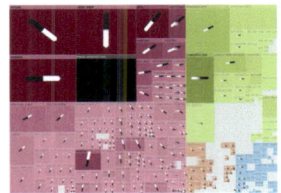

2
WELL-FORMED.EIGENFACTOR
VISUALIZING INFORMATION FLOW
IN SCIENCE
Moritz Stefaner
/›P.66/

L'affiche de Cybu Richli et Fabienne Burri pour le Prix des arts et de la culture de la ville de Lucerne ajoute une nouvelle dimension en plaçant des blocs de données dans une grille en trois dimensions. /4/ On visualise ainsi des séries de données différentes, mais reliées, qui forment une structure intrigante et complexe, tandis que la rigueur de la grille rectangulaire aide le public à s'orienter. Car voici une autre qualité du rectangle: sa forme géométrique claire guide notre œil et évoque une certaine simplicité, même quand le sujet traité est complexe.

3
L'AVENTURE DES ÉCRITURES
Caroline Fabès
/›P.61/

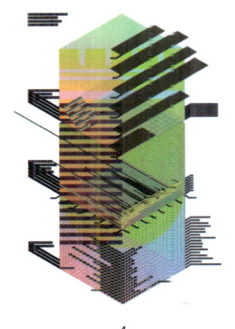

4
DATEN DES KUNST-
UND KULTURPREISTRÄGERS
UND DER ANERKENNUNGSPREISTRÄGER
DER STADT LUZERN 2009
C2F: Cybu Richli & Fabienne Burri
/›PP.68,69/

### 1
### MEETING STRUCTURES
### (OVERLEGSTRUCTUREN)
#### Luna Maurer

STRUCTURES DE RENCONTRE nous permet de jeter un œil dans les coulisses pour découvrir le quotidien et l'administration d'une galerie d'art. Pendant six mois, le calendrier du musée s'est ouvert sur le sol de la galerie sous la forme de bandes de ruban adhésif obéissant à un code de couleurs.     Rendant compte des progrès de l'art et de la bureaucratie dans l'espace et le temps sous la forme d'une installation au sol accessible au public, cette œuvre révèle les multiples facettes des constellations organisationnelles d'une institution artistique de taille moyenne — artistes et financement, autorités locales et designers en communication

### 2
### ILLINOIS:
### VISUALIZING MUSIC
### VOCAL ALBUM GRID
#### Jax de León

/›PP.95,170/ Avec cette variante de son projet ILLINOIS: VISUALISATION DE LA MUSIQUE, VOIR DATANETS, Jax de León traduit les magnifiques chansons de Sufjan Stevens en une notation colorée.     Rappelant le système de réservation d'un théâtre, la méthode de Jax de León est un hommage au plaisir simple de colorer les cases d'une grille. Ici, chaque carré représente une seconde, les couleurs indiquent le thème des paroles et les cases grises correspondent aux passages instrumentaux. Les carrés divisés en plusieurs parties indiquent les passages à plusieurs voix, tandis que d'autres marquages correspondent aux chœurs ou à des expressions non verbales telles que « ooh » ou « ahh ».     Même si ce résultat pixellisé ne rend pas compte du sous-texte de la chanson ou des émotions portées par chaque note, il donne une vue d'ensemble de l'interprétation du chanteur — de son rythme et des moments de contemplation silencieuse.

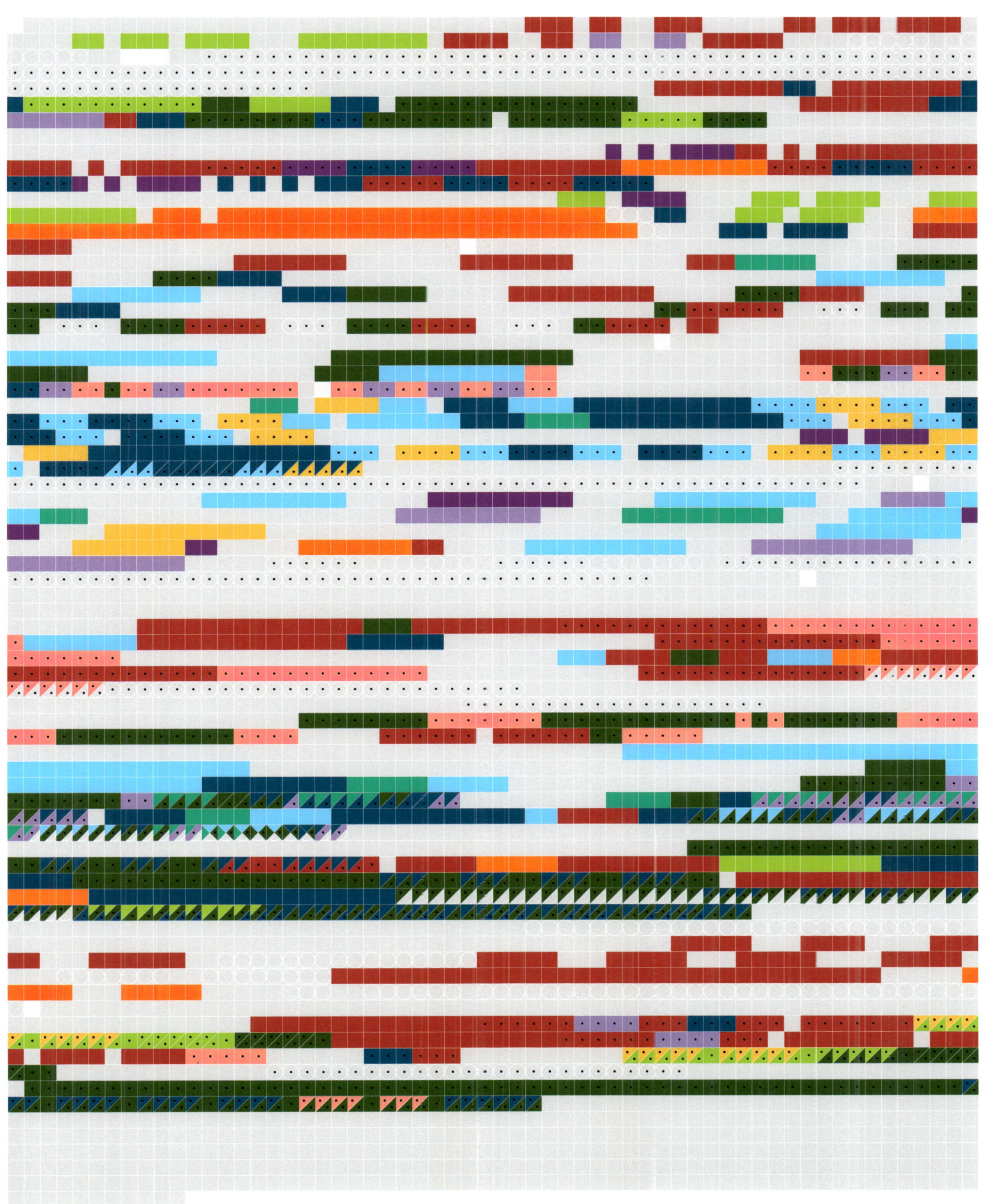

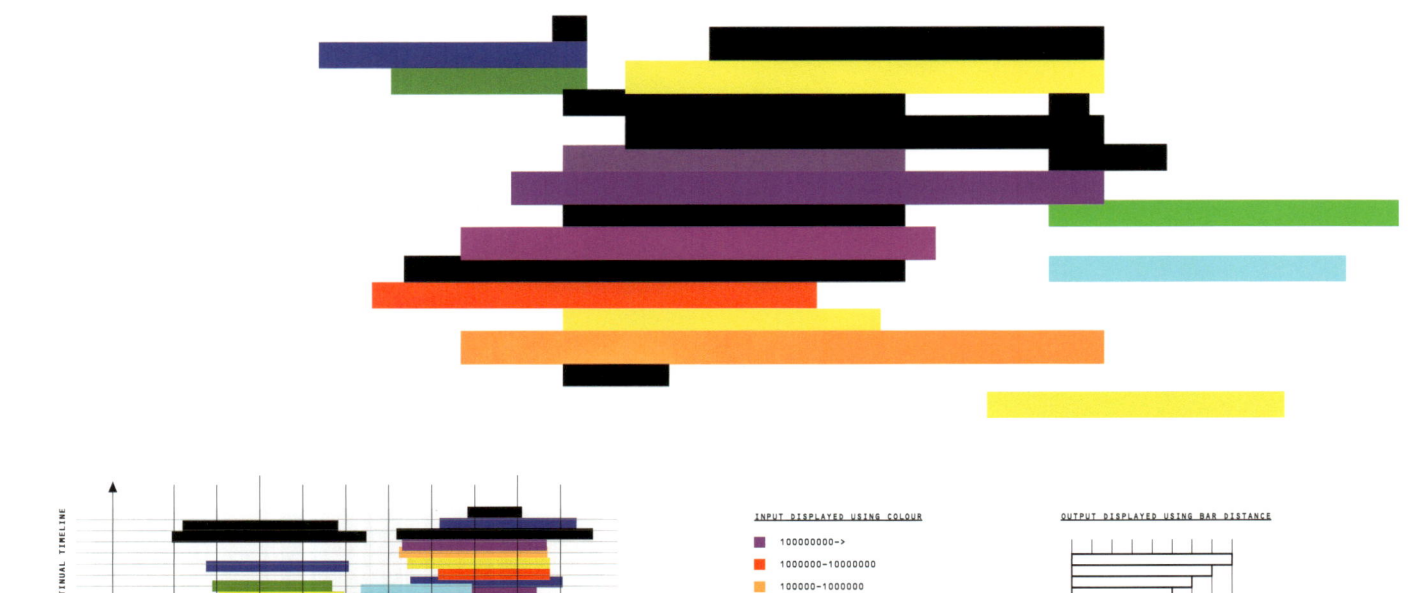

1

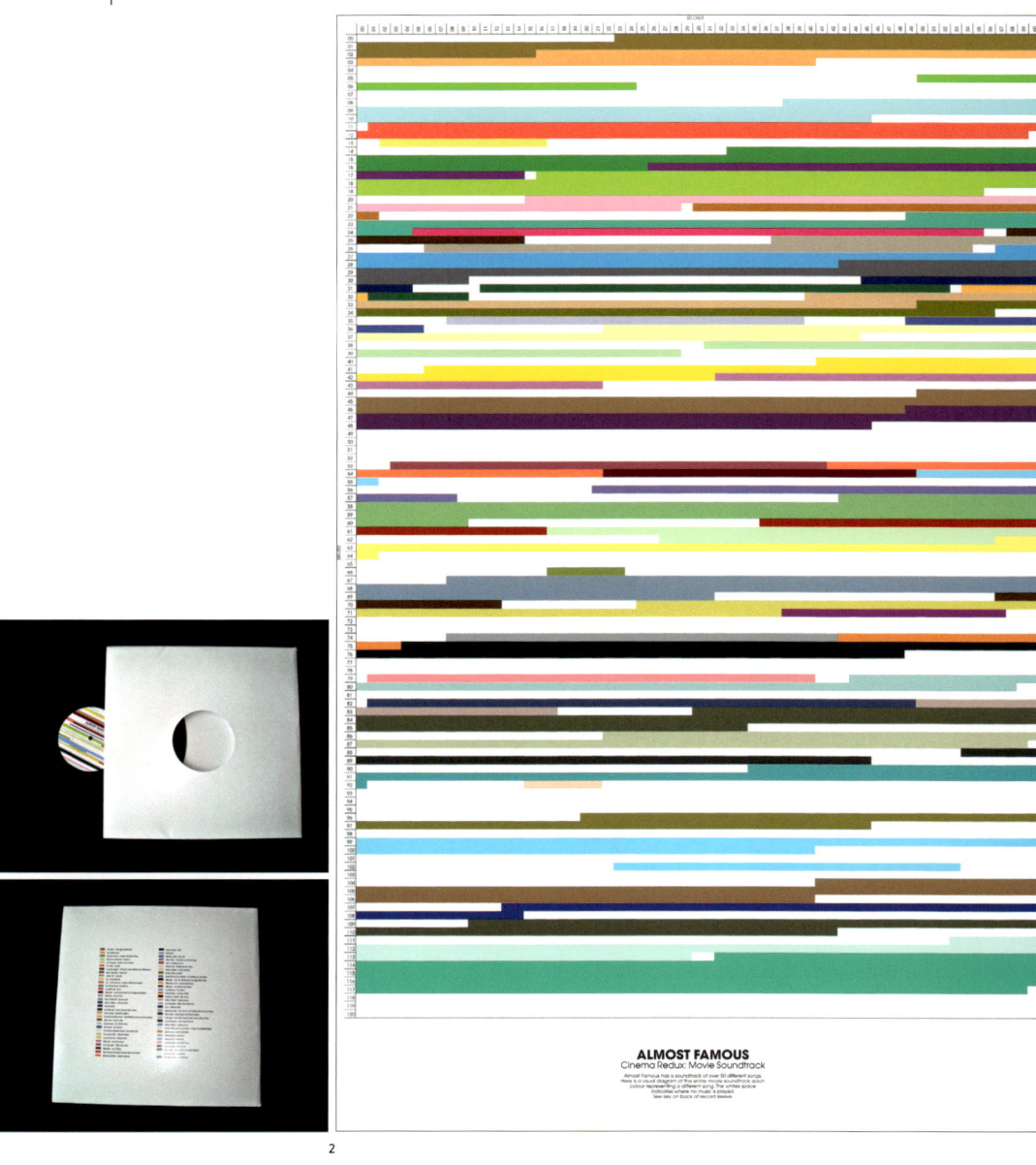

### 1
### THE SHARP PROJECT
### four23

S'inscrivant de longue date dans le paysage de Manchester, le monolithe cubique du Sharp Building est resté vide pendant de nombreuses années. Avec une remise à neuf d'un coût de 5 millions de livres en prévision, la ville a décidé de transformer ce monstre rétro en un centre de production de nouveaux médias numériques flambant neuf pour la ville et les environs. Chargé de créer l'identité visuelle du projet, four23 s'est allié avec la légende locale Peter Saville pour développer une image appropriée à la nouvelle vie de cette structure austère. Inspirés par le monde des arts générés par ordinateur, leur choix s'est porté sur un logo en perpétuel changement, représentation cryptée de l'activité du bâtiment en temps réel. L'identité visuelle qui en résulte — générée par des paramètres tels que le débit créatif en mégaoctets ou le rendement exprimé par la taille des barres — se développe au fil du temps et représente une communauté créative qui ne s'arrête jamais et ne reste jamais identique.

### 2
### CINEMA REDUX
### Katy Foster

Mission délicate pour Katy Foster: condenser un film entier en une seule image. Son choix, l'épopée rock PRESQUE CÉLÈBRE, comprend près de cinquante chansons différentes. La représentation visuelle de Foster transforme la totalité de la bande originale du film en un unique diagramme dans lequel chaque nuance de couleur représente une chanson et les blancs les passages sans musique.

## THE BROKEN WINDMILL
HOAGY HOUGHTON

**3**
**ALEATORY COMPOSITIONS**
Hoagy Houghton
COMPOSITIONS ALÉATOIRES est un livre de partitions — écrit par des gens qui n'en savent rien. Les complices involontaires d'Houghton ont composé leurs morceaux en remplissant une grille avec sept couleurs différentes, colorant les cases comme ils le voulaient. Une échelle de couleur a traduit leurs compositions visuelles en notes de musique, une variété de chœurs aléatoires et de mélodies abstraites.

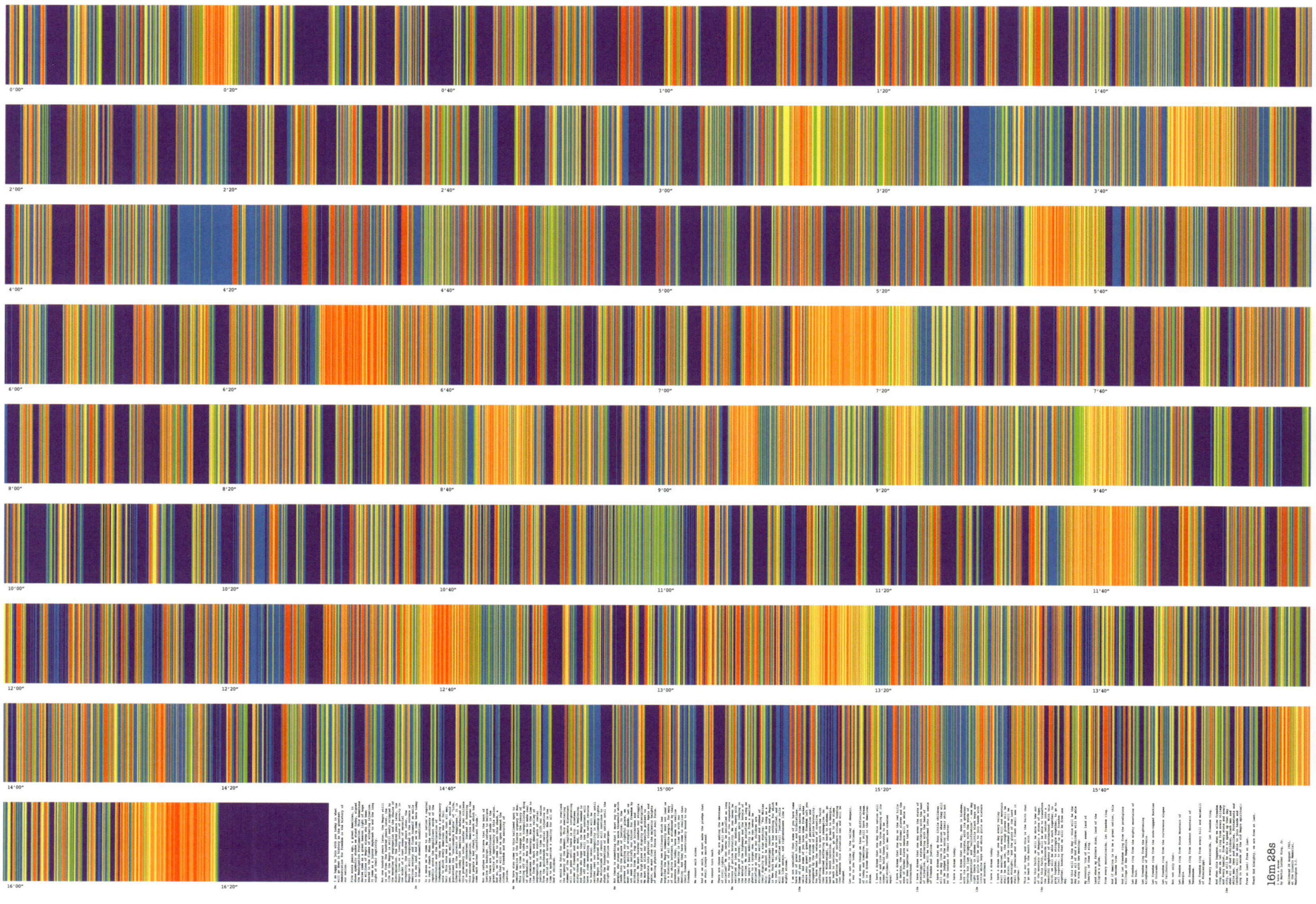

1
16M 28S
why not smile
Hoon Kim

16M 28S met un terme à l'inégalité. Tirant son nom de la durée de l'allocution majeure de Martin Luther King, Jr. « J'ai un rêve », il démêle le rythme et la mélodie de l'émouvant discours de ce champion des droits civiques.     Prenant la forme d'un spectre de couleurs (de rouge=fort à violet=silencieux) pour refléter l'intonation très expressive de Martin Luther King, 16M 28S facilite l'interprétation en ajoutant un élément sensoriel au texte.     Ainsi, une simple copie du discours de Martin Luther King peut aller au-delà du pur contenu écrit — et entrer dans le domaine de la passion et de la rhétorique.

2
POÉSIE DE SUPERMARCHÉ
Caroline Fabès

Dans son exploration de la POÉSIE DE SUPERMARCHÉ, Caroline Fabès a redessiné infographiquement des photographies prises dans un supermarché. Faisant abstraction de toute référence textuelle, elle s'est concentrée sur les couleurs dominantes de chaque packaging avant de retranscrire ces informations visuelles en mots en fonction du code de couleur développé pour L'AVENTURE DES ÉCRITURES.

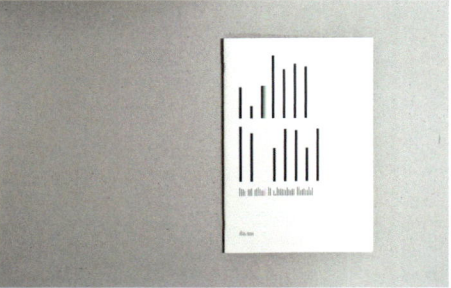

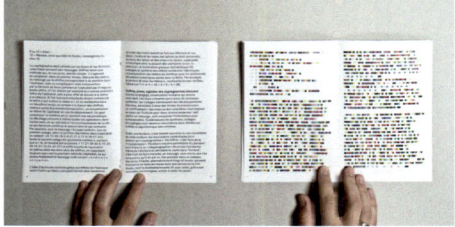

3
**L'AVENTURE DES ÉCRITURES**
Caroline Fabès
Dans L'AVENTURE DES ÉCRITURES de Caroline Fabès, les lettres sont remplacées par des carrés de couleurs différentes, tandis que les signes de ponctuation apparaissent dans toutes les nuances de gris. Cet exemple particulier applique son code à un texte pédagogique trouvé à la Bibliothèque nationale.

4
**L'IMAGE DU TEXTE**
Caroline Fabès
L'IMAGE DU TEXTE est un code reposant sur la mesure de chaque signe de la police de caractères Zofage. Ce code est appliqué à un article d'Emmanuel Souchier sur l'image du texte.

DATABLOCKS

**1**
CONVERSATION + SYNESTHESIA
Shaheena Pooloo
La synesthésie amène le cerveau à associer des couleurs à des lettres ou des chiffres spécifiques. CONVERSATION + SYNESTHÉSIE recrée l'échange entre Shaheena Pooloo et un ami synesthète sous forme de carte de couleurs.

**2**
POETRY ON THE ROAD 2007
Boris Müller and one / one
Depuis 2002, Boris Müller met de la POÉSIE SUR LA ROUTE avec une série de thèmes visuels pour un festival annuel de littérature internationale. Une seule règle: tous les graphiques sont conçus par un programme informatique qui transforme le texte en image. Une fois que vous avez trouvé le code, le poème est à vous! / Équipe: Boris Müller, Florian Pfeffer, Andrea Schaffors /

CONVERSATION + SYNESTHESIA

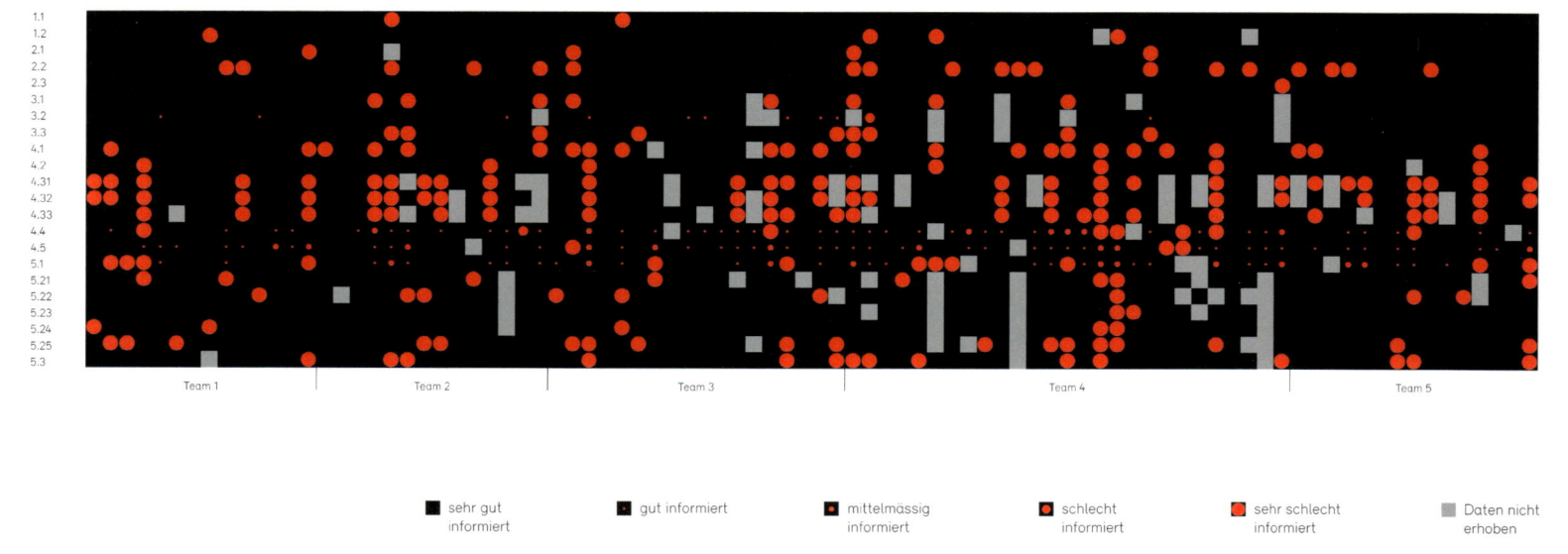

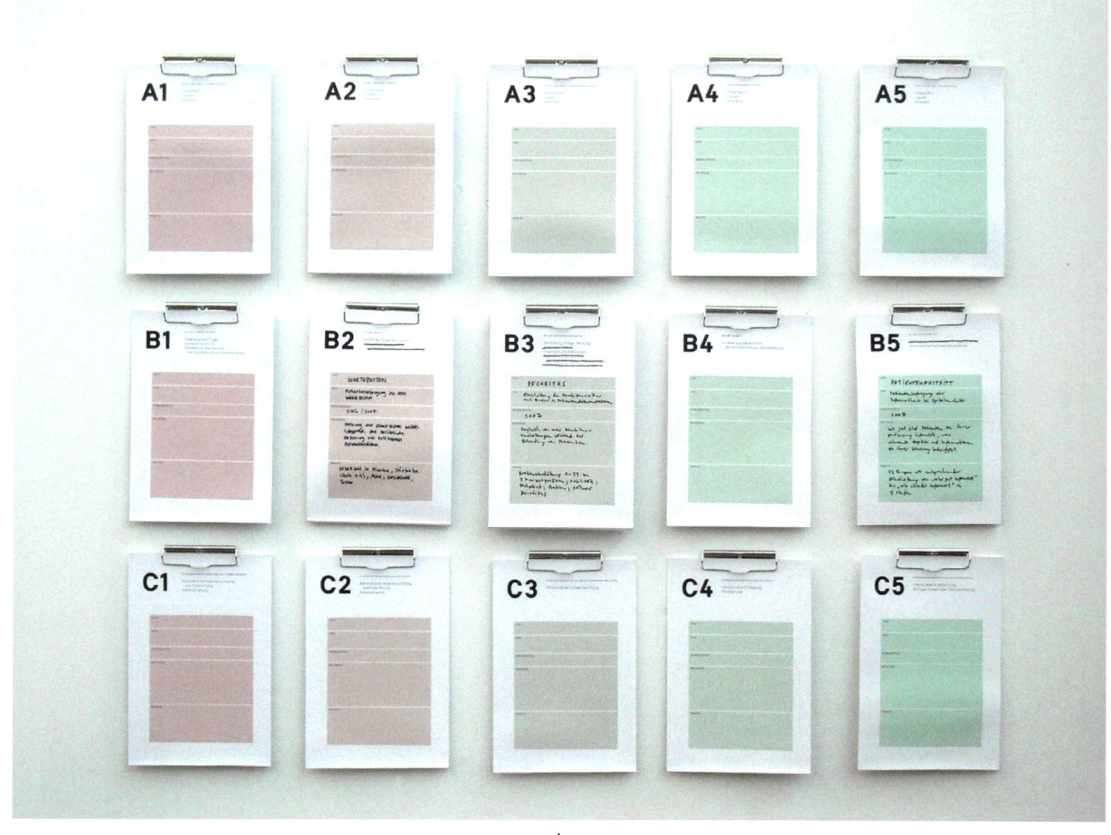

**1**
VISUELLER ATLAS DES SPITALALLTAGS
VISUALISIERUNG ORGANISATORISCHER
UND KOMMUNIKATIVER ABLÄUFE
IM PATIENTENPROZESS
Hahn und Zimmermann
ATLAS VISUEL DU QUOTIDIEN HOSPITA-
LIER — VISUALISATION DES PROCESSUS
D'ORGANISATION ET DE COMMUNICA-
TION DANS LE TRAITEMENT DES PATIENTS
Le projet de recherche ATLAS VISUEL DU
QUOTIDIEN HOSPITALIER nous donne à voir
quatre interactions typiques avec des pa-
tients à l'Inselspital de Berne et a pour but
de faciliter l'analyse des processus d'orga-
nisation et de communication. /Chefs de projet:
Barbara Hahn, Christine Zimmermann, Hochschule der Künste,
Berne, Recherche en design et communication/Partenaires:
Inselspital Berne, direction médicale, service de gestion de la
qualité, Annekäthi Bischoff/

**2**
STATISTICS STRIP IN THE EXHIBITION
"WORK. MEANING AND WORRY"
ART+COM AG
/›P.107/ Pour l'exposition TRAVAIL. SENS ET
SOUCI au musée de l'Hygiène de Dresde,
ART+COM a transformé des graphiques, tableaux et diagrammes en bandes de statistiques accrochées aux murs. Faisant intrusion
dans l'espace physique et dans nos zones
personnelles de confort, les faits et chiffres
exposés ne peuvent être ignorés.    La
longue bande d'aluminium noir guide les
visiteurs à travers l'exposition comme un fil
conducteur. En différents points stratégiques,
cette bande s'élargit pour céder la place à de
pertinents graphiques et tableaux. Plus les
chiffres sont importants, plus ils prennent de
place sur le mur — certains graphiques font
plus de trois mètres de haut.    La bande
de données est complétée par une série de
bornes interactives où les visiteurs peuvent
participer au projet et voir par eux-mêmes
comment un changement de paramètres
peut déboucher sur un résultat complètement différent. Cent interviews ajoutent
une dimension personnelle à ces chiffres
bruts./Commissariat d'exposition: Praxis für Ausstellungen
und Theorie/Concept et design: ART+COM/

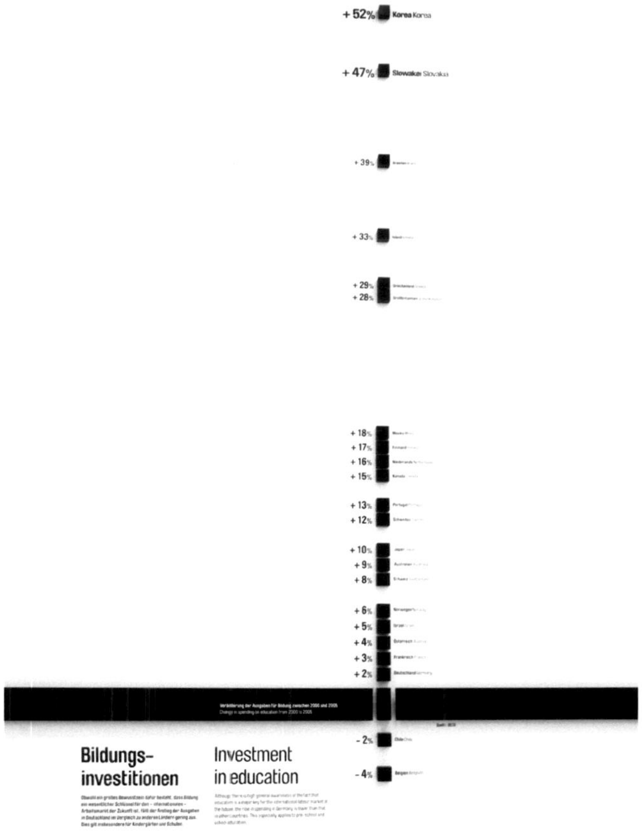

1
WABLE
Physical Interaction Lab
Voyez-vous les signes du changement? Comme un graphique en barres en trois dimensions, la table web ou WABLE reflète la présence des gens sur des sites Internet comme FACEBOOK, FLICKR ou LAST.FM et évolue en fonction de l'activité sur Internet de l'utilisateur. / Photo: Joel Stockman / Illustration: Linn Granlund /

2
WELL-FORMED.EIGENFACTOR
VISUALIZING INFORMATION FLOW
IN SCIENCE
Moritz Stefaner
VISUALISATION DE LA CIRCULATION D'INFORMATIONS EN SCIENCE présente une série de visualisations interactives de schémas apparaissant dans des réseaux de citations scientifiques. Pour ce faire, Stefaner mesure l'importance de journaux pris individuellement — leur score Eigenfactor — ainsi que la circulation de l'information et le regroupement hiérarchique. Les informations obtenues éclairent différents aspects du journalisme scientifique.

3
LIFEMAP
Ritwik Dey
Chargé de réaliser un diagramme de sa propre vie, Ritwik Dey nous donne un exemple de nombrilisme sain et nous emmène voir sa vie, ses études et ses centres d'intérêts sans cesse en évolution. / Créé à Parsons The New School for Design, New York / Professeur: Dmitry Krasny /

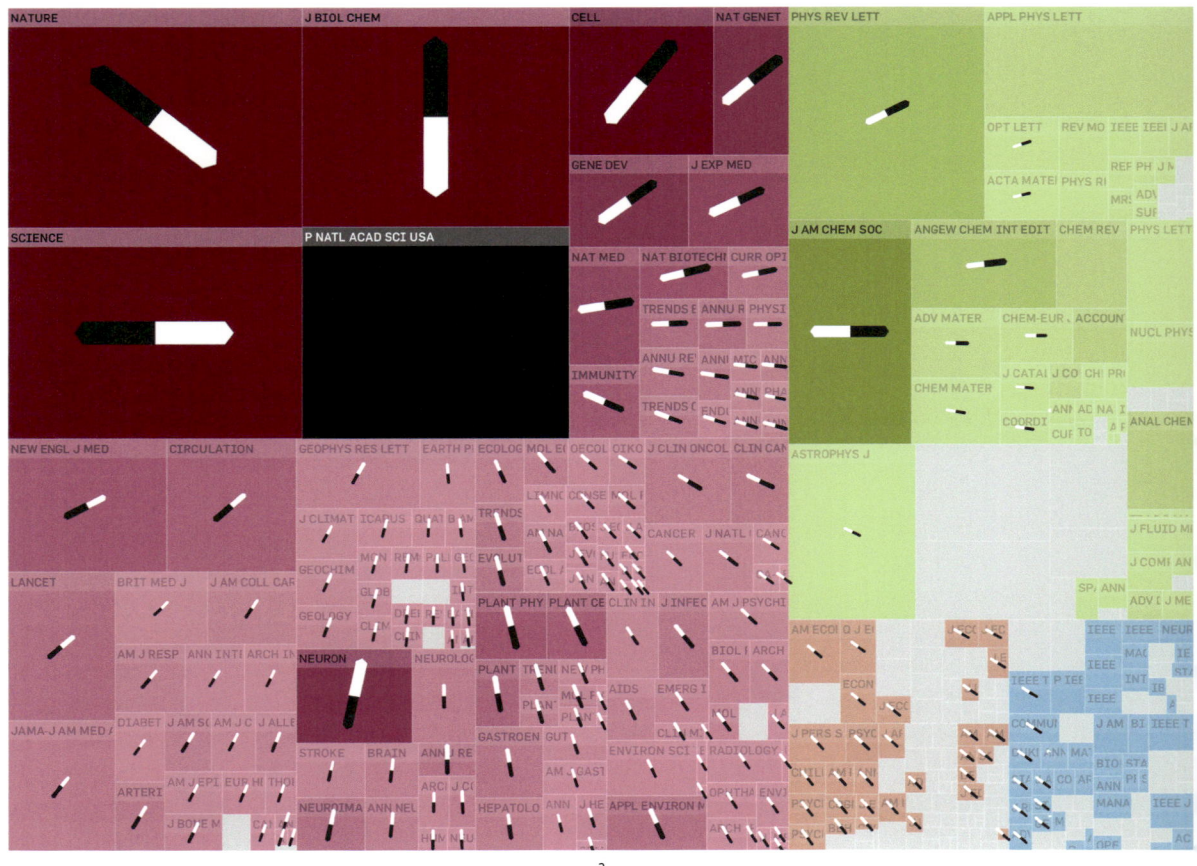

# LifeMap 1.1

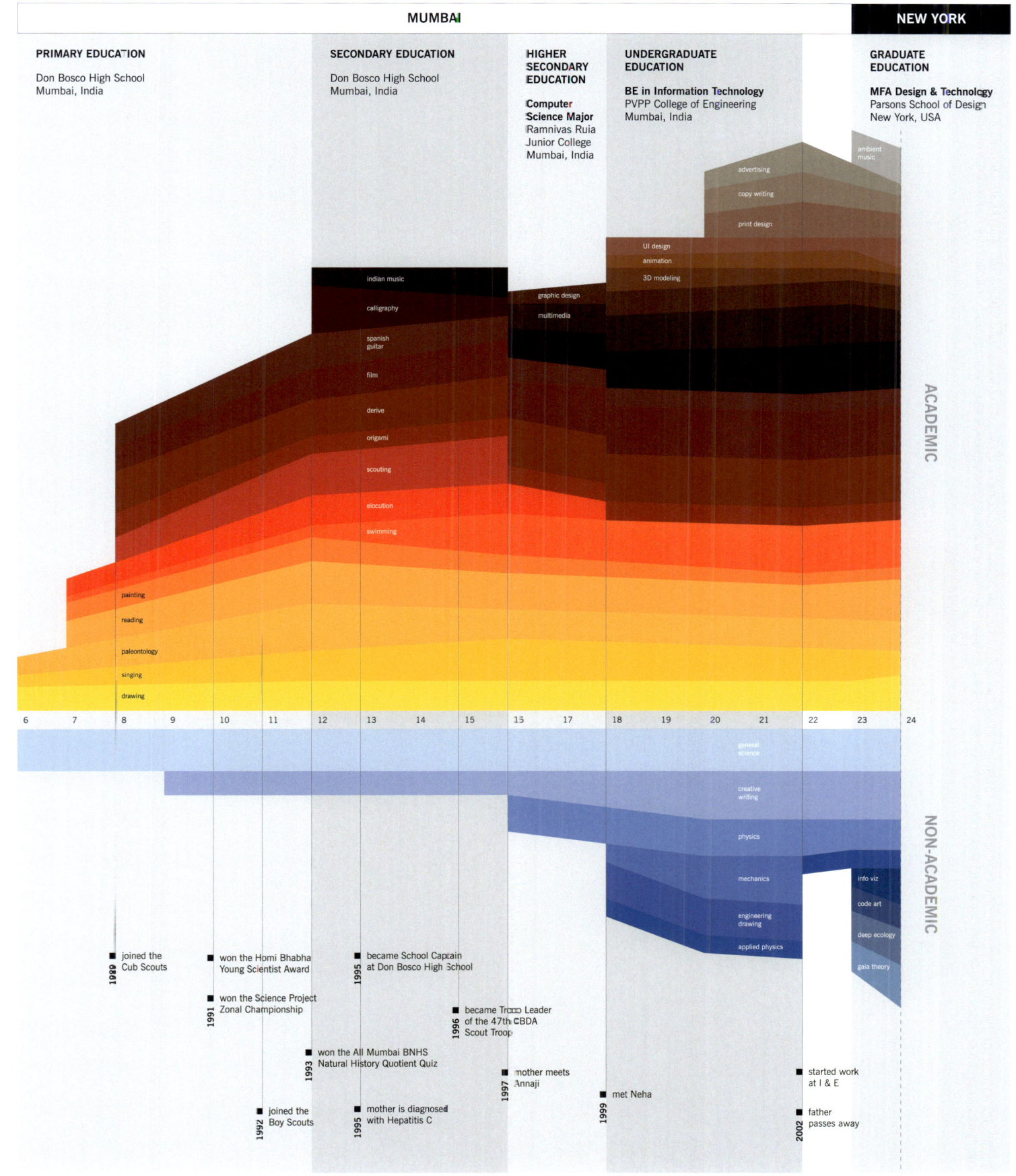

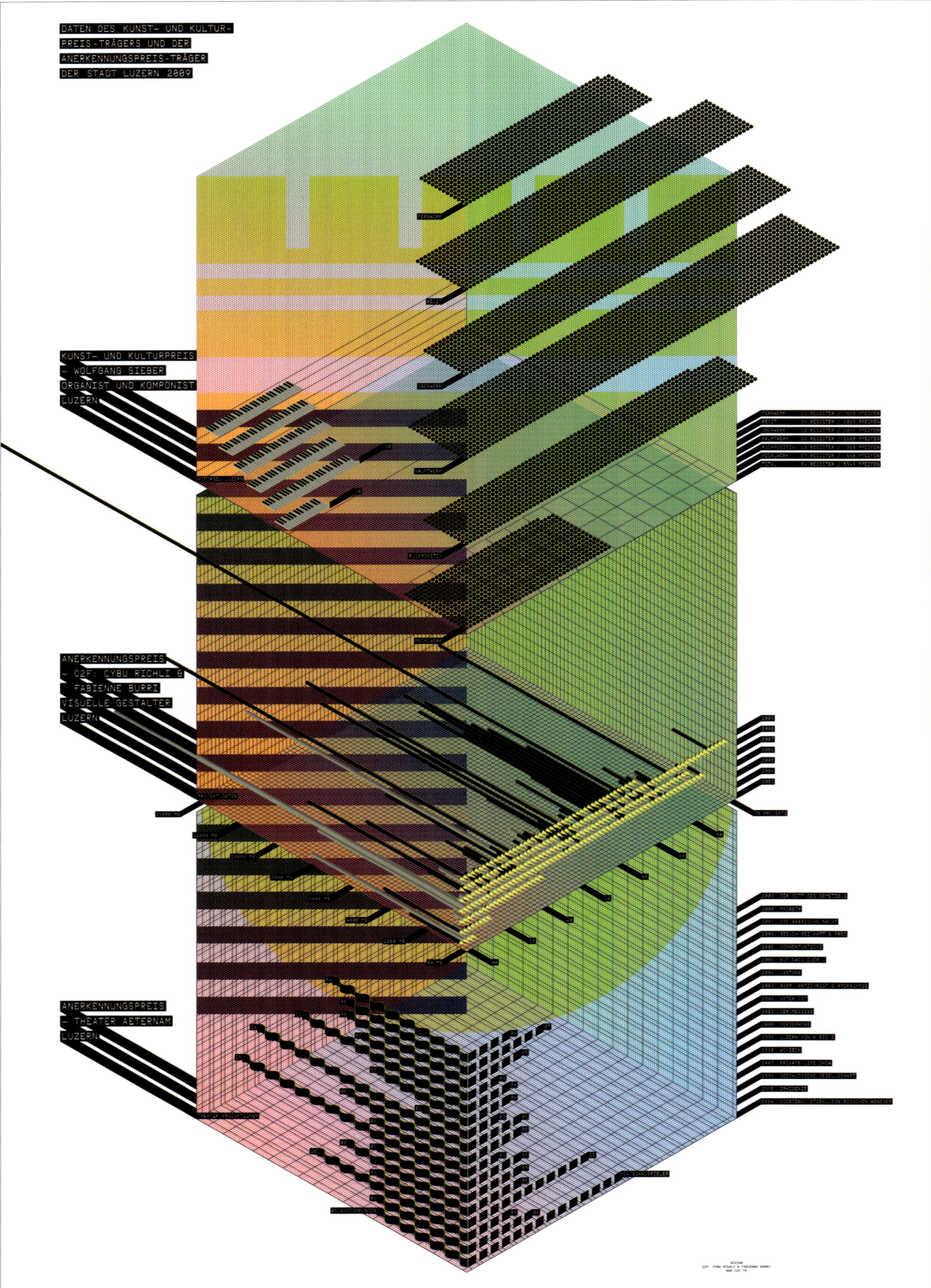

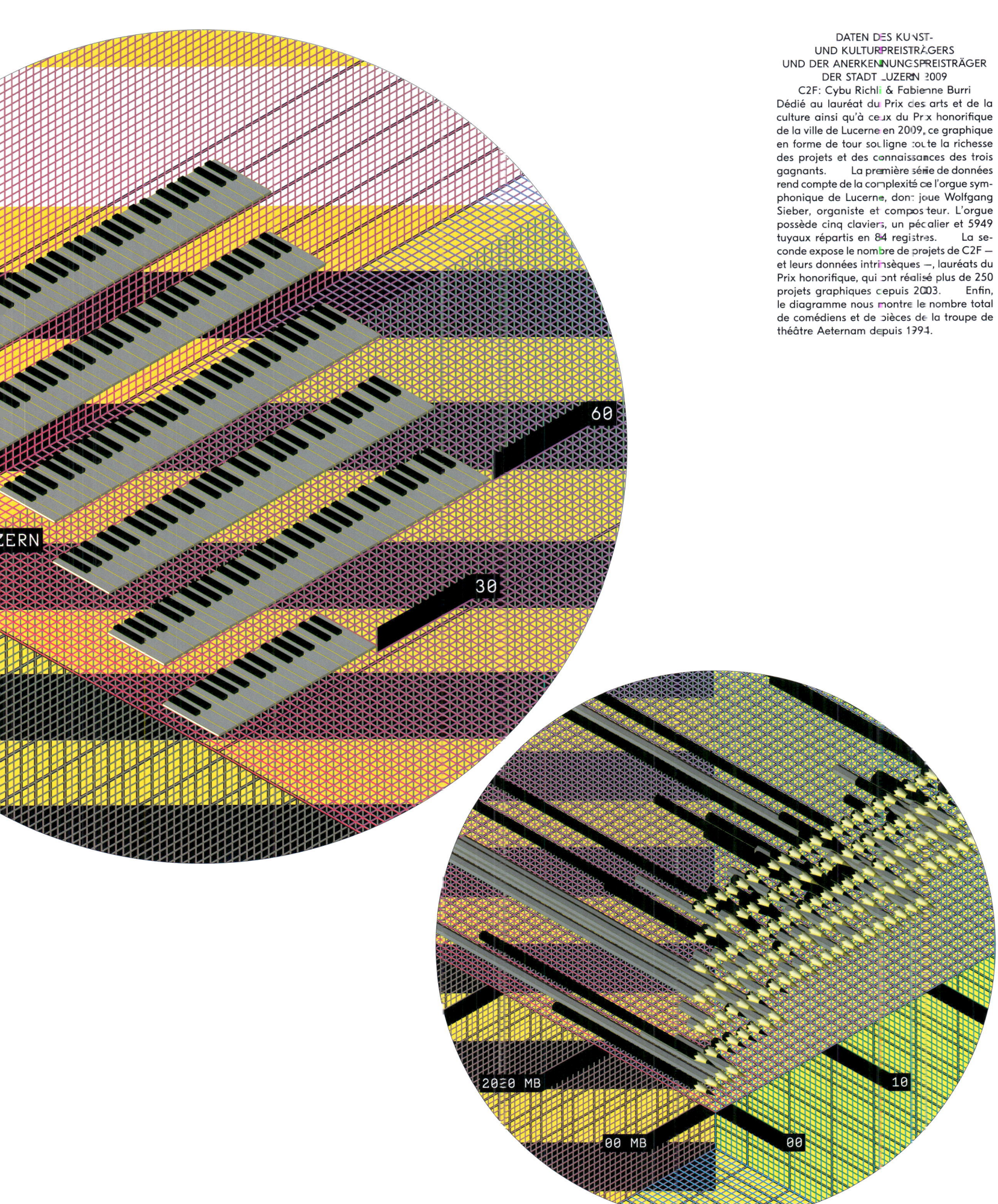

DATEN DES KUNST-
UND KULTURPREISTRÄGERS
UND DER ANERKENNUNGSPREISTRÄGER
DER STADT LUZERN 2009
C2F: Cybu Richli & Fabienne Burri
Dédié au lauréat du Prix des arts et de la culture ainsi qu'à ceux du Prix honorifique de la ville de Lucerne en 2009, ce graphique en forme de tour souligne toute la richesse des projets et des connaissances des trois gagnants.     La première série de données rend compte de la complexité de l'orgue symphonique de Lucerne, dont joue Wolfgang Sieber, organiste et compositeur. L'orgue possède cinq claviers, un pédalier et 5949 tuyaux répartis en 84 registres.     La seconde expose le nombre de projets de C2F — et leurs données intrinsèques —, lauréats du Prix honorifique, qui ont réalisé plus de 250 projets graphiques depuis 2003.     Enfin, le diagramme nous montre le nombre total de comédiens et de pièces de la troupe de théâtre Aeternam depuis 1994.

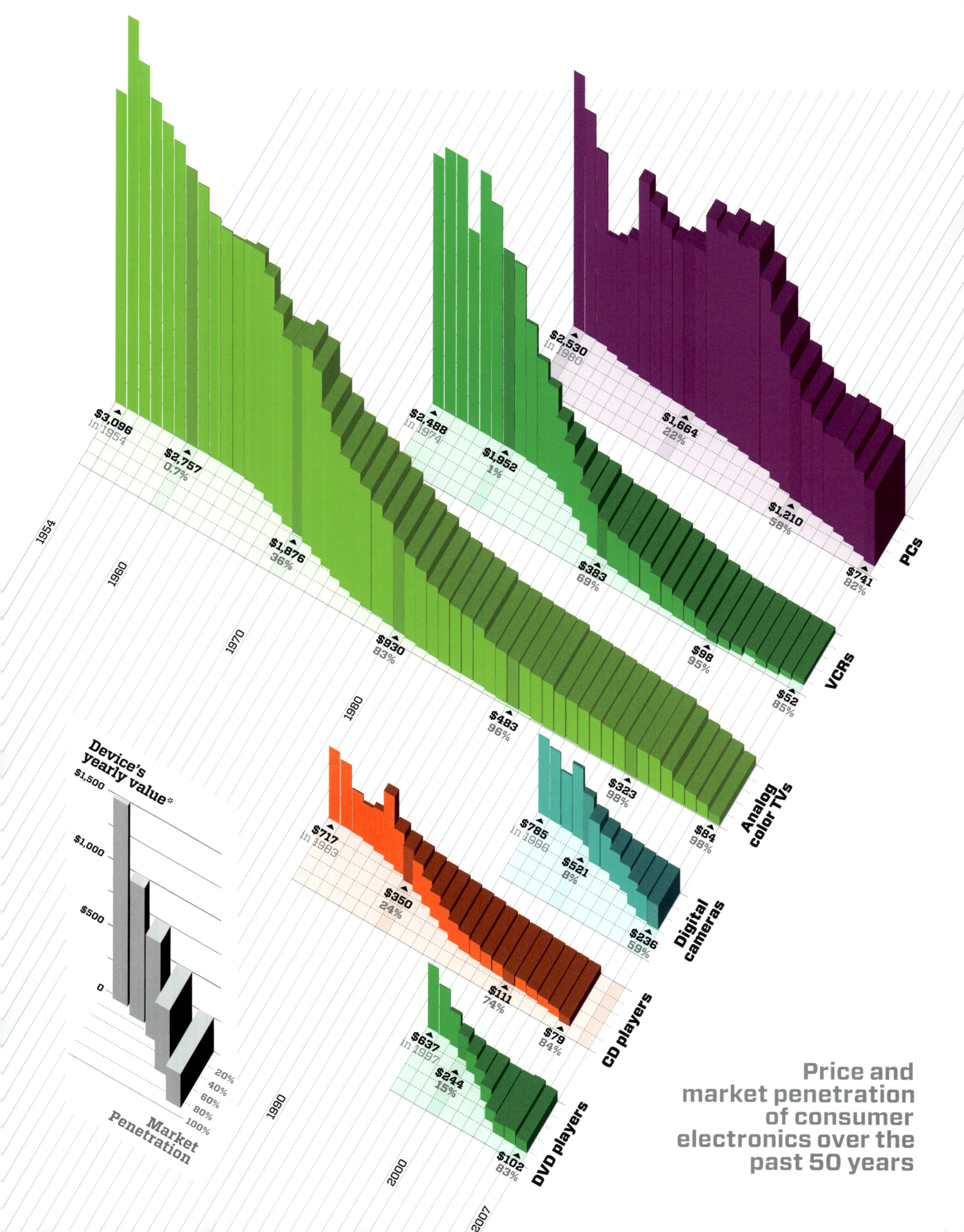

Price and market penetration of consumer electronics over the past 50 years

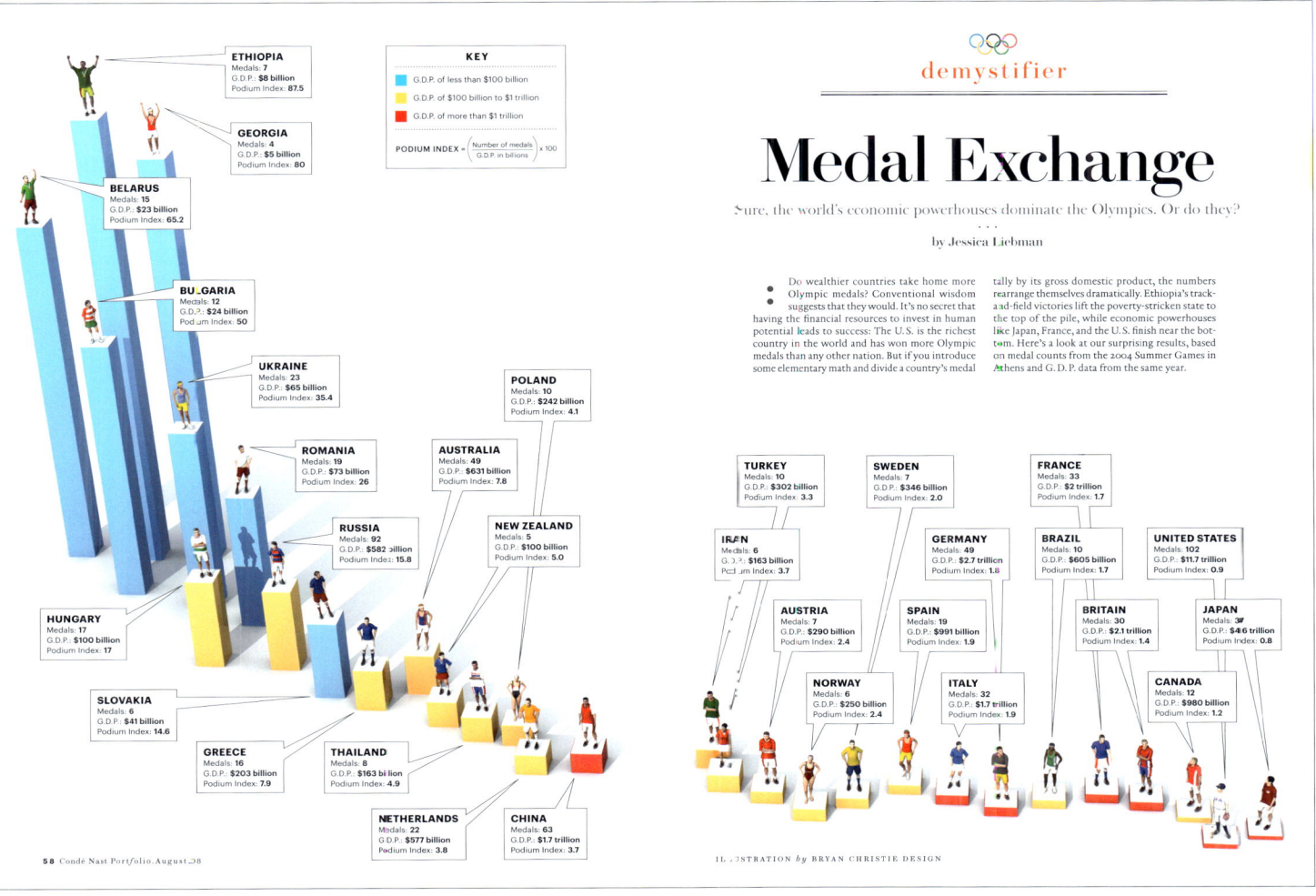

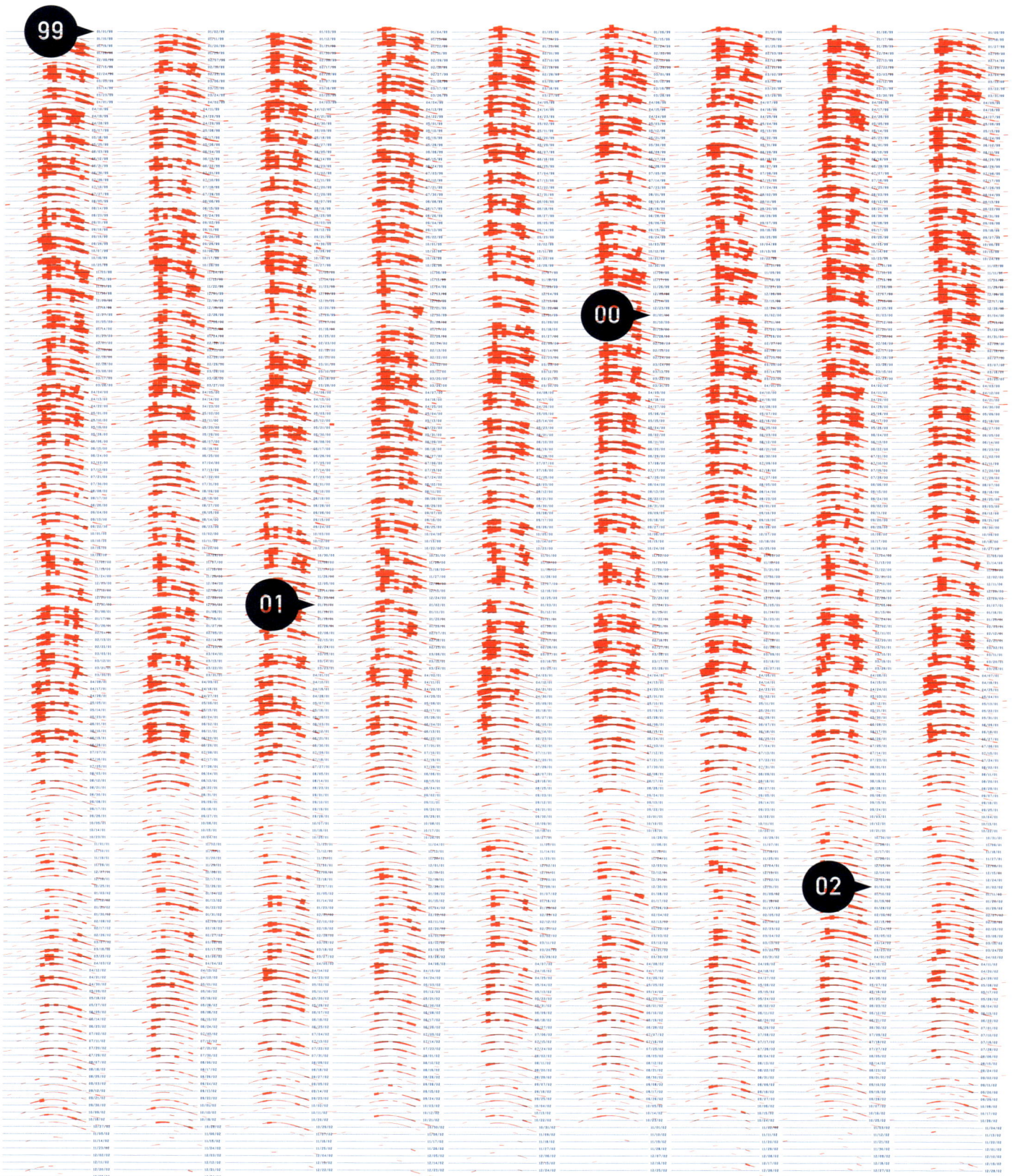

# FLOCKING DIPLOMATS NYC 1999–2002

// VIOLATIONS/HOUR

Parking Violations by Diplomats / Hour in 1999 to 2002 in New York City. The violations are plotted in relation to the sun-position as seen from Central Park (LATITUDE 40° 47' N / LONGITUDE 73° 58' W).

ANNUAL TOTALS (YEAR: TOTAL (MAX / DATE))

1999: 42.542 (65 / 09-24) -- Security Council / Fifty-fourth Year, 4048th Meeting, Small Arms. Friday, 24 September 1999, 9.30 a.m.

2000: 38.338 (62 / 02-24) -- Security Council / Fifty-fifth Year, 4104th Meeting, The situation concerning the Democratic Republic of the Congo. Thursday, 24 February 2000, 11.30 a.m.

2001: 25.390 (56 / 02-12) -- Security Council / Fifty-sixth Year, 4276th Meeting, The situation along the borders of Guinea, Liberia, Sierra Leone. Monday, 12 February 2001, 3 p.m.

2002: 12.703 (33 / 04-23) -- Security Council / Fifty-seventh year, 4517th Meeting, The situation in Angola. Tuesday, 23 April 2002, 10.30 a.m.

SOURCES

- Based on data from: Ray Fisman and Edward Miguel, "Corruption, Norms and Legal Enforcement: Evidence from Diplomatic Parking Tickets", forthcoming, December 2007, Journal of Political Economy.
- Daylight Saving Time: http://sunearth.gsfc.nasa.gov/eclipse/SEhelp/daylightsaving.html
- Sun-position (method of calculation): http://answers.google.com/answers/threadview?id=782886 (L. Flores)
- Time of sunrise and dawn: http://aa.usno.navy.mil/data/docs/RS_OneYear.php
- New York City Department of Finance

DATA MINING / SCRIPTING / DESIGN

Catalogtree, january 2008

printed at Plaatsmaken, Arnhem

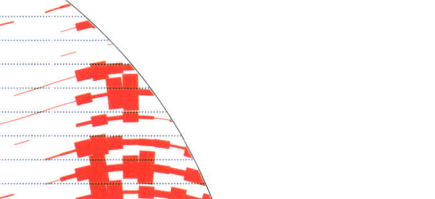

### 1
### FLOCKING DIPLOMATS 1
#### Catalogtree
/›PP.94,168,224/ Ces délinquants nomades n'arrêteront jamais. Protégé par son immunité, le personnel diplomatique du monde entier est connu pour abuser de ses privilèges en cas d'infractions mineures, comme le stationnement interdit. Variation visuelle sur le thème ATTROUPEMENT DE DIPLOMATES, cette image particulière nous montre les suspects les plus (in)habituels et les récidivistes en suivant les pas, ou la trace des voitures, des vingt principaux contrevenants du personnel diplomatique en 1999 et leurs infractions hebdomadaires./Géocodage: Lutz Issler, Aix-la-Chapelle, Allemagne/Merci à Ray Fisman et Edward Miguel de nous avoir autorisé à utiliser leurs données/

### 2
### GLOCAL SIMILARITY MAP
#### Jer Thorp
Ces cartes de ressemblances illustrent les relations complexes qui existent entre une image isolée et le fonds d'images du projet Glocal. Partant d'une image centrale (la graine), des images à la composition similaire sont reliées par une série de lignes. Cette série entraîne l'apparition d'une seconde « génération » d'images apparentées et un nombre de plus en plus grand de branches partent de la graine placée au centre./Artistes du projet Glocal: M. Simon Levin, Sylvia Grace Borda et Jer Thorp/Le projet Glocal a été réalisé avec le laboratoire technique de la Surrey Art Gallery/

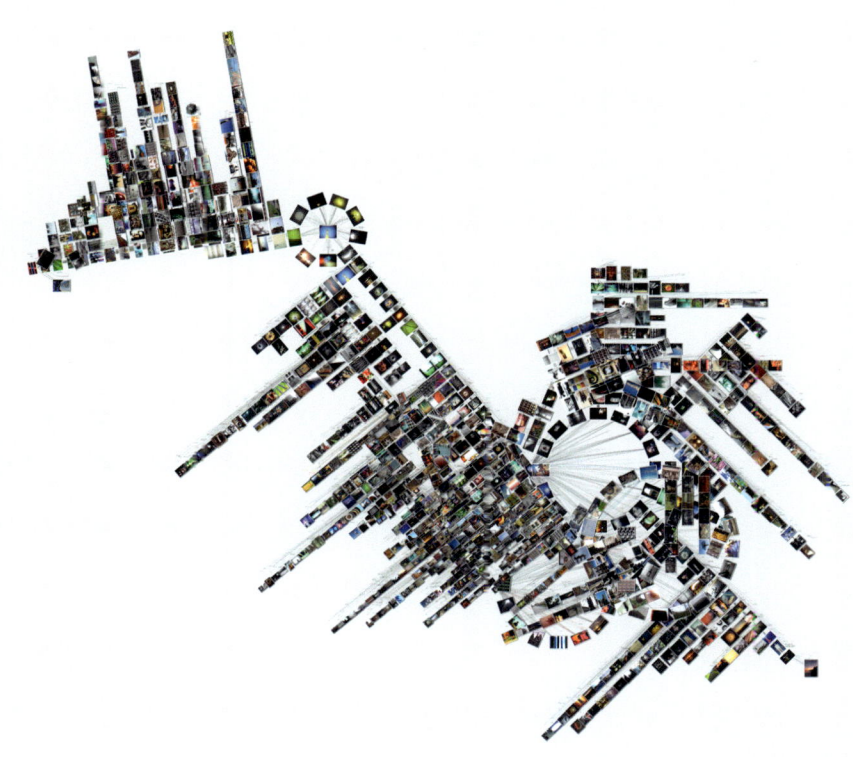

MAPPING TIME BASED ON GENEALOGY
AND HISTORICAL STUDY
COLORING STAGE
Haohao Huang

CARTE DU TEMPS de Haohao Huang nous offre un aperçu sibyllin de l'histoire d'un pays et d'une famille — et de la place de l'artiste dans cette histoire. Basé sur une étude approfondie des événements passés et de la généalogie, ce rouleau d'histoire codifiée de 25 mètres est un travail passionné et un voyage dans le temps qui tapisse entièrement le sol. Juxtaposant des événements-clefs en matière de politique, de guerre et d'environnement à son héritage personnel, l'artiste nous donne à voir des faits pertinents sur cet axe chronologique, fait de couleurs et de chiffres manuscrits, les nuances froides indiquant des faits « officiels » et les couleurs plus chaudes faisant référence à des événements personnels.

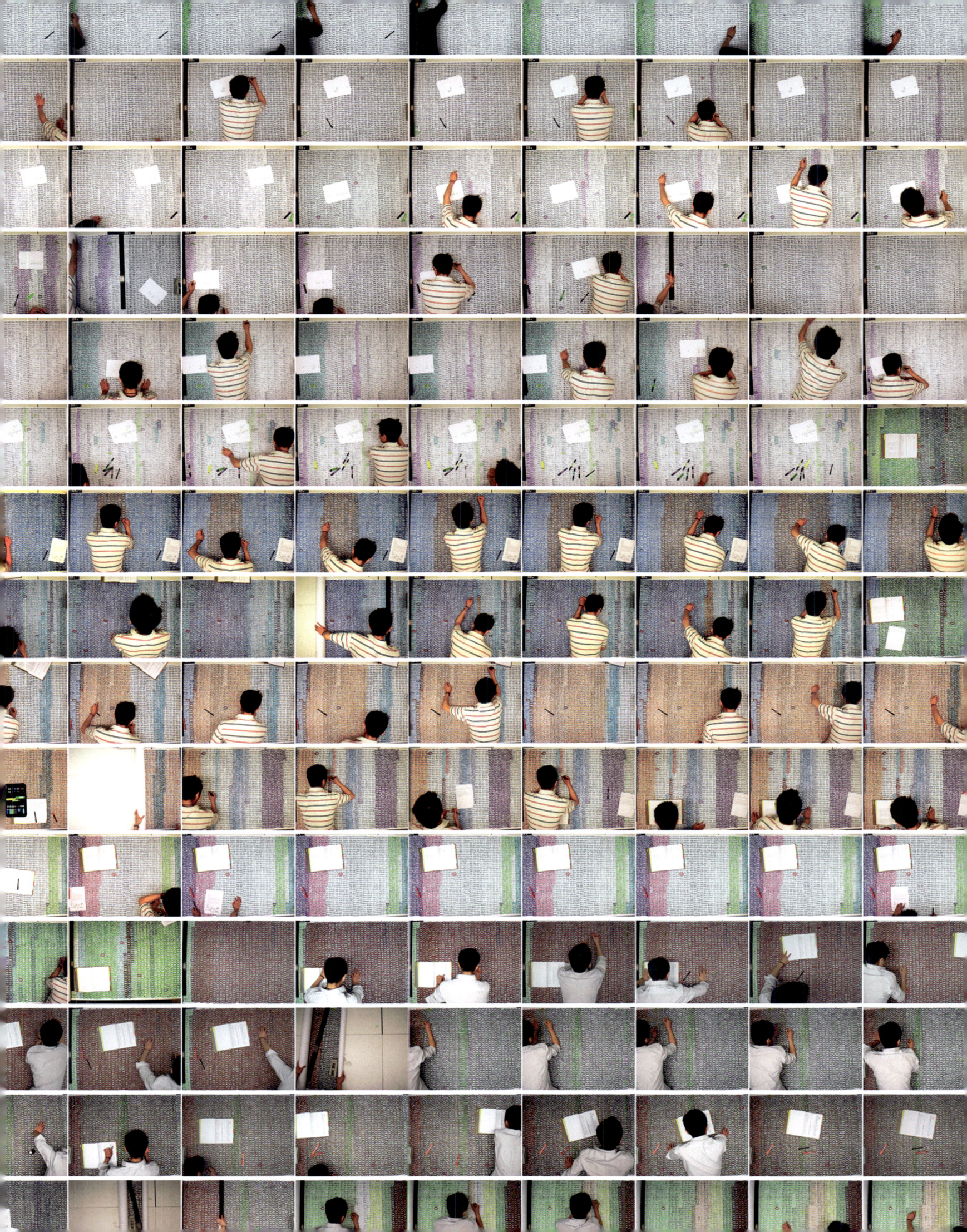

1
LIFETIME
Kerstin Ballies
La vie est courte et linéaire — quels que soient nos efforts, nous ne pourrons jamais revivre ces moments fugaces. Que faisons-nous pendant ces longues périodes ordinaires, quand il n'y a ni anniversaire, ni vacances, ni jours fériés? DURÉE DE VIE divise la durée de vie moyenne d'un Allemand en 847 mois (et autant de feuilles de papier), codés par couleurs en fonction de l'activité afin de visualiser les aspects plus ordinaires, et probablement pas moins agréables, de nos vies.

2
AT RANDOM?
NETWORKS AND CROSS-POLLINATIONS
LUST
AU HASARD? RÉSEAUX ET ÉCHANGES s'est concentré sur les colloques organisés autour des expositions d'art afin d'explorer la nature non linéaire de la créativité et ses propriétés associatives et imprévisibles. Excellent exemple de création évolutive et d'échanges interdisciplinaires, l'œuvre de papier de Lust a invité les artistes comme les visiteurs à participer au projet. Pour ce faire, la totalité du papier utilisé avant et durant l'exposition — 80 000 feuilles — a fait l'objet d'une impression iris réinventée avant de devenir pour la galerie une sculpture de papier prête à être effeuillée. Outre les affiches, les invitations et les brochures d'information du musée, le papier a également servi au catalogue de l'exposition — imprimé par les visiteurs eux-mêmes sur une imprimante placée à côté de l'œuvre. /Photo: Nadine Stijns/

1

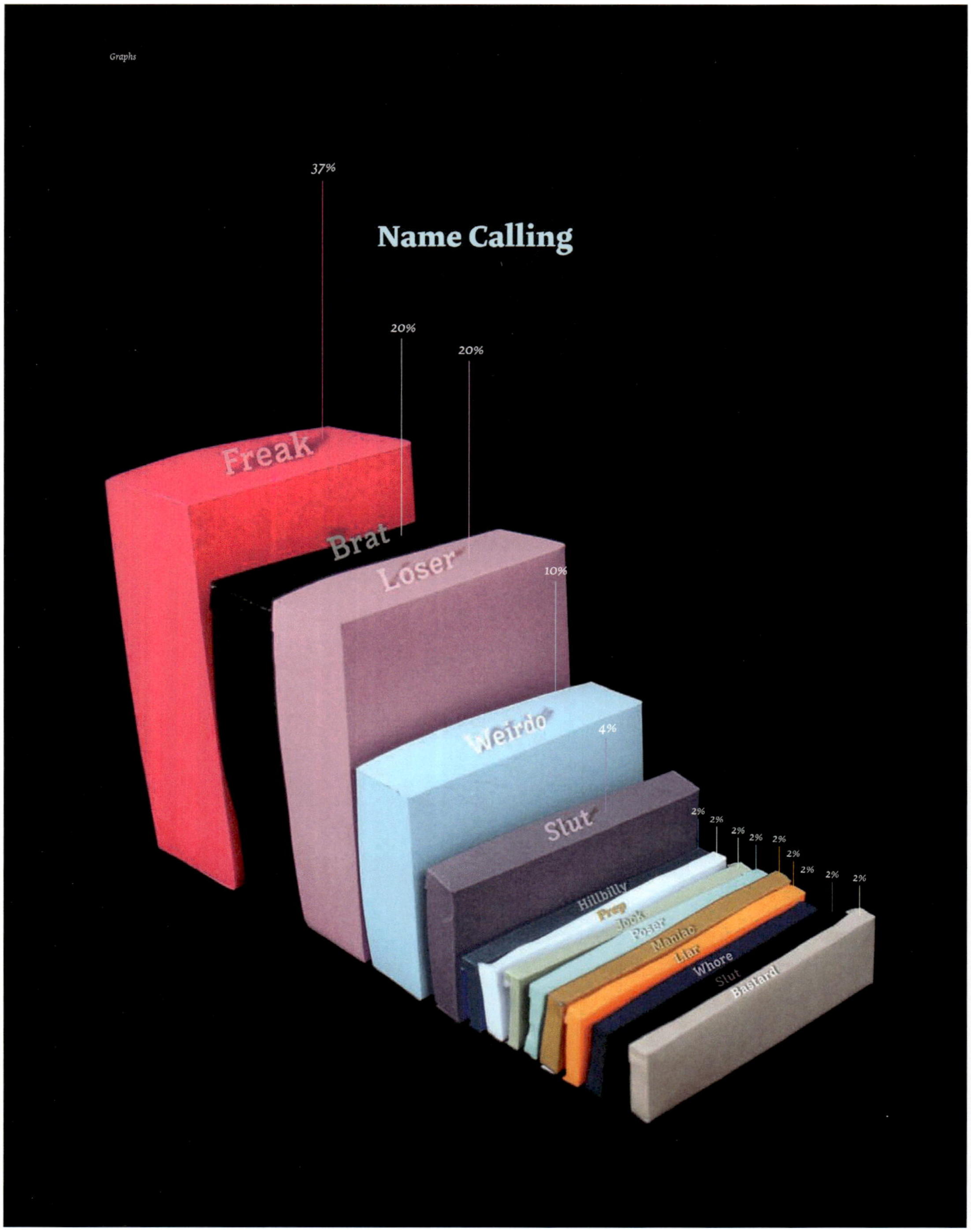

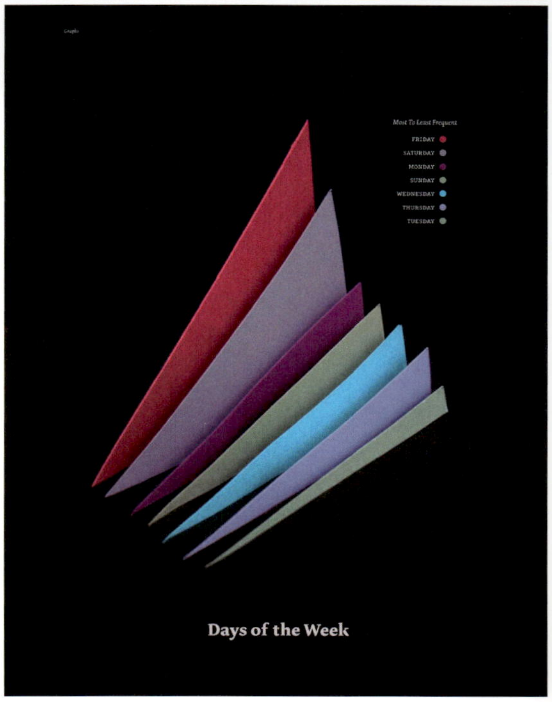

1
DEAR GRETCHEN,
Gretchen Nash
CHÈRE GRETCHEN, étudie quelque 200 lettres mises de côté et oubliées depuis l'enfance de l'artiste. Se confrontant avec son moi passé, Gretchen Nash range ces lettres par fréquence de mots et de phrases, par expéditeur et date ainsi qu'en fonction de ses réflexions personnelles.

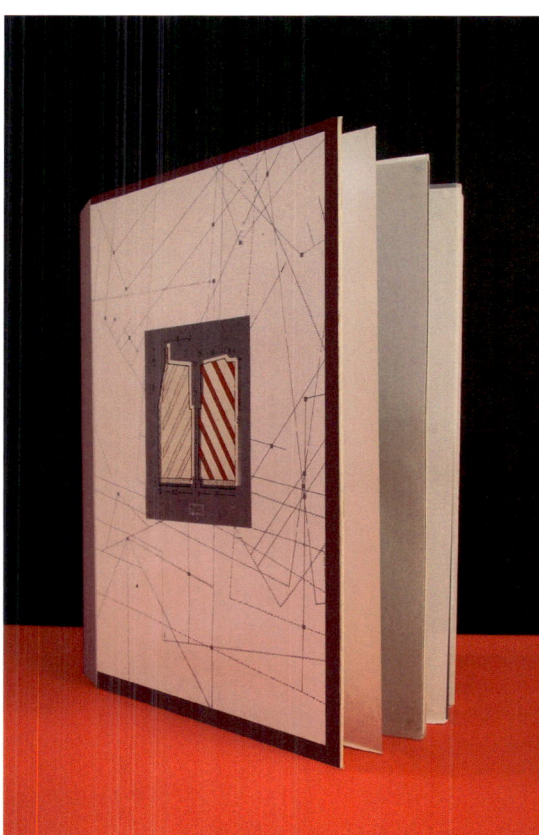

POP-UP BOOK
Mariano Sidoni
Aller-retour entre 2D et 3D, ce livre pop-up traduit des données sous une forme moins prévisible que des diagrammes ou des graphiques. L'objectif de Sidoni: une analyse atmosphérique et émotionnelle de son film préféré, INTELLIGENCE ARTIFICIELLE, rendu vivant par une série de complexes maquettes de papier.

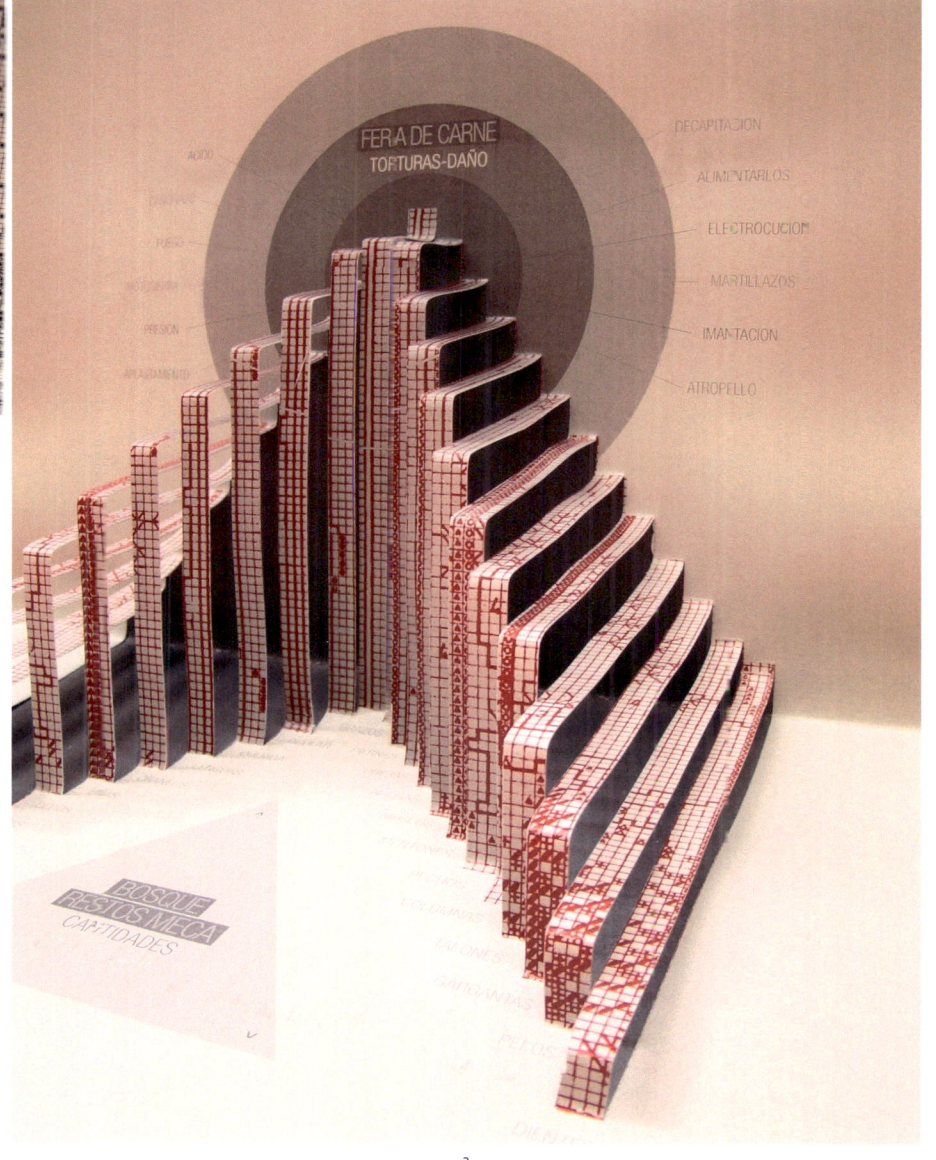

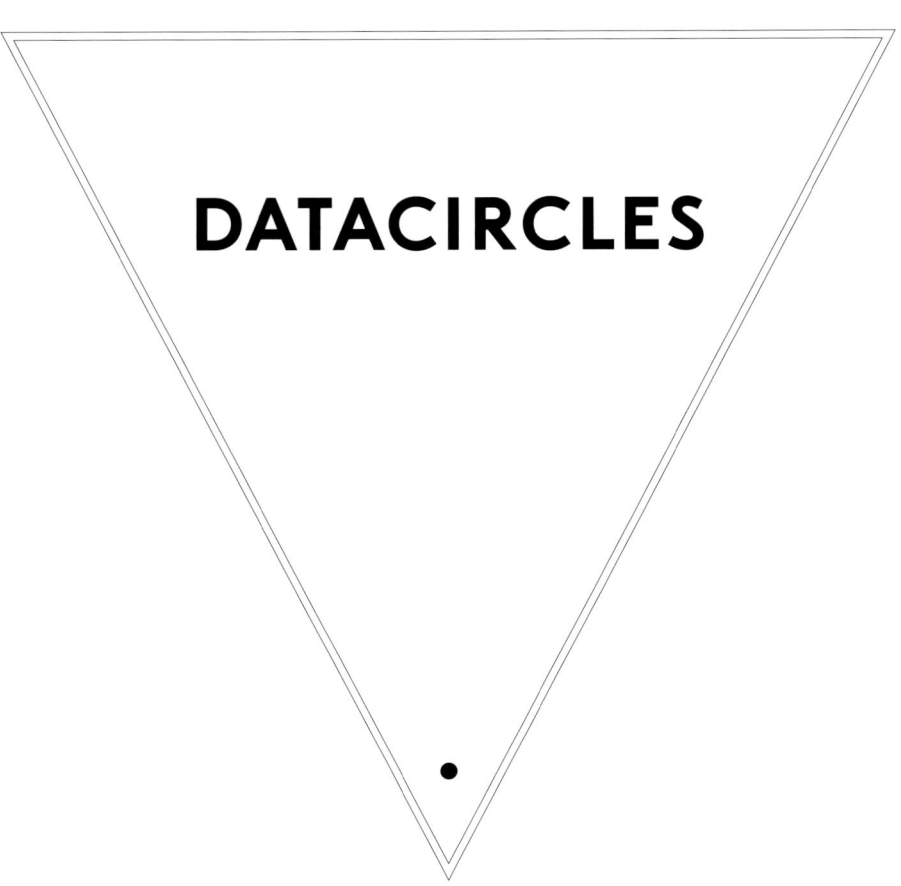

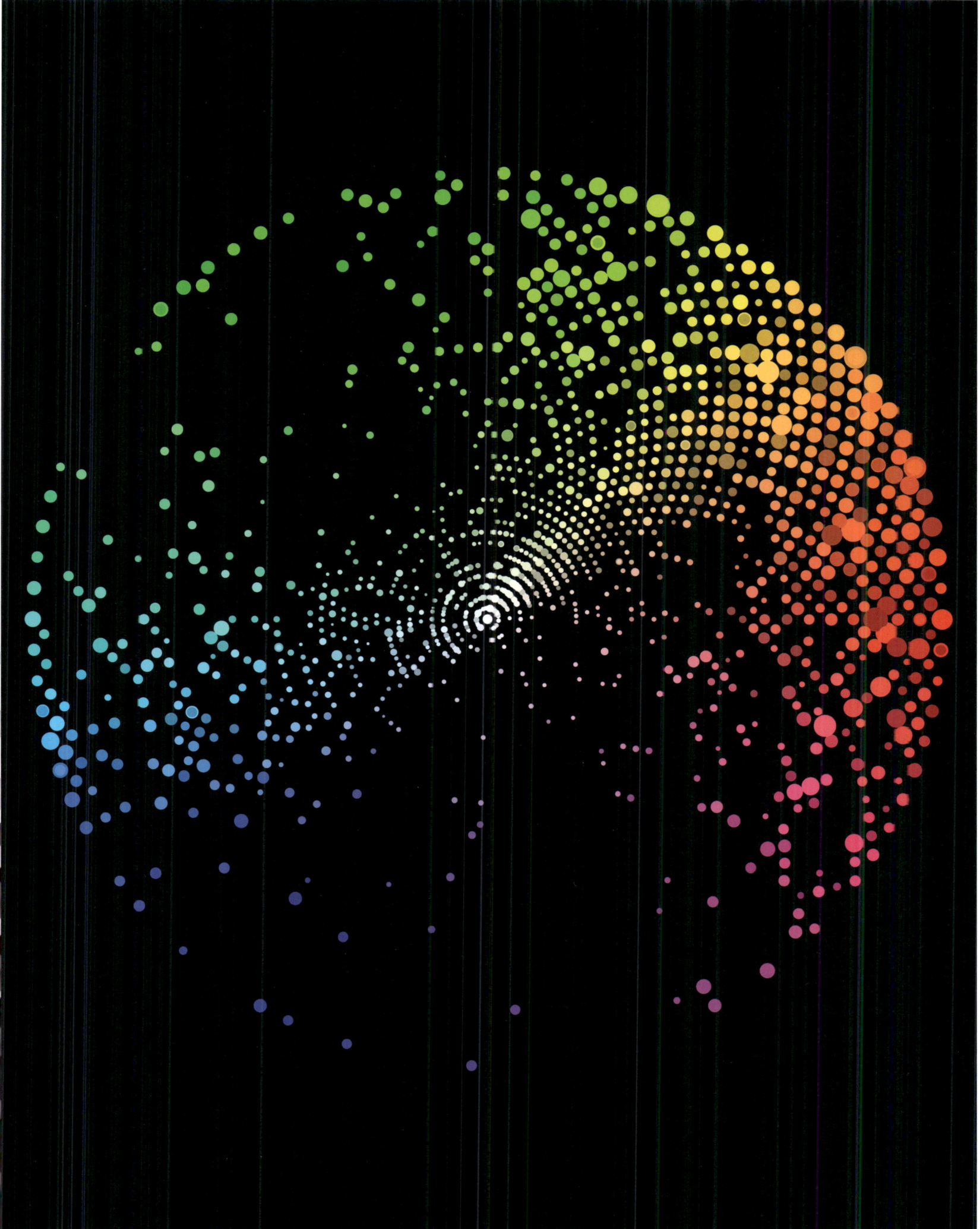

**Un cercle représente un tout. Si on le coupe en partant du centre, on obtient des parts de ce tout. Des morceaux de camembert. Le principe étant très facile à comprendre, ce type de diagrammes a été largement utilisé pour visualiser des fractions et des pourcentages. Mais ce chapitre a davantage à nous offrir que les variations classiques du « camembert ». Il fait également un usage intelligent de grilles concentriques et autres diagrammes circulaires. Une affaire rondement menée.**

•

**À cause de son incarnation monotone – l'inévitable camembert – le cercle n'est pas la forme la plus populaire pour présenter des informations. Avec un rendu souvent grossier sur *Microsoft Excel*, le camembert n'est pas seulement associé à la présentation ennuyeuse d'un chef des ventes de province, on le considère aussi comme une mauvaise méthode de visualisation d'informations car il est plus difficile de comparer des surfaces que des longueurs (comme le fait le diagramme). D'un point de vue esthétique, cependant, le cercle est un atout irrésistible dans le répertoire du designer. Sa rondeur parfaite, sa géométrie unique en font la plus fascinante de toutes les formes. Les graphistes semblent batailler dur pour redorer son blason. Comme pour prouver qu'un cercle**

PAGE PRÉCÉDENTE
ADOBE KULER COMMUNITY PULSE
stamen
LE POULS DE LA COMMUNAUTÉ nous permet de visualiser les couleurs préférées des utilisateurs d'Adobe KULER, application Internet consacrée à la composition de couleurs.

a du potentiel et ne finit pas forcément en camembert, de nombreux projets ont recours à d'habiles diagrammes circulaires qui vont bien plus loin que découper un rond en plusieurs parts.

Le studio de design stamen a choisi un arrangement concentrique pour visualiser la popularité des couleurs. /voir ›P.8·/ Cette sphère nous en apprend bien plus que la simple fréquence d'utilisation des différentes couleurs. Le diagramme nous indique également les couleurs complémentaires (face à face) et celles qui ont la même saturation (elles se trouvent à distance égale du centre). La forme ronde de *Germany's Top 20 (Top 20 allemand)* /1/ a manifestement été choisie pour sa référence visuelle au sujet : la vente de disques. Ces illustrations nous montrent cependant que le cercle ne se contente pas de ressembler à un vinyle. Un diagramme polaire – avec des secteurs d'angle égal, mais de taille différente à partir du centre – indique la présence d'une chanson au hit parade et le succès qu'elle a remporté chaque mois. On voit facilement si un artiste a été populaire pendant toute l'année ou s'il a juste produit des tubes de l'été.

Lorsqu'il s'agit de représenter le temps, les diagrammes circulaires nous sont très familiers. Ils l'étaient du moins avant l'arrivée du numérique, lorsque les aiguilles tournaient en rond dans le cadran des horloges. Peut-être Rodrigo Machado avait-il cela en tête quand il a réalisé la visualisation de l'étrange et complexe intrigue du film *Adaptation*. /2/ En montrant l'action des différents personnages en de multiples strates temporelles, la structure complexe du film (et la loufoquerie de Charlie Kaufman, le scénariste) apparaît. L'illustrateur Christoph Niemann, lui, préfère une méthode plus directe. Pour nous montrer la quantité de mauvais rêves qu'il fait, il choisit le camembert tant décrié /3/ sous son aspect le plus simple. Et nous prouve qu'avec de la peinture à l'eau et un peu d'humour, cette forme peut avoir du charme.

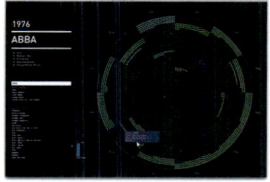

1
GERMANY'S TOP 20
Christopher Adjei
& Nils Holland-Cunz
/›P.89/

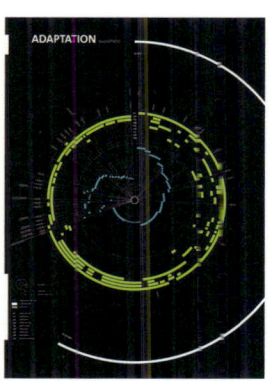

2
ADAPTATION - INADAPTADO
Rodrigo Machado
/›P.98/

3
I HAVE A DREAM
Christoph Niemann
/›P.85/

1
LIBERTÉ EGALITÉ FRATERNITÉ
Xavier Barrade
LIBERTÉ ÉGALITÉ FRATERNITÉ remplace des clichés rebattus par des diagrammes circulaires pour exposer des stéréotypes populaires sur la France et son système politique.

2
I HAVE A DREAM
Christoph Niemann
/ › P. 107 /

DATACIRCLES

1
LONDON (ETHNI)CITY
Matt Willey
Une affiche A1 pour rendre hommage à la diversité culturelle de Londres, à ce mélange ethnique unique et plein de dynamisme, en deux couleurs seulement.

2
LINAGE OF SIN IN THE BIBLE
Anna Filipova
Le diagramme d'Anna Filipova nous propose une représentation graphique du temps — mesuré en péchés. Du péché « originel » aux différents saints et pécheurs, son œuvre explore la relation entre longévité et mauvaises actions parmi les personnages de la Bible. Tandis que la durée de vie diminue d'Adam à Moïse, on dirait que le péché augmente.

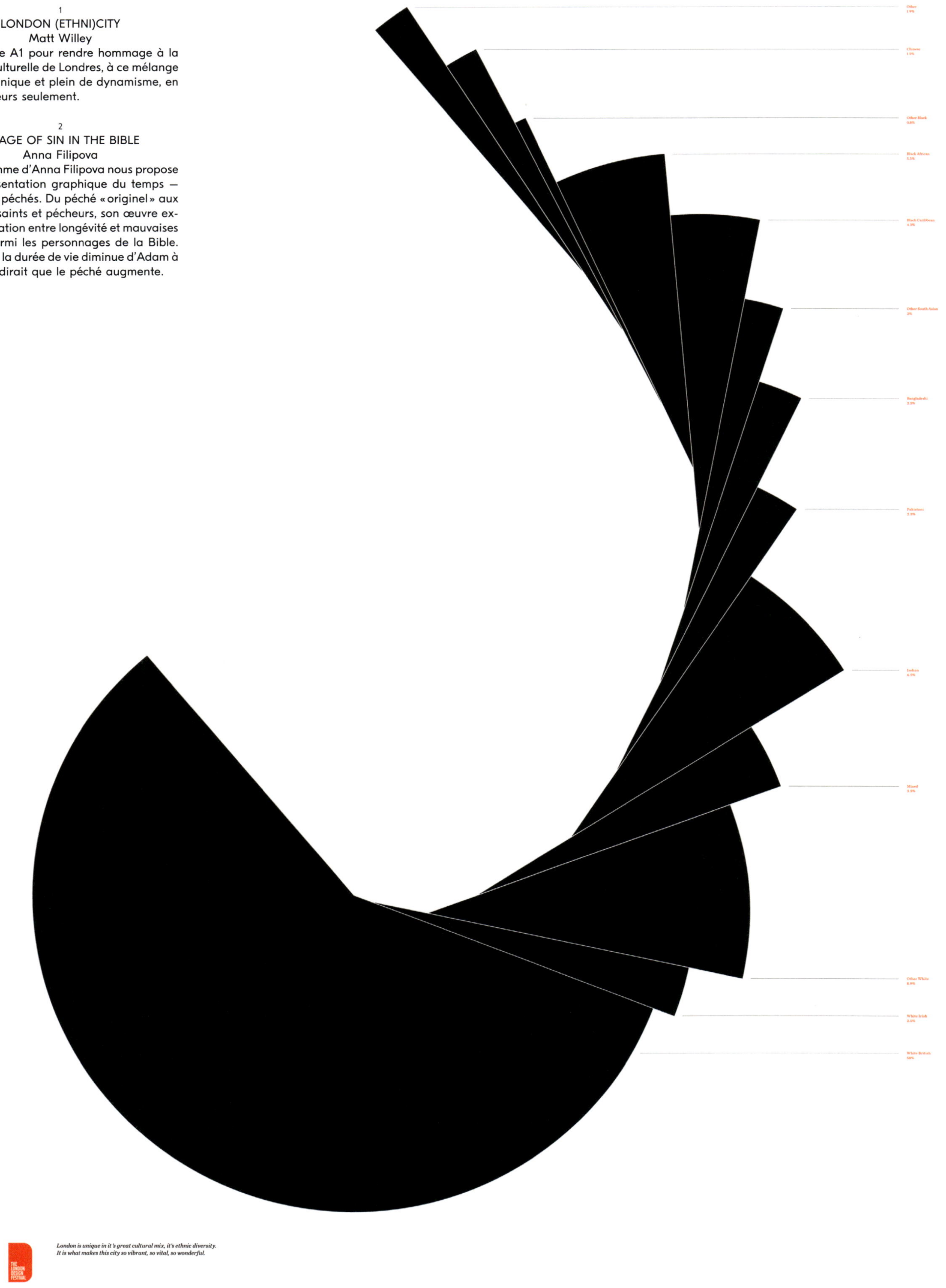

*London is unique in it's great cultural mix, it's ethnic diversity.
It is what makes this city so vibrant, so vital, so wonderful.*

# LINAGE OF SIN IN THE BIBLE

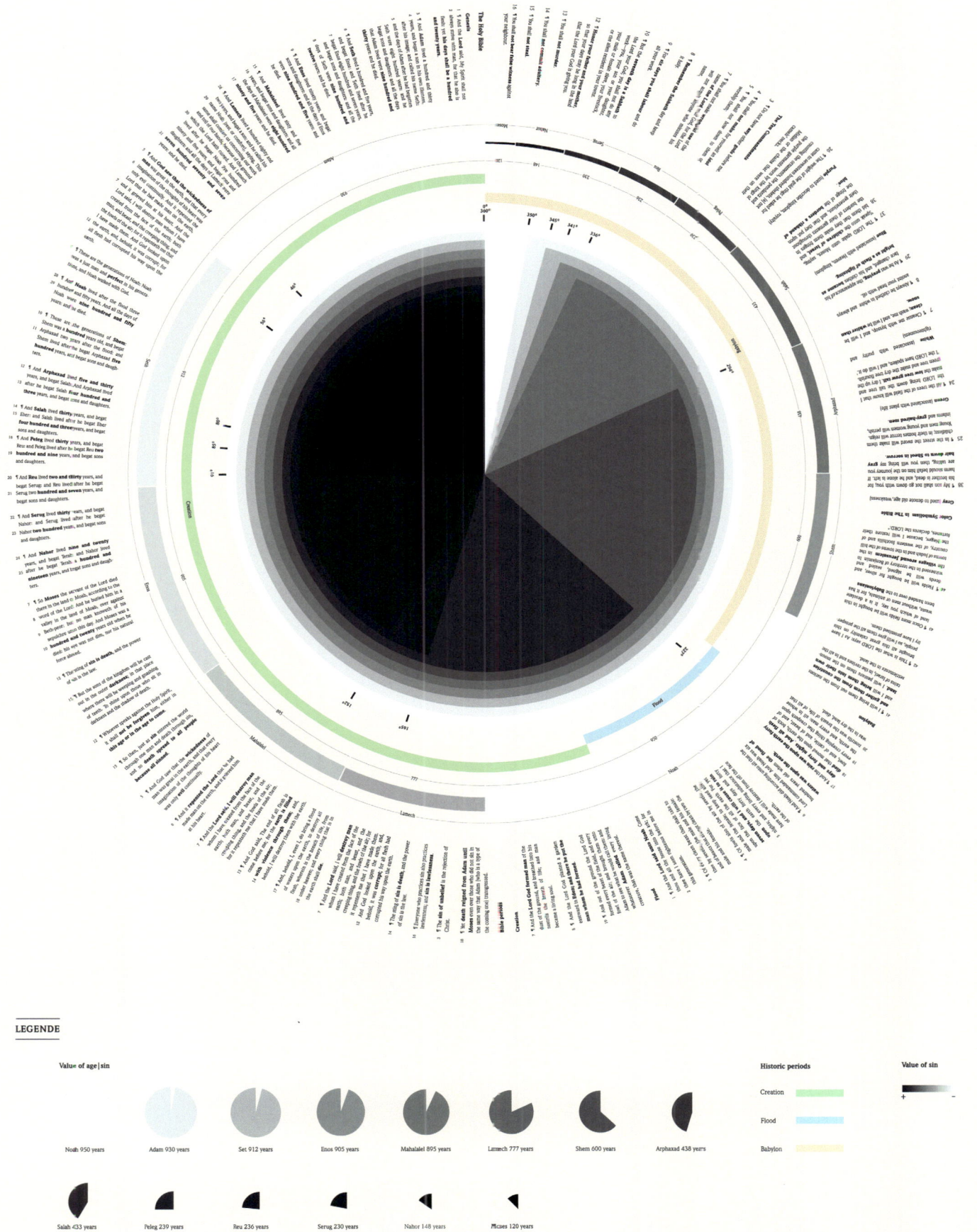

## DINING

TWO THOUSAND AND EIGHT

Selected findings from meals at 81 restaurants, 13 homes and four events.

NEW YORK DINING OUT WITH COMPANY

**140**

LEAST KOSHER MEAL

**MOMOFUKU SSAM**
WHOLE PORK BUTT WITH OYSTERS

SOCIAL MEALS BY WEEK
JAN — DEC

TAKAHACHI, AVE A (15), TAKAHACHI, DUANE ST (8), EDWARD'S (5), LIL' FRANKIES (5), SPRING ST NATURAL (5), BARRIO CHINO (4), LES HALLES (4), RUBY'S (4), SPITZER'S CORNER (4), BACK FORTY (3), CHIPOTLE (3), HOME (3), MEXICAN RADIO (3), PRUNE (3), WARREN'S HOUSE (3), AMADOR & SARA'S HOUSE (2), DO HWA (2), DRESSLER (2), EL PORTAL (2), JOHN & JENN'S HOUSE (2), LOBO (2), MOLE (2), PINCHE TAQUERIA (2), AURORA (1), BAR TABAC (1), BEDOUIN TENT (1), BLACK MOUNTAIN WINEHOUSE (1), BLAUE GANS (1), BLUE RIBBON (1), 5TH AVE (1), BLUE RIBBON, SOHO (1), BREAD (1), BRICK LANE (1), CABRERA (1), CORNER BISTRO (1), DIM SUM GO GO (1), FAMIGLIA PIZZERIA (1), FESTIVAL MEXICANO (1), PETE SAU (1), GORDON RAMSAY AT THE LONDON (1), HANA'S MOTHER'S HOUSE (1), HILL COUNTRY (1), HUNDRED ACRES (1), IKKI (1), IN VINO (1), ISABELLA'S OVEN PIZZERIA (1), JACQUES (1), JEAN GEORGES (1), LA PALAPA (1), LA HOA (1), LITTLE GIANT (1), LIVELY BAY (1), LUCKY STRIKE (1), LURE (1), MAGGIE'S HOUSE (1), MAI HOUSE (1), MARIANA & GLENN'S HOUSE (1), MAS FARMHOUSE (1), MATSURI (1), MAX (1), MOMOFUKU NOODLE BAR (1), MOMOFUKU SSAM (1), MOTTSU (1), NHA TRANG J (1), PACIFICO (1), PEASANT (1), PERSIMMON (1), SARAH'S HOUSE (1), SOBA NIPPON (1), SOBA-YA (1), SPLASHLIGHT STUDIOS CAFETERIA (1), SUSHI YASUDA (1), SUPPER (1), TACO BLUE (1), 'WICHCRAFT (1)

MEALS COOKED AT HOME
**17**

LEAST EXPECTED MENU ITEM
**FLYING FISH**
PRESENTED WITH WINGS

MOST AMBITIOUS COOKING EXPERIMENT
**SOUS VIDE SALMON**

CULINARY HIGHLIGHTS
**FUGU, FROG LEGS & GOAT**
AT TAKAHACHI, JEAN GEORGES AND PIERRE'S IN TAMARIU

NYC STREET HOT DOGS
**ONE**
AT LAFAYETTE & CANAL

MOST ILLICIT-SEEMING FOODSTUFF
**MIRACLE FRUIT**
SYNSEPALUM DULCIFICUM

SOCIAL MEALS BY TYPE
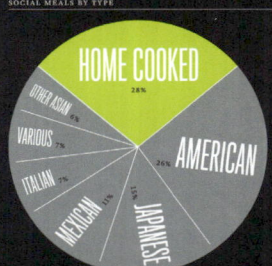
HOME COOKED 28%, AMERICAN 26%, JAPANESE, MEXICAN, ITALIAN, VARIOUS, OTHER ASIAN

## DRINKING

TWO THOUSAND AND EIGHT

Regarding the beverages consumed at 73 restaurants, 52 bars, 25 homes, seven events and two offices.

DRINKS ENJOYED WITH COMPANY

**573**

BLOODY MARYS
**SEVEN**

SOCIAL DRINKS BY WEEK
JAN — DEC

STELLA ARTOIS (120.5), RED WINE (64.5), ASSORTED BEERS (56.5), SIERRA NEVADA PALE ALE (23.5), MARGARITA (23), SAPPORO (22.5), SAKE (20), GUINNESS (16), ASAHI (14), CORONA (14), BROOKLYN LAGER (13), HOEGAARDEN (13), SIERRA NEVADA ESB (12.5), KIRIN (12), WHITE WINE (11), DOS EQUIS (9), NEGRA MODELO (9), BLOODY MARY (7), JAMESON (6), NEWCASTLE (6), PEAK ORGANIC NUT BROWN ALE (6), PERONI (6), BLUE POINT TOASTED LAGER (5), BROOKLYN IPA (5), DRESSLER WHITE (4.5), BECK'S (4), CHAMPAGNE (4), LAUGANITAS IPA (4), VODKA BEVERAGES (4), TSING TAO (3.5), ASSORTED WHISKEYS (3), BROOKLYN WINTER ALE (3), DARK AND STORMY (3), ESTRELLA DAM (3), GROSCH (3), PACIFICO (3), PRESIDENTE (3), ANCHOR LIBERTY ALE (2), CAIPIRINHA (2), BLUE MOON (2), BLUE POINT SUMMER ALE (2), BUDWEISER (2), CENTURION (2), CUTTHROAT PALE ALE (2), MOJITO (2), MOSCOW MULE (2), SAM ADAMS (2), SIX POINTS IPA (2), SIX POINTS WHEAT BEER (2), STONE ARROGANT BASTARD (2), TEQUILA COCKTAILS (2), GIN COCKTAIL (1), GRAPPA (1), SPARKLING WINE (1), TEQUILA SHOT (1), ADAM'S WASABI-INFUSED VODKA (1)

BEER BRANDS

ASSORTED 50%, STELLA 31%, SIERRA NEVADA 5%, SAPPORO 5%, BROOKLYN 5%

FAVORITE BEER
**SIERRA NEVADA ESB**

STRANGEST COCKTAIL
**FIG, MINT & TEQUILA**
COURTESY OF CHARLIE

BEERS ENJOYED SOCIALLY
**408**

THANKSGIVING TEQUILA SHOTS
**ONE**

DISCLAIMER
THE FACULTY-IMPAIRING QUALITIES OF ALCOHOL MAKE THESE FIGURES IMPOSSIBLE TO COLLECT WITH COMPLETE CONFIDENCE. PLEASE ASSUME A MARGIN OF ERROR OF PLUS OR MINUS TWO PERCENT FOR ALL DRINKING STATISTICS.

DRINK OF THE YEAR
**STELLA ARTOIS**
WITH ELISE AT PUFFY'S

BEER PURCHASED FOR BIRTHDAY
**2.9**
GALLONS OF ASAHI

## MUSIC

TWO THOUSAND AND EIGHT

The verdict on 12 months of listening habits as recorded at last.fm/user/feltron.

ITUNES TRACKS PLAYED
**33,817**
UP 34% FROM 2007

ARTISTS PLAYED
**511**

SONGS PLAYED BY WEEK
TOP 10 ARTISTS | OTHER ARTISTS

CDS PURCHASED
**2**
DIPLO & SANTOGOLD
DEERHUNTER

ALBUMS DOWNLOADED
**46**
BLEEP (22), OTHER MUSIC (11), AMAZON (6), ITUNES (5)

GENRE DISTRIBUTION OF TOP 100 ARTISTS
ELECTRONIC 21%, ALL OTHER 26%, POST-ROCK 8%, HIP-HOP, INDIE 14%, IDM, EXPERIMENTAL 9%

TRACKS PLAYED BY TOP 10 ARTISTS
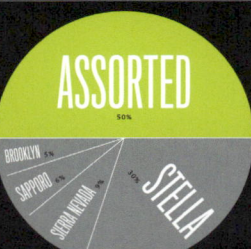
BRADFORD COX (ATLAS SOUND & DEERHUNTER) 36%, RADIOHEAD 15%, DAEDELUS, FLYING LOTUS, ELLIOTT SMITH, THOM YORKE, STARS, VAMPIRE WEEKEND, THE NOTWIST

BEST ALBUM
**ATLAS SOUND**
"LET THE BLIND LEAD THOSE WHO CAN SEE BUT CANNOT FEEL"

BEST MIXTAPE
**DIPLO & SANTOGOLD**
"TOP RANKING MIXTAPE"

CONCERTS ATTENDED
**8**
DEERHUNTER
GLEN EDEN QUAY
LE LOUP/RUBY SUNS
THE NOTWIST
SIGUR RÓS
VAMPIRE WEEKEND
WEST DAKOTA (TWICE)

NIGHTS DJ'D
**EIGHT**
5X LAPTOP & 3X VINYL

## READING

TWO THOUSAND AND EIGHT

A set of determinations drawn from the reading of 2,440 book and 1,079 magazine pages.

BOOKS READ (WHOLLY OR PARTIALLY)
**FOURTEEN**
ABSURDISTAN (333 PAGES), THE BLACK SWAN (20 PAGES), COLLECTIONS OF NOTHING (74 PAGES), DRY STOREROOM NO. 1 (16 PAGES), DOWN AND OUT IN PARIS AND LONDON (228 PAGES), THE END OF OIL (270 PAGES), FROM HEAVEN LAKE (192 PAGES), IN DEFENSE OF FOOD (205 PAGES), IN PATAGONIA (199 PAGES), IT MUST'VE BEEN SOMETHING I ATE (54 PAGES), KING RAT (479 PAGES), THE MARTIAN CHRONICLES (182 PAGES), THE MEZZANINE (144 PAGES), THE VILLAGE UNDER THE SEA (60 PAGES)

NEW YORKER READING BY ISSUE
JAN — DEC

MAGAZINES READ
**76**
FAST COMPANY (26 PAGES), GOOD (15 PAGES), NEW YORK (64 PAGES), NEW YORKER (855 PAGES), NY TIMES MAGAZINE (9 PAGES), WIRED (46 PAGES)

BEST FICTION
**THE MEZZANINE**
BY NICHOLSON BAKER

BEST NON-FICTION
**FROM HEAVEN LAKE**
BY VIKRAM SETH

## PHOTOS

TWO THOUSAND AND EIGHT

A summary of photographic activity with four cameras and online at flickr.com/photos/feltron.

PHOTOGRAPHS TAKEN
**1,468**
CANON EOS 20D (665 PHOTOS), CANON SD870 IS (605 PHOTOS), LEICA M6 (178 PHOTOS), BLACKBIRD FLY (20 PHOTOS)

LAST PHOTO OF THE YEAR
**THE GOLDEN GATE BRIDGE**
DECEMBER 29, 2008

FLICKR FAVORITES
**TYPE & DESIGN** 35%
CARS, TRAINS & OTHER VEHICLES, ARCHITECTURE, OBJECTS 6%, PEOPLE 17%, CATS, DINOSAURS & ANIMALS 6%, OUTDOORS 15%, FOOD, ASTRONOMY & ALL ELSE

DIGITAL PHOTOS BY WEEK
JAN — DEC

PHOTOS POSTED TO FLICKR
**9%**
124 PHOTOS & 6 VIDEOS
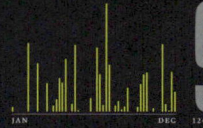

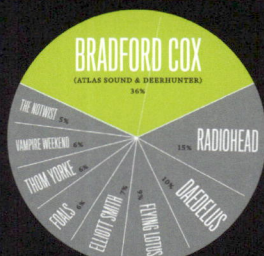

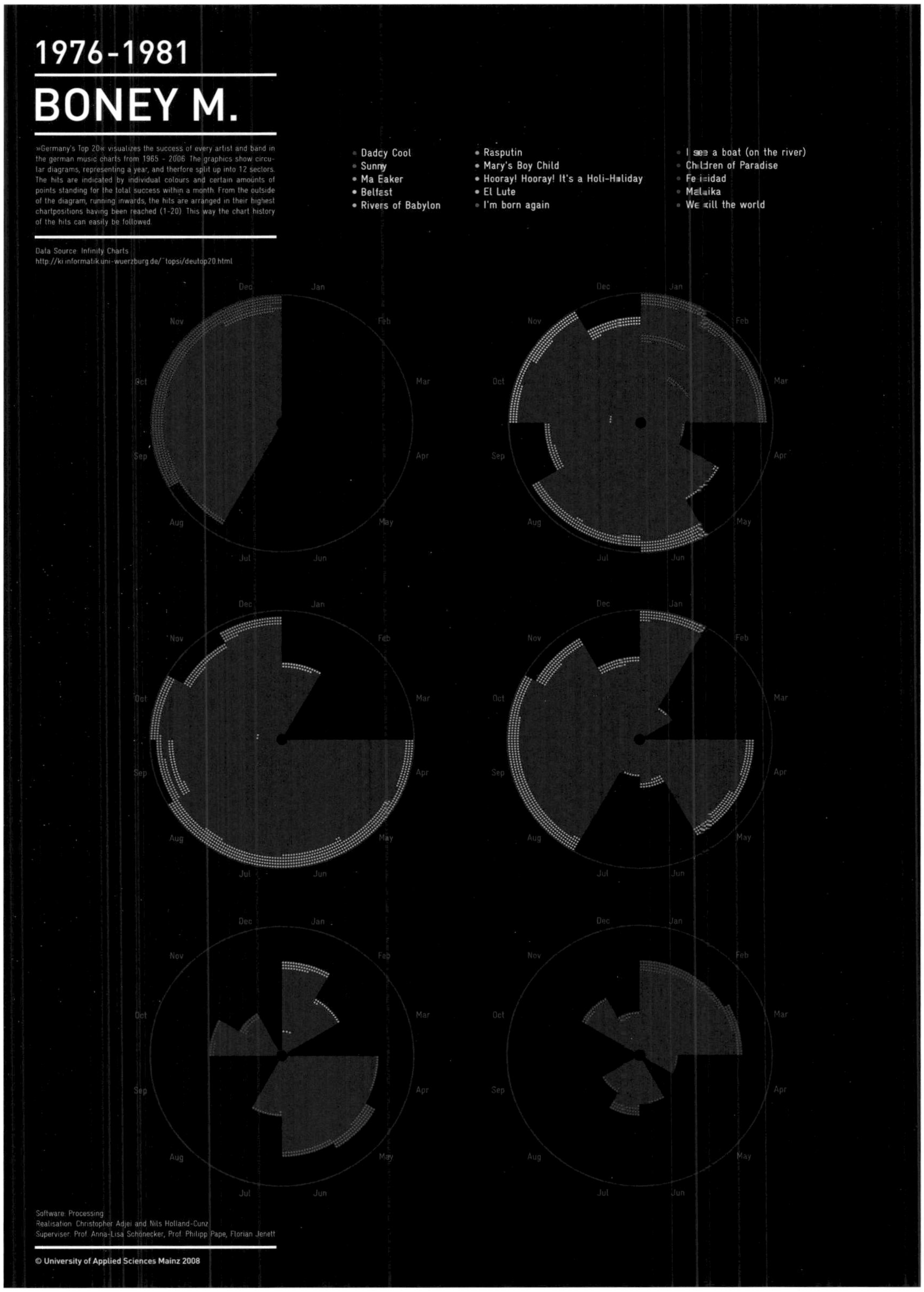

# 1
## FELTRON 2008 ANNUAL REPORT
### Nicholas Feltron

/ PP. 198, 199 / C'est une tradition personnelle, un rituel annuel : l'Américain Nicholas Feltron, designer graphique spécialiste du traitement de l'information, retrace son passé en une série de rapports. Comme la version intime d'un CV, cet intelligent exercice de nombrilisme inscrit les hauts et bas de sa vie personnelle dans un agenda et sur un plan de New York. Riche collection de graphiques qui rendent compte des voyages, des photographies, de la musique, de la nourriture et des boissons, des lectures de l'année écoulée, son RAPPORT ANNUEL FELTRON 2008 juxtapose des événements privés et une sélection de points de repère publics. En résulte un riche assemblage d'informations surprenantes, astucieuses, qui dissèquent les caprices de l'existence de Feltron et du monde qui l'entoure.

# 2
## GERMANY'S TOP 20
### Christopher Adjei et Nils Holland-Cunz

Le TOP 20 ALLEMAND retrace le succès de tous les artistes ou groupes présents dans les hit-parades allemands de 1965 à 2006. Les tubes sont indiqués par différentes couleurs et des points rendent compte du succès mensuel. Les tubes sont disposés à partir de l'extérieur du graphique, en fonction de leur classement dans le hit-parade. / Créé à l'université des sciences appliquées de Mayence / Encadrement: Prof. Philipp Pape, Prof. Anna-Lisa Schönecker, Florian Jenett (Processing) / Datasource: Marcus Tolksdorff Infinity Charts /

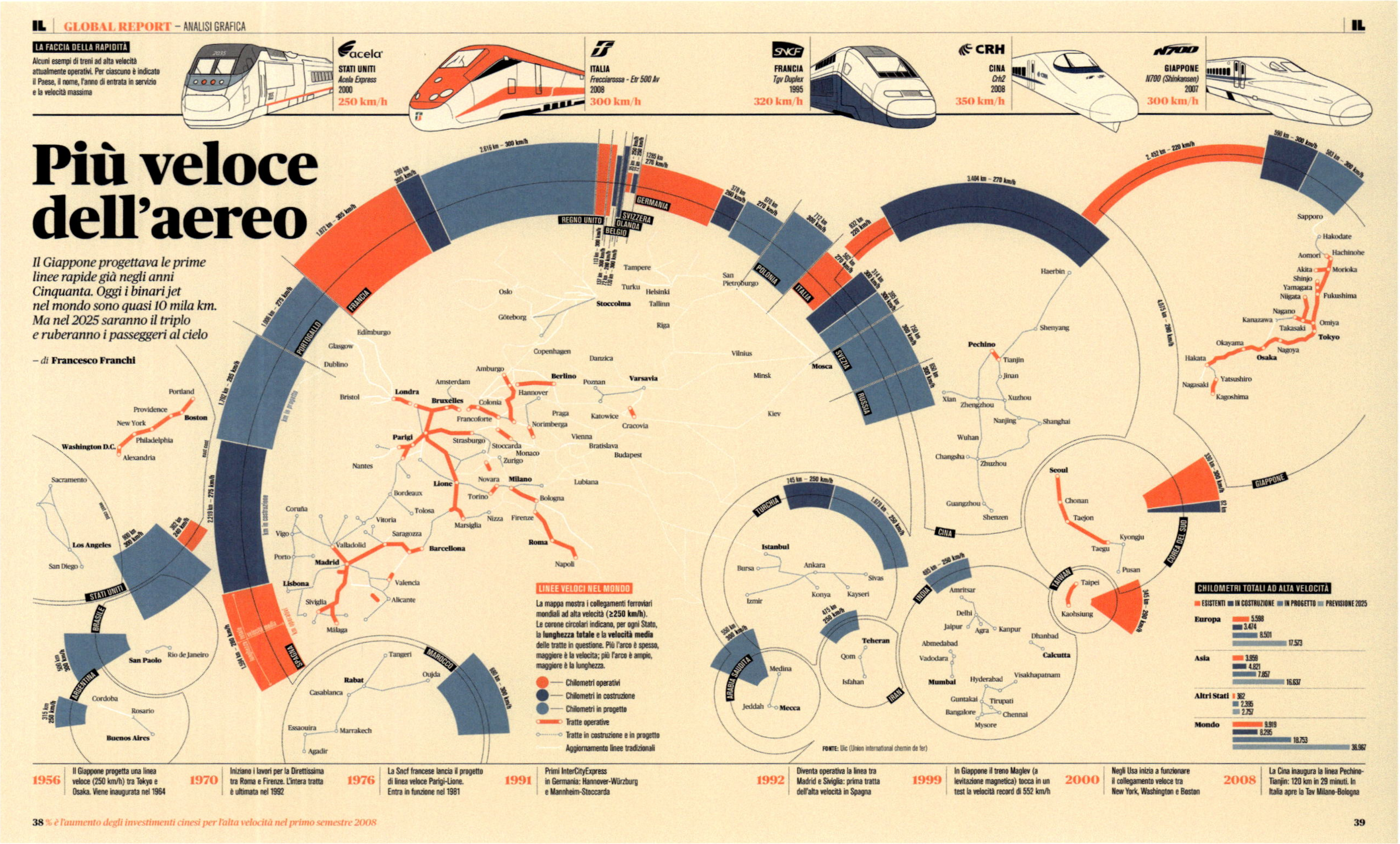

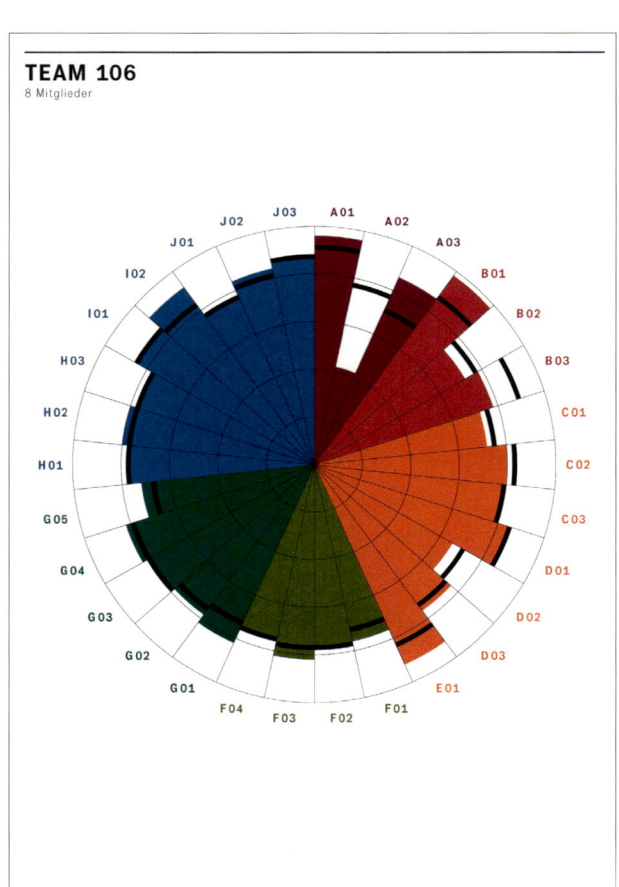

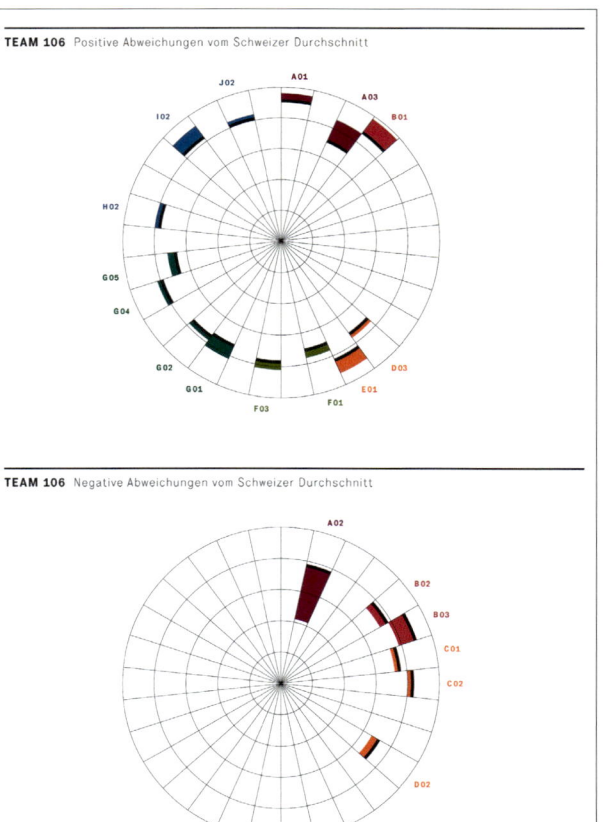

### 1
**PIÙ VELOCE DELL'AEREO**
Francesco Franchi
/ PP. 90, 207 / Du TGV au Shinkansen — dans le monde entier, les trains à grande vitesse roulent jusqu'à 250 km / h. Cette image nous montre les lignes déjà opérationnelles et celles qui sont en construction ou en prévision pour chaque continent (longueur totale et vitesse moyenne incluses).

### 2
**TEAM DIAGNOSTIC SURVEY**
Hahn und Zimmermann
DIAGNOSTIC DU TRAVAIL D'ÉQUIPE Comment travaille et fonctionne une équipe? Pour les besoins de cette étude, on a demandé à chaque membre de l'équipe d'évaluer 30 aspects du travail d'équipe sur une échelle de 1 à 5. La moyenne de l'équipe est exprimée par des cercles et peut être comparée au Swiss average rate. Ce diagramme permet aussi une analyse des déviations positives et négatives par rapport à la norme.

### 3
**WOMEN'S PHONE SOCIAL MAPS**
Hahn und Zimmermann
LE TÉLÉPHONE DES FEMMES — CARTES SOCIALES nous permet de visualiser le réseau social et les habitudes de communication de sept personnes. Des points de couleurs nous révèlent leurs moyens de communication respectifs (face à face, téléphone, courrier, courrier électronique, Skype), tandis qu'un dégradé de couleurs allant des tons froids aux tons chauds caractérise la relation de chaque personne avec son interlocuteur. / Projet de recherche «Women's Phone» / Laboratoires Deutsche Telekom / Gestion: Prof. Dr. Gesche Joost /

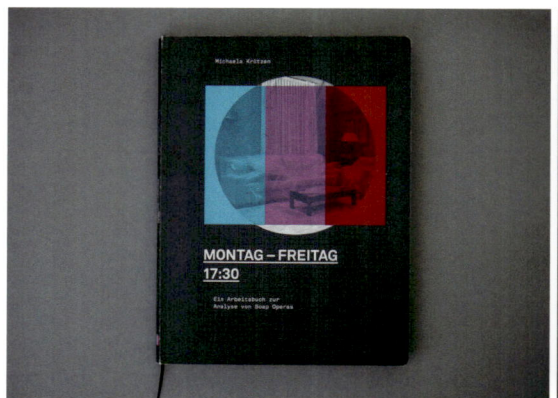
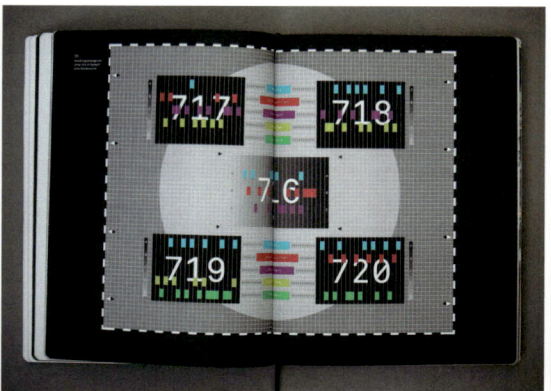

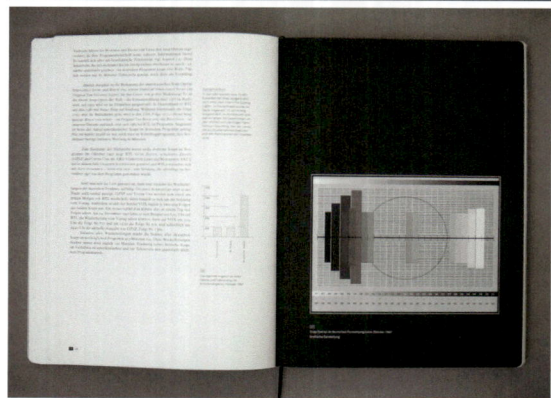
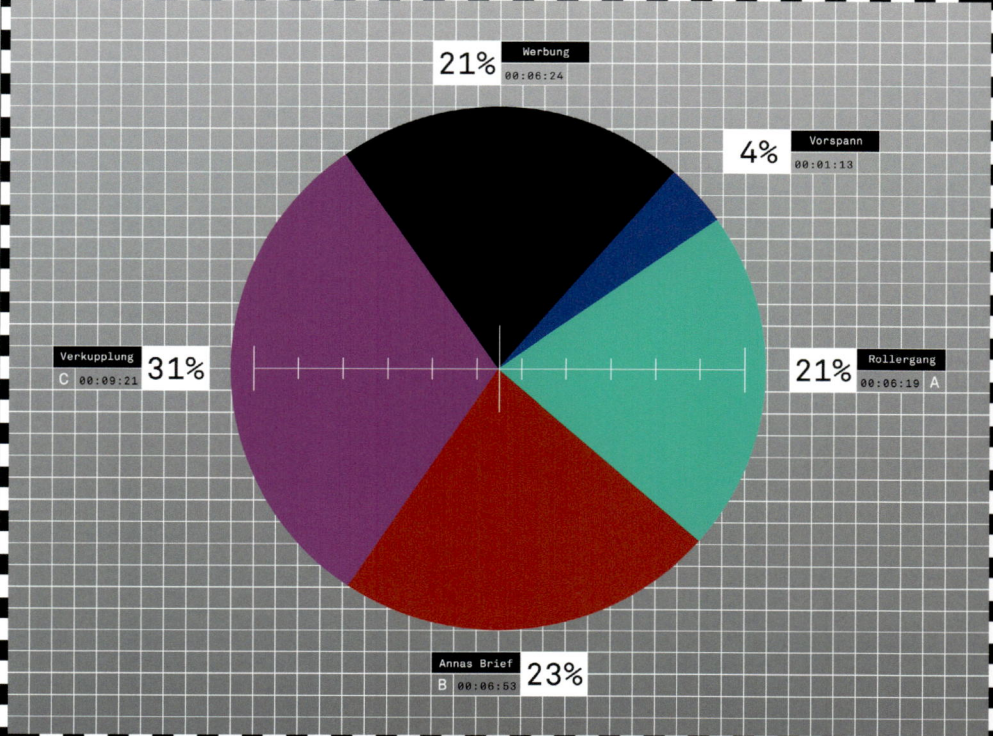

1
MONTAG — FREITAG 17:30,
ZUR ANALYSE VON SOAP OPERAS
Manuel Trüdinger
Le médium est le message? DU LUNDI AU VENDREDI 17H30 — ANALYSE DES SÉRIES TÉLÉ a recours à l'esthétique de la mire pour analyser les règles (non écrites) de la télévision.

2
UNSC / R
Piero Zagami
UNSC / R (CSNU / R, Résolutions du Conseil de sécurité des Nations Unies) entreprend de structurer et de faciliter l'accès aux décisions prises par l'organe exécutif des Nations Unies. Abrégé bienvenu pour les étudiants et les chercheurs dans cette dense jungle d'informations, ce projet applique des stratégies de design de l'information aux plus de 1700 documents du Conseil.

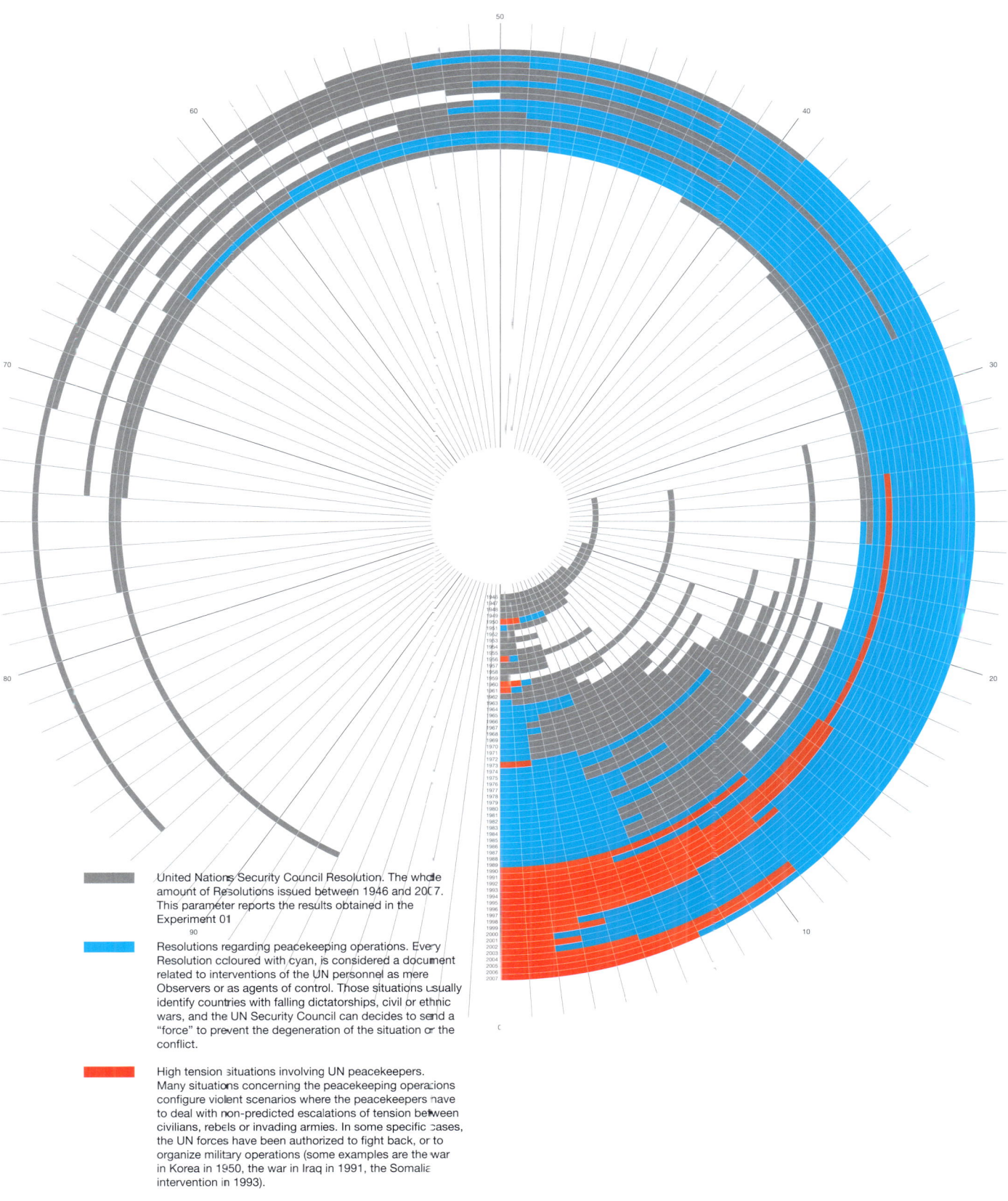

United Nations Security Council Resolution. The whole amount of Resolutions issued between 1946 and 2007. This parameter reports the results obtained in the Experiment 01

Resolutions regarding peacekeeping operations. Every Resolution cɔloured with cyan, is considered a document related to interventions of the UN personnel as mere Observers or as agents of control. Those situations usually identify countries with falling dictatorships, civil or ethnic wars, and the UN Security Council can decides to send a "force" to prevent the degeneration of the situation or the conflict.

High tension situations involving UN peacekeepers. Many situations concerning the peacekeeping operations configure violent scenarios where the peacekeepers have to deal with non-predicted escalations of tension between civilians, rebels or invading armies. In some specific cases, the UN forces have been authorized to fight back, or to organize military operations (some examples are the war in Korea in 1950, the war in Iraq in 1991, the Somalia intervention in 1993).

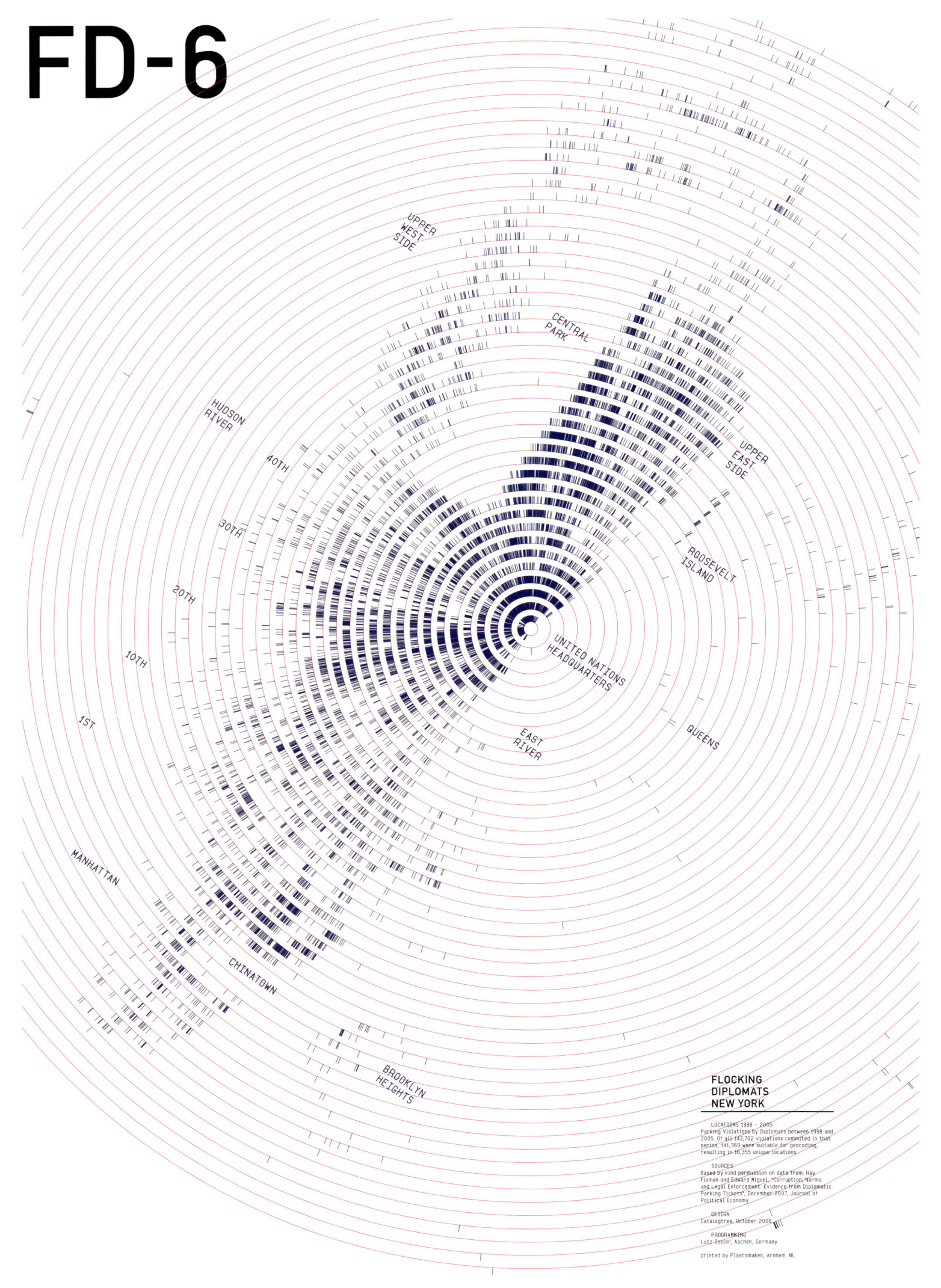

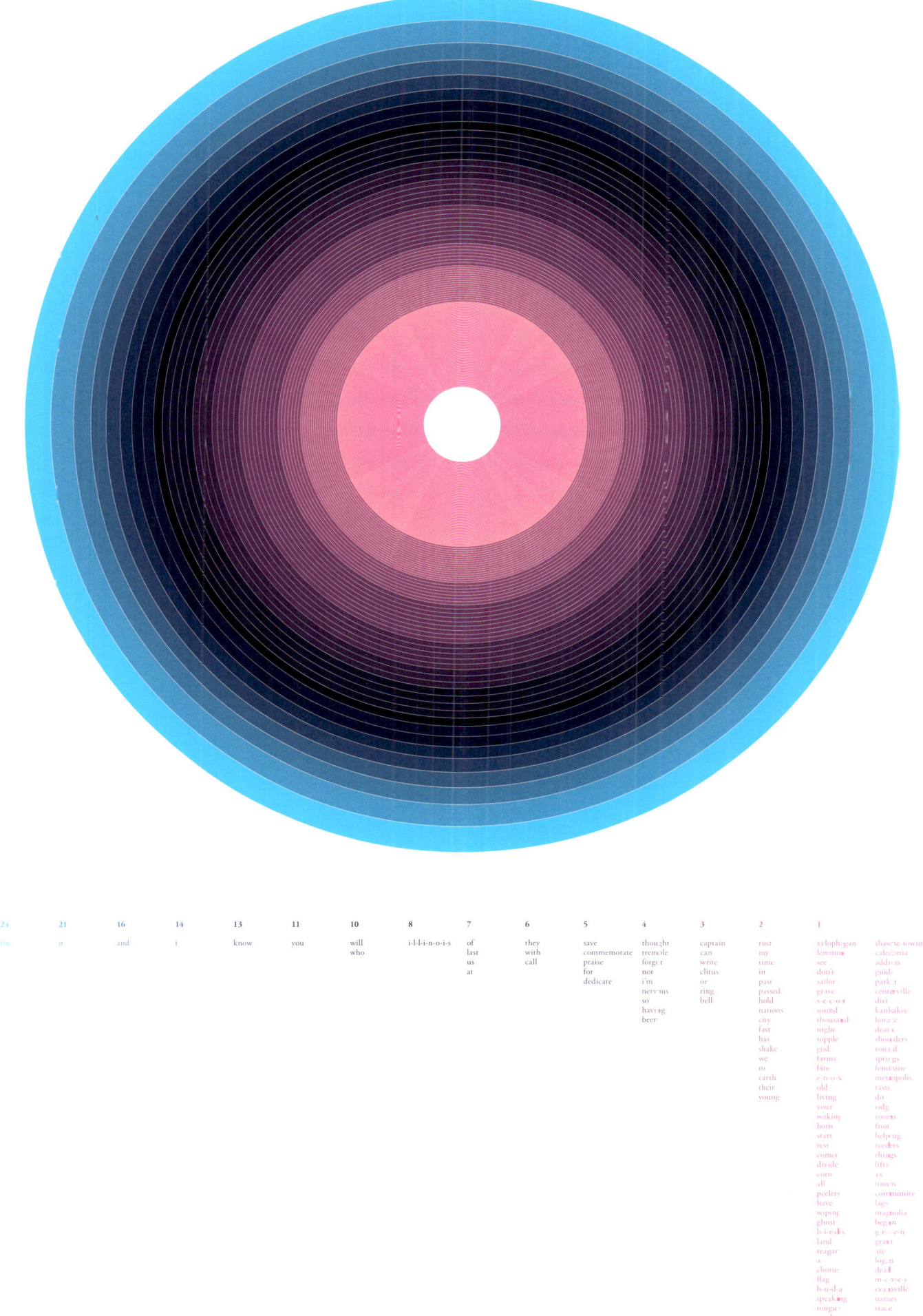

They Are Night Zombies!! They Are Neighbors!!
They Have Come Back from the Dead!! Ahhhh!

DATACIRCLES

PAGE PRÉCÉDENTE (GAUCHE)
**FLOCKING DIPLOMATS 6**
Catalogtree
/›PP.168,224/

PAGE PRÉCÉDENTE (DROITE)
**ILLINOIS: VISUALIZING MUSIC
WORD USAGE CIRCLE 11**
Jax de León
/›P.170/

1
WHEN WE FLY
Andrew van der Westhuyzen
Juste une minute — à une époque où prendre l'avion est presque devenu un réflexe, et l'avion un mode de transport comme les autres, le nombre total d'appareils en vol à un instant « t » a atteint des proportions tout simplement renversantes.    Selon le Conseil international des aéroports (Airports Council International, ACI), 4,874 milliards de passagers ont voyagé dans les airs en 2008, sur un nombre total de 77 millions de vols.    Cette vue particulière du réseau aérien qui enveloppe la planète est basée sur des instantanés d'une minute nous montrant le nombre de passagers et d'avions dans les airs à un moment donné — de petits voyants sur le radar mondial qui ajoutent au caractère impressionnant de l'ensemble.
/Directeur Technique: Hugh Carrick-Allen, Collider/

2
NEU — WEGE ZUM FORTSCHRITT
Martin Gorka

*2008_*
*global unique aircraft flights per minute*

{*146*}

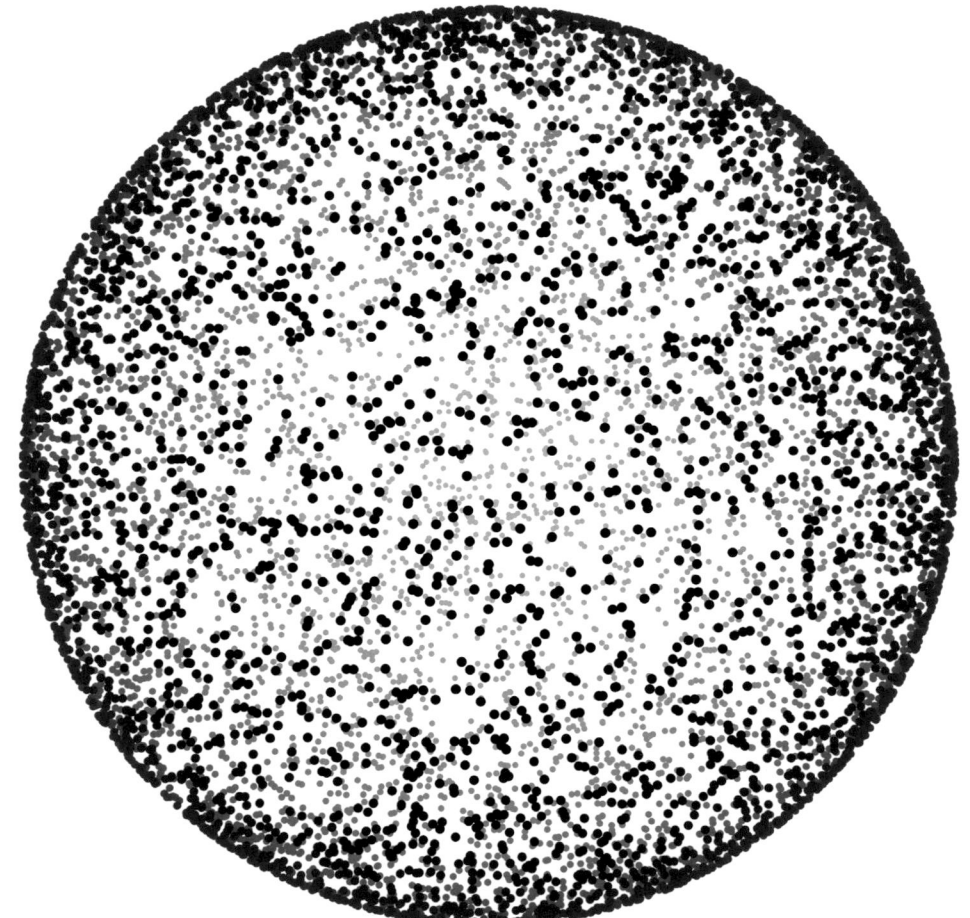

*2008_*
*global passenger air traffic per minute.*

{*9273*}

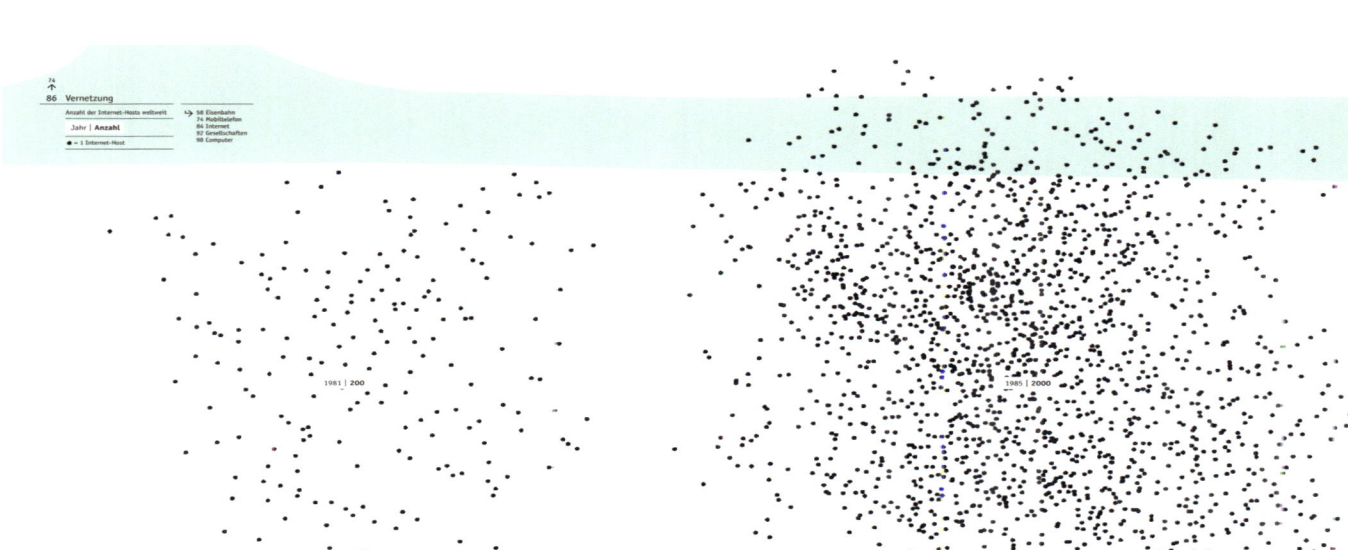

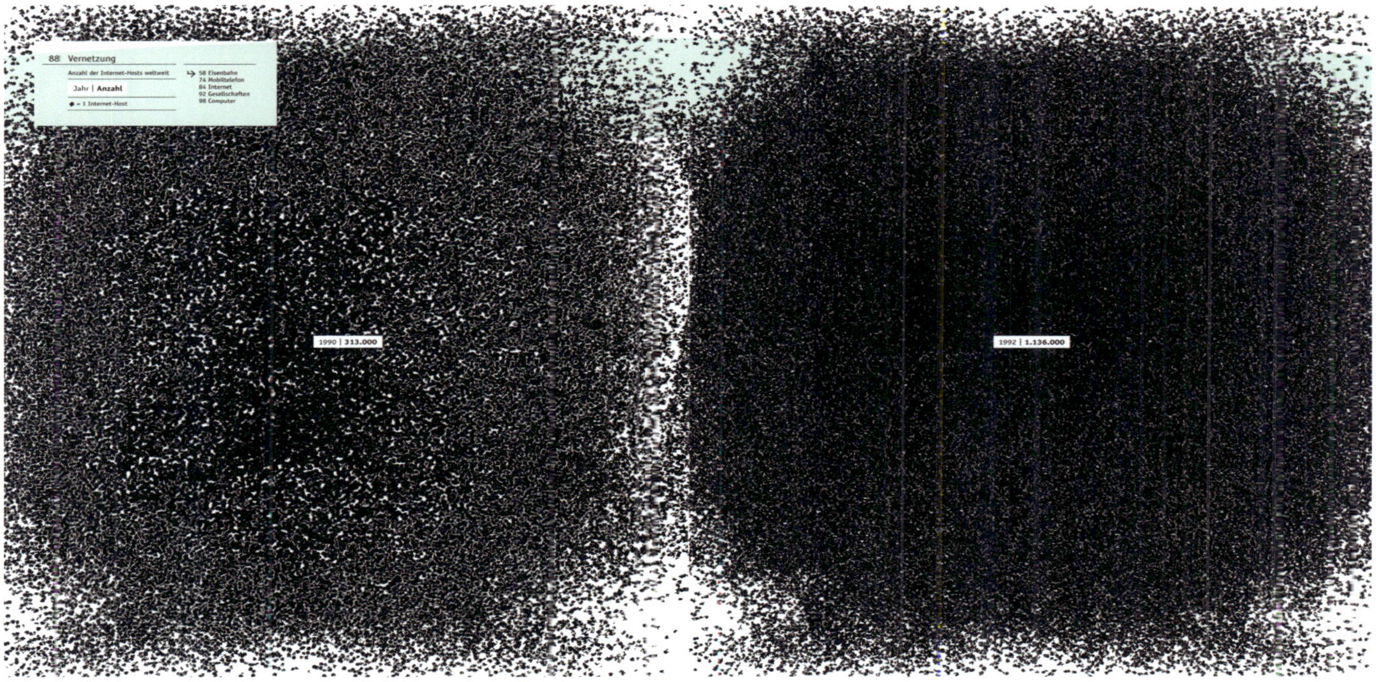

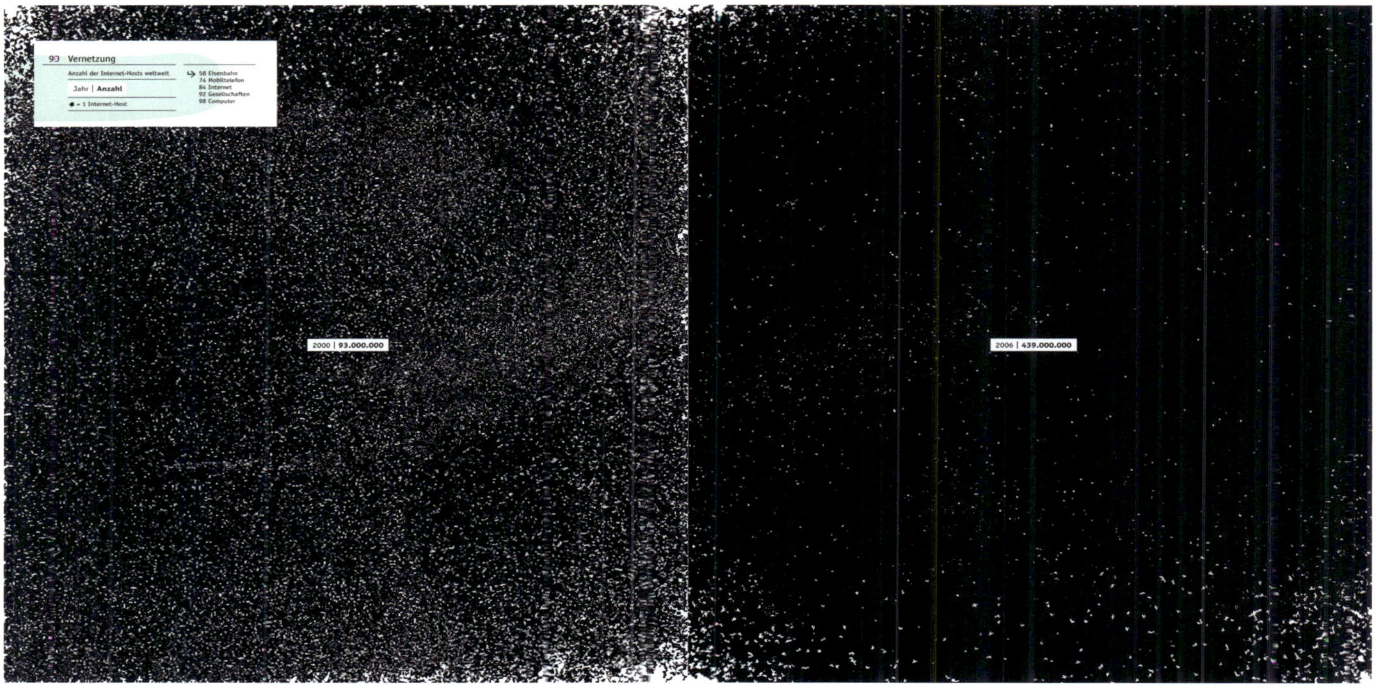

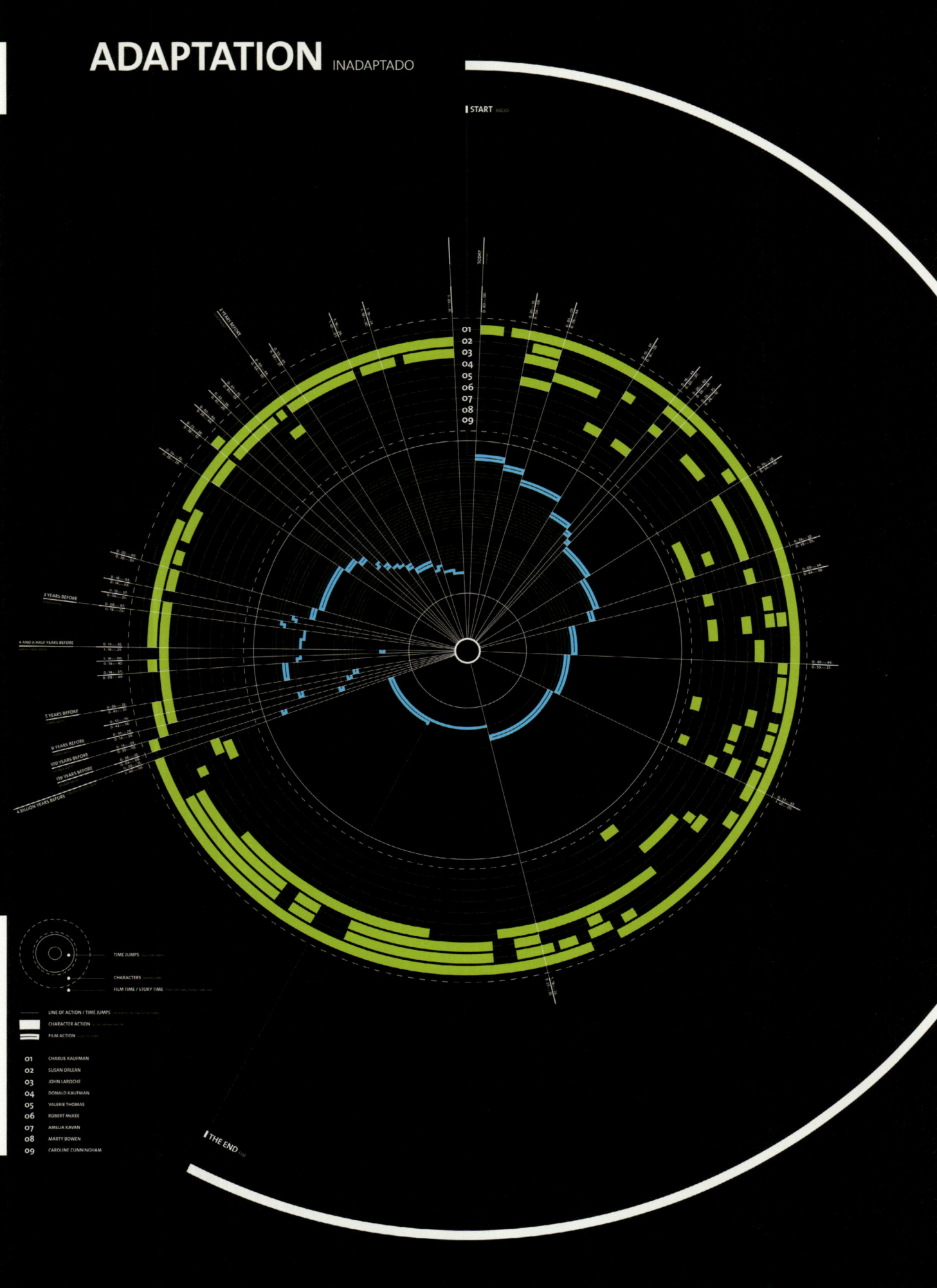

1
ADAPTATION — INADAPTADO
Rodrigo Machado
ADAPTATION (2002) comme base de données: le projet de Rodrigo Machado transforme ce film en un infographique qui nous montre la durée du film, les flash-back et flash-forward à l'intérieur de l'histoire, le temps de présence à l'écran de chaque personnage et les relations entre les protagonistes.

2
LEVEL GREEN
ART+COM AG
Dans son parc d'activités de Wolfsburg, le constructeur automobile Volkswagen a organisé une exposition sur le thème de la durabilité. Délibérément axée sur la pratique, l'exposition encourage les visiteurs à s'impliquer et à en apprendre davantage sur ce qu'ils peuvent faire pour lutter contre le réchauffement climatique et son principal responsable, le dioxyde de carbone, gaz à effet de serre.  Une vaste sphère — qui représente les émissions combinées de CO2 de l'Allemagne — se transforme en une multitude de petits globes de plastique. Chacune de ces bulles indique de potentielles économies, notamment grâce à des carburants plus efficaces ou à une consommation limitée de viande. Semblables à des ombres symboliques de ces sphères flottantes, une série de graphiques sur le socle de l'œuvre traduit en chiffres concrets ces mesures d'économie.

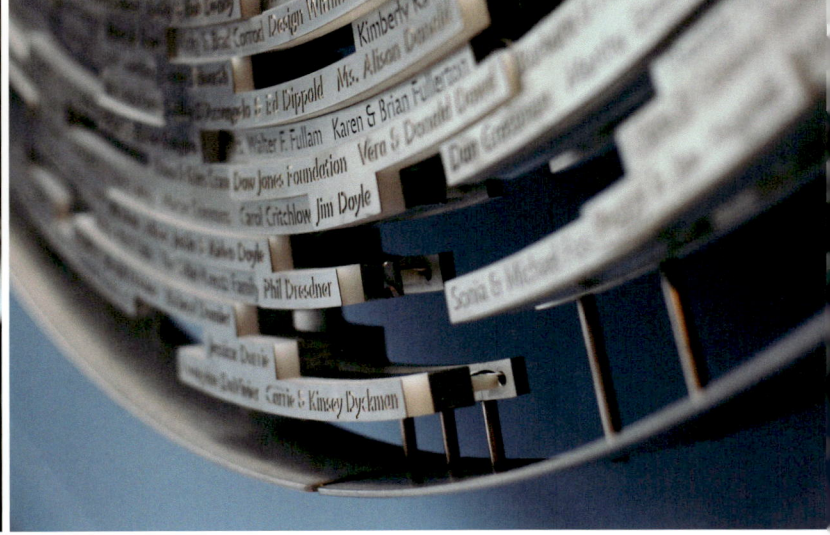

ACP DONOR WHEEL
Joshua Kirsch
Commandée par le Conseil des arts de Princeton, ROUE DES DONATEURS DU CONSEIL DES ARTS DE PRINCETON est une sculpture permanente pour le Centre Paul Robeson pour les arts de Princeton, New Jersey, qui rend hommage aux donateurs. Le disque motorisé affiche quelque 2000 noms, vaguement regroupés par ordre alphabétique. Le visiteur peut choisir une lettre sur le clavier adjacent pour faire tourner le disque et éclairer les noms correspondants grâce à ces LEDs installées à l'arrière de la sculpture. /2008/

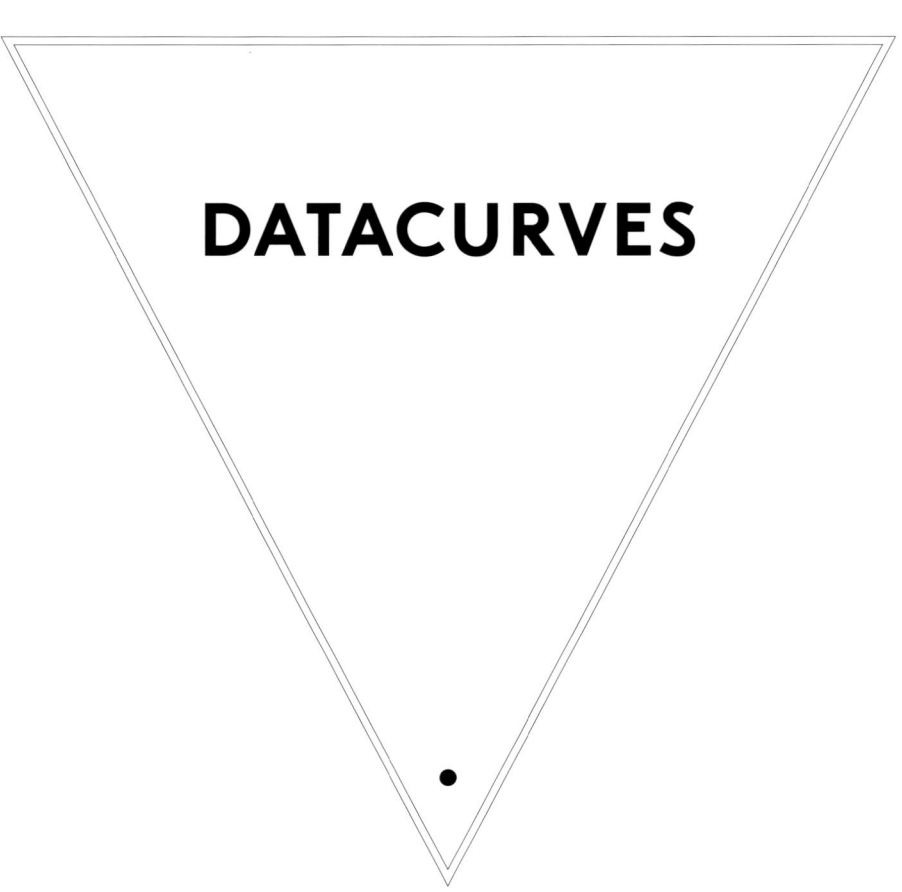

**Pour visualiser une progression dans un intervalle de temps défini, on choisit souvent le graphique linéaire. Ce sont les tendances des marchés boursiers qui nous viennent à l'esprit quand nous pensons à des courbes, mais les pages suivantes nous montrent qu'on peut les appliquer à des sujets divers. Par exemple au son, qui n'est finalement qu'une dense séquence chronologique faite de très nombreuses données.**

•

**Avec la crise financière mondiale, le graphique linéaire – un classique pour la visualisation de données – a fait un come-back. Représentant l'évolution de la valeur des actions et le climat économique général, la courbe descendante est presque devenue un symbole. Un diagramme comme celui de la page précédente nous paraît tout de suite menaçant, même avant de connaître son sujet. La flèche indique le bas, elle est rouge vif – c'est sûrement grave. Conditionnés par une doctrine prédominante de la croissance, une simple courbe comme celle-ci nous fait penser à une crise, alors qu'elle pourrait représenter la baisse du taux de criminalité, des émissions de $CO_2$ ou des infections VIH.**

      **Les données financières peuvent cependant être présentées différemment, comme nous le montre Anna Filipova. Le resserrement du crédit ayant frappé de nombreuses personnes de façon aussi surprenante et avec autant de violence qu'un tremblement de terre,**

PAGE PRÉCÉDENTE
MODELS
Xavier Barrade
Ce qui monte doit redescendre un jour: le travail de Barrade sur les caprices de la bourse donne une expression physique à nos paris sur l'avenir.

elle utilise l'échelle de Richter pour visualiser les mouvements des marchés financiers. /1/ Le médium devient le message. Adrien Segal a choisi le meuble comme moyen d'expression. Les données sur les courbes des marées rassemblées par la jeune designer sont la base de sa somptueuse table. /2/ Elle a créé des graphiques linéaires qui sont comme le blueprint de son design, puis a transformé ces courbes en barres d'acier et les a intégrées dans un cadre de table en noyer. La sculpture ondulée qui en résulte transcende la série de données: sans savoir quel type de données a été utilisé – ou même sans savoir du tout qu'on a utilisé des données – le modèle dynamique de l'œuvre en suggère le thème.

La visualisation du son débouche sur d'autres formes de ce type. Volumes et fréquences dessinent une courbe et peuvent eux aussi devenir de beaux objets, comme le prouve NOCC, studio de design français, avec ses *Objects of Sound (Objets sonores)*. /3/ *Symphonic Area Var. 4 (Aire symphonique var. 4)* de Jorinde Voigt /4/ traite également de la visualisation du son, mais l'artiste examine la structure d'un morceau de musique plutôt que ses caractéristiques acoustiques. Une partition nouvelle et complexe apparaît – dont les courbes rappellent une hélice. Une association qui n'est peut-être pas si osée: en fin de compte, c'est l'ADN de la symphonie que nous observons.

Une question intéressante se pose: comment la visualisation change-t-elle notre manière de percevoir – ou de faire – la musique? La musique électronique nous donne quelques réponses. Parce qu'elle est créée sur des ordinateurs ou des machines qui donnent une représentation graphique du son, parce que le musicien n'entend pas seulement la musique, mais la voit simultanément (grâce, par exemple, à la représentation du rythme par un séquenceur), elle semble souvent plus « designée ». Un autre exemple de la façon dont la visualisation peut profondément modifier le comportement.

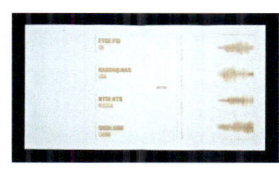

1
STOCK MARKET
Anna Filipova
/›P.118/

2
TIDAL DATUM TABLES
Adrien Segal
/›P.124/

3
OBJECT OF SOUND
NOCC
/›P.112/

4
SYMPHONIC AREA VAR. 4
Jorinde Voigt
/›PP.116, 117/

DATACURVES

1
EXTINCT
Dongwoo Kim
/Dr George Amato, American Museum of Natural History, Sin Kim, Sofia Kim, Bairon Garzon, Matt Muzard, Chun Wo Pat, Alexa Nosal, Richard Reiss, Artist As Citizen, New York Times/

2
SLEEP AGONY CHART
Christoph Niemann
Les malheurs de ceux qui ne cessent de se retourner dans leur lit: au vu de l'illustration de Christoph Niemann, avoir une bonne nuit de sommeil est bien plus difficile qu'on pourrait le croire.

3
STATISTICS STRIP IN THE EXHIBITION "WORK. MEANING AND WORRY"
ART+COM AG
/Commissariat d'exposition: Praxis für Ausstellungen und Theorie/Concept et design: ART+COM/

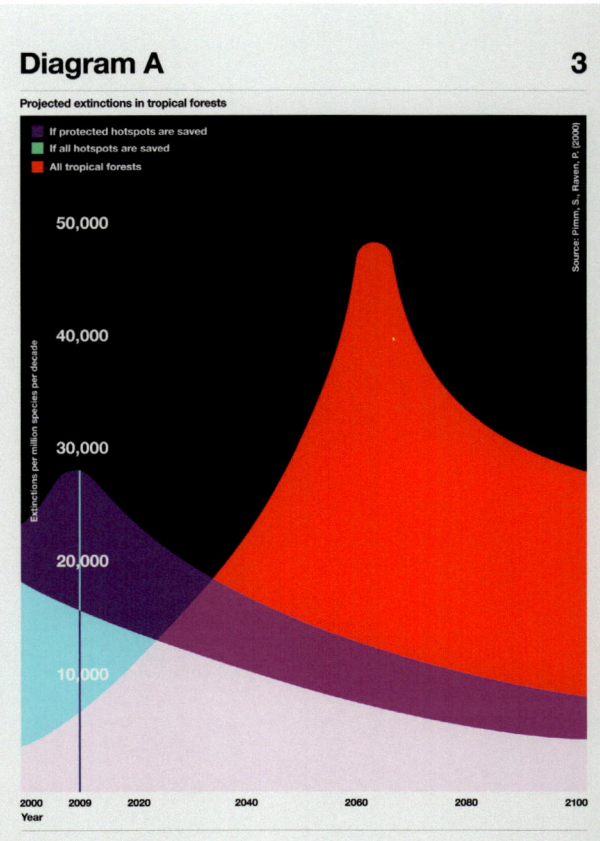

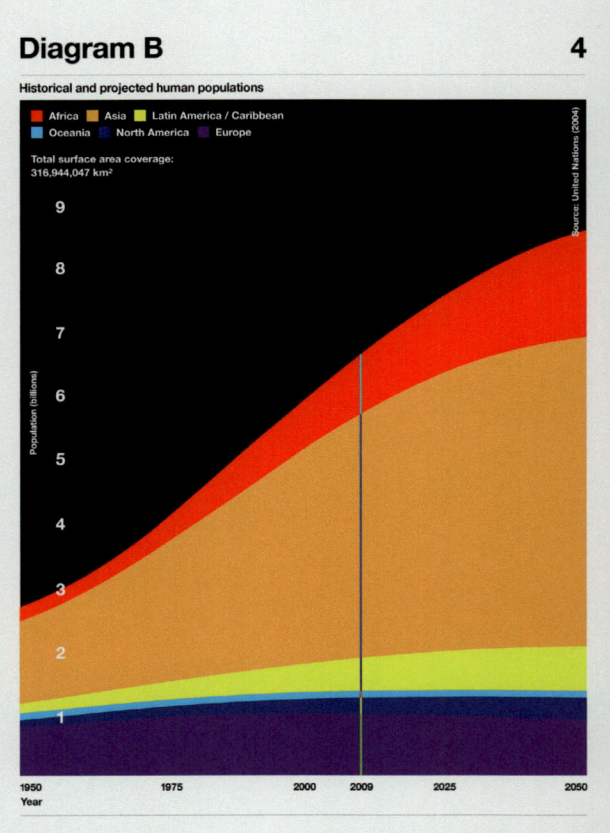

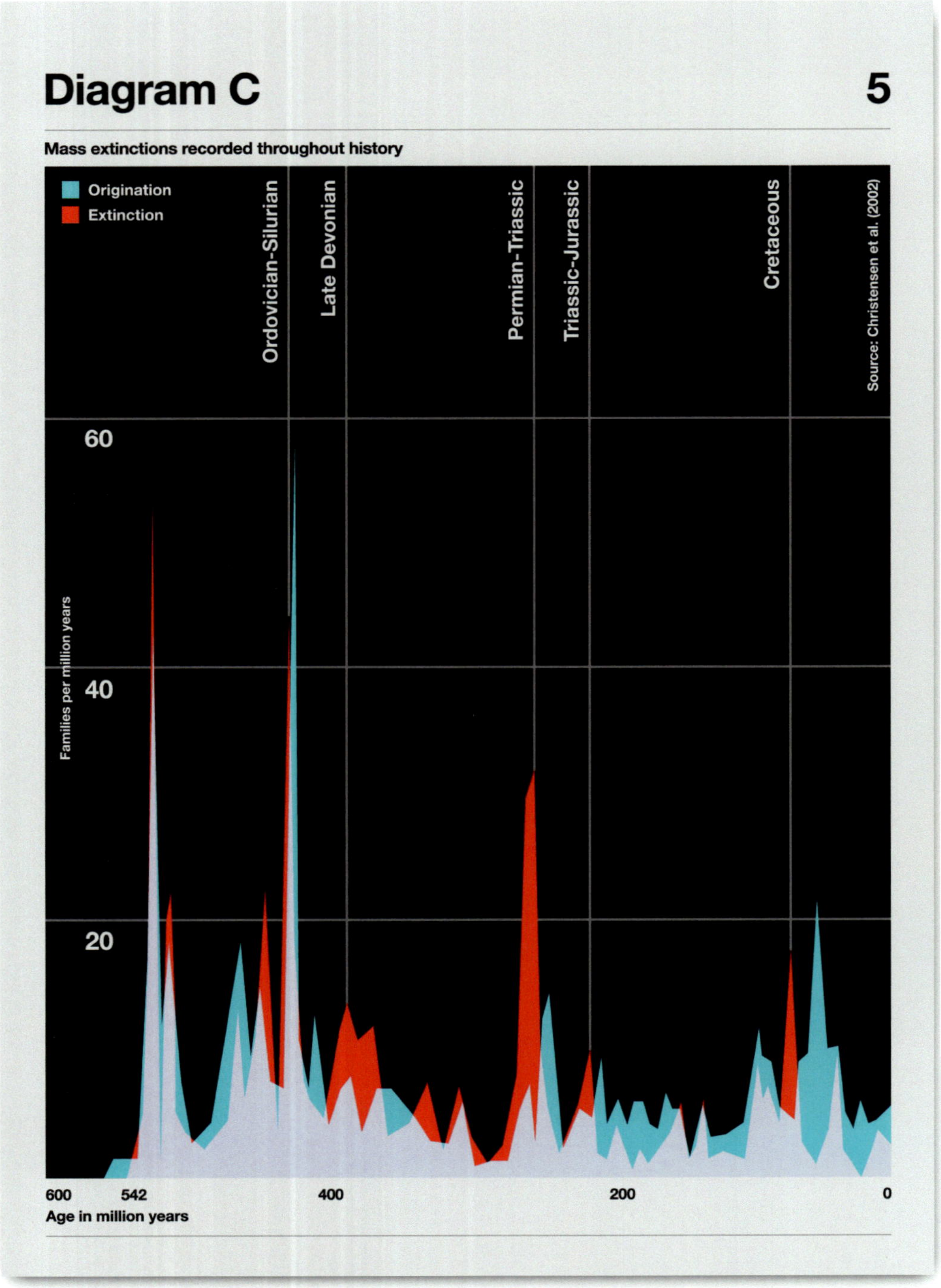

# SLEEP AGONY CHART

AGONY

STEPPING ON TOY WHILE CARRYING CHILD BACK TO OWN ROOM

HAVING TO PEE

MOSQUITO

A/C (SUMMER)

CLANKING HEATING PIPE (WINTER)

TIME

**Arbeitslosigkeit**
Unemployment

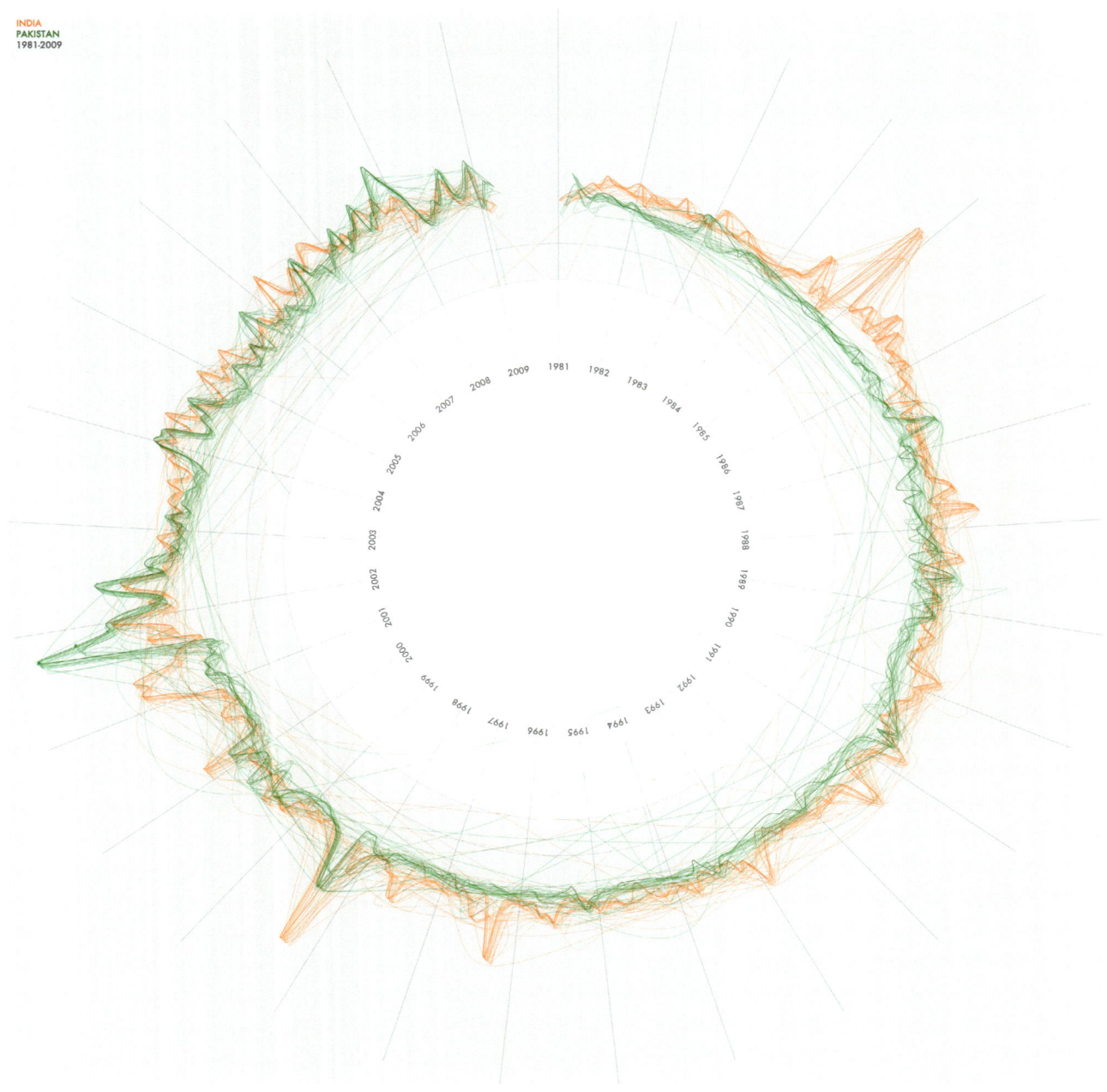

**1**
NYTIMES THREADS: INDIA & PAKISTAN
Jer Thorp
Ce graphique illustre la fréquence des articles du NEW YORK TIMES mentionnant l'Inde et le Pakistan (1981–2009). L'image révèle les partis pris du journal et le poids donné au sujet — les lignes foncées désignent le placement en une, les lignes plus claires les articles en pages intérieures.

**2**
NYTIMES THREADS: YANKEES & METS
Jer Thorp
Comme FIL D'ARTICLES DU NEW YORK TIMES: INDE ET PAKISTAN, ce diagramme témoigne de la fréquence des références aux deux équipes de base-ball de New York, les Yankees et les Mets, dans le NEW YORK TIMES entre 1984 et 2009.

**3**
60 JAHRE BRD: EIN RUNDES JUBILÄUM
Golden Section Graphics
LA RFA A SOIXANTE ANS célèbre le soixantième anniversaire de la République Fédérale d'Allemagne à l'aide d'informations actuelles en matière économique et démographique — et nous montre les progrès réalisés par le pays. /Katharina Erfurth/

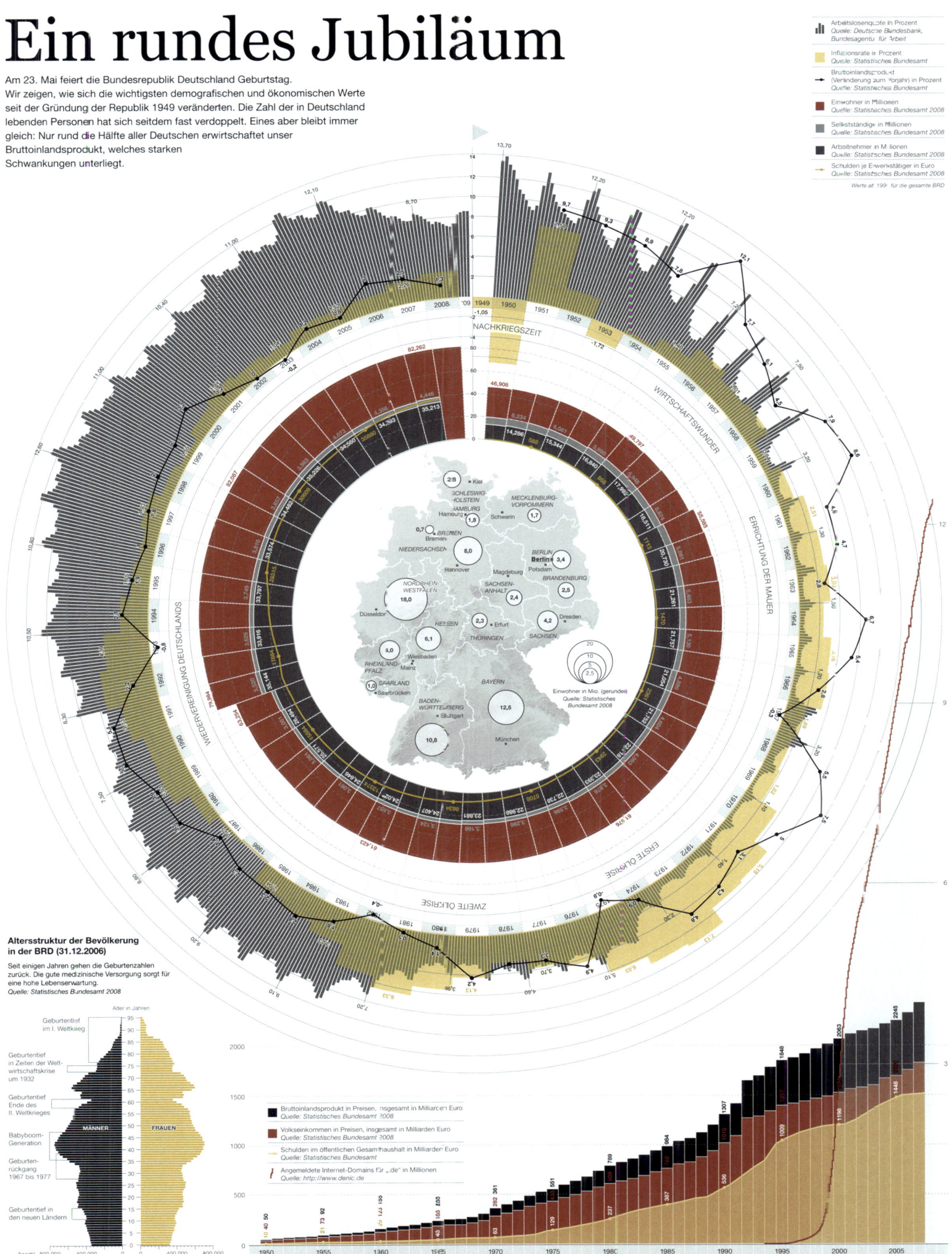

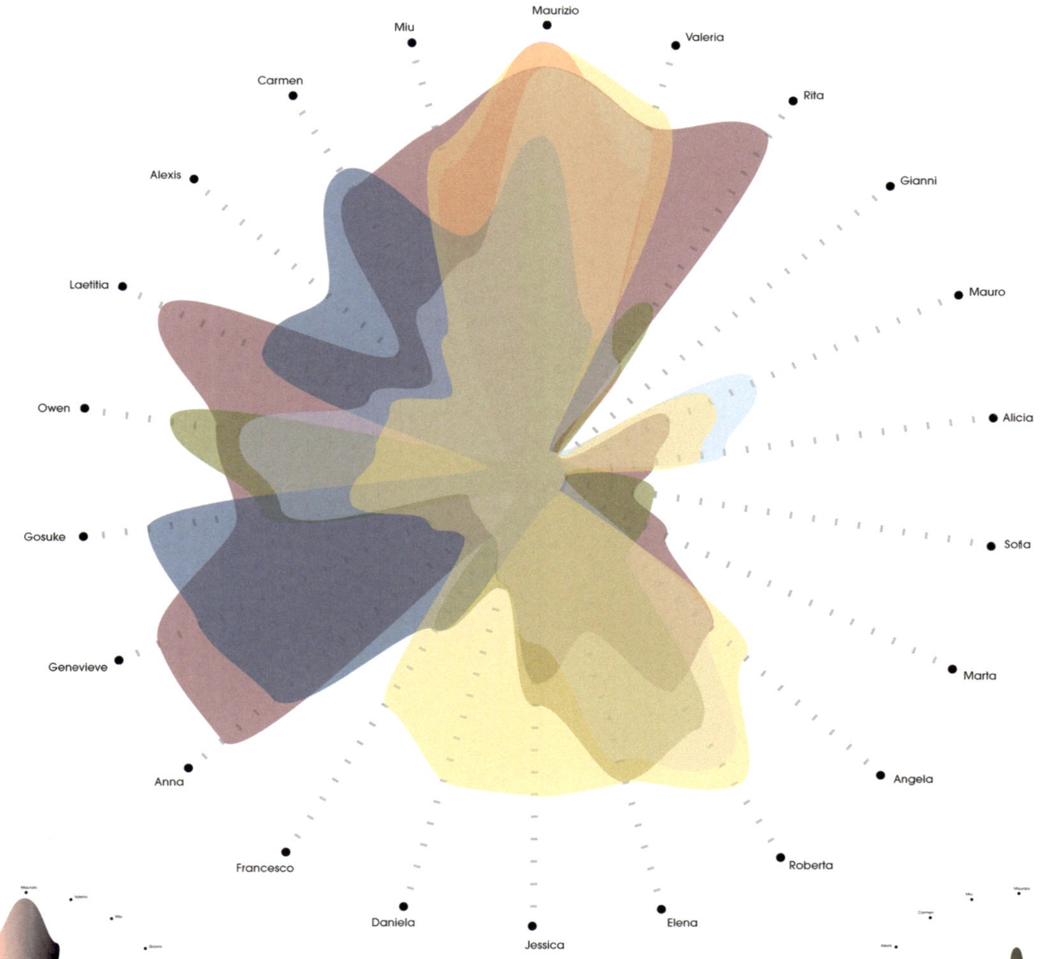

**Relationship Matters** – *A sociogram investigation*

CASE STUDY V

Names around the main chart (clockwise from top): Maurizio, Valeria, Rita, Gianni, Mauro, Alicia, Sofia, Marta, Angela, Roberta, Elena, Jessica, Daniela, Francesco, Anna, Genevieve, Gosuke, Owen, Laetitia, Alexis, Carmen, Miu.

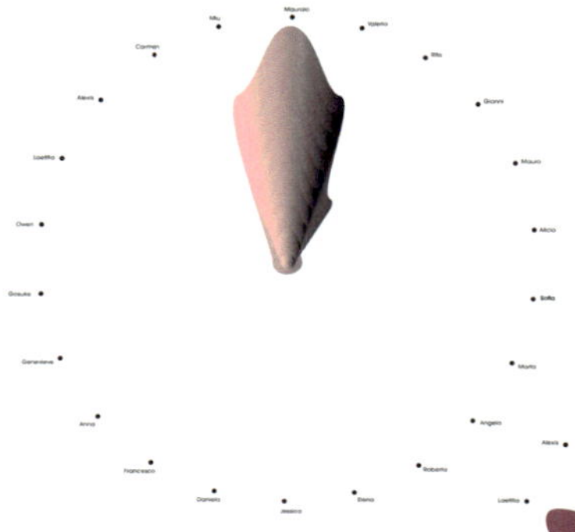

Small multiples:
- Fashion and photography
- University and job
- Movies, book and music 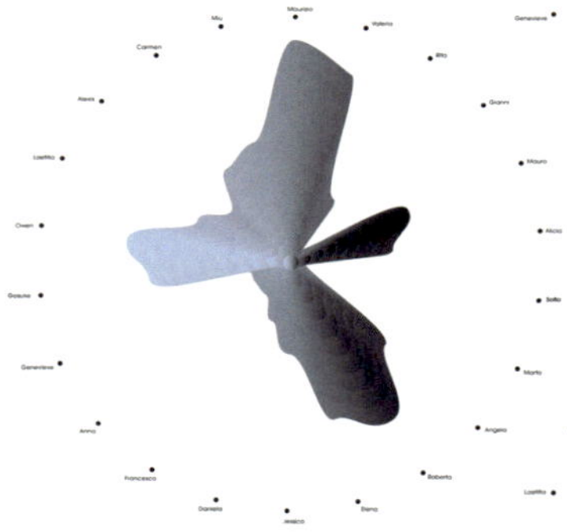 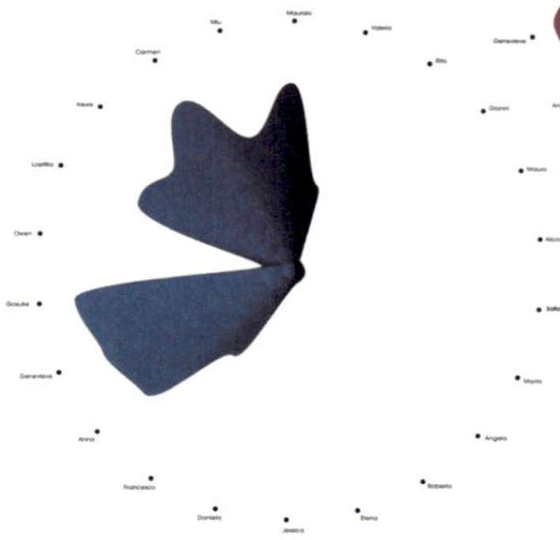
- Politics, economy and social issues
- Design and art
- Clubbing, traveling, and entertainment 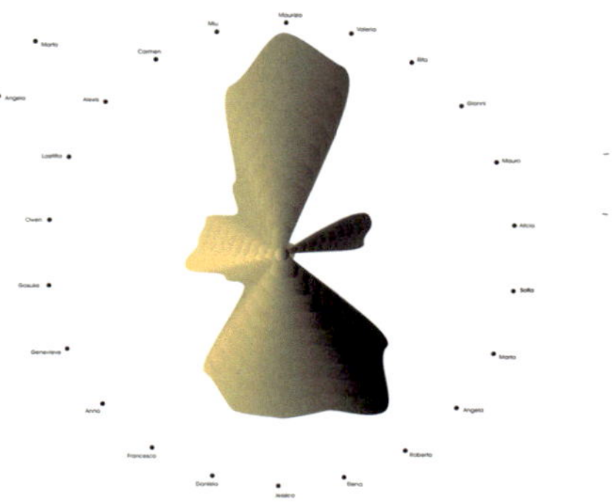

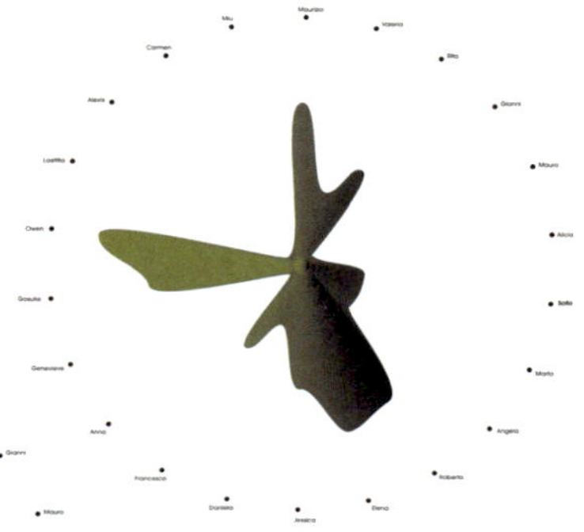

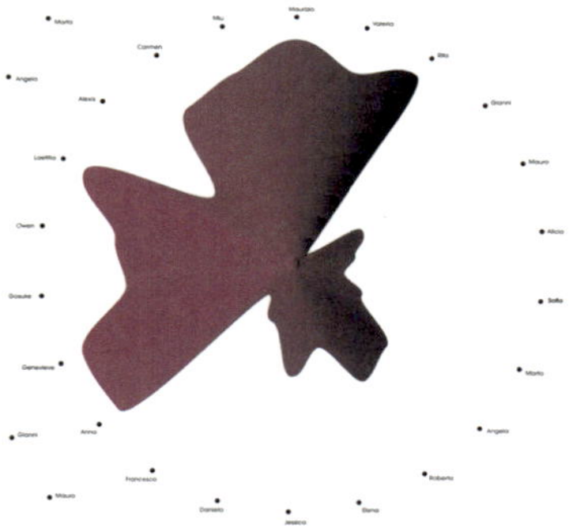

A relationship between two people also consists of conversations and shared interests.
This graph shows the kind of topics and interests shared with others.

It also shows that with some characters the conversations and topics in common are many and varied, whilst with others the relationship could be based on just one shared area of interest.

Interests and conversation:
- FASHION & PHOTOGRAPHY
- UNIVERSITY & JOB
- POLITICS, ECONOMY & SOCIAL ISSUES
- DESIGN & ART
- MOVIES, BOOKS & MUSIC
- CLUBBING, TRAVELING & ENTERTAINMENT

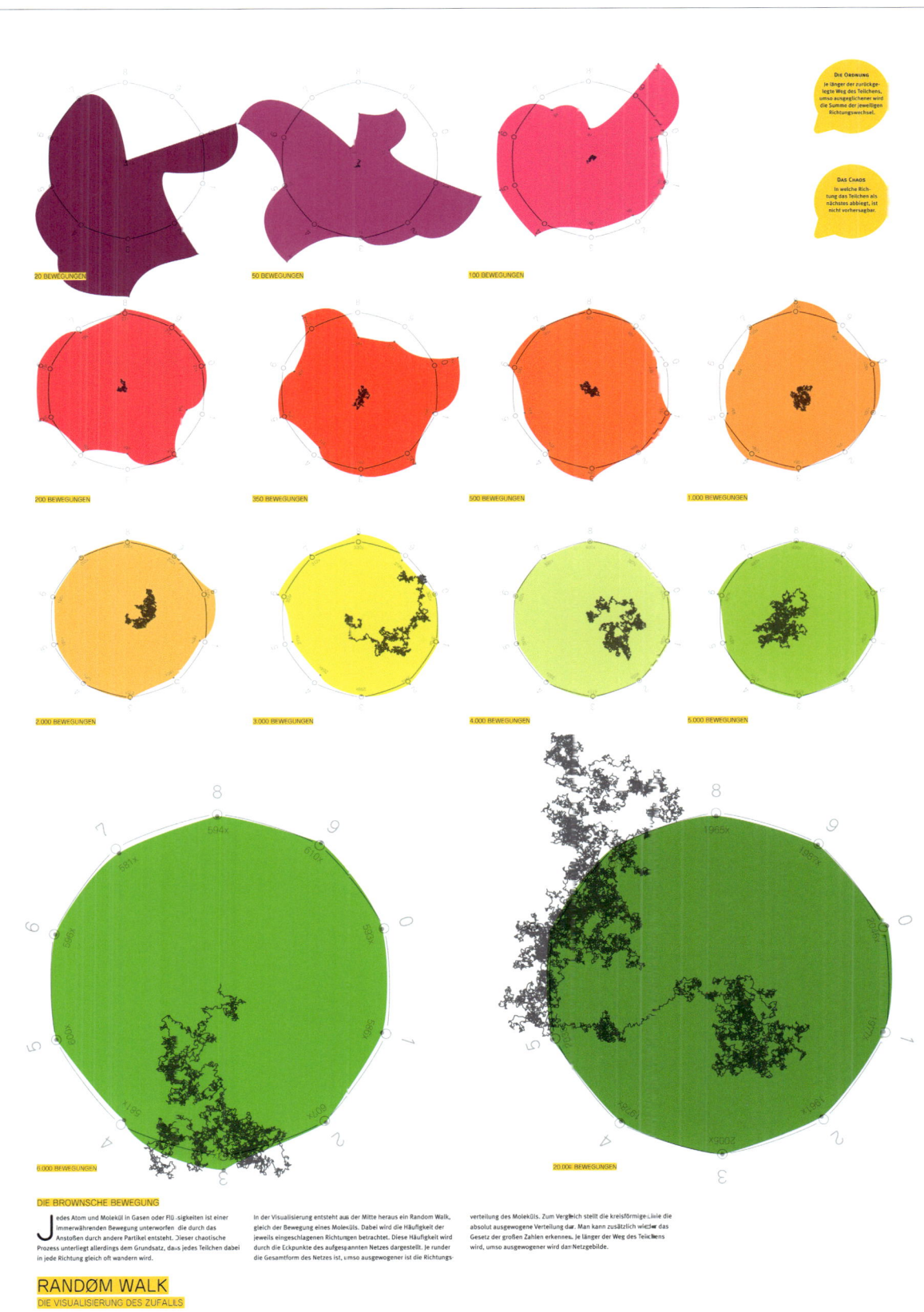

1
RELATIONSHIP MATTERS. A SOCIOGRAM INVESTIGATION
Valentina D'Efilippo

Bien trop souvent, les diagrammes sociométriques ignorent le fait que les données qu'ils expriment reflètent la vie de gens bien réels. Abstraits, sans émotions, ils ont tendance à mettre de côté le facteur humain.
L'IMPORTANT, C'EST LA RELATION engage le débat sur les interactions sociales en posant une question simple mais capitale : est-il tout simplement possible de montrer les relations qui existent entre des personnes, des lieux ou des objets — non pas en les simplifiant à outrance, mais plutôt sous une forme qui rende compte de leurs dynamiques intrinsèques ? Cinq études de cas explorent les voies alternatives pour mettre en lumière les liens qui existent à l'intérieur du réseau social de l'artiste, en se concentrant sur différents aspects de ses relations et interdépendances : le temps, l'affectif, l'espace, les conversations et les émotions.

2
RANDØM WALK
THE VISUALIZATION OF RANDOMNESS
Daniel Becker

/»P.174/ DÉAMBULATION — LA VISUALISATION DU HASARD explore le principe du hasard à travers une série de visualisations. Ici, Daniel Becker fait du phénomène de la « demi-vie » un exercice de pliage sans fioritures.
En chimie, la notion de demi-vie désigne le laps de temps au cours duquel la moitié des atomes d'une substance instable se sont désintégrés. Dans certains cas cela ne prend que quelques millisecondes, dans d'autres (pour l'uranium par exemple), plusieurs milliards d'années. Et bien que cette mesure soit rigoureusement exacte, nul ne peut prédire quels atomes seront touchés.

Exponentiel par nature, ce processus rappelle le pliage continuel d'une feuille de papier — après chaque pliage, le hasard détermine laquelle des moitiés restantes sera repliée. Gouvernée par le hasard, la série de pliages — et la désintégration des atomes — prend un tour toujours différent, comme on peut le voir avec cette illustration.

# DATACURVES

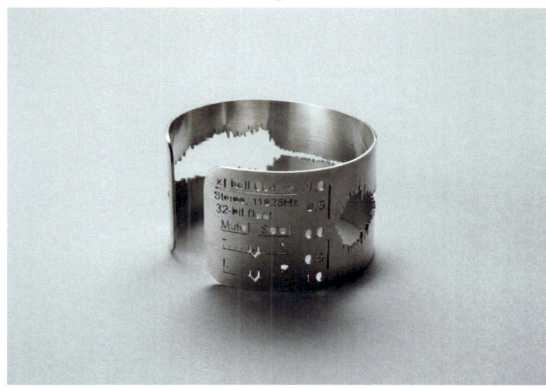

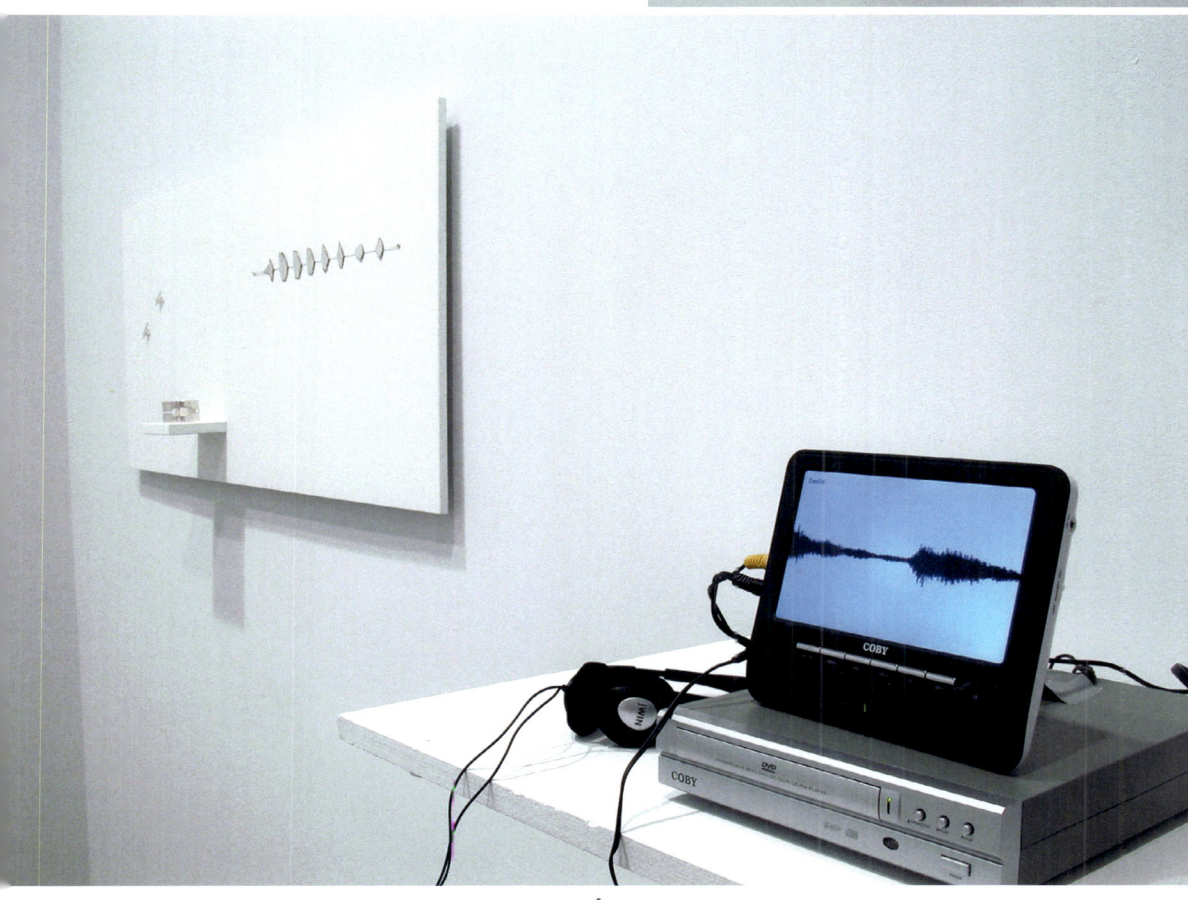

### 1
### OBJECT OF SOUND
### NOCC
La collection OBJET SONORE de NOCC comprend un chandelier, un abat-jour et un vase. Chaque objet est mis en forme en fonction du profil sonore de son nom, transformé en une approximation en trois dimensions de l'objet décrit. De cette manière, chaque créateur ajoute une touche personnelle à l'objet et l'imprègne d'une nouvelle signification.

### 2
### "I DO" WEDDING BAND
### 3
### CHURCH BELL (CUFF BRACELET)
### 4
### ATCHOUM – SNEEZE (BROOCH)
### 5
### INSTALLATION VIEW
### Sakurako Shimizu
Cloches d'église, « Oui, je le veux » des mariés, éternuement... Sakurako Shimizu traduit ces sons en ondes découpées au laser, gravées pour l'éternité dans des métaux résistants.
/"I DO" WEDDING BAND / Argent / Dimensions: 7 × 5.5 cm / CHURCH BELL (CUFF BRACELET) / Or jaune 18 carats, palladium / Dimensions: largeur 7.5 et 8.5 mm / ATCHOUM – SNEEZE (BROOCH) / Argent / Dimensions: 9 × 3.5 cm / Photo: Takateru Yamada /

### 6
### WAVEFORM NECKLACE
### David Bizer
COLLIER D'ONDES est un bijou personnalisé. L'acheteur potentiel soumet à l'artiste un fichier audio numérique (l'enregistrement d'une voix par exemple, ou le refrain d'une chanson) qui va permettre d'assembler un collier personnalisé qui affichera la fréquence des sons enregistrés.

1

2

1
TRIKOTON
2
GELSOMINA
THE VOICE KNITTING MACHINE
Trikoton

La communication et la mode définissent notre environnement et nous aident à exprimer notre individualité. Version actualisée du cercle de tricot, événement social et lieu d'échanges sur les styles et les techniques, Trikoton transforme des signaux vocaux transmis par l'usager en modèle individuel de tricot — aussi personnel et unique que la voix humaine elle-même. /Photo: Hanna Wiesener/

3
VISIBLE SOUND
SOUNDS.BUTTER

« Un point fait à temps… » SON VISIBLE transforme des schémas de fréquences en bandes stéréo concrètes. Contrairement à d'autres types de visualisations du son (égaliseurs, sous-titres, etc.), ce projet se concentre sur la représentation physique de données audio par une machine à coudre

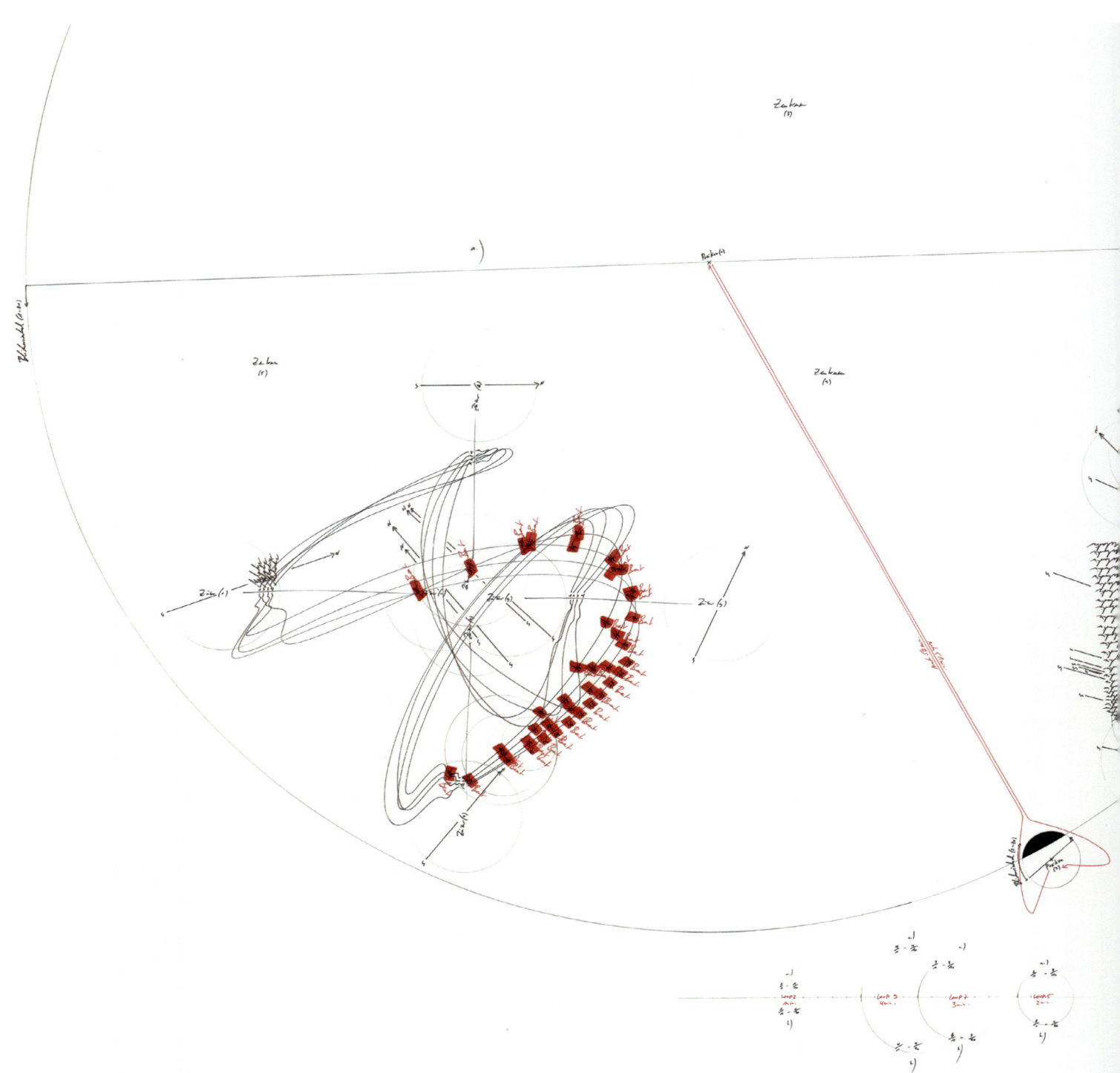

**SYMPHONIC AREA VAR. 4**
Jorinde Voigt

Dans AIRE SYMPHONIQUE, Jorinde Voigt, artiste basée à Berlin, entrelace jusqu'à huit paramètres différents en des variations toujours nouvelles. Ses diagrammes passent avec aisance de la partition d'une aire symphonique fictive à des points de repère physiques — elle place même les pôles nord et sud dans ses dessins. Ces notations ressemblent à des informations sonores et spatiales sur le monde, mais représentent en fait une déclinaison mathématique parfaite qui s'étend du premier au vingt-septième et dernier dessin de la série. Un espace mental d'options et de possibilités est ainsi créé, au public de le remplir. / Berlin / 2009 / Encre, crayon sur papier / 27 dessins / 80 × 180 cm chacun / Pièce unique /

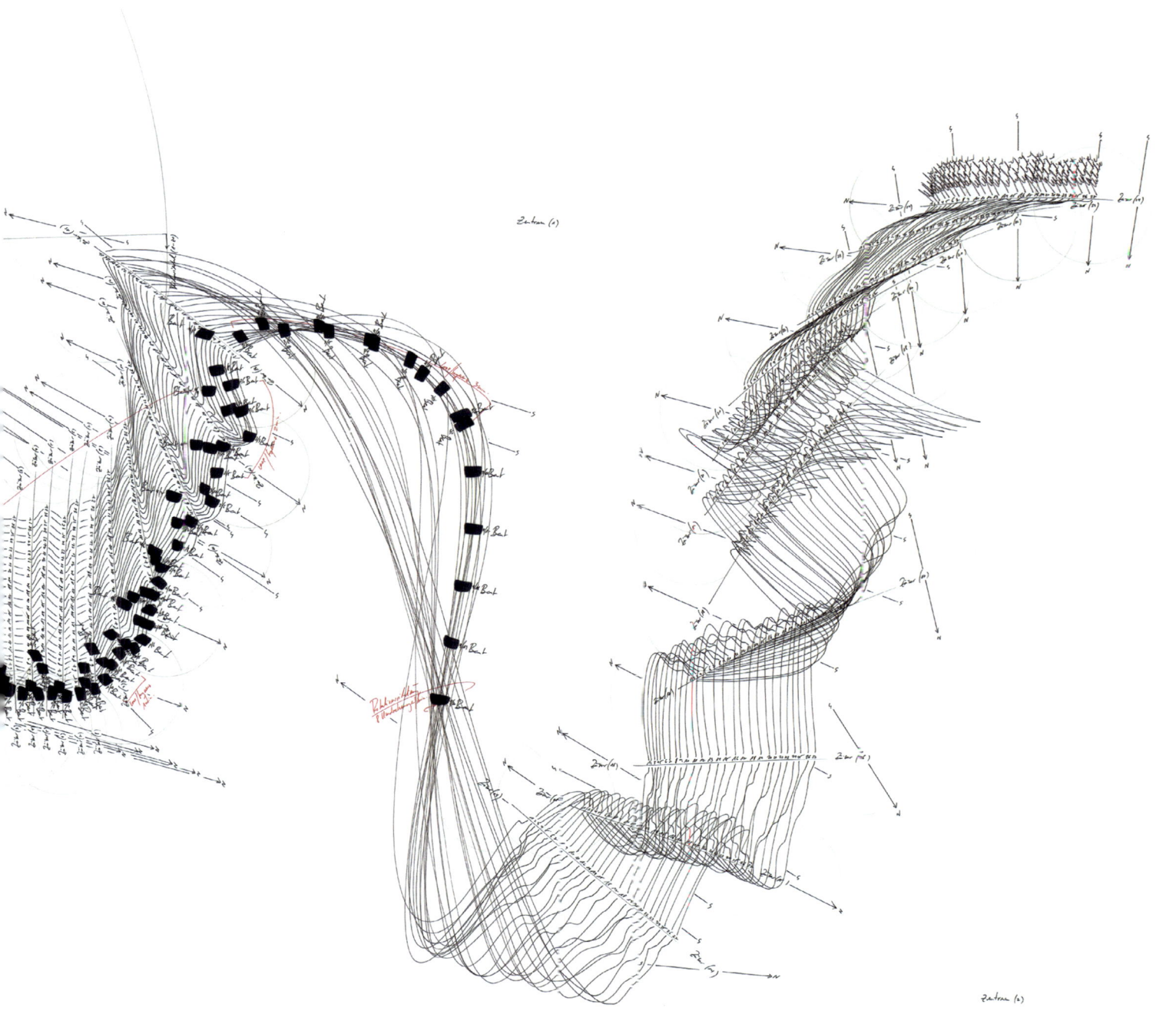

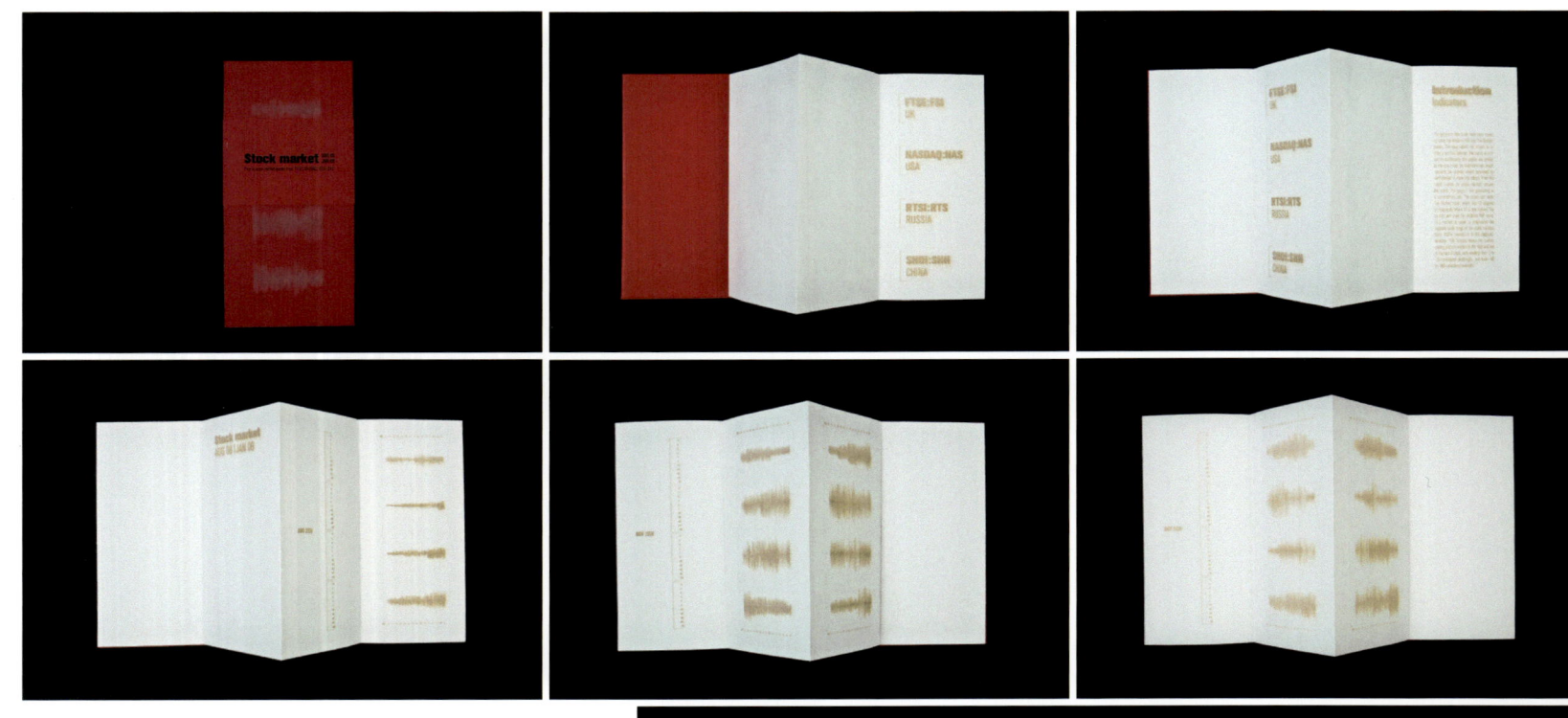

### 1
### STOCK MARKET
#### Anna Filipova

Dans une nouvelle variante de dissection du resserrement du crédit, Anna Filipova compare les conséquences de l'effondrement économique à des ondes sismiques. Chacun à leur façon, les tremblements de terre et les bouleversements financiers ont des effets similaires sur la population: les gens perdent leur argent, leur maison et leurs moyens d'existence. En explorant les parallèles entre les mouvements tectoniques de la croûte terrestre et du marché, les graphiques hybrides, mi-économiques, mi-géologiques (échelle de Richter en haut, %R de Williams en bas) nous donnent une vision immédiate de la façon dont la dernière crise a affecté la communauté financière et la population humaine.

### 2
### BICYCLE BUILT FOR TWO THOUSAND
#### Aaron Koblin et Daniel Massey

UNE BICYCLETTE POUR DEUX MILLE PERSONNES rassemble plus de deux mille voix enregistrées sur le service MECHANICAL TURK d'Amazon. Bien qu'il s'agisse en premier lieu d'une plateforme pour micro-emplois, l'appel à participation a entraîné une étonnante variété de contributions vocales. On a demandé aux gens d'écouter un bref clip sonore, puis de s'enregistrer imitant ce qu'ils avaient entendu. Le chœur multiple qui en résulte, une version «téléphone arabe» de «DAISY BELL» — la première chanson à être interprétée par un programme musical de synthèse en 1962 — est une reconstitution interprétée par un système distribué de voix humaines.

Traduite en schémas de fréquence sous-jacente, la partition n'exprime aucune harmonie homogène, mais révèle toute une richesse de notes discordantes, de gestes et d'interprétations personnels qui ressortent du chœur général et révèlent une irrépressible individualité au sein de la masse.

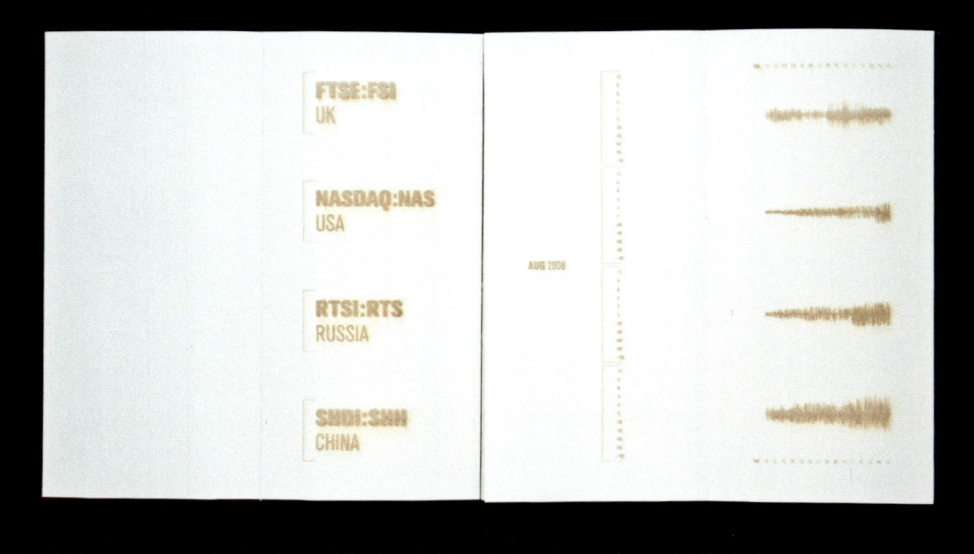

1

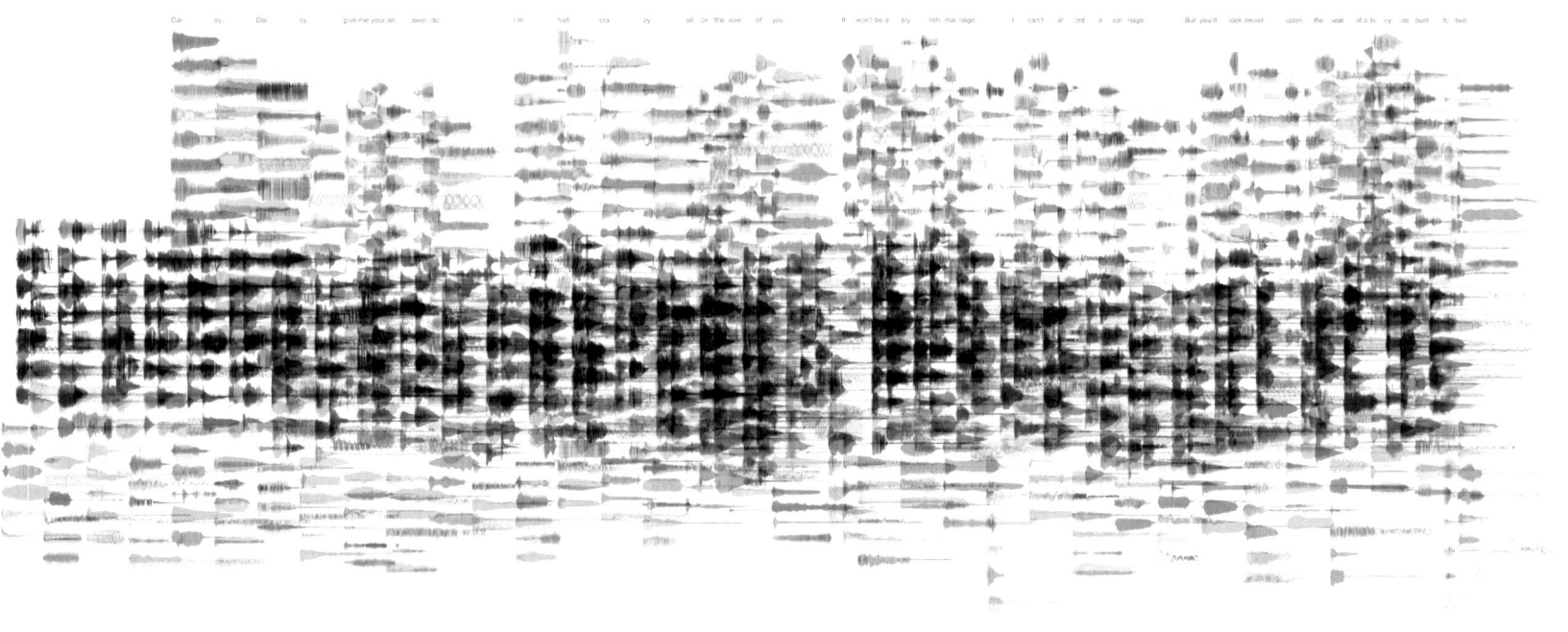

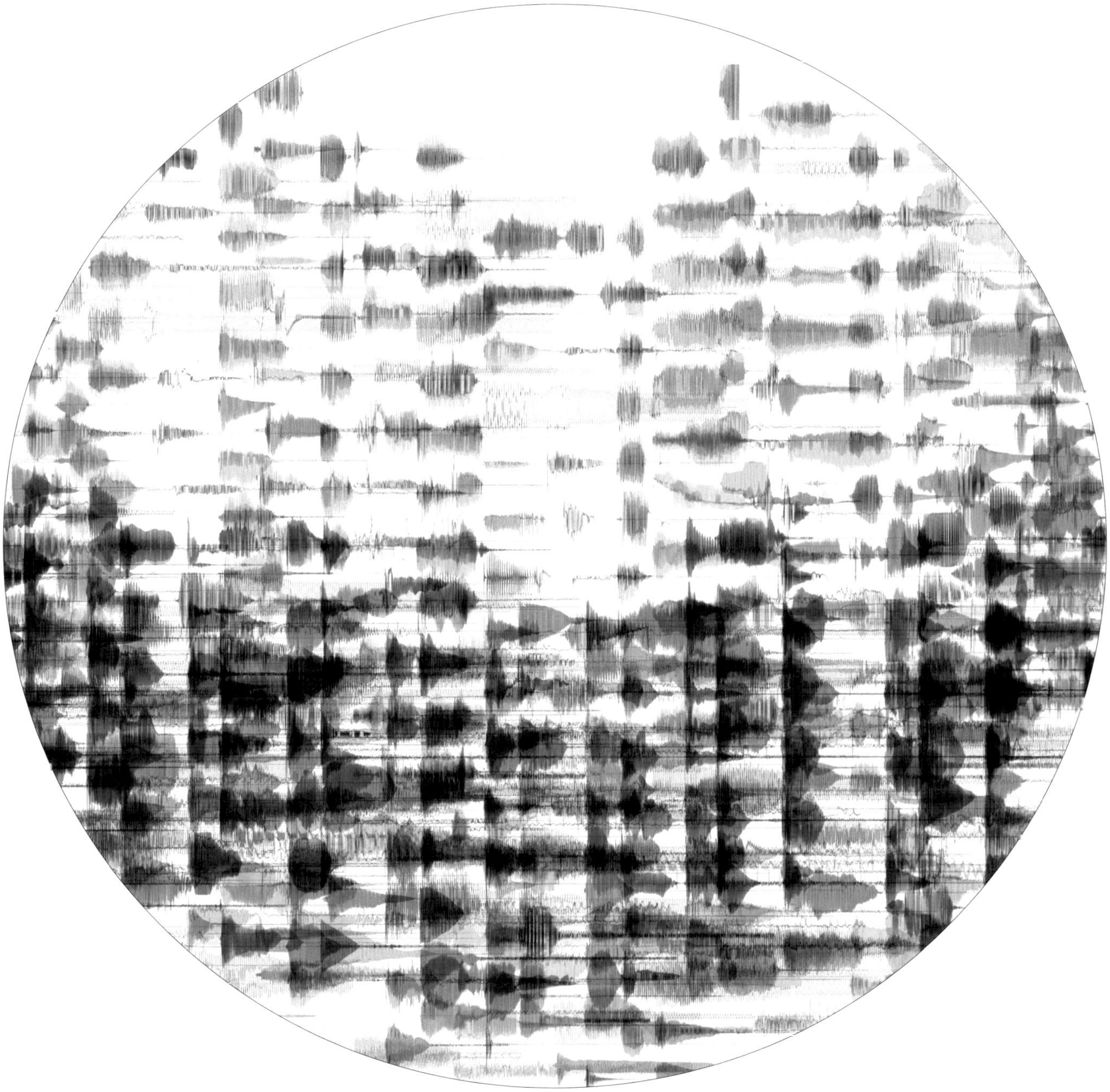

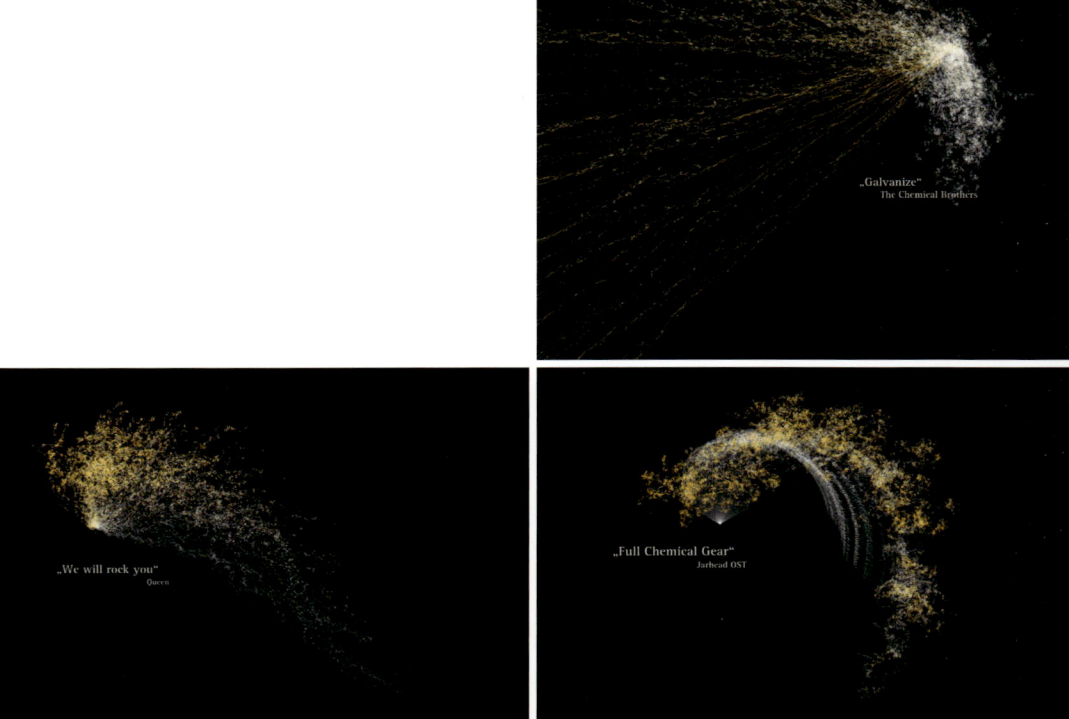

### 1
### NARRATIVES 2.0
#### Matthias Dittrich

Pour ses visualisations musicales, NARRATIVES 2.0 (RÉCITS 2.0) analyse les canaux de fréquence de morceaux aussi divers que la célèbre CINQUIÈME SYMPHONIE DE BEETHOVEN, le tube rock WE WILL ROCK YOU ou la bande originale du film JARHEAD. Les différents canaux sont disposés en éventail et sont une allusion au rythme de travail.

### 2
### CINEMATIC PARTICLES
#### Eva Schindling

Va-t-on quelque part ou décrit-on juste des cercles à l'infini ? Des sous-titres au sous-texte — PARTICULES CINÉMATIQUES nous montre les interactions d'un film dans le temps et l'espace, des dialogues denses de la célèbre famille dysfonctionnelle Tenenbaum à la quête de délivrance dans la forêt mythologique du Labyrinthe de Pan. Dans cette répétition automatisée des interactions verbales d'un film, les sous-titres codés dans le temps commandent des particules graphiques : leur taille, vitesse et force d'attraction sont déterminées par les lettres du dialogue interprété et révèlent le rythme parlé du film, sa cadence et sa mise en scène. Les longs silences deviennent de longues lignes et courbes, les séquences avec une succession rapide d'échanges parlés produisent des bulles d'encre noire — leurs particules sont sans cesse réinitialisées par de nouveaux paramètres.

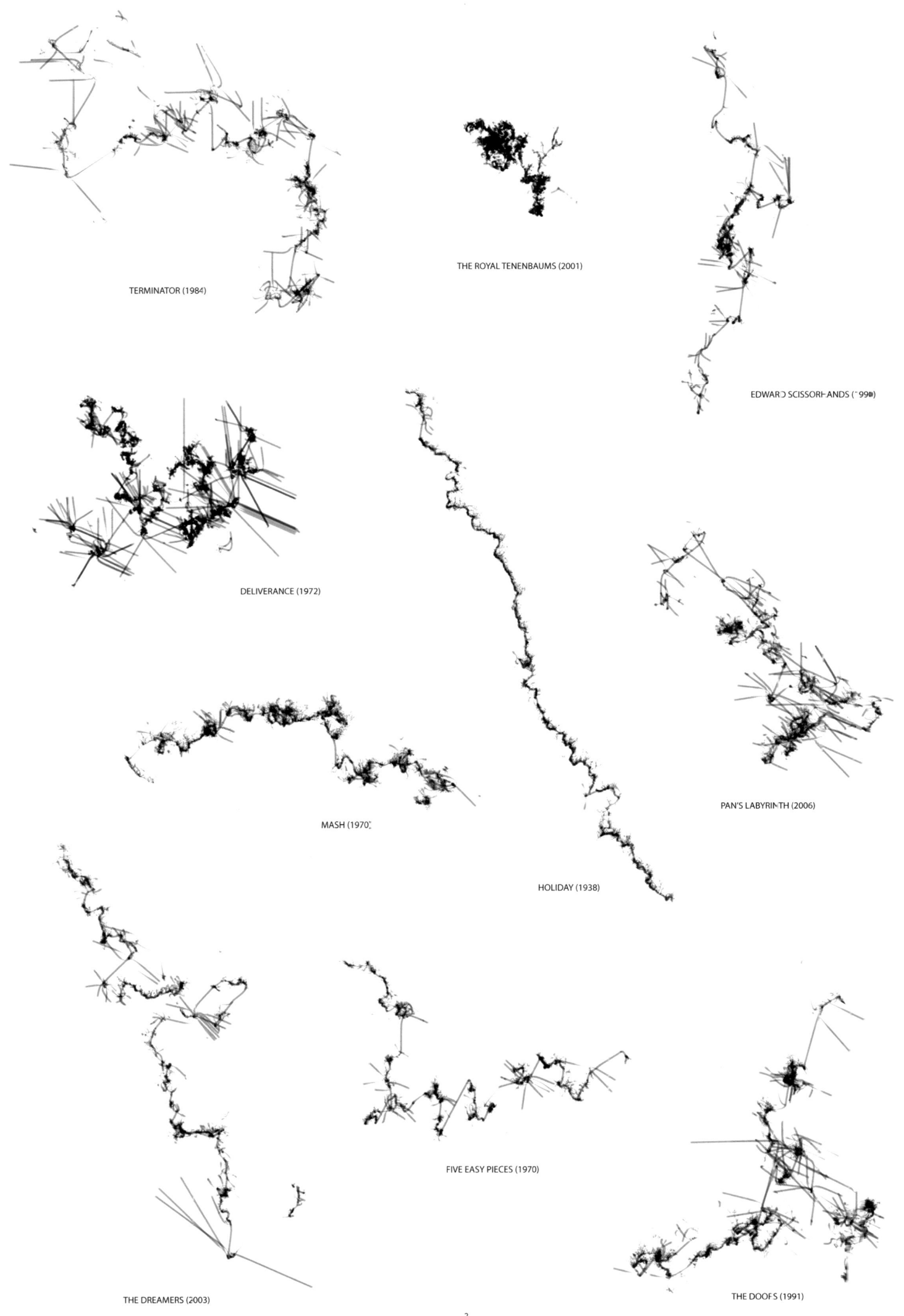

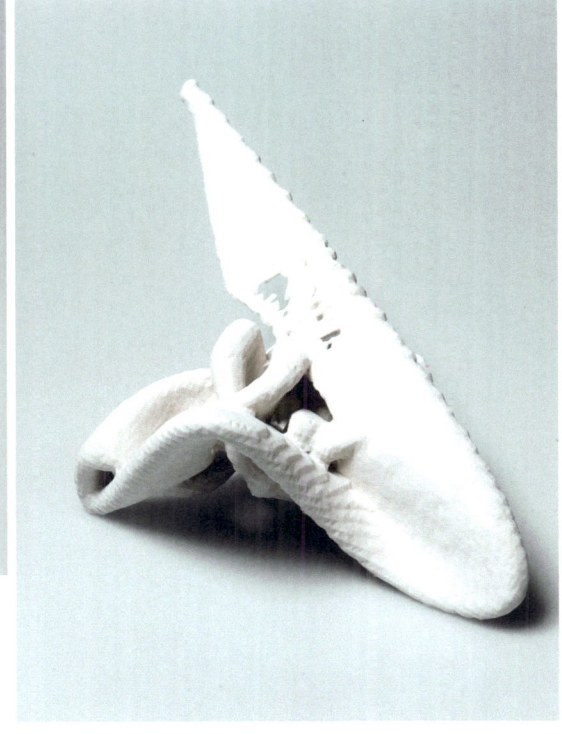

2

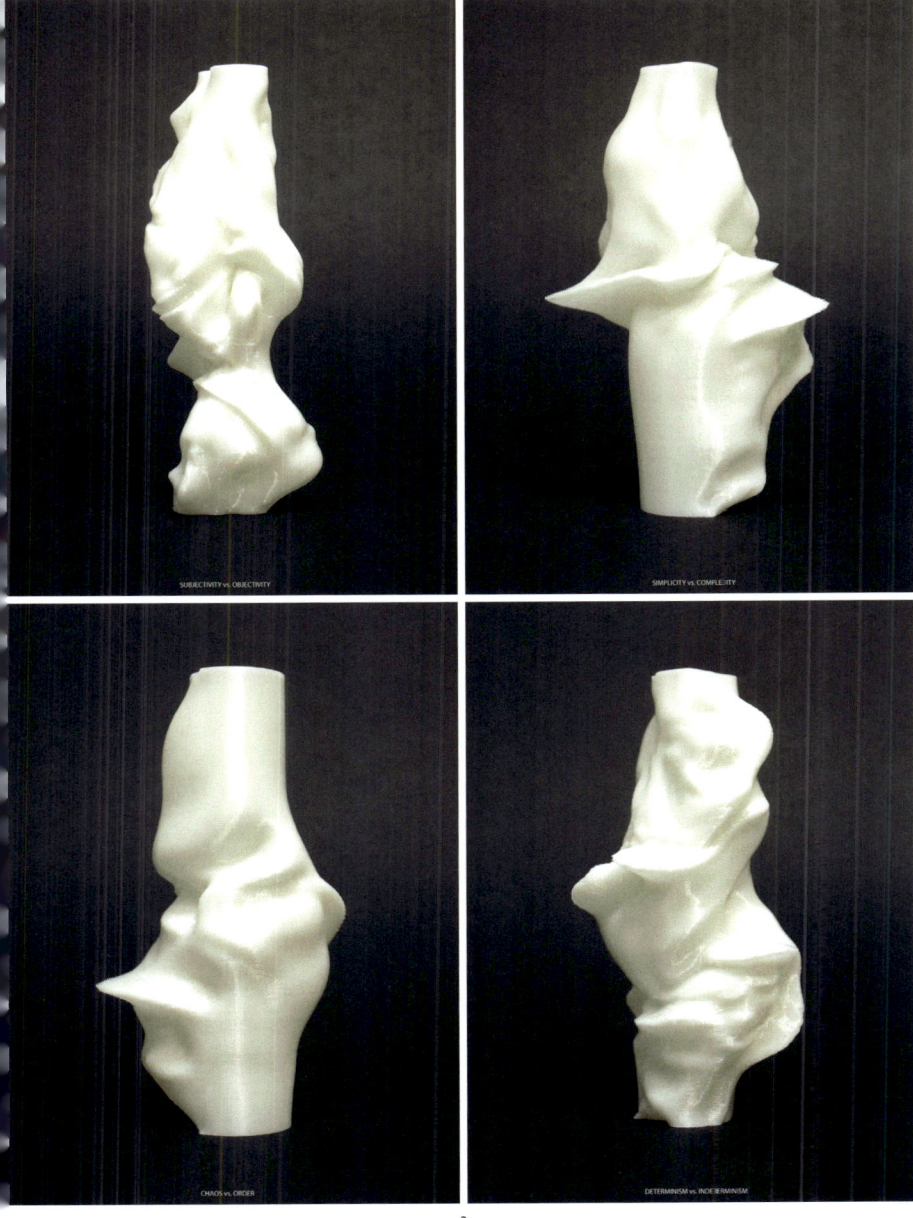

3

**1, 2**
**~IDENTITÄ~**
**THE « GESTALT » OF DIGITAL IDENTITY**
Jonas Loh et Steffen Fiedler
Commençons par le commencement: avant d'analyser un concept ou une entité, nous avons besoin d'un solide cadre analytique. C'est exactement le but de ~ DENTITÉ – LA « FORME » DE L'IDENTITÉ NUMÉRIQUE – cette étude entreprend de déterminer comment créer une identité numérique à même de réaliser une analyse comparative. Choisies sur Internet, plus de cent mille séries de données personnelles ont servi de « sujets » à cette étude. Après une analyse par des outils informatiques habituels, les données rassemblées sont réinterprétées en une forme physique – afin de donner à chaque identité numérique désincarnée une « forme » unique et caractéristique, sous l'aspect d'une sculpture originale. Comme les coquilles vides de créatures des fonds marins, les figures abstraites et informes qui en résultent ont peut-être un côté extra-terrestre, mais elles n'en contiennent pas moins la substance de leurs identités trouvées sur Internet. /Photo: Matthias Steffen/

**3**
**LIQUID SOUND COLLISION**
Eva Schindling
Comme une série de vases déformés qui tombent du tour de potier, tout en froissements, en courbes et en asymétries, COLLISIONS SONORES LIQUIDES, d'Eva Schindling, met en scène une bataille d'ondes sonores opposées. Dans chacun des exemples, deux fichiers audio exprimant des vues dualistes — ordre et chaos, corps et esprit, etc. — entrent en collision lors d'une simulation liquide. Diffusés à partir de deux extrémités opposées, ces messages se précipitent l'un vers l'autre jusqu'à interférer avec les schémas d'ondes sonores de l'autre. Un cliché de la collision qui en résulte est ensuite traduit en une figure en trois dimensions. Dans cet affrontement déformé du sens, les antagonismes linguistiques naturels abandonnent leur signification sous-jacente pour devenir des adversaires neutres avec le but physique de produire des ondes et de propager leurs vibrations. /2009/openFrameworks, MSAFluid library, Processing, Dimensions uPrint 3D Printer/Produit au Advanced Research Technology Lab du New Media Institute de Banff/

1
### TIDAL DATUM TABLES
Adrien Segal
CALENDRIER DES MARÉES est le cliché d'un moment et d'un endroit précis. Relevées pendant quatre semaines au large de la baie de San Francisco, les courbes des marées consignées par l'Administration nationale océanique et atmosphérique des États-Unis (NOAA) sont exprimées par des barres d'acier plat. Intégrés dans un solide cadre de table en noyer, ces 28 jours (un cycle lunaire complet) nous montrent comment les marées changent avec le temps. /2007/Photo: Daniel Lorenze/

2
### FUNDAMENT
Andreas Nicolas Fischer
FONDEMENT propose une approche nouvelle, exploratoire, des déclencheurs macro-économiques de la crise financière. En se basant sur des données fournies par le CIA WORLD FACTBOOK et le Fonds monétaire international, Andreas Nicolas Fischer a taillé une carte statistique — un hybride entre espace physique et conceptuel — dans un bloc de hêtre pour visualiser la relation globale entre produit intérieur brut et volume des produits dérivés financiers. Les avancées technologiques et la dérégulation financière ont causé une augmentation incroyable du volume des produits dérivés à l'échelle internationale, qui va jusqu'à atteindre dix fois le produit intérieur brut de la planète (PIB). Les courbes descendantes de la sculpture trahissent un déséquilibre dans les différentes parties du monde. Tandis que la moitié inférieure de la sculpture représente la répartition du PIB sur une carte du monde (invisible), la moitié supérieure nous montre le volume correspondant de produits dérivés par pays. /2008/Bois de hêtre travaillé à la fraiseuse CNC, contreplaqué de peuplier découpé au laser/ Dimensions: 40×60×25 cm/

### 3
### INDIZES
#### Andreas Nicolas Fischer

Œuvre encore plus claire de critique économique, INDICES représente graphiquement le déclin du taux du marché et le met sur le devant de la scène. Pour ce faire, la sculpture de données expose l'évolution des indices boursiers S&P 500, Dow Jones et NASDAQ entre janvier et novembre 2008.

L'hypothèse centrale — l'économie n'est pas faite pour durer — se reflète dans l'œuvre même. Elle est faite de contreplaqué bon marché, et l'affirmation est également vraie pour cette sculpture éphémère. /2008/ Contreplaqué de peuplier, peinture /46 × 140 × 120 cm/

### 4
### SOUND MEMORY
### (OSLO RAIN MANIFESTO)
#### Marius Watz

MÉMOIRE SONORE invite les spectateurs à faire l'expérience de la totalité du spectre musical (pour une chanson du moins) grâce à l'analyse transformée de Fourier rapide (FFT) de l'« OSLO RAIN MANIFESTO » d'Alexander Rishaug. Découpé et ajusté en disques échelonnés, l'arc de base est répété et disposé en fonction des caractéristiques spectrales de ce morceau.

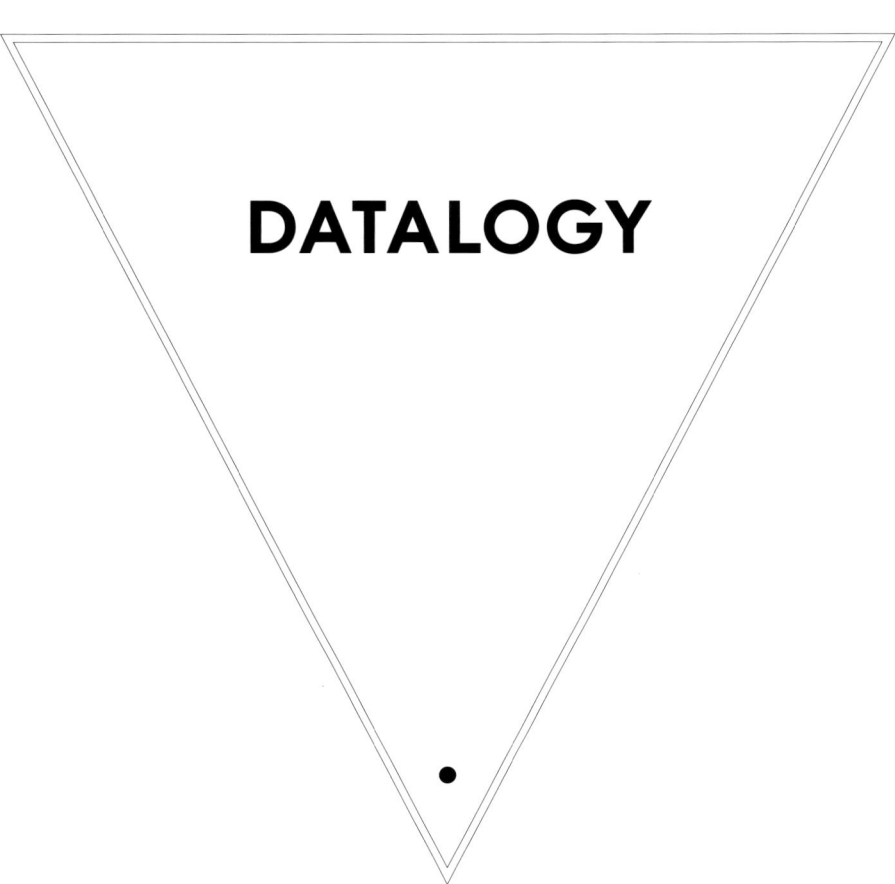

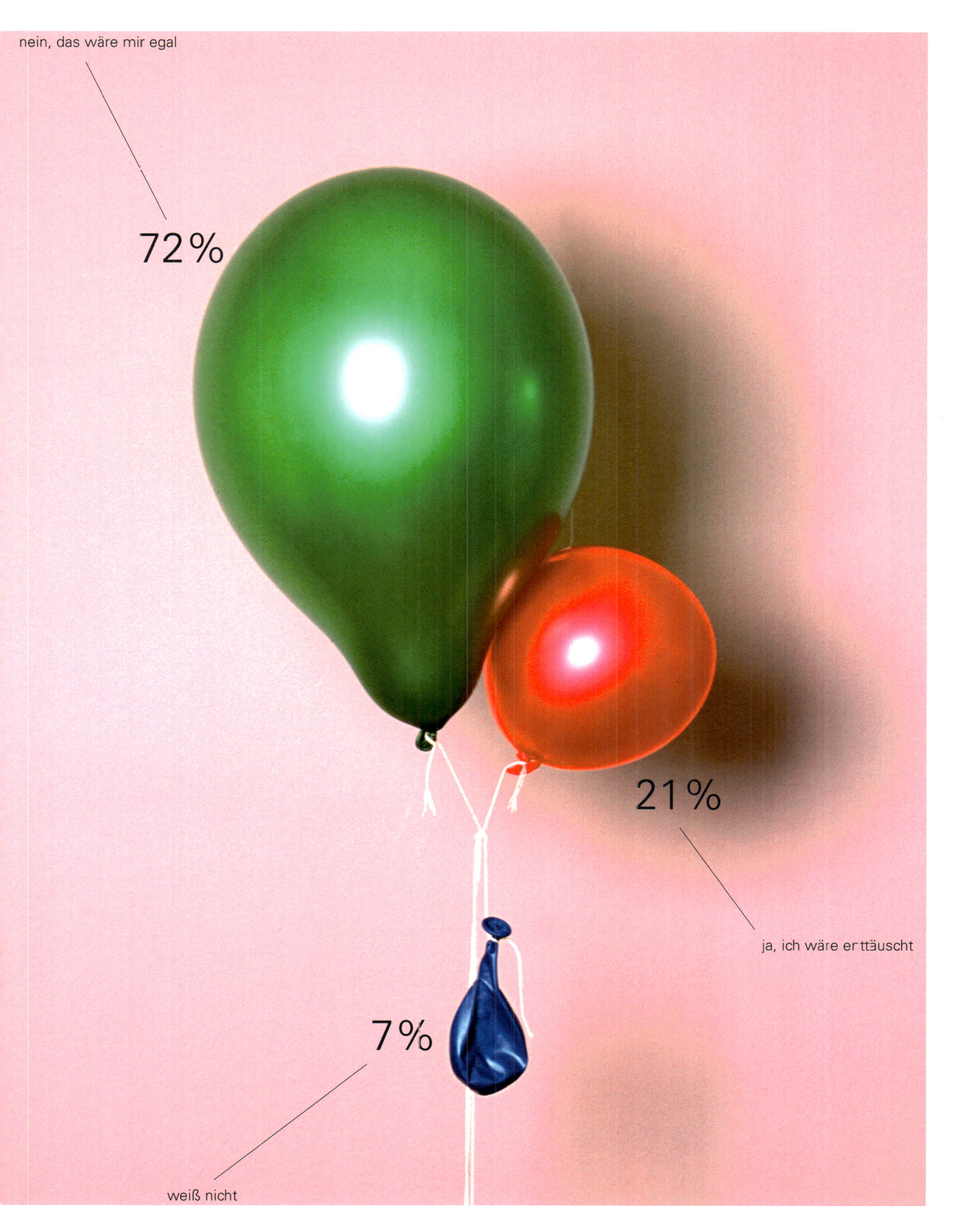

**Les projets présentés dans ce chapitre délivrent leur message en jetant une passerelle entre des données abstraites et des symboles, des objets, des expériences ou des espaces familiers. Plutôt que d'utiliser des diagrammes neutres, interchangeables, l'information est placée dans le contexte direct du sujet traité. Ces analogies comptent sur l'interprétation du public pour renforcer leur signification.**

•

**Nous le savons tous : le niveau de la mer augmente à cause du changement climatique. Les chiffres à eux seuls sont déjà inquiétants. Si l'on intégrait ces informations dans un graphique et qu'on les comparaît avec les données des décennies et des siècles précédents, elles nous effraieraient davantage, puisque nous nous rendrions compte de la vitesse à laquelle l'eau monte. Une carte montrant quelles sont les terres qui auront disparu dans cinquante ans serait encore plus impressionnante. Mais tout cela reste abstrait. Maintenant, imaginez que vous êtes en train de marcher dans une rue. Vous voyez les murs de brique à gauche et à droite, vous sentez la texture du trottoir sous vos pas et l'odeur de l'air, vous entendez les bruits qui vous entourent. Sur ce beau vieux bâtiment, une ligne droite et quelques mots sont projetés : « Futur niveau de l'eau à marée haute ».**

**Se servant pourtant des mêmes données que les méthodes de visualisation mentionnées plus haut, c'est très probablement celle-ci qui va vous faire**

réfléchir. Vous réalisez soudain que vos petits-enfants ne pourront pas se promener dans cette rue. Ce buisson là-bas – disparu. Le banc en face de vous – noyé. Le rez-de-chaussée de cette maison – inondé. Si *Watermarks* /1/ est aussi efficace, c'est parce que l'idée de ce projet est très simple – vous pourriez même vous surprendre à frissonner, vous imaginant soudain dans l'eau froide jusqu'à la taille.

WATERMARKS PROJECT
Chris Bodle
/›P.160/

*Sugarstacks (Montagnes de sucre)* a recours à un principe similaire. /2/ Les morceaux de sucre disposés devant les boissons et les aliments ne nous disent pas seulement combien de saccharose ces produits contiennent – tout cela peut aussi nous laisser un arrière-goût désagréable et nous faire intérioriser le lien entre ces montagnes de sucre et chaque aliment. Aucun graphique ni aucun chiffre brut ne pourrait avoir cet effet. La présentation de l'information dans son contexte ne stimule pas seulement notre cortex préfrontal, elle s'adresse aussi à notre sensibilité. Un atout précieux quand on veut éduquer et informer les gens sur les problèmes sociaux, environnementaux ou de santé. *In-Formed (In-formé)* /3/ est également un bon exemple: la longueur de chaque dent de fourchette nous montre la consommation de calories par personne dans différents pays: un graphique en barres en forme de fourchette. Essayez de manger un bon plat de pâtes avec cet instrument inhabituel et vous réaliserez que la plus grande partie des aliments reste accrochée aux dents les plus longues (les pays riches et industrialisés). En tant que produit, cet objet serait un échec. En tant que visualisation, il est brillant.

SUGARSTACKS.COM
Sugar Stacks
/›P.133/

3
IN-FORMED
Nadeem Haidary
/›P.151/

La prudence est cependant de mise. En ayant recours à des analogies, le designer dépend de l'interprétation subjective du public. Il faut tenir compte du contexte culturel, sous peine d'avoir un public distrait, de semer la confusion ou de provoquer de mauvaises interprétations. Utilisée avec prudence, en revanche, l'analogie est un atout de taille dans la boîte à outils du designer.

DATALOGY

1
DIE GROSSE NEON SEX UMFRAGE
Sarah Illenberger
Avec ses illustrations pour le sondage sur le sexe du magazine allemand NEON, Sarah Illenberger nous livre une approche personnelle et confidentielle de faits intimes et de détails graphiques.

Hast du schon mal für Sex bezahlt?

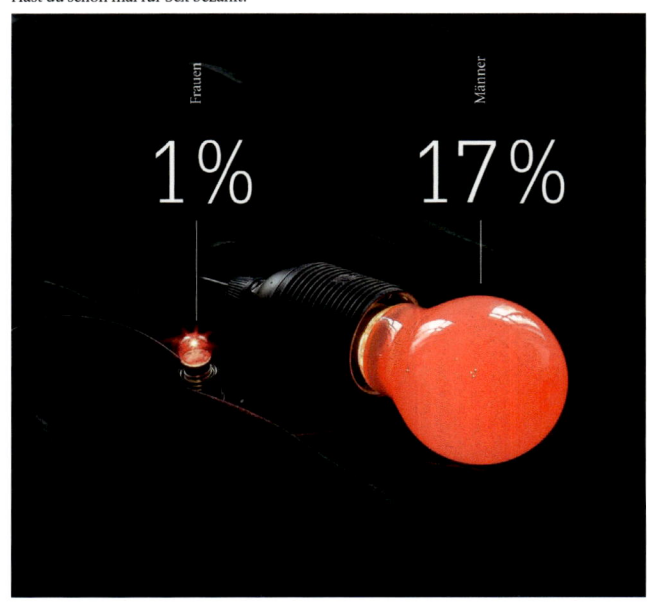

Wie würdest du deine sexuelle Orientierung beschreiben?

Wie oft im Monat schaust du pornografische Seiten im Internet an? (49% aller Befragten tun dies, 71% der Männer und 26% der Frauen.)

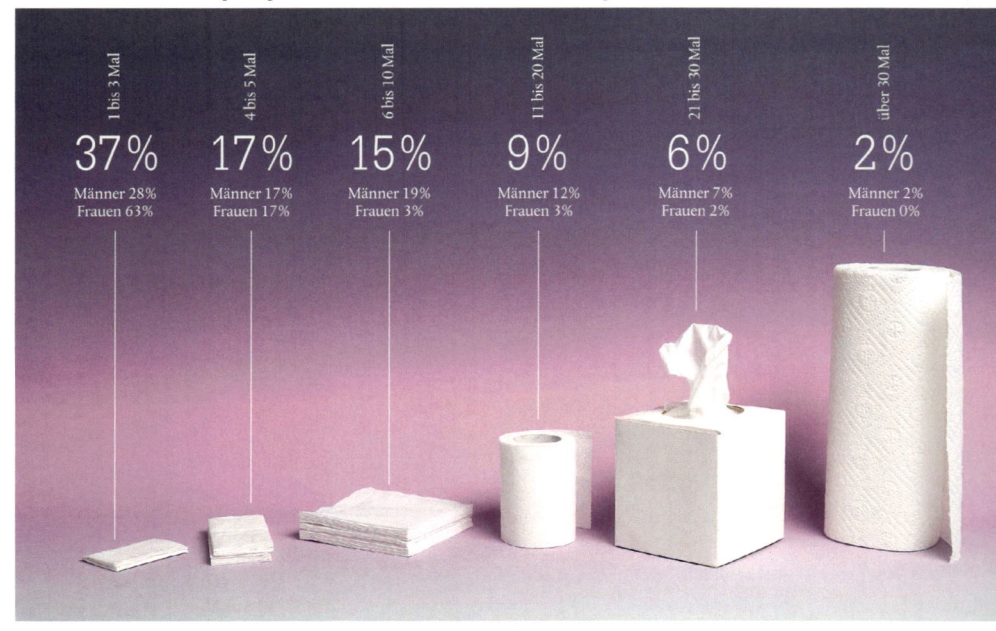

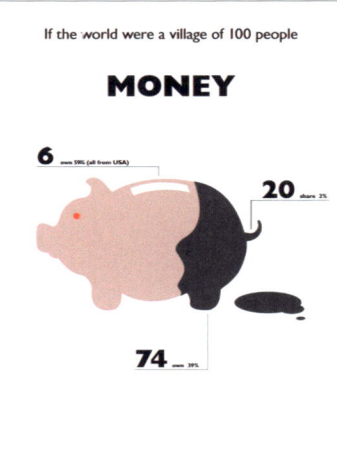
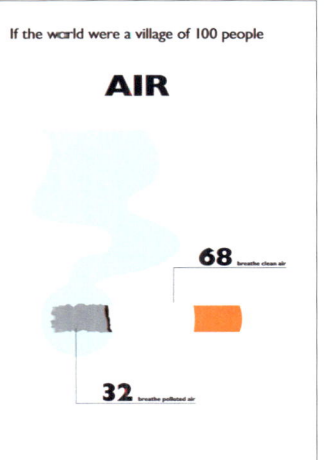

**2**
THE WORLD OF 100
Toby Ng Kwong To
Réduit à ses signifiants les plus simples, mais sous une forme agréable et familière, LE MONDE DES 100 se penche sur une série de statistiques qui nous donnent des informations sur la répartition des sexes, des langues, de la liberté, des habitudes alimentaires, etc., de la manière la plus accessible possible.

**3**
REFLEX POINTS
FEET FROM VISUAL AID
Draught Associates

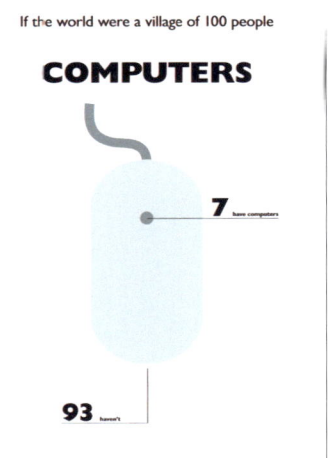
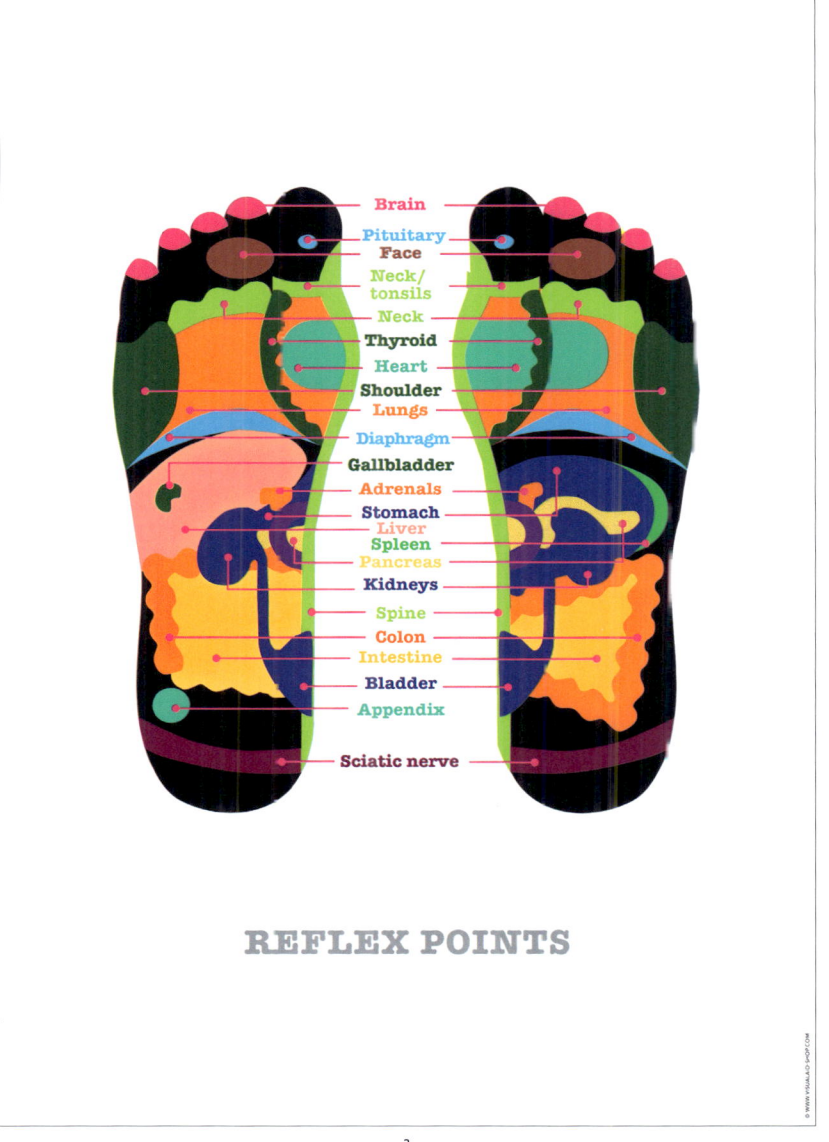

DATALOGY

1
**I LEGO N.Y.**
Christoph Niemann
Empilez-les! Un hommage ludique à la Grosse Pomme. /Tiré du livre «I Lego NY», Abrams Image, 2010/

2
**APPLE GLOBE**
Kevin Van Aelst

3
**LOCAL TIMES**
Kevin Van Aelst
Dans la vision «foodiste» du monde par Kevin van Aelst, une pomme nous donne des leçons de géographie en s'épluchant et des biscuits salés nous rappellent les fuseaux horaires.

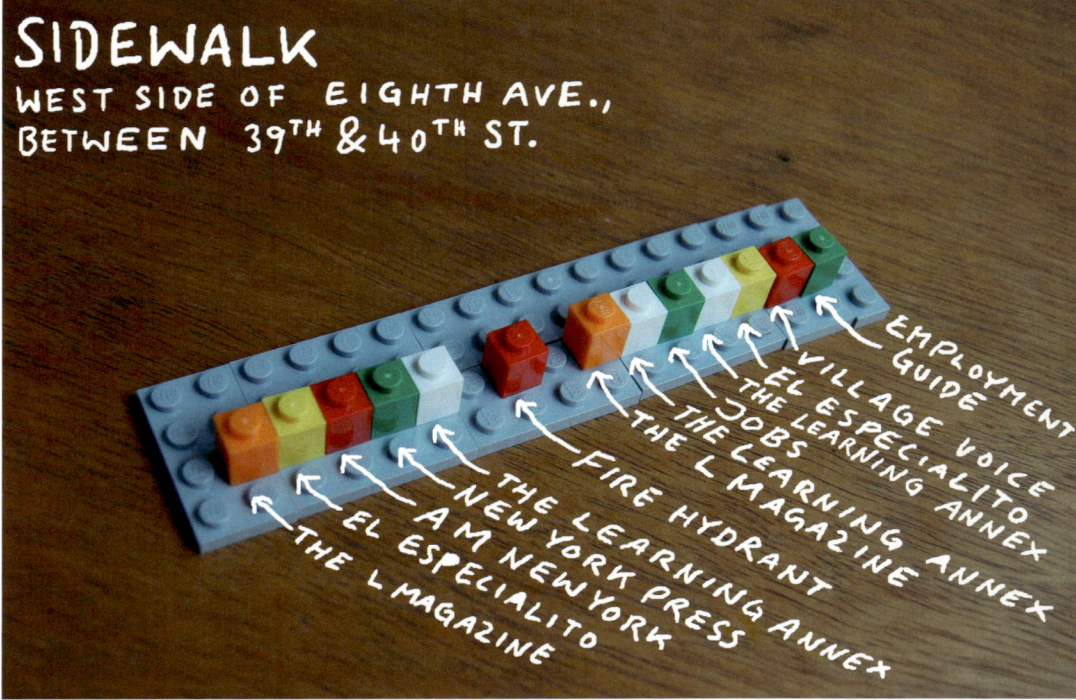

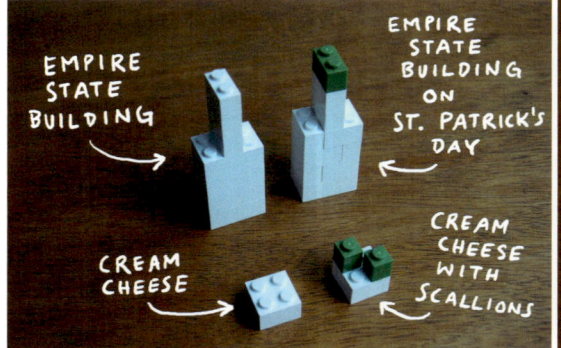  

1

2

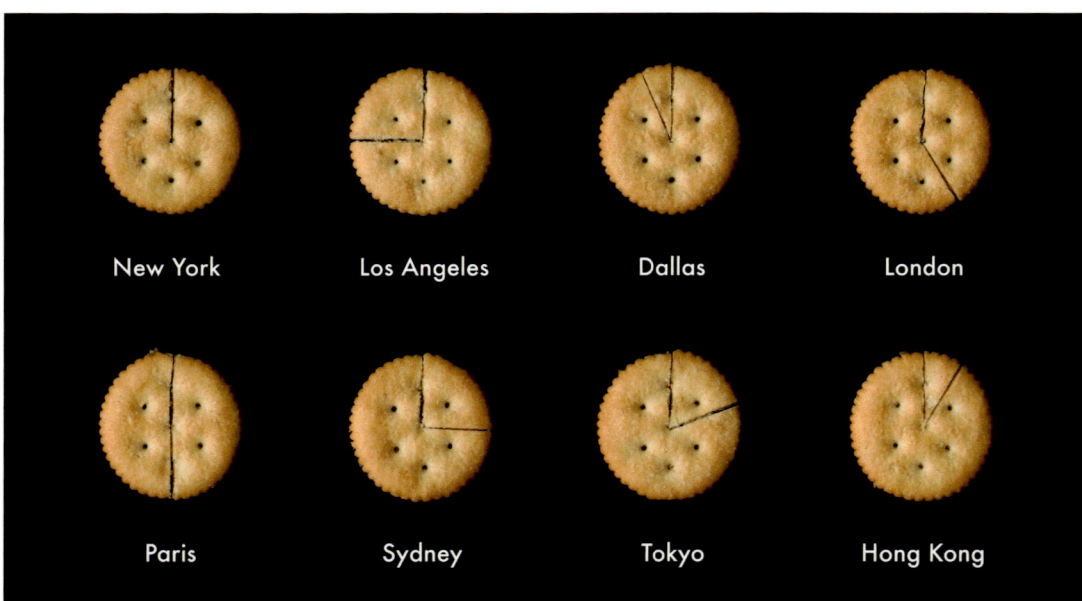

3

4
SUGARSTACKS.COM
Sugar Stacks
Empilez-les! SUGARSTACKS.COM se sert de morceaux de sucre pour nous montrer quelle quantité de sucre se cache dans nos aliments et nos goûters préférés.

1

TRANSPARENCY:
OBAMA'S PRESIDENTIAL GARDEN
alwayswithhonor
TRANSPARENCE: LE JARDIN PRÉSIDENTIEL DES OBAMA Une exploration graphique des données disponibles sur le jardin de la Maison Blanche (projet commandé par GOOD MAGAZINE). /Une collaboration entre GOOD et Always With Honor/

2
WHAT'S IN THE CUSTOMER'S MAILSTREAM?
Jude Buffum
QU'Y A-T-IL DANS LA BOÎTE AUX LETTRES DU CLIENT? ouvre la boîte aux lettres américaine moyenne pour analyser le travail de l'US Post Office. /Direction artistique: Grayson Cardinell, Campbell-Ewald/

3
BALANCE YOUR MEDIA DIET
Jason Lee
Y a-t-il une vie en dehors de l'écran? Entre travail et jeux, ordinateur portable et gadgets divers, trouver le bon équilibre peut être difficile. Le régime quotidien de Wired dissèque nos habitudes numériques et nous suggère un mélange plus sain. /Directeur de création: Scott Dadich / Directeur du design: Wyatt Mitchell / Directrice artistique: Maili Holiman/

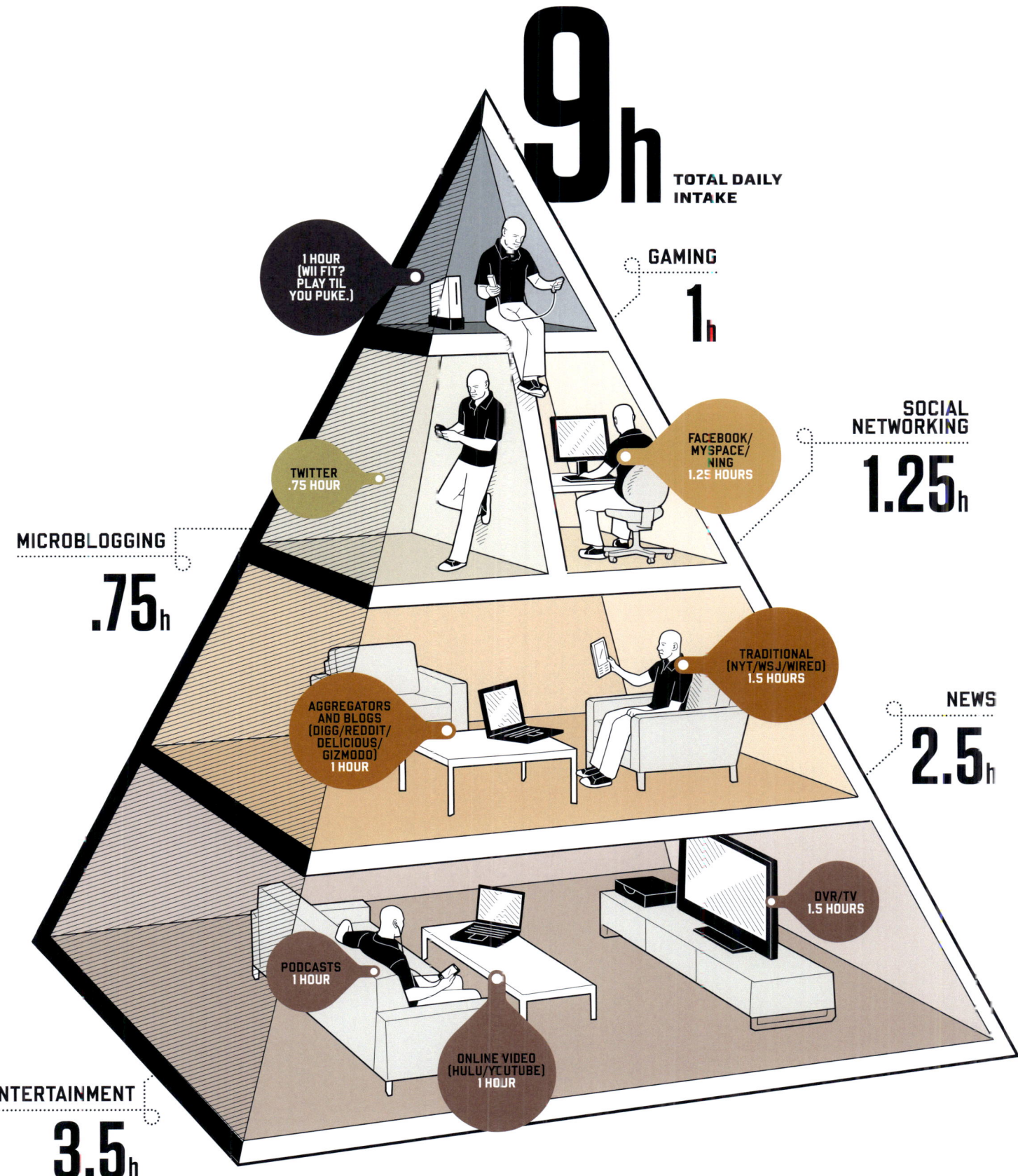

HELLMANN'S "FAMILY DINNER"
crush

Pensez global, mangez local: DÎNNER DE FAMILLE, un film animé de Hellmann d'une durée de deux minutes fait entrer ce message dans les foyers en se penchant sur un dîner de famille typiquement canadien — mais quelle est la part d'aliments réellement produits au sein du pays?      Mettant en scène une table accueillante, ce bref clip dissèque nos habitudes alimentaires et exprime des faits pertinents sur le thème de la nourriture dans un contexte familier, pour une explication plus fidèle à la réalité, plus proche de nous de ces questions alimentaires, dès lors plus faciles à digérer./Ogilvy and Mather Toronto, Canada/Direction: Steve Gordon de Sons and Daughters and Crush Co/Directeurs de création: Gary Thomas et Stefan Woronko, Crush/Direction artistique: Yoho Hang Yue, Crush/Superviseur CG: Aylwin Fernando/

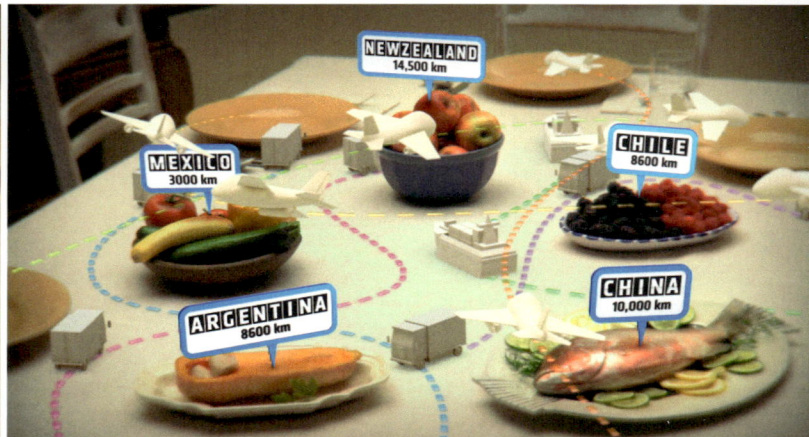

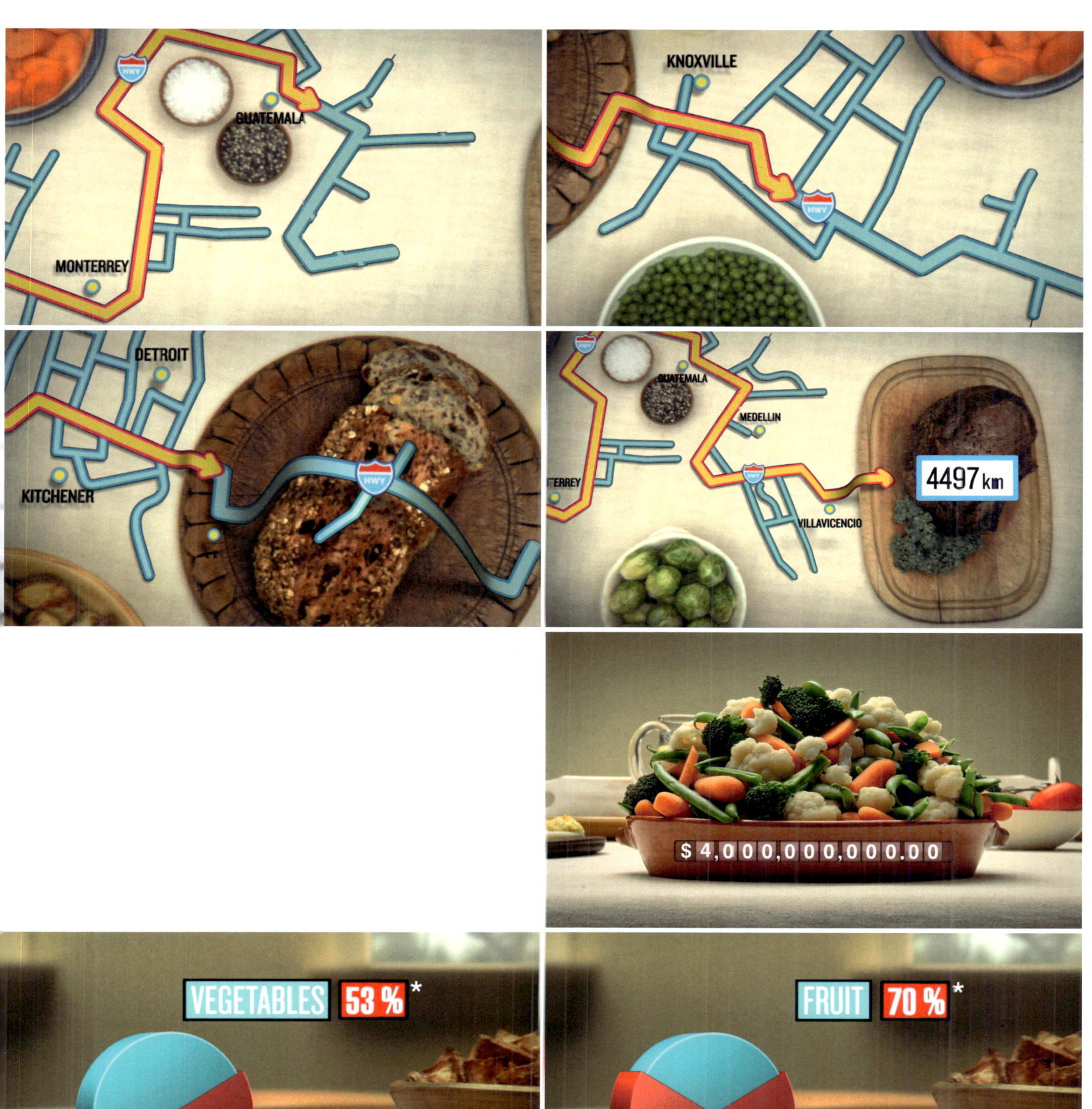

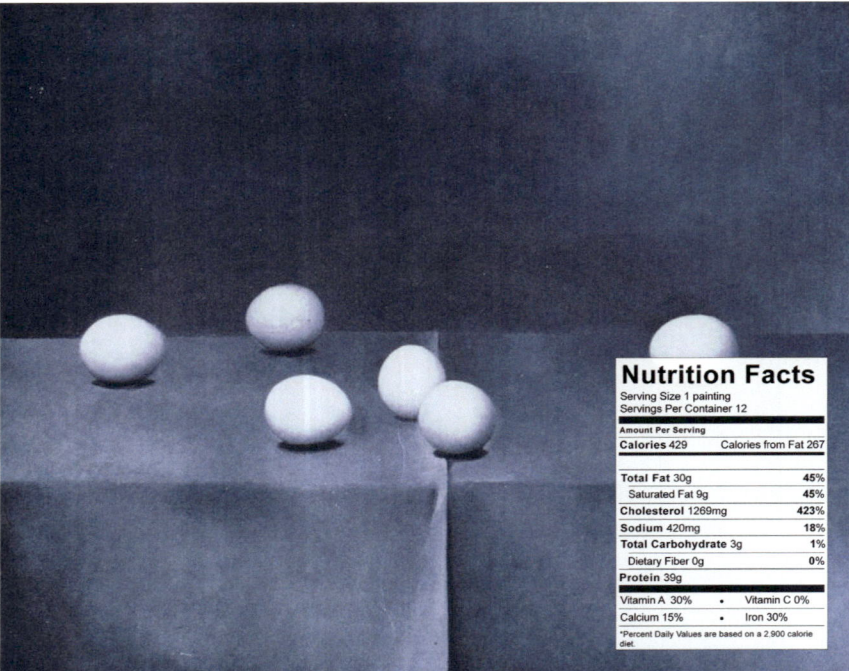

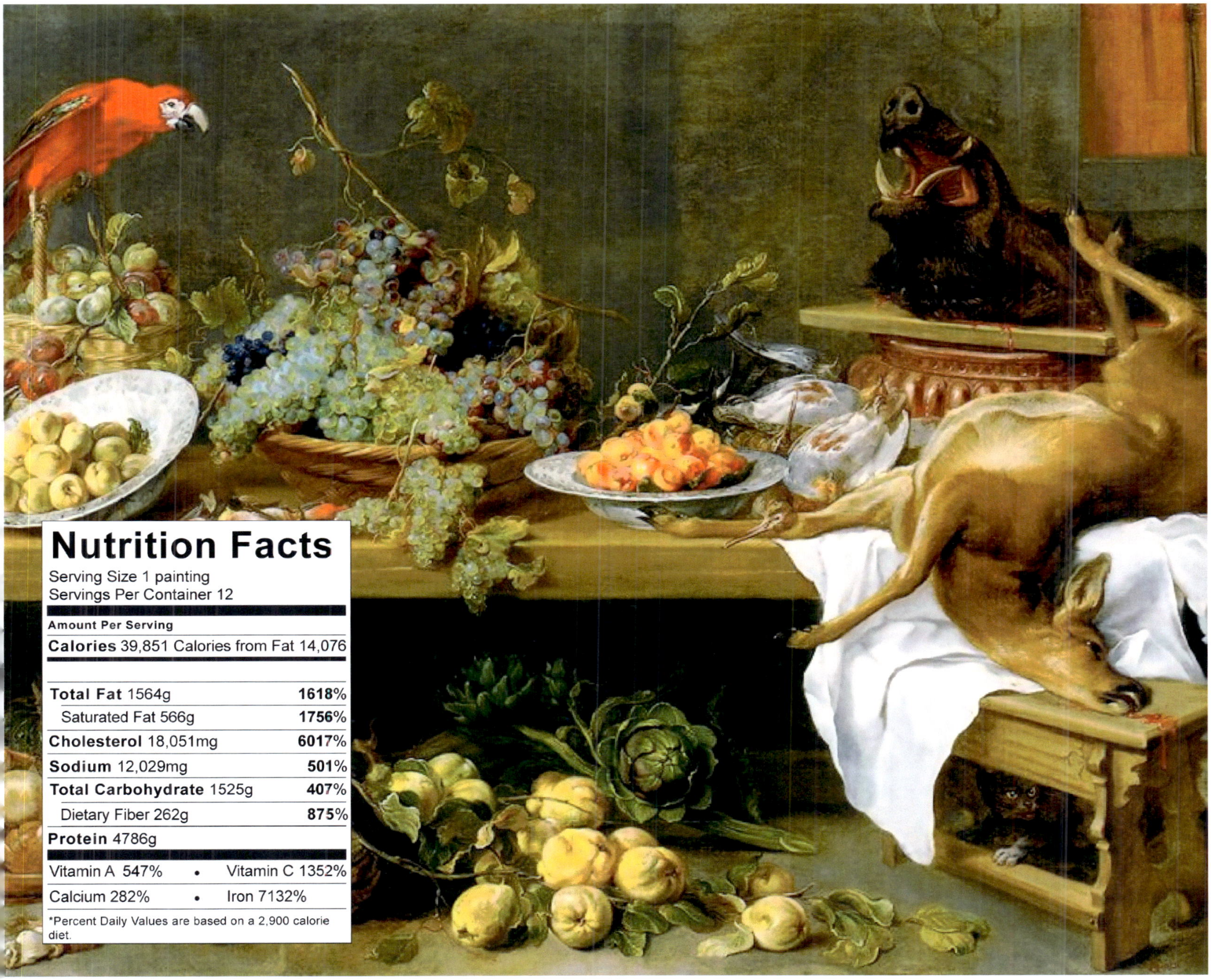

## Nutrition Facts

Serving Size 1 painting
Servings Per Container 12

**Amount Per Serving**

**Calories** 39,851    Calories from Fat 14,076

| | |
|---|---|
| **Total Fat** 1564g | **1618%** |
| Saturated Fat 566g | **1756%** |
| **Cholesterol** 18,051mg | **6017%** |
| **Sodium** 12,029mg | **501%** |
| **Total Carbohydrate** 1525g | **407%** |
| Dietary Fiber 262g | **875%** |
| **Protein** 4786g | |
| Vitamin A 547%  •  Vitamin C 1352% | |
| Calcium 282%  •  Iron 7132% | |

*Percent Daily Values are based on a 2,900 calorie diet.

## Nutrition Facts

Serving Size 1 painting
Servings Per Container 12

**Amount Per Serving**

**Calories** 4832    Calories from Fat 384

| | |
|---|---|
| **Total Fat** 32g | **64%** |
| Saturated Fat 32g | **16%** |
| **Cholesterol** 0mg | **0%** |
| **Sodium** 44,256mg | **1856%** |
| **Total Carbohydrate** 1088g | **352%** |
| Dietary Fiber 96g | **384%** |
| **Protein** 128g | |
| Vitamin A 640%  •  Vitamin C 1728% | |
| Calcium 96%  •  Iron 480% | |

*Percent Daily Values are based on a 2,900 calorie diet.

THE FOOD OF ART
Nadeem Haidary
LA NOURRITURE DE L'ART expose la valeur nutritionnelle de célèbres natures mortes. Humoristique, ce projet nous donne aussi une idée de la situation économique de l'artiste — comparez par exemple le festin de 39 851 calories de Frans Snyders, peintre à la Cour, au repas relativement frugal mais sain de Paul Cézanne. /William Bailey, EGGS, 1966 / Paul Cézanne, STILL LIFE WITH BASKET OF APPLES, 1890—1894, Art Institute of Chicago / Roy Lichtenstein, CUBIST STILL LIFE, 1974, National Gallery of Art, Washington D.C. / Frans Snyders, STILL LIFE WITH FRUIT, VEGETABLES AND DEAD GAME, c. 1635—1637, The Detroit Institute of Arts / Andy Warhol, CAMPBELL'S SOUP CANS, 1962, The Museum of Modern Art, New York City /

# STEVE DUENES

Le New York Times y est sans doute pour beaucoup si on accorde un intérêt croissant à la visualisation d'informations. Le journal le plus célèbre du monde a recours depuis bien longtemps à d'intelligents infographiques, mais ces dernières années, on dirait qu'il est passé à la vitesse supérieure. L'utilisation que fait le NY Times de visualisations bien faites, pratiques et présentées avec soin est impressionnante, en particulier dans sa très populaire version en ligne. Le mérite en revient largement au département graphique du NY Times. 25 journalistes, cartographes, designers et programmeurs produisent les diagrammes, graphiques et cartes pour le journal ainsi que les graphiques interactifs pour le site Internet. Steve Duenes (rédacteur en chef) et Matthew Ericson (rédacteur en chef adjoint) sont à la tête de cette équipe. Steve Duenes a été interviewé ici:

•

**Mort du « roi de la pop », montée des prix du pétrole, débat autour du système de santé, victoire des Pittsburgh Steelers au Super Bowl... Qui décide quelle information va faire l'objet d'une visualisation?** /SD/ Le département graphique, la plupart du temps. Avec les actualités de dernière minute, on attend de nous que nous réagissions comme les autres services d'informations, alors quand nous apprenons que Michael Jackson est mort ou qu'un avion vient de se poser d'urgence sur l'Hudson, nous réagissons immédiatement et commençons à rassembler des informations pour préparer une visualisation. Nous essayons aussi de réagir sur des sujets importants et de longue haleine comme ceux que vous avez mentionnés – le débat sur la réforme du système de santé ou le prix du pétrole. Là encore, nous suivons ces histoires comme des journalistes et développons des idées pour les couvrir avec des visualisations. Parfois, un autre service d'informations comme le service des informations nationales ou le service étranger s'adresse à nous avec une idée spécifique et nous transformons un certain nombre de ces concepts en visualisations. Et, bien sûr, nous travaillons à partir de la liste quotidienne d'informations que chaque service produit.

**Combien d'infographiques votre équipe produit-elle au cours d'une journée typique?** /SD/ Nous produisons entre 5 et 10 graphiques papier par jour et 3 ou 4 par semaine pour le site Internet. C'est un nombre imposant. Je suppose que votre travail doit être largement influencé par les délais serrés et autres contraintes, comme l'espace limité qu'offre le journal. Comment vous y prenez-vous? /SD/ Les contraintes d'espace du journal nous aident pour le site, en fait. Cela veut dire que nous devons avoir une présentation serrée, ce qui ne peut être que bénéfique pour les lecteurs. Les délais, c'est une autre histoire. Avoir travaillé pendant des années en devant respecter des délais de remise quotidiens nous aide un peu pour le site, avec lequel nous sommes quasiment tout le temps « en bouclage ». Nous avons l'habitude de travailler sous pression. Ça peut être amusant.

**Quelle part de votre travail est du journalisme, et quelle part relève du design?** /SD/ Difficile d'exprimer ça en pourcentage, parce que nous pensons au design ou nous avons un design en tête dès que nous commençons nos recherches. Et lorsque nous nous occupons du design, nous prenons des décisions sur la structure de l'information, ce qui fait partie du travail rédactionnel. Ce que je veux dire par là, c'est que ce n'est pas un processus linéaire, on ne fait pas une chose, puis l'autre. Les deux sont liées. Cela dit, c'est probablement moitié-moitié.

**Les membres de votre équipe sont-ils impliqués dans l'ensemble du processus, du travail journalistique à la partie design?** /SD/ Oui, ce sont souvent les mêmes personnes qui font les recherches, vérifient les faits puis réalisent la visualisation.

> NOUS AVONS L'HABITUDE DE TRAVAILLER SOUS PRESSION. ÇA PEUT ÊTRE AMUSANT

Pourquoi les visualisations sont-elles de plus en plus populaires, en particulier auprès des jeunes? Sont-ils habitués à penser de manière plus visuelle? /SD/ Il est difficile d'évaluer cette popularité grandissante des visualisations, difficile aussi de savoir pourquoi il en est ainsi. Je n'ai pas de meilleure explication que la vôtre. Les jeunes lecteurs sont sans doute habitués à différents types d'interfaces et on les a bombardés de toutes sortes d'images depuis qu'ils sont tout petits. Peut-être que nous sommes populaires auprès de ces lecteurs parce que nous nous sommes fait une place dans cet environnement.

On dirait que ça a plutôt bien marché; votre production a beaucoup attiré l'attention récemment. Pensez-vous que la visualisation d'informations est un domaine qui va se développer au sein du journalisme? /SD/ Je l'espère. Il est bien connu que deux de nos objectifs en tant que journalistes sont d'informer et d'éclaircir les choses. Rendre l'information visuelle nous aide dans ces deux domaines. Pour être honnête, cela fait longtemps qu'on trouve de bonnes visualisations d'informations dans les journaux, mais le journalisme est en train de se faire une place sur de nouvelles plates-formes, qui sont clairement plus visuelles. C'est une grande chance pour des gens comme nous.

Ces nouvelles plates-formes – lecteurs de livres électroniques, Tablet PC, téléphones et autres outils mobiles – ne sont pas seulement plus visuelles, mais aussi extrêmement interactives. Une visualisation peut donc faire plus que transmettre de l'information; elle peut être un outil d'exploration. Vous fournissez un cadre d'informations, mais en définitive ce sont les utilisateurs – qu'on appelait autrefois les lecteurs – qui vont donner forme à la présentation pour qu'elle réponde à leurs questions. Voilà qui semble être un assez gros changement pour le journalisme, non? /SD/ Oui et non. Le vrai journalisme a toujours eu une part assez substantielle de service, ce qui dans de nombreux cas voulait dire apporter une grande quantité d'informations mais permettre au lecteur ou à la lectrice d'aller vers ce qui l'intéresse.

Évidemment, Internet peut être extrêmement interactif, et nous en avons profité au maximum avec un certain nombre de nos visualisations, dont quelques graphiques interactifs durant les élections américaines de 2008 et certains des graphiques que nous avons créés pour couvrir la crise financière. Ces graphiques ont apporté une somme impressionnante de données aux lecteurs, que les visualisations ont organisées, les rendant plus facile à explorer. Mais ces visualisations – celles qui ont eu du succès – avaient quelque chose en plus. Elles ne livraient pas seulement toutes ces données, elles racontaient une histoire. Nous ne nous sommes pas contentés de créer une belle interface en disant aux lecteurs: « voilà, débrouillez-vous. » Nous nous sommes efforcés d'en tirer du sens, et nous avons placé notre explication à côté de cette interface qui laissait les lecteurs explorer le sujet et tirer leurs propres conclusions. Au bureau, je suis assis derrière Amanda Cox, une journaliste et designer extrêmement douée. Elle nous met toujours en garde contre la création de visualisations qui ne vont nulle part. Elle pense que nous ne devrions pas dire simplement aux lecteurs: « voici des données ». Je suis tout à fait d'accord. Les lecteurs qui s'intéressent à un journalisme sérieux attendent des journalistes qu'ils découvrent des choses pour eux. Ils attendent de nous que nous fassions le déplacement et que nous leur racontions les choses. Lorsque les journalistes créent des outils d'exploration, ils ne devraient pas s'éloigner de la tâche qui consiste à transmettre des informations. Ces outils devraient compléter notre notion du journalisme traditionnel, pas la remplacer.

De temps en temps, certains articles de journaux sont tellement forts qu'ils secouent les gens, leur font changer d'avis, les poussent à agir. Avez-vous déjà observé la même chose dans le domaine de la visualisation d'informations? /SD/ J'aimerais pouvoir raconter l'histoire des graphiques qui ont changé le monde. Honnêtement, il est difficile de connaître l'impact de nos graphiques puisque la grande majorité d'entre eux accompagne des articles comme ceux que vous avez mentionnés. Évidemment, si le graphique est bon, il ne peut que renforcer l'effet de l'article.

Les visualisations d'informations ont un grand effet employées seules lorsqu'elles viennent clarifier un sujet là où les mots ne le pourraient pas. En y repensant, notre département l'a fait de façon plutôt efficace juste après le 11 septembre, à un moment où les New Yorkais voulaient des informations concrètes sur la situation à Lower Manhattan. Nous avons eu de nombreuses réactions, on nous a dit que nos cartes étaient vraiment importantes.

On voit actuellement beaucoup de projets créatifs et intéressants dans le domaine de la visualisation d'informations. Gardez-vous un œil sur les tendances actuelles et les évolutions dans ce domaine? Où êtes-vous plus inspiré par les « classiques », comme Edward Tufte? /SD/ Nous n'avons pas l'occasion de tout voir, mais nous essayons d'en consommer un maximum. Il y a un tas de visualisations intéressantes dans ce monde, et beaucoup de choses très inspirantes. Mais bien sûr, les classiques restent. Les jeunes designers auraient beaucoup à apprendre de vieux infographiques papier. Un grand nombre des problèmes de design qu'ils rencontrent ont déjà été résolus par le passé.

> LES VISUALISATIONS D'INFORMATIONS ONT UN GRAND EFFET EMPLOYÉES SEULES LORSQU'ELLES VIENNENT CLARIFIER UN SUJET LÀ OÙ LES MOTS NE LE POURRAIENT PAS

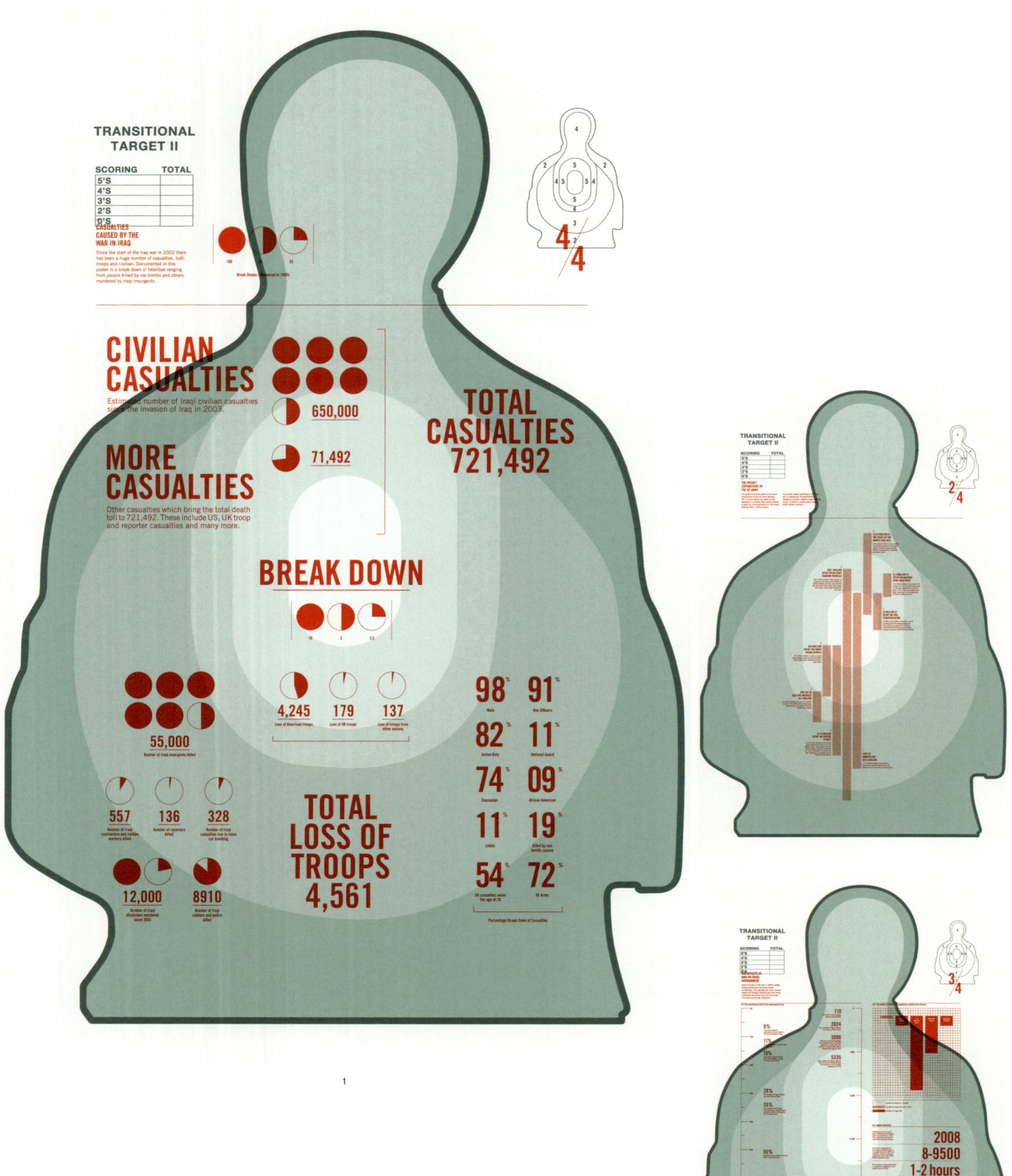

1
IRAQ WAR
Simon Mortimer
GUERRE EN IRAK montre les effets de la guerre sur le pays et sa population civile. Les quatre affiches nous donnent des données sur les victimes, la détérioration de l'environnement et les dépenses de guerre des États-Unis en termes d'effectifs et de missiles. Les cibles imprimées en fond créent un lien direct entre les graphiques et leur sujet.

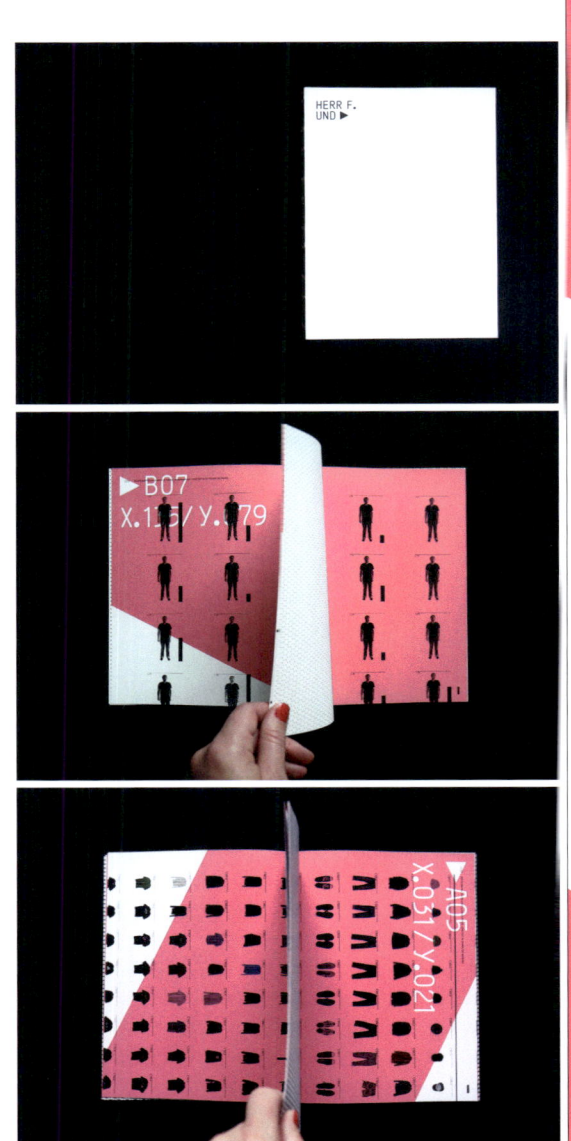
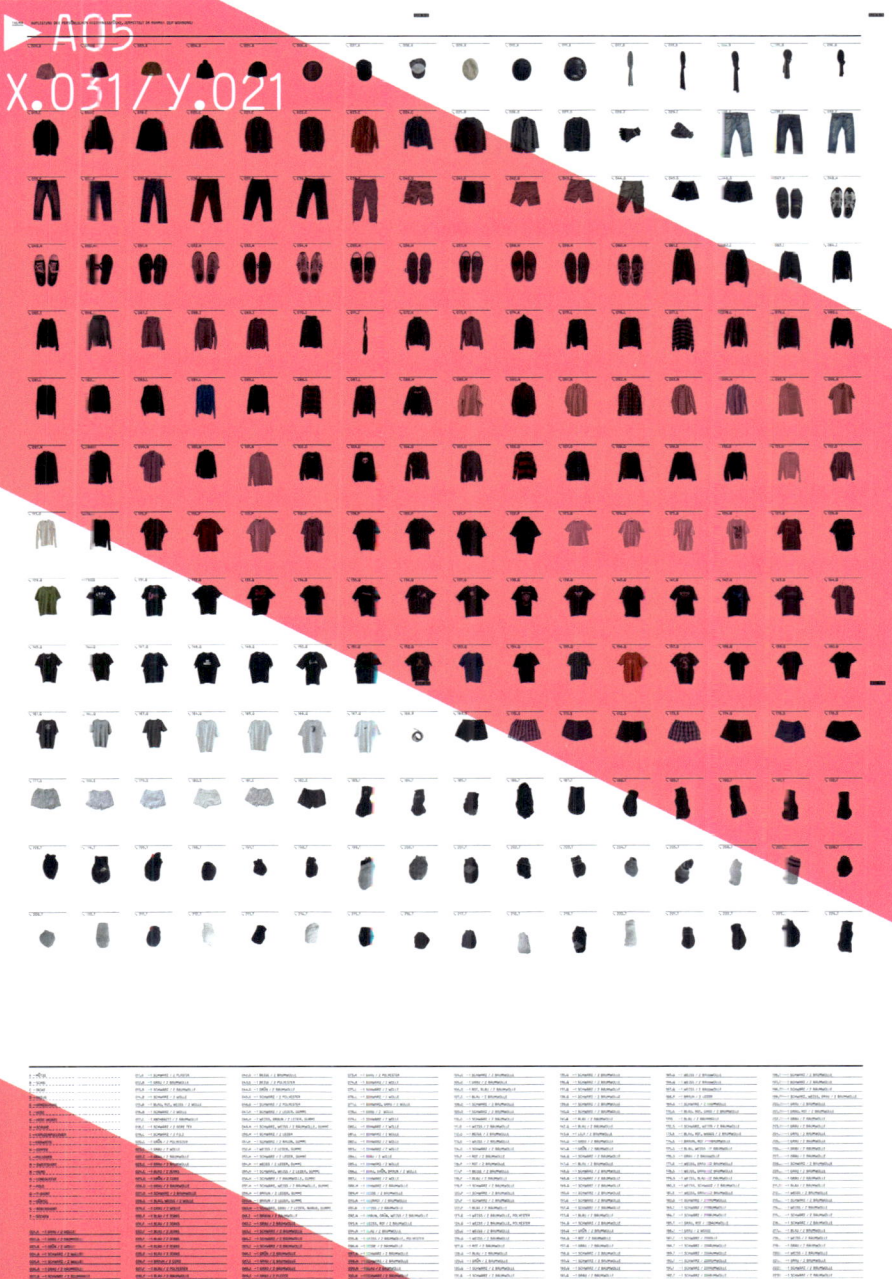
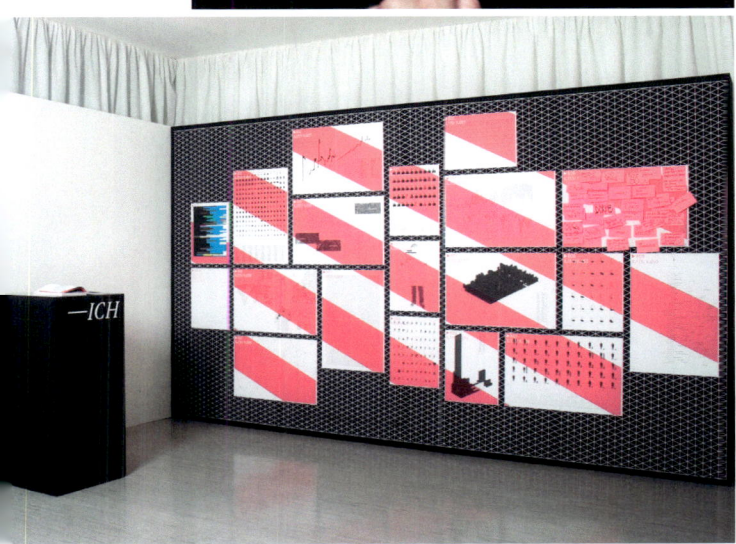

2

HERR F. UND ICH
Lars Thorben Fischer
Lars Thorben Fischer se déshabille, se met à nu pour les besoins de son projet; du chapeau au caleçon, classés par couleur et matière, MONSIEUR F. ET MOI expose les quelque 200 vêtements et accessoires qui se cachent dans la garde-robe de l'artiste. Analyse graphique du designer, cette histoire plutôt personnelle et fragmentaire est basée sur une grille hexagonale qui sert également de référence de section. Installation murale devenue livre ce projet se divise en segments de 16 doubles pages structurées de l'intérieur vers l'extérieur. Pour récréer la vision d'ensemble que procurait l'affiche, les propriétaires des livres peuvent le défaire et remettre l'original en scène dans sa splendeur fragmentaire. Néanmoins, une fois le livre divisé en ses différentes sections, le lecteur se trouve face à un défi d'ordre particulier — désassemblé, le livre met l'une à côté de l'autre des pages qui ne se suivent pas, testant ainsi notre perception.

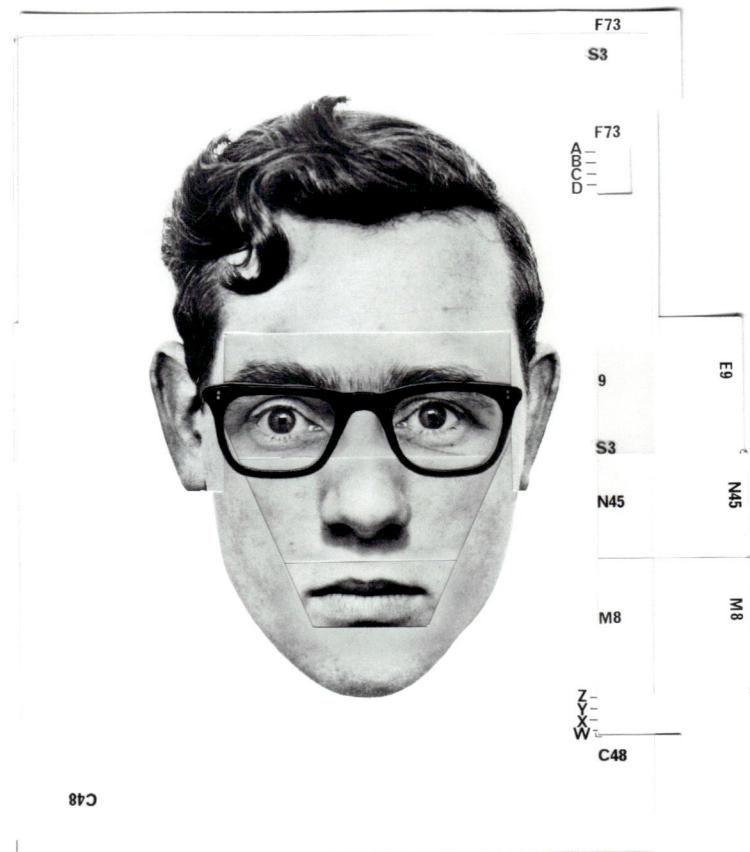

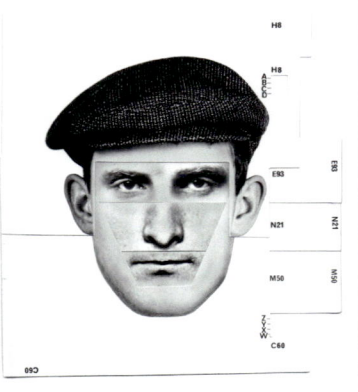
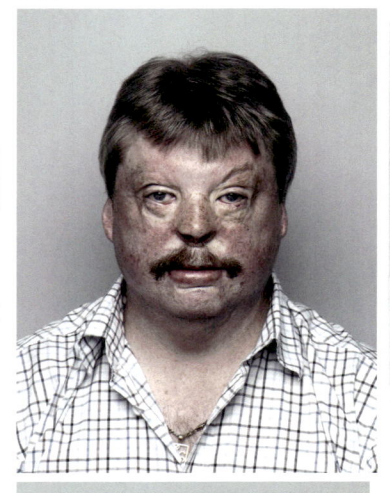
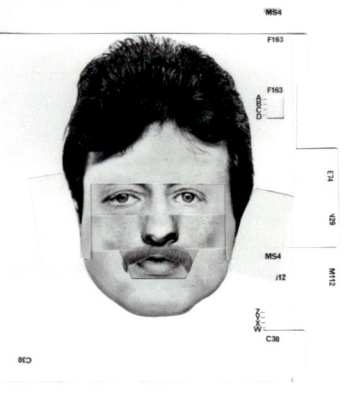
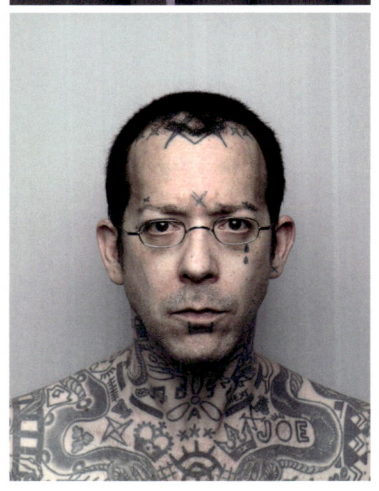
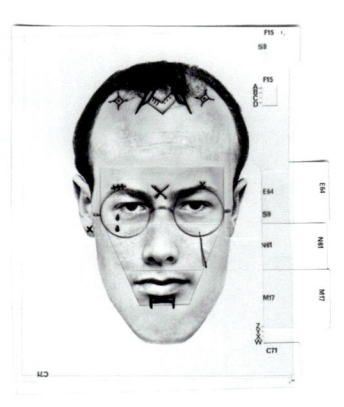
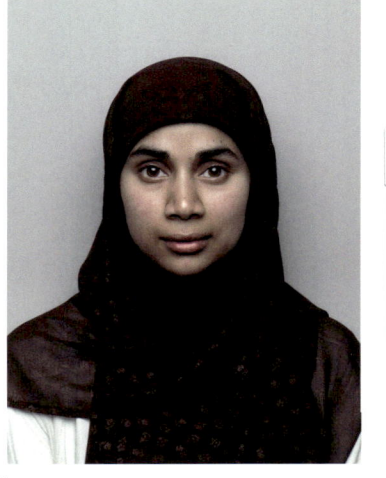
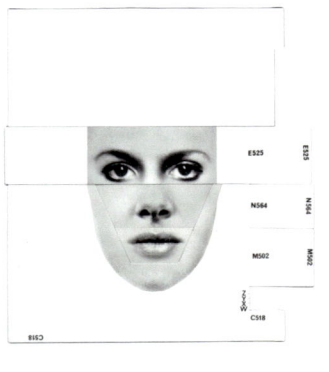

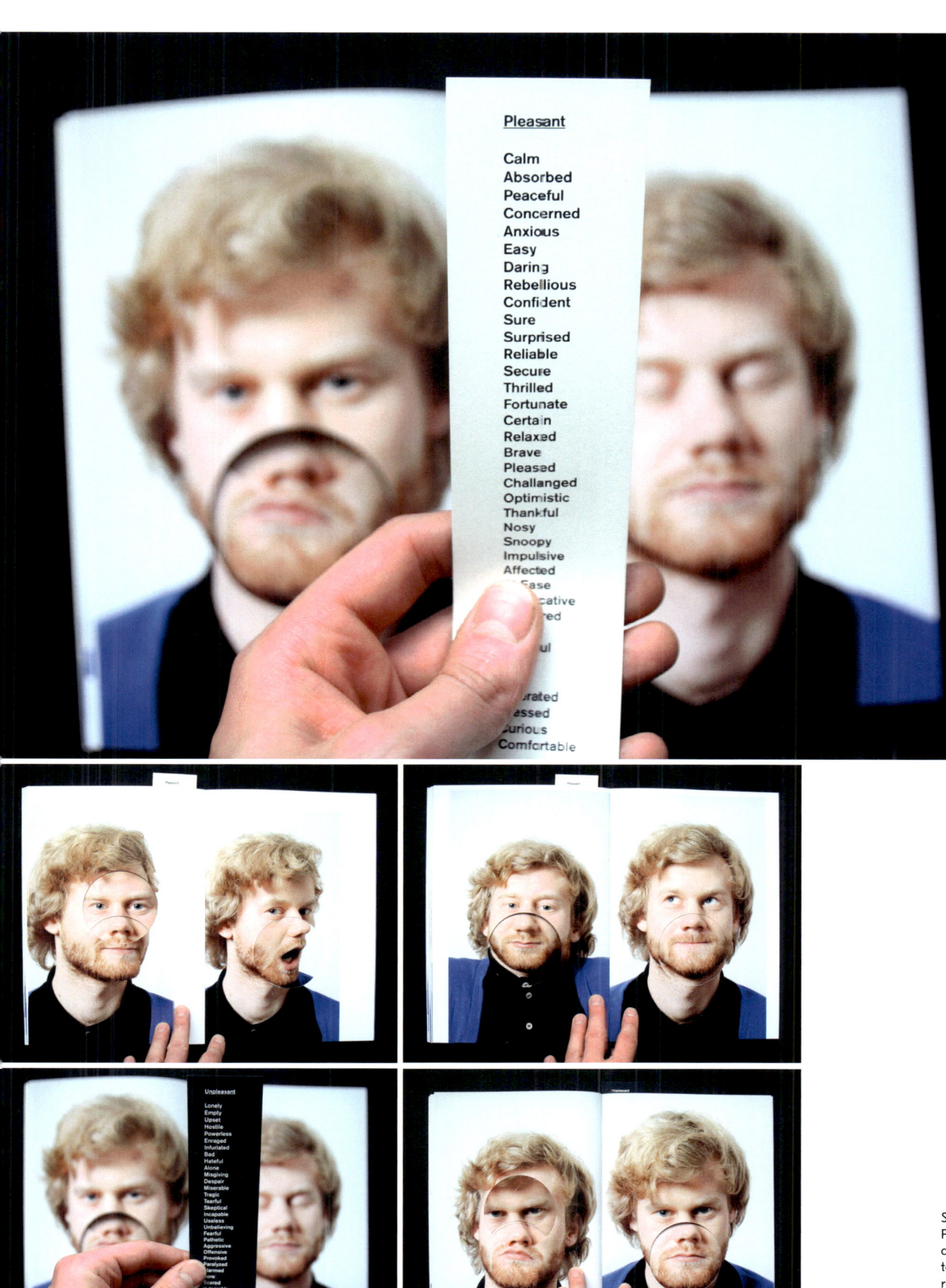

1
PHOTOFIT: SELF-PORTRAITS
Giles Revell et Matt Willey
Se servant du matériel à portraits-robots Penry qu'on utilisait dans les années 1970, aujourd'hui passé de mode, les sujets de ce test doivent composer leur propre portrait-robot. Réalisés sans miroirs ou autres cadres immédiats de référence, ces portraits-robots sont une série d'images déformées qui en disent bien plus sur la personnalité du sujet qu'une simple photographie.

2
DIALOGUE OF EMOTIONS
Guðmundur Ingi Úlfarsson
Choisissez votre humeur — découpé puis réassemblé, Guðmundur Ingi Úlfarsson se retrouve face à lui-même dans un dialogue entre émotions agréables et désagréables.

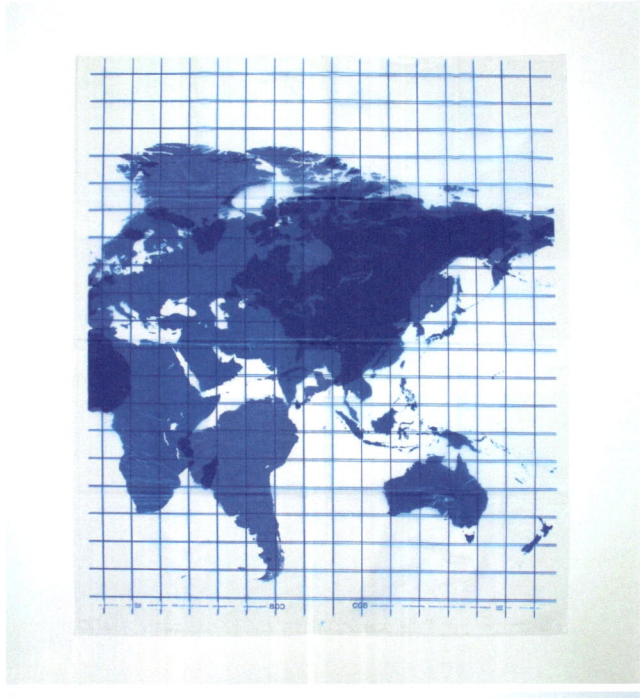

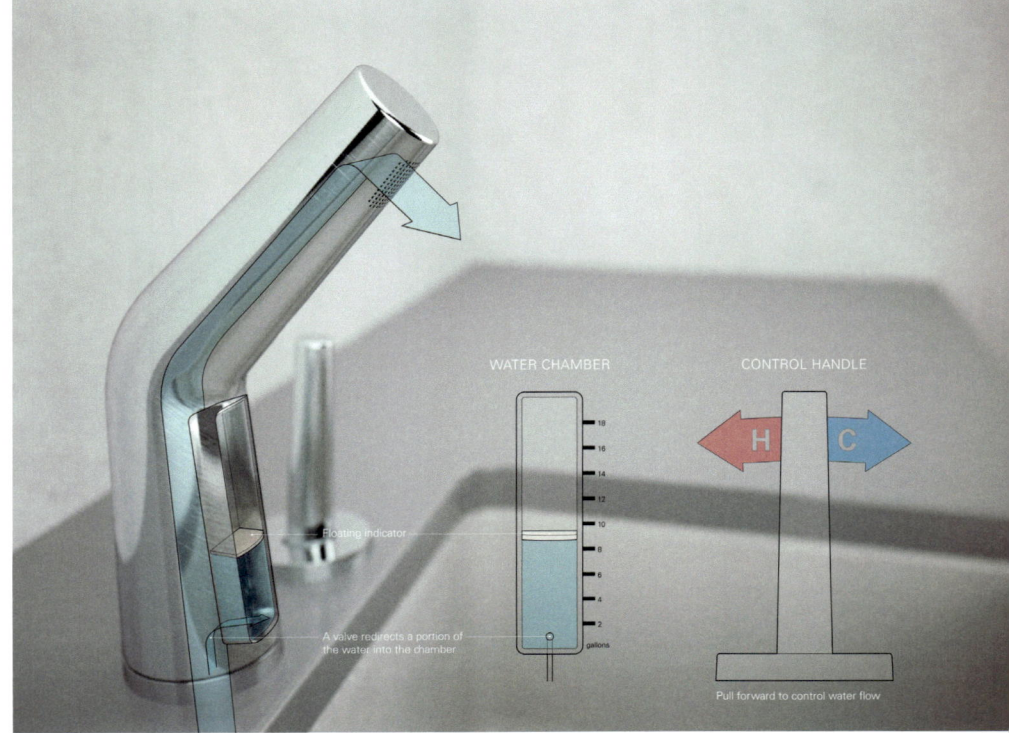

1
CGB
Kenjiro Sano
Sac poubelle écologique et design, le CGB de Sano reflète les habitudes d'une société du tout jetable. Une fois rempli de déchets, ce sac prend la forme de notre planète — un rappel de dernière minute de la fragilité de notre environnement et de la nature limitée de ses ressources.

2
EAU PROPRE = BONNE SANTÉ
Slang
EAU PROPRE = BONNE SANTÉ fait passer ce message en Afrique avec un poster contenant des informations sur la bonne utilisation de l'eau. Distribué à Bafilo, au Togo. /Avec Jaana Davidjants/Wiyumi/

3
IN-FORMED
Nadeem Haidary
/›P.151/ Dans CONSOMMATION D'EAU, le robinet nous montre quelle quantité d'eau nous utilisons à chaque fois que nous l'ouvrons. Pour encourager une prise de conscience, une partie de l'eau est dirigée vers la petite chambre en verre du robinet qui nous montre quelle quantité d'eau nous sommes en train d'utiliser, ce qui permet aux utilisateurs de réfléchir à leurs habitudes de consommation.

**A River Runs Near It:**
Where America's largest cities get their water

ONE JUG HOLDS 400 BILLION GALLONS

RIVER · LAKE · RESERVOIR · LOCAL WATER · AQUIFER

 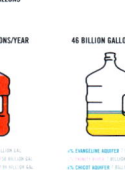       

*New York City*  *Houston*  *Phoenix*  *San Diego*

*Los Angeles*  *Chicago*  *Philadelphia*  *San Antonio*

**396 BILLION GALLONS/YEAR**

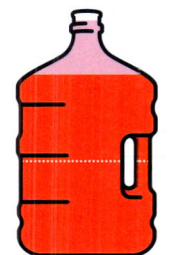

10% CROTON RIVER 39.6 BILLION GAL.
40% ASHOKAN RESERVOIR 158 BILLION GAL.
50% RONDOUT RESERVOIR 198 BILLION GAL.

**146 BILLION GALLONS/YEAR**

5% EVANGELINE AQUIFER 7 BILLION GAL.
5% TRINITY RIVER 7 BILLION GAL.
5% CHICOT AQUIFER 7 BILLION GAL.
25% LAKE CONROE 36.5 BILLION GAL.
25% LAKE LIVINGSTON 36.5 BILLION GAL.
25% LAKE HOUSTON 36.5 BILLION GAL.

4
A RIVER RUNS NEAR IT
Fogelson-Lubliner
ET À CÔTÉ COULE UNE RIVIÈRE montre la distance qui sépare les grandes villes des États-Unis de leurs sources d'eau respectives. Commande de GOOD MAGAZINE, qui fournit des informations pratiques sur la manière de mener une vie responsable et propice au développement durable sans renoncer aux joies de l'existence et à l'esthétique, ce diagramme opte pour des points de repère inhabituels et pourtant familiers, du banal bidon à de vrais êtres humains.
Obéissant à un code de couleurs et réparti en sources naturelles et artificielles — rivière, aquifère, lac, bassin de retenue ou eau locale — la précieuse source de vie est incarnée par des gens répartis sur une plage de référence pour indiquer la distance par rapport à leurs villes respectives.

## Stuhl
## Vegetarier
## Boot

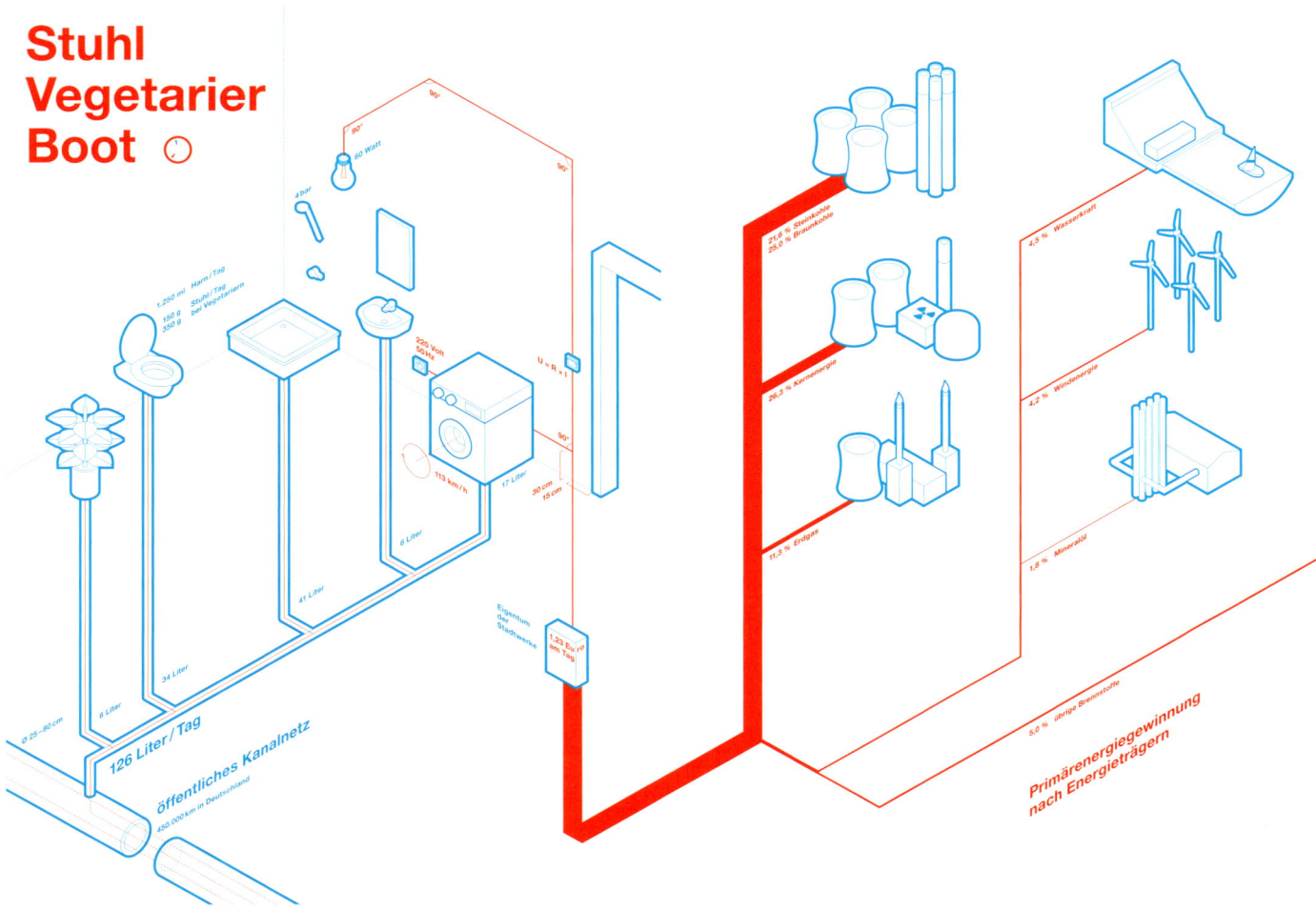

## Farbstoff
## Bass
## Grundhaltung

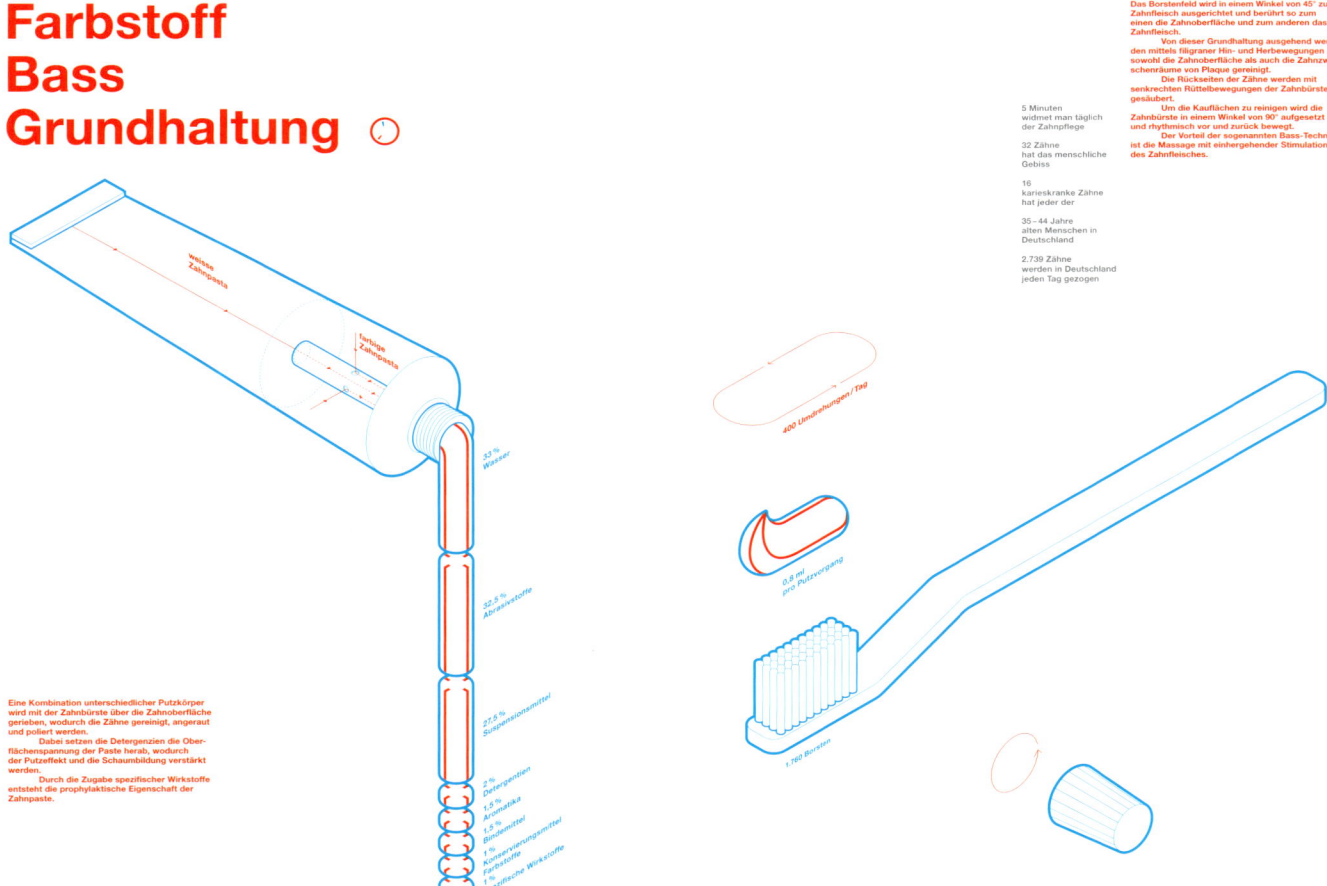

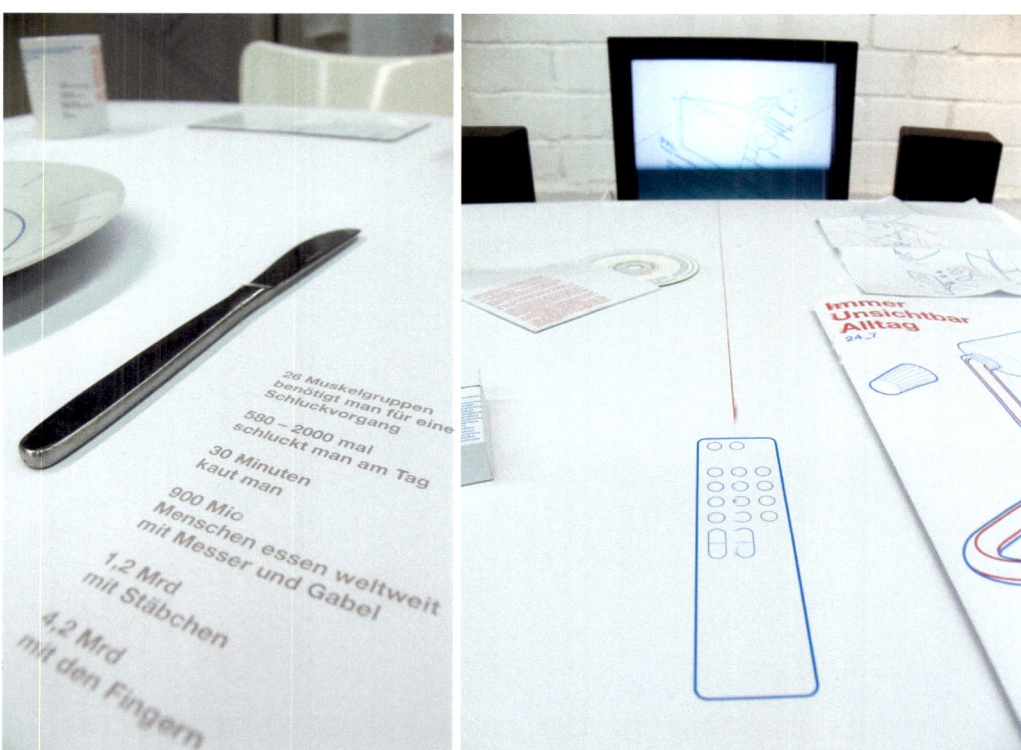

24_7
Benjamin Schulte

24_7 expose les aspects automatisés — et donc invisibles — de notre vie, les routines et les gestes omniprésents qui sont devenus notre seconde nature. Superposés sur le cadre austère et pragmatique d'une « vie ordinaire », ces objets, procédures et fonctionnalités se retrouvent sous les projecteurs et deviennent eux-mêmes des objets d'exposition. Les résultats de cet exercice de statistiques du quotidien peuvent être quelque peu déstabilisants. Un camembert devient un graphique en camembert, et nos vies ne sont que listes: couteaux ou baguettes, consommation d'eau et préférences en matière de petit-déjeuner. Les statistiques et les moyennes deviennent une menace pour notre subjectivité, cette illusion vitale d'être unique.

### 1
**FORM FOLLOWS DATA**
Iohanna Pani

Avec LES DONNÉES FONT LA FORME, Iohanna Pani traque et quantifie ses propres habitudes sous l'apparence d'objets familiers. Ici, un graphique en barres fait de tasses — ou des lignes topographiques à l'intérieur d'une tasse de café — peuvent retracer sa consommation quotidienne de caféine, tandis qu'un diagramme circulaire sur des assiettes révélera les résultats d'un récent test sanguin.

### 2
**ONE, TWO, TREE...**
studio veríssimo

### 3
**HELP**
studio veríssimo

Studio Verissimo ajoute une touche originale à ces programmes d'aide de la vie courante en nous donnant des instructions sur la préparation parfaite du riz ou en nous indiquant comment mettre la bonne dose de sucre dans notre vie. /Photo: Ricardo Faria/

1

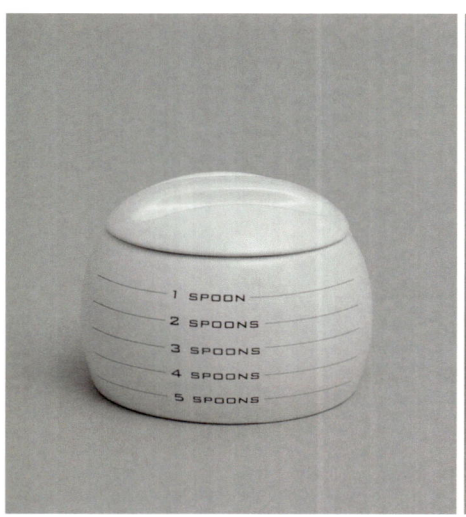

2

3

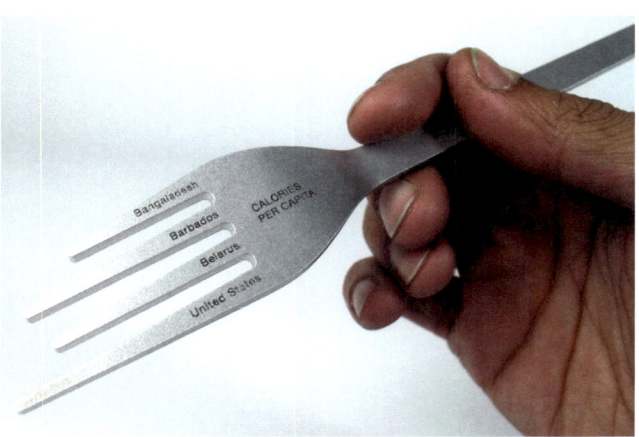 

4

5

4
IN-FORMED
Nadeem Haidary
Qu'y a-t-il dans votre assiette? Une entrée pour l'Afrique, un repas complet pour l'Europe: dans Caloric Consumption (Consommation calorique), les données représentées — le nombre de calories par personne à travers le monde — sont visibles à la longueur de chaque dent de fourchette et à la taille de chaque assiette. Avec comme point de repère négatif le champion incontesté de la consommation, les États-Unis, les assiettes et couverts ainsi dessinés nous servent un alphabet de la (mal)nutrition — de l'Algérie à l'Australie, de la Bolivie au Belize — nous permettant de visualiser les inégalités de l'accès à la nourriture sur nos assiettes et fourchettes collectives.

5
DREAMING MILANO
salottobuono
RÊVE DE MILAN, une série d'assiettes illustrées en céramique, nous défie de jeter un regard au-delà des limites de notre existence protégée. Faisant partie d'un projet d'urbanisme, cette série explore les limites de la ville en tant que zones philosophiquement et psychologiquement chargées, où métropole et environnement naturel exposent leur différence et où la possibilité d'une coexistence devient encore plus importante. / Projet de Salottobuono et YellowOffice / Collaborateurs: Giorgio Bologna, Gabriele Malvolti, Gian Paolo Morelli, Wei Jia Tian, Jean-Benoit Vetillard /

### 1
**FINGERBOWL**
Judith Seng

Identité renversée: rappel graphique de la transparence actuelle des profils publics, des problèmes de préservation de l'intimité et de protection des données, LA COUPE «DOIGT» de Judith Seng fait de ce problème politique un geste esthétique. /Photo: Ilvio Gallo/

### 2
**HOLLEY PORTRAIT / JARED GREENE**
### 3
**HOLLEY PORTRAITS / NICCOLÒ MAZZONI**
### 4
**HOLLEY PORTRAIT / AURORA BIANCARDI**
### 5
**HOLLEY PORTRAITS / TOMMASO SPERETTA**
### 6
**HOLLEY PORTRAIT / BRITTANY SUBERS**
Daniel Eatock

Inspiré par un autoportrait typographique de son ami Richard Holley, Daniel Eatock, designer basé à Londres, a élaboré un système simple pour démêler les éléments fondamentaux de notre identité. Les règles du jeu: laissez l'empreinte de votre pouce au milieu d'une feuille blanche. Agrandissez l'empreinte à la taille de votre visage. Recouvrez-la d'une feuille de papier calque fixée avec du ruban adhésif ou des trombones. En commençant à l'endroit de votre choix, écrivez à la main un texte en suivant les lignes de votre empreinte digitale. Le résultat de cette expérience est un autoportrait pertinent, un concentré de ce qui vous rend unique: votre histoire, votre écriture et les lignes et volutes de votre empreinte digitale.

Dans le cadre de sa collection toujours plus vaste d'«identités», Eatock présente une série d'autoportraits d'une cohérence formelle, qui, à les regarder de plus près, célèbrent l'individualité de leurs auteurs.

1

4

2 3

5 6

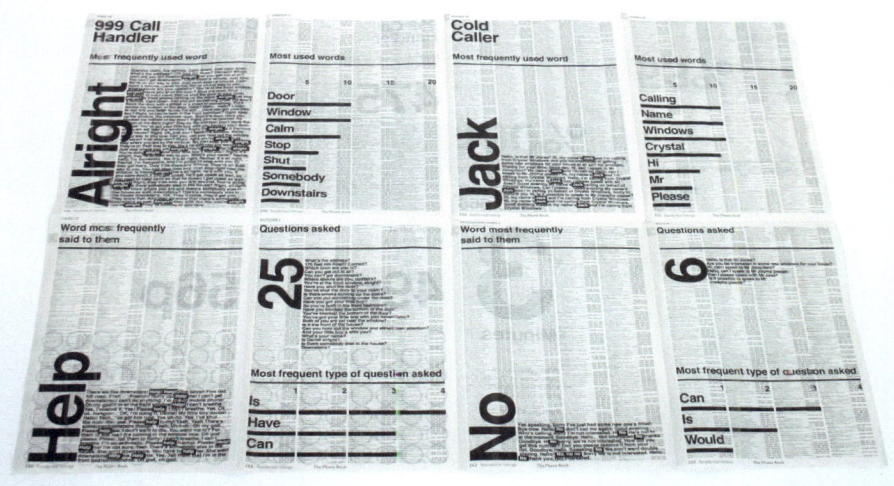

7
FAST FAUST
Boris Müller
FAUST EN ABRÉGÉ Comme le test ophtalmologique d'un optométriste, où les lignes deviennent de plus en plus petites, FAUST EN ABRÉGÉ fait entrer la totalité du texte du FAUST de Goethe sur une seule affiche. La pièce devient ici un collage: les occurrences de chaque terme déterminent leur place et leur importance sur l'affiche.

8
3 MINUTES
Charlie de Grusso
Le pitch: une enquête de 3 MINUTES sur une feuille de papier journal A1. La réponse de Charlie de Grussa compare deux métiers qui ont en commun la conversation téléphonique, mais perçus différemment par le public: un employé de numéro d'appel d'urgence et un démarcheur. Si l'un est considéré comme une aide providentielle et l'autre souvent la cible d'injures l'analyse de Charlie de Grussa révèle de nombreuses ressemblances surprenantes et des différences prévisibles en matière de technique de communication. Décomposée en différents aspects (temps passé au téléphone, nombre de mots prononcés, salaire perçu), cette étude expose les stratégies rhétoriques dominantes — directes ou faussement personnelles — et dévoile le vrai coût (émotionnel, financier et temporel) d'un appel de 3 minutes pour l'appelant et l'appelé.

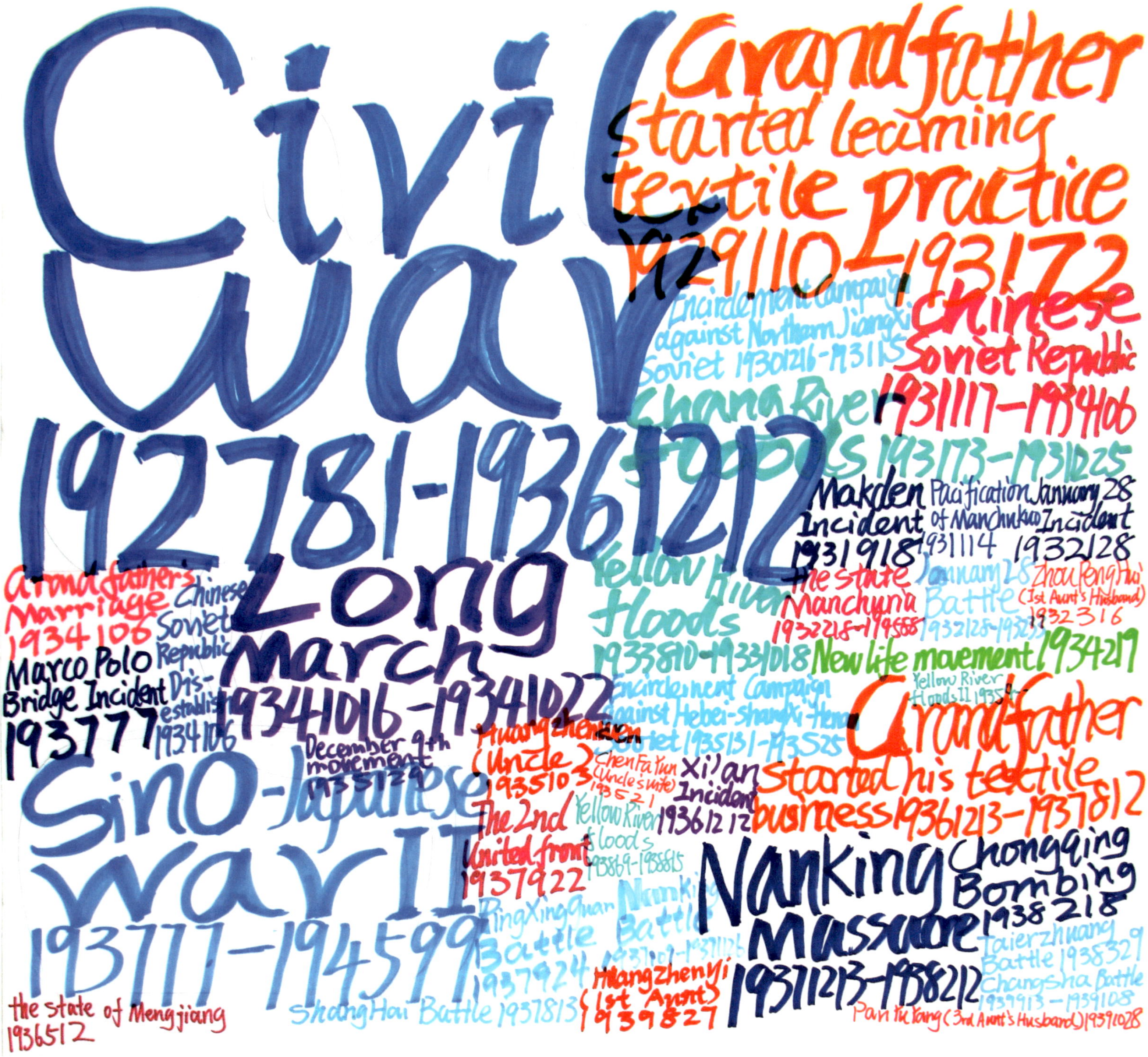

**3rd Decade (193011-19391231)**

| War | | | | | Politics | | | Culture | Disaster | Family | | | |
|---|---|---|---|---|---|---|---|---|---|---|---|---|---|
| | Invasion | | Civil War | | | | | | | | | | |
| Conflicts | Incident | Battle | Uprising | Campaign | Operation | Foundation | Matter | Movement | Natural Disaster | Birth of family member | Birth of extended members | Career development | Marriage |
| Pacification of Manchukuo 1931114 | Makden Incident 1931918 | January 28 Battle (China-Japan) 1932128-19323 | Chinese Soviet Republic Destablished 1934106 | Encirclement Campaign against Northern Jiangxi Soviet 1930216-1931115 | Long March 1934016-19341022 | Chinese Soviet Republic 1931117-1934106 | Xian Incident 1936212 | New life movement 1934219 | Chang River floods 1931173-19311225 | Huang Zhenwen (Uncle) 1935103 | Zou Pengfei (1st Aunt's husband) 1932316 | Grandfather started his own textile business 1936213-1937812 | Grandfather's Marriage 1934918 |
| Sino-Japanese War II 193777-194599 | Marco Polo Bridge Incident 193777 | Battel of Shanghai 1937813 | | Encirclement Campaign against Hubei-Henan-Shangxi Soviet 1935131-193525 | December 9th Movement 1935129 | State of Manchuria 1932218-194588 | | | Yellow river floods 1933810-19331018 | Huang Zhenyi (1st Aunt) 1938827 | Chen Fayun (Uncle's wife) 193521 | | |
| | Nanking Massacre 19371213-1938212 | Battle of Pingxingguan 1937924 | | | | Mengjiang State 1936512 | | | 2nd Yellow river floods 1935412 | | Pan Yuyang (3rd Aunt's husband) 19391028 | | |
| | Bombing of Chongqing 1938218 | Battle of Nanking 1937109-19371126 | | | | 2nd United Front 1937922 | | | 3rd Yellow river floods 193869-1938815 | | | | |
| | | Battle of Taierzhuang 1938329 | | | | | | | | | | | |
| | | Battle of Changsha 1939913-1939108 | | | | | | | | | | | |

# The Cell Phone Revolution

In the developed world, we're tethered to our mobile devices. In the developing world, the phones are essentially primary computing devices, as well as communication tools. Mobile phone usage has skyrocketed in recent years in several parts of the world. It begs the question: Is increased connectivity making us more productive?

Sources: International Telecommunication Union, United Nations Statistics Division

**PERCENTAGE OF POPULATION WITH MOBILE CELLULAR SUBSCRIPTIONS**

0% — 25% — 50% — 75% — 100%

$ GDP PER CAPITA (2002–2007)

| Country | 2002 | 2007 | GDP |
|---|---|---|---|
| IRAQ | .08% | 48.36% | +263% |
| LIBERIA | .06% | 15.01% | +13% |
| MICRONESIA | .09% | 24.63% | +11% |
| AFGHANISTAN | .11% | 17.20% | +62% |
| NETH. ANTILLES | 16.67% | 110.58%* | +12% |
| LIBYA | 1.26% | 73.05% | +175% |
| TAJIKISTAN | .21% | 34.85% | +188% |
| NEPAL | .09% | 11.59% | +69% |
| ALGERIA | 1.43% | 81.41% | +116% |
| MALI | .43% | 20.51% | +84% |
| SUDAN | .55% | 21.31% | +177% |
| TURKMENISTAN | .18% | 7% | +51% |

The letters spell: **IS THERE ANYBODY OUT THERE?!**

* Indicates that many people in the Netherlands Antilles have multiple mobile phone accounts.

A collaboration between GOOD and Fogelson-Lubliner

---

2

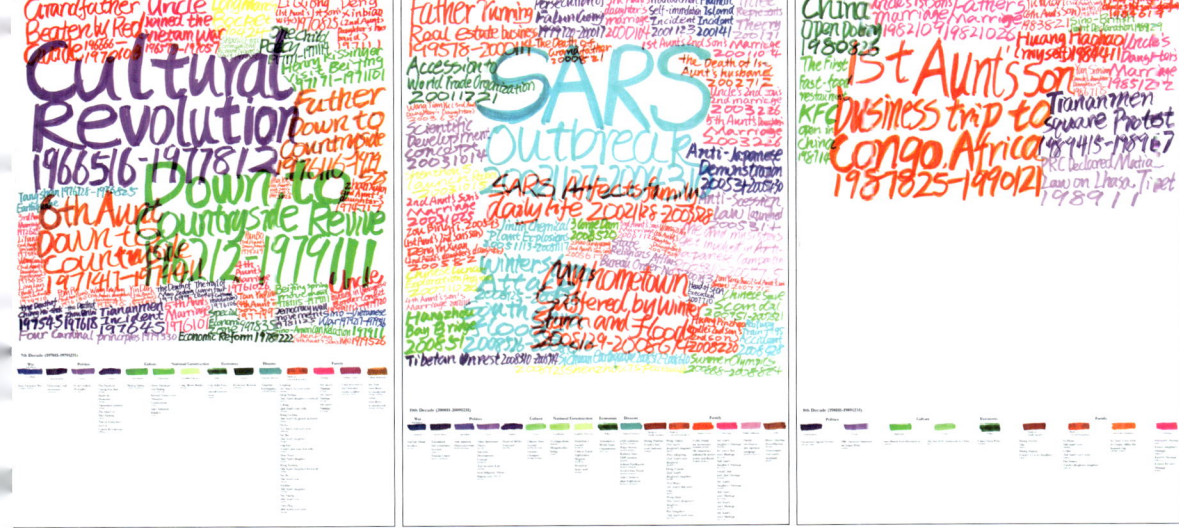

1
MAPPING TIME BASED ON GENEALOGY
AND HISTORICAL STUDY – POSTERS
Haohao Huang

2
THE CELL PHONE REVOLUTION
Fogelson-Lubliner
Cette illustration pour GOOD MAGAZINE montre les progrès de la connectivité dans les pays en développement (mesurés en abonnements pour téléphones portables).

PAGE SUIVANTE (GAUCHE)
VISUELLE PROGRAMME 2.0
projekttriangle / Cedric Kiefers
Hochschule für Gestaltung Karlsruhe
/Chargé de cours: Martin Grothmaak/Titre du cours: Visuelle Programme 2.0/Visual Codes 2.0/www.visuelle-programme.de/

PAGE SUIVANTE (DROITE)
BLACK LOCUST
Bryan Nash Gill
Imitation de la nature par l'art (ou l'inverse?), LOCUSTE NOIRE célèbre un précurseur naturel de la visualisation des données: en 3 anneaux, les bonnes et les mauvaises années sont gravées pour la postérité dans la coupe transversale striée de leur tronc. /2009/ Gravure sur bois, papier Okawara, 39 × 31 pouces/

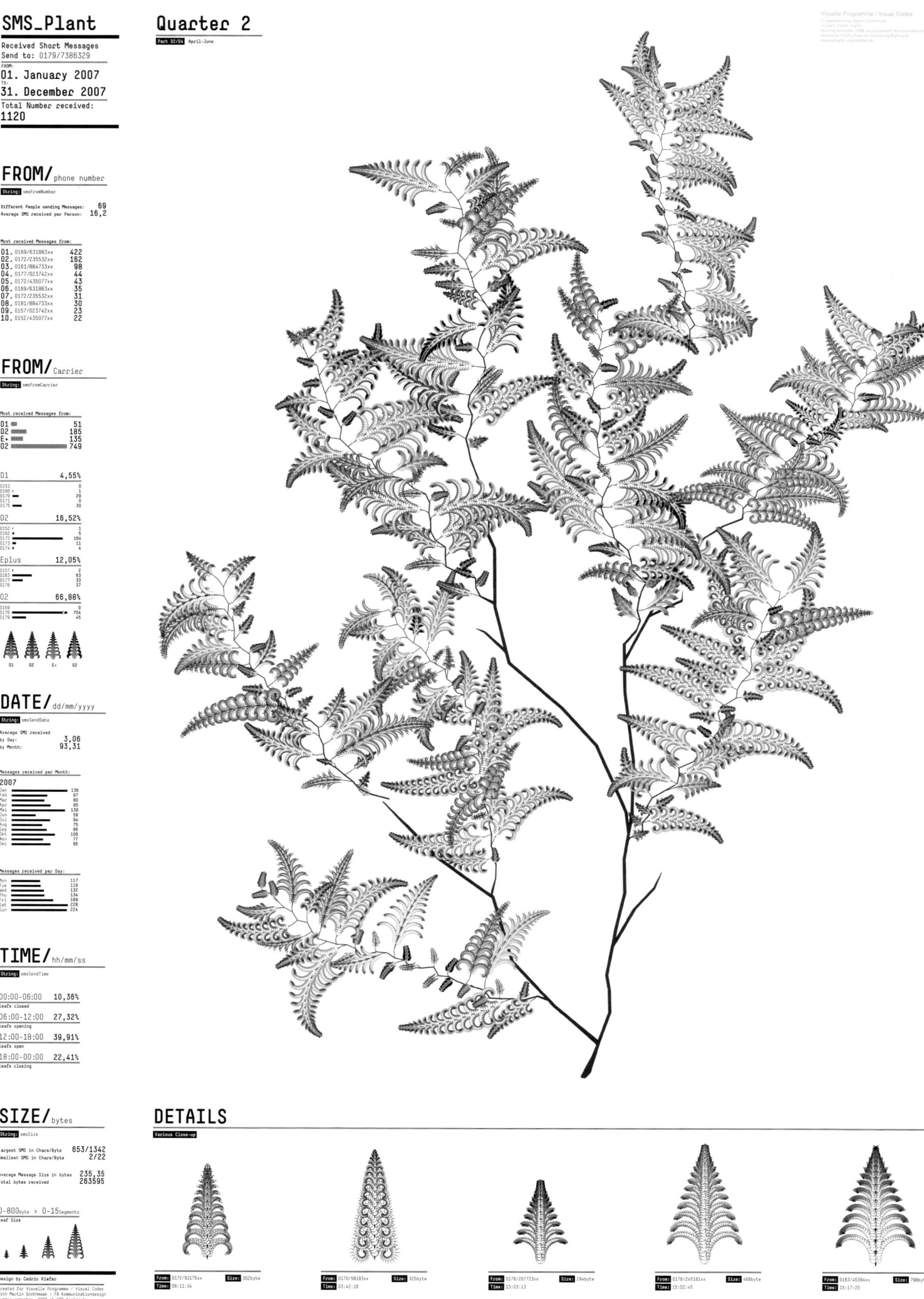

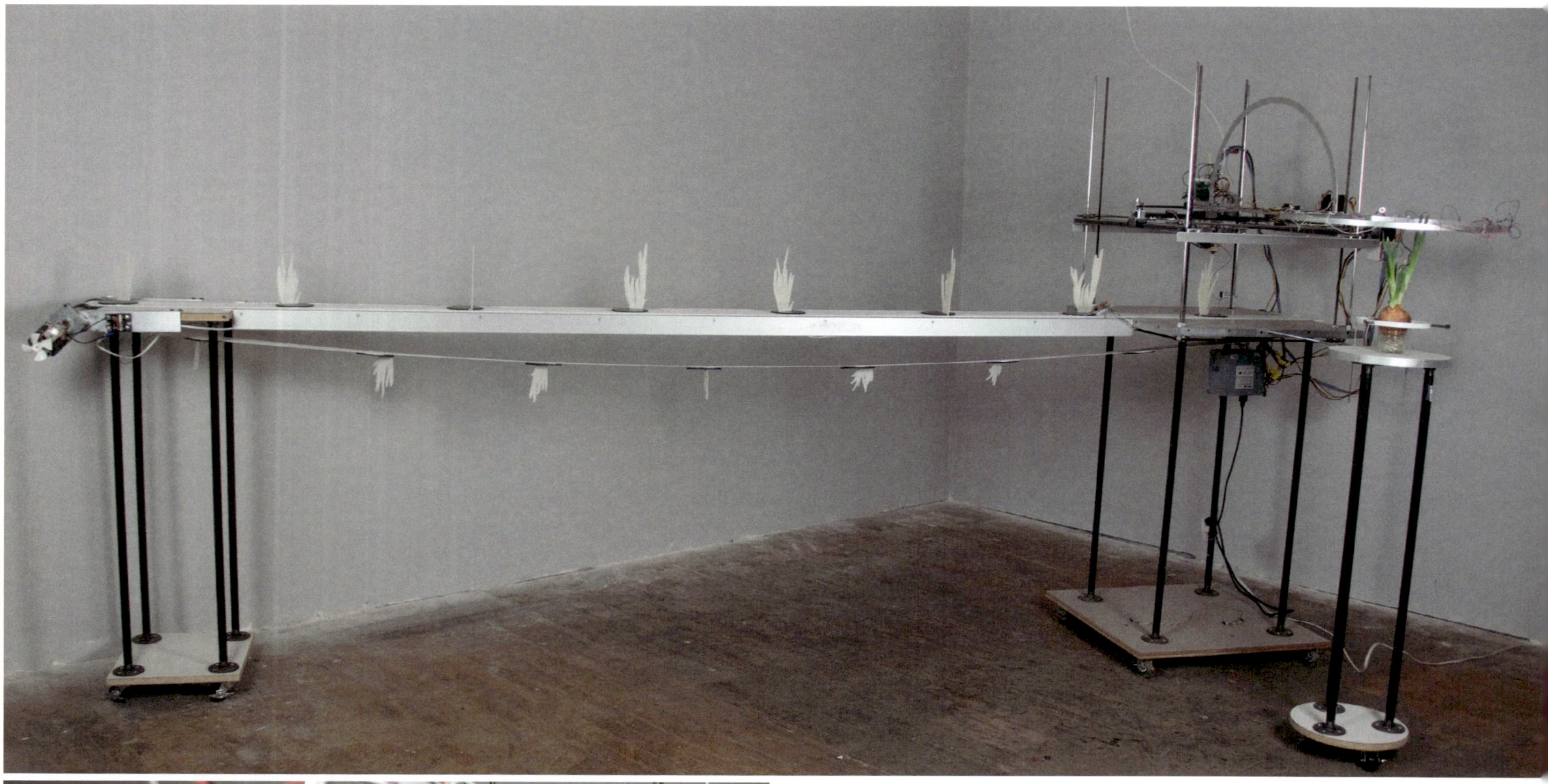

1
GROWTH MODELING DEVICE
David Bowen

DISPOSITIF DE MODÉLISATION DE LA CROISSANCE de David Bowen décrit la progression linéaire de la croissance naturelle à l'aide d'une série de modèles en plastique. Comme une réminiscence de projets de sciences naturelles du lycée, l'installation simple se sert de lasers pour scanner un oignon — le produit de base des cours de biologie du secondaire — sous un angle parmi les trois prévus. Tandis que la croissance du bulbe est scannée, un dispositif de modélisation par dépôt en fusion utilise ces informations pour créer une réplique en plastique. L'expérience est répétée toutes les 24 heures, sous un angle différent. Semblables aux images d'un film analogique qu'on aurait sorties du projecteur pour les exposer à la vue de tous, le résultat est une série de modèles en deux dimensions qui témoigne de la croissance en trois dimensions de la plante au fil du temps. /2009/

1

2

2
ROSE OF JERICHO
MOOD DATA SCULPTURE
Martin Kim Luge

La rose de Jéricho est une fleur bien étrange: desséchée et rabougrie, elle a l'air sans vie. Mais donnez une goutte d'eau ou deux à cette plante désertique et vous la verrez se déployer en un instant. Elle est également connue sous le nom de « plante de la résurrection », et ce processus est réversible à l'infini, ce qui en fait un objet idéal d'expérimentation. Dans sa tentative de rendre compte des liens ténus encouragés par les réseaux sociaux sur Internet — leur conscience périphérique et constante de notre cercle social au sens large — Martin Kim Luge s'est concentré sur les humeurs associées aux changements de statut — et sur la façon dont elles nous tiennent au courant de l'état d'esprit de nos amis, sans qu'on ait besoin de communiquer directement avec eux. Afin de préserver l'ambivalence et la complexité de nos émotions, qui ne se résument jamais vraiment à un seul mot-clé, Luge a décidé d'opter pour une traduction moins arrêtée, plus organique de l'humeur et de l'état d'esprit. Pour ce faire, il a associé des roses de Jéricho à des amis sur Internet et a attribué une valeur numérique à chacun des états émotionnels disponibles sur le site MySpace.com, de « heureux » à « triste ». Un microcontrôleur dispense ensuite une quantité contrôlée d'eau à chacune de ses plantes expérimentales en fonction de l'humeur particulière de son binôme humain — plus l'ami en question est heureux, plus la plante s'épanouira. Dans cette perspective, ses Roses de Jéricho, sculptures vivantes de données, n'expriment jamais « l'ennui », « la colère » ou « l'optimisme », mais véhiculent une idée plus générale du bien-être de leur équivalent humain; et comme les longues amitiés, cette plante est très résistante et peut survivre à une longue période de sécheresse. /2008/ Rose de Jéricho, Arduino, Processing/

3
WEEPING WILLOW
A TREE FULL OF FRIENDS
Martin Kim Luge

L'arbre qui cache la forêt? Dans une variante plus ambitieuse de son projet Rose of Jericho (Rose de Jéricho), Martin Kim Luge entreprend d'explorer plus avant les ramifications des humeurs et des amitiés humaines. Tandis que chacune des branches de son saule pleureur symbolise un ami sur Internet, leur inclinaison reflète leur humeur générale — plus l'ami est heureux, plus la branche est haute. Renforçant les liens virtuels par des moyens concrets, Luge envoie chaque semaine par courrier électronique ces branches découpées au laser à leur binôme humain, qui peuvent les assembler en une sculpture infinie et en une approximation de leur propre psyché en ligne — une touche sympathique et concrète dans un monde de plus en plus désengagé et un contrôle réel régulier sur la façon dont nous nous présentons dans le monde virtuel. /2008/ Découpage laser/

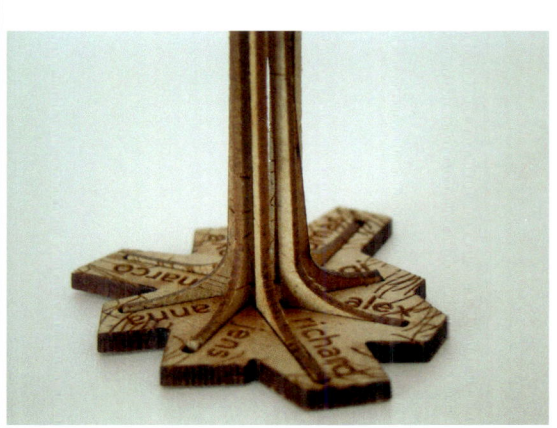

3

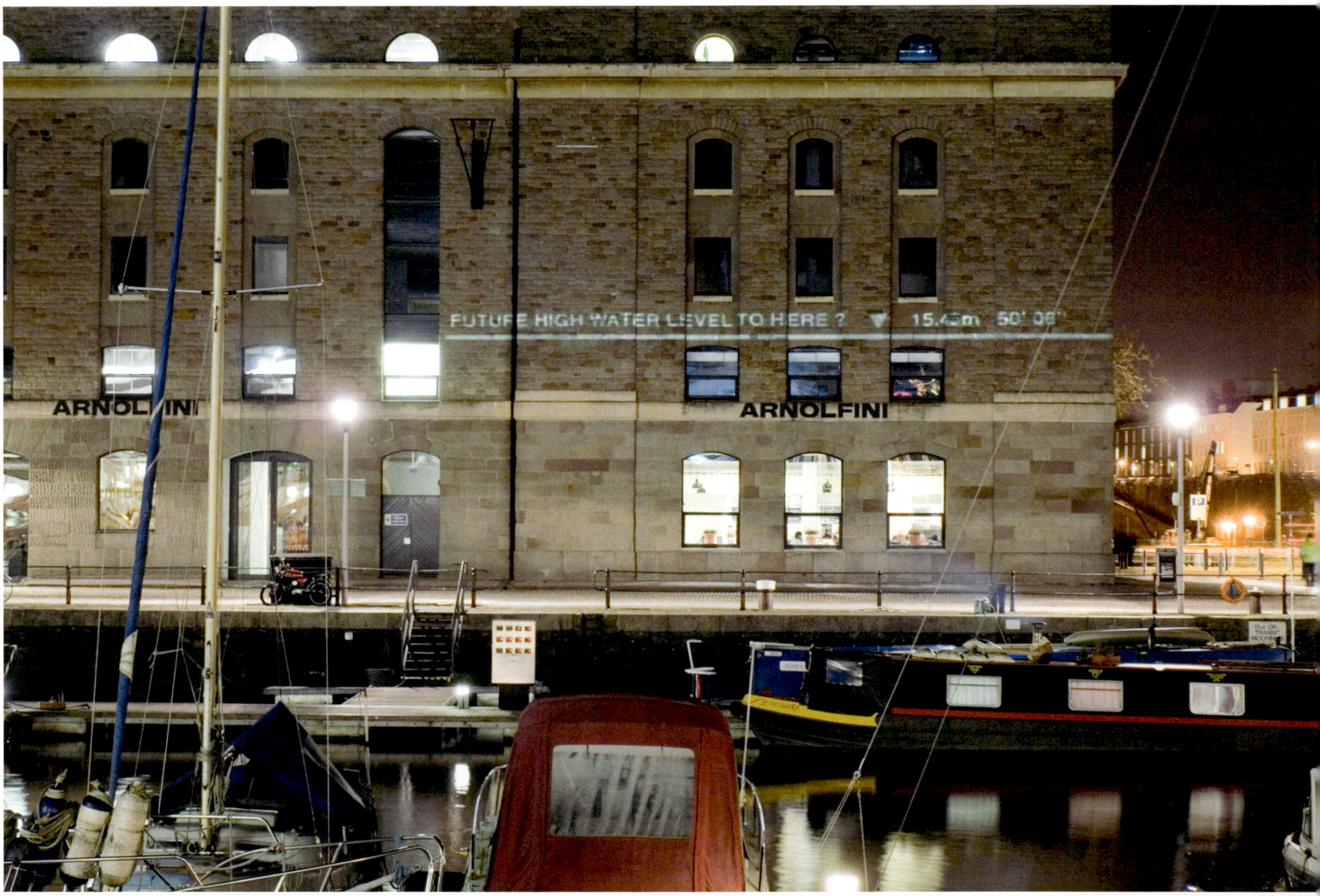

### 1
### WATERMARKS PROJECT
### Chris Bodle

Debout et au travail? Les gens qui vivent près des estuaires des fleuves ou au bord de la mer sont peut-être habitués aux crues et aux marées de printemps, mais la montée du niveau des océans provoquée par le réchauffement climatique ajoute une dimension de mauvais augure à ces phénomènes. Rendant ce facteur plus tangible, Watermarks permet aux riverains de prendre la mesure de l'ampleur de la crue à venir dans leur environnement familier. Ici, une série de projections indiquant le niveau potentiel de la montée des eaux montre le port débordant d'activité de Bristol ainsi que la partie inférieure du centre-ville submergés par les eaux, parfois jusqu'au deuxième étage des bâtiments — une projection choquante basée à la fois sur les prévisions actuelles du gouvernement britannique et sur d'autres scénarios plus extrêmes visant à expliquer la somme des variations, les incertitudes et les désaccords entre scientifiques. À la confluence de l'art et du paysage — de la perception du public et des problèmes pragmatiques que pose la montée des eaux — Watermarks sort ce sujet capital du contexte scientifique pour encourager le débat et une participation créative de ceux qui seraient potentiellement touchés. / 2009 / Projection numérique / Merci à Arnolfini (Galerie) et à Bordeaux Quay (Restaurant) /

43-47 knots

13-17 knots

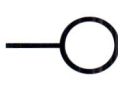

1-2 knots

2
WINDBARBS
Tim Knowles
Hissés pour mesurer la force du vent et des éléments, les Windbarbs (Drapeaux anémomètres) de Tim Knowles etablissent une passerelle entre installation artistique et météorologique. Évaluant sa force et sa direction, dix drapeaux blancs indiquent comment souffle le vent. L'astuce simple mais ingénieuse de Knowles: chacun des drapeaux est lesté de manière à ne se déplier qu'à partir d'une vitesse de vent supérieure ou égale au symbole représenté, et la clé pour les déchiffrer est justement... une clé. Travaillant avec le système décimal, Knowles ajoute une dent tous les dix nœuds. /2009/10 drapeaux fabriqués à partir de tissus et de poids/Copyright: Tim Knowles/

3
PRAYERS
Germaine Koh
Germaine Koh aime explorer les relations inattendues entre actions quotidiennes, objets familiers, anciennes et nouvelles technologies et lieux communs. Dans cet exemple particulier, remontant à l'âge quasi préhistorique du bureau numérique (1999), elle capture toutes les activités d'un ordinateur en réseau et les diffuse à l'extérieur en une série de signaux codés en morse. Traduite en petits nuages de fumée — qui disparaissent en un clin d'œil — l'activité cérébrale du bâtiment éclate dans le monde extérieur comme des idées éphémères qui se diffusent pour se dissiper aussitôt. /1999/Ordinateur, réseau informatique existant, machine à brouillard/Photo: Germaine Koh/Copyright: Germaine Koh/

4
FAIR-WEATHER FORCES (WATER LEVEL)
Germaine Koh
Dans ses efforts pour visualiser les phénomènes naturels — et résolument non naturels — Germaine Koh crée des liens concrets qui bouleversent notre monde. Ses FORCES DE BEAU TEMPS, par exemple transposent la puissance des marées — leur caractère réfractaire et profondément inévitable — dans les limites contrôlées d'une galerie d'art. Ici, les vagues de cordes de velours faites par l'homme montent et descendent en accord avec le niveau d'une proche étendue d'eau. Le résultat: un videur imprévisible et incorruptible qui nous laisse passer ou nous bloque le passage selon les caprices de la nature. /2008/Cordes de velours reliées à des mécanismes placés dans des poteaux en acier inoxydable, actionnés par des microprocesseurs recevant des données provenant d'Internet par le biais d'un capteur à ultrasons caché/Photo: Germaine Koh/

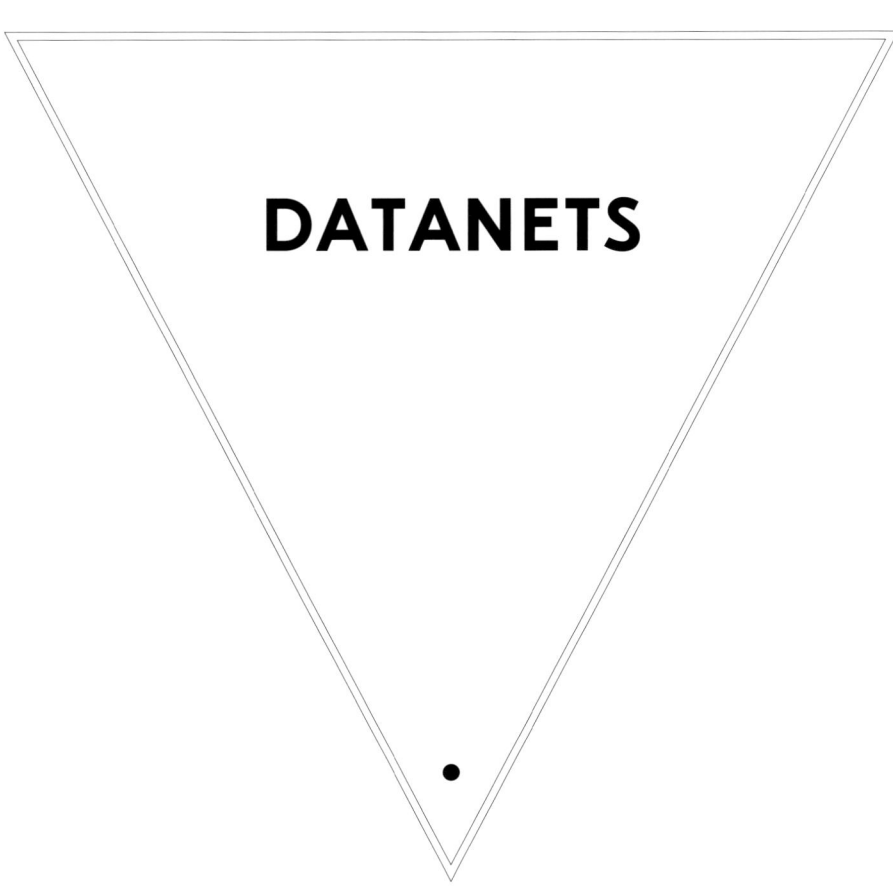

**Parfois, l'information n'est pas dans la donnée elle-même, mais dans sa relation avec d'autres données. En reliant les points, un réseau apparaît et ce sont les liens entre ces points qui nous en apprennent le plus. Les diagrammes de ce chapitre visualisent ces liens, ces hiérarchies, associations, relations et interconnexions en utilisant de nombreuses approches différentes.**

•

**Visualisation ne veut pas toujours dire simplification de sujets complexes. Parfois, la complexité peut même être le message. Un public de plus en plus nombreux, familier des visualisations, veut avoir accès à des systèmes complexes, tout en attendant une interface simple, facile à comprendre. Cette relation complémentaire entre simplicité et complexité – la synthèse des deux – crée un défi intéressant en matière de visualisation.**

**Les graphistes peuvent appliquer les principes de la « simplexité » à de nombreux sujets. Réseaux compliqués, structures réticulées et organisations complexes sont tout autour de nous dans presque tous les domaines imaginables – réseaux électriques intelligents, réseaux de transport, organismes vivants, marchés financiers, crime organisé et réseaux sociaux.**

Ces derniers sont le sujet de *Murmur Study (Étude des murmures)*. Cette installation parcourt les messages sur *Twitter* et les mises à jour de statut sur *Facebook* /1/ à la recherche d'énoncés contenant les onomatopées argh, grrrr, ooooh ou beurk et leurs différentes variantes. Trente imprimantes thermiques fixées au mur sortent un flot continu de messages personnels, qui forment une montagne de papier sur le sol. Mais ce qui ressemble à une structure chaotique est en fait archivé, classé et référencé par des entreprises. Un sujet qui devrait nous faire réfléchir.

1
MURMUR STUDY
Christopher P. Baker
/›P.176/

La seule illustration de *L'Origine des espèces*, de Charles Darwin, est un organigramme simple. /2/ Greg McInerny et Stefanie Posavec utilisent la même technique de visualisation pour disséquer le texte de ce livre : un chapitre se divise en sous-chapitres, puis en paragraphes et enfin en phrases. Il en résulte une construction ressemblant à une fleur qui nous donne une vue d'ensemble de cet « organisme littéraire ».

Un réseau encore plus complexe apparaît dans *This was 2008 (Rétrospective 2008)*. /3/ En prenant les noms de personnes, de compagnies et d'organisations mentionnés dans les articles du *New York Times* et en traçant leurs liens, Jer Thorp crée un dense réseau de connectivité. Il ne nous indique pas seulement quels sont les plus fréquemment cités, mais nous révèle aussi quels noms sont mentionnés ensemble. Appelez-ça un hyper-nuage de mots clés.

Aussi frappant que soit ce dernier exemple, il nous montre les limites des représentations statiques. Ce type de visualisation complexe de structures nous donne peut-être une vue d'ensemble et une bonne idée de la nature du réseau, mais déchiffrer les détails devient difficile. C'est ici que l'interactivité peut montrer sa force. Avec le zoom, l'isolation ou la mise en valeur de certaines interconnexions, la complexité se dissipe et la simplicité prend la relève.

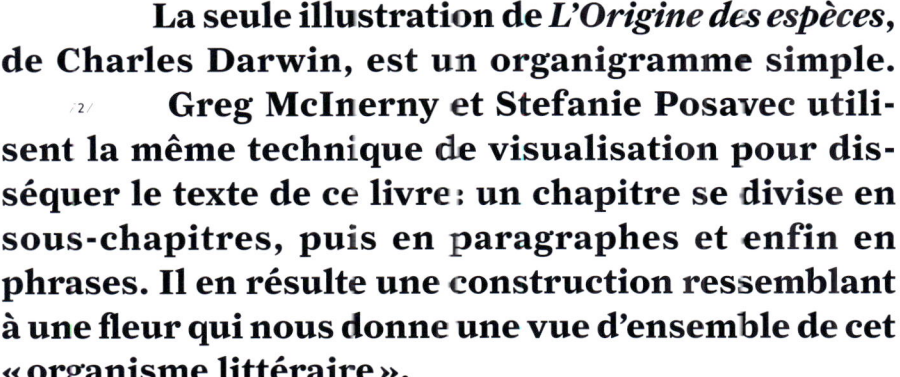

2
(EN)TANGLED WORD BANK:
THE ORIGIN OF SPECIES
Stefanie Posavec
/›P.187/

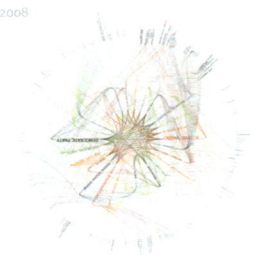

3
THIS WAS 2008
Jer Thorp
/›P.185/

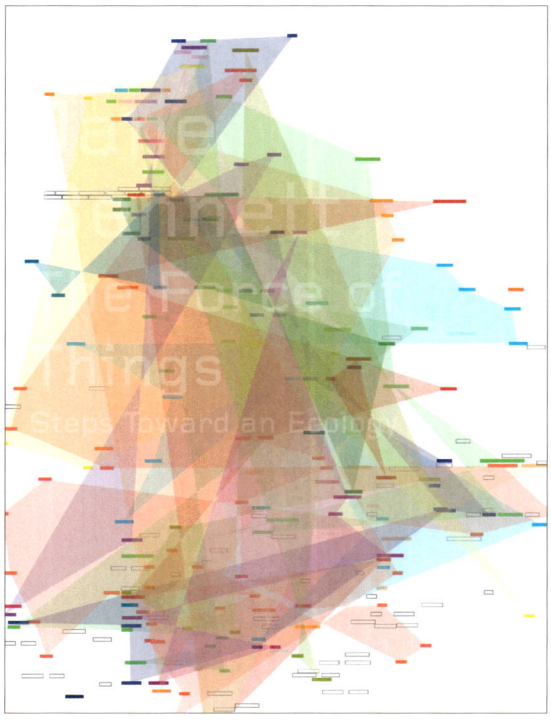

### THE FORCE OF THINGS
#### Ian Dapot

LA FORCE DES CHOSES est une série d'affiches montrant les relations entre les auteurs cités et les idées référencées dans l'essai de Jane Bennett LA FORCE DES CHOSES: POUR UNE ÉCOLOGIE DE LA MATIÈRE.

L'ouvrage de Bennett, un examen audacieux de la vitalité et de l'entêtement d'entités et de forces non humaines, cite un grand nombre de penseurs — de Spinoza à Deleuze — créant des relations inédites et inattendues entre différents courants de pensée. Dans son exploration de ces actes de foi intellectuels, Dapot code et relie les références afin de visualiser le territoire conceptuel qu'elles occupent dans cet essai. « J'ai commencé par créer une version PDF de l'essai de Bennett, avant de placer chaque page sur l'affiche. J'ai surligné le nom de chaque auteur cité et ai relié chaque référence par une ligne et/ou une couleur. J'ai essayé de démarquer le territoire de chaque auteur ou de chaque œuvre pour montrer comment étaient construits le raisonnement et l'argumentation de Bennett. »

L'image qui en résulte est tellement dense qu'elle en ferait presque oublier le sujet de départ. Mais en même temps, l'interprétation de Dapot crée une tension nouvelle et dynamique entre les différentes visions et interprétations — et vient animer le débat sur les choses inanimées.

DATANETS

1
FLOCKING DIPLOMATS 2
Catalogtree

/›P.224/ Ces délinquants nomades n'arrêteront jamais. Protégé par son immunité, le personnel diplomatique du monde entier est connu pour abuser de ses privilèges en cas d'infractions mineures, comme le stationnement interdit. Variation visuelle sur le thème ATTROUPEMENT DE DIPLOMATES, cette image particulière nous montre les suspects les plus (in)habituels et les récidivistes en suivant les pas, ou la trace des voitures, des vingt principaux contrevenants du personnel diplomatique en 1999 et leurs infractions hebdomadaires.

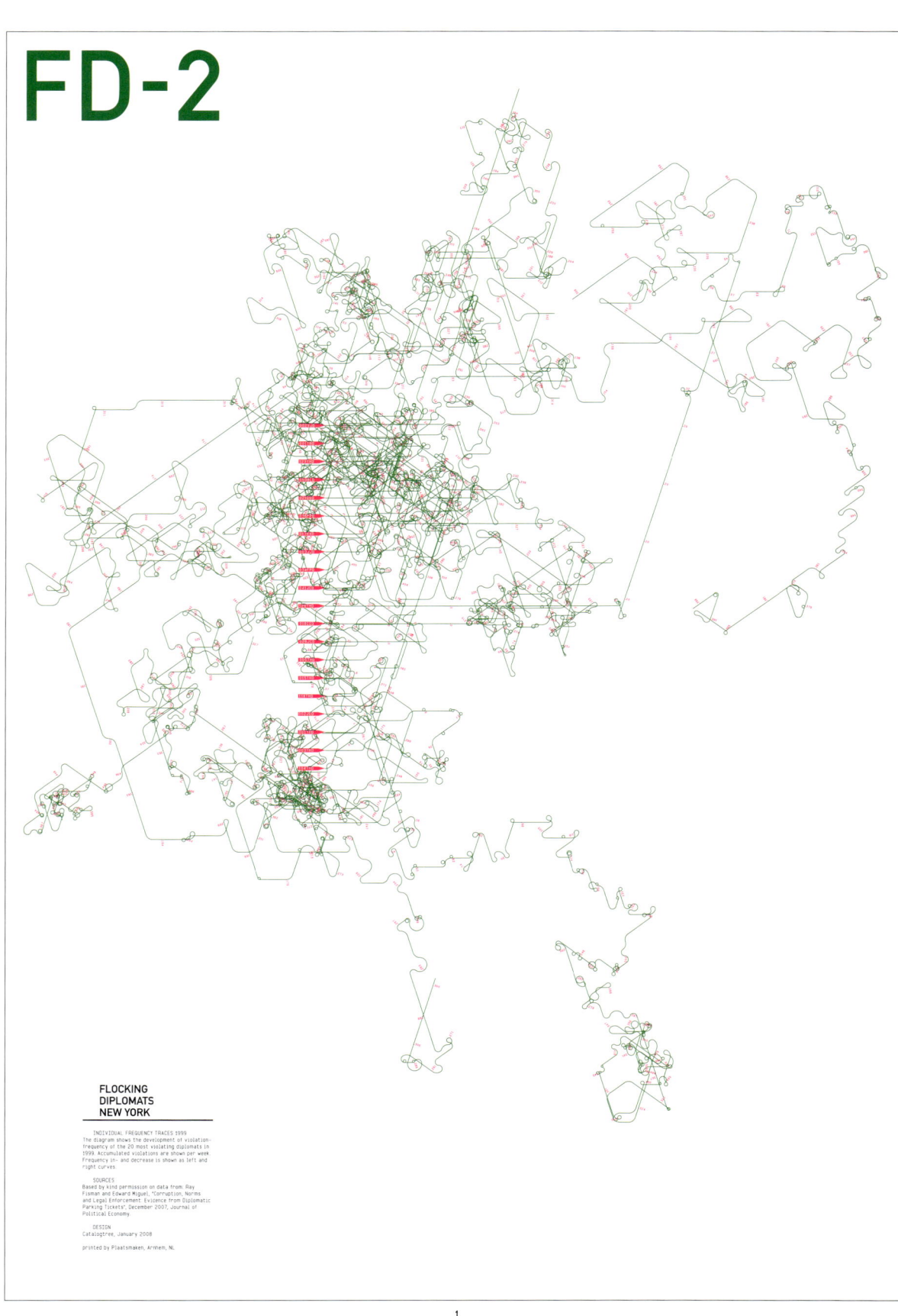

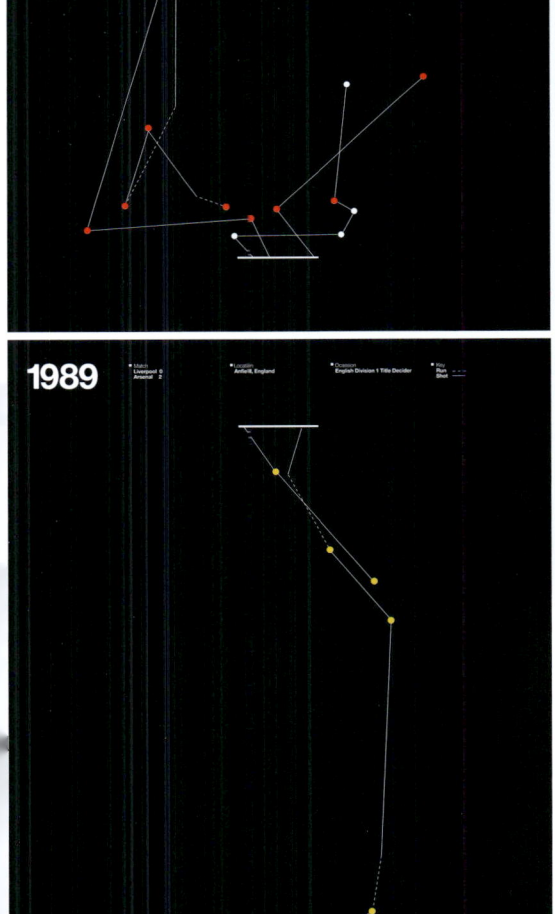

GOALS POSTER — 1966
Adrian Newell
Le football est au centre de l'attention: l'œuvre d'Adrian Newell célèbre les 6 buts du match Angleterre-RFA en finale de la Coupe du monde 1966.

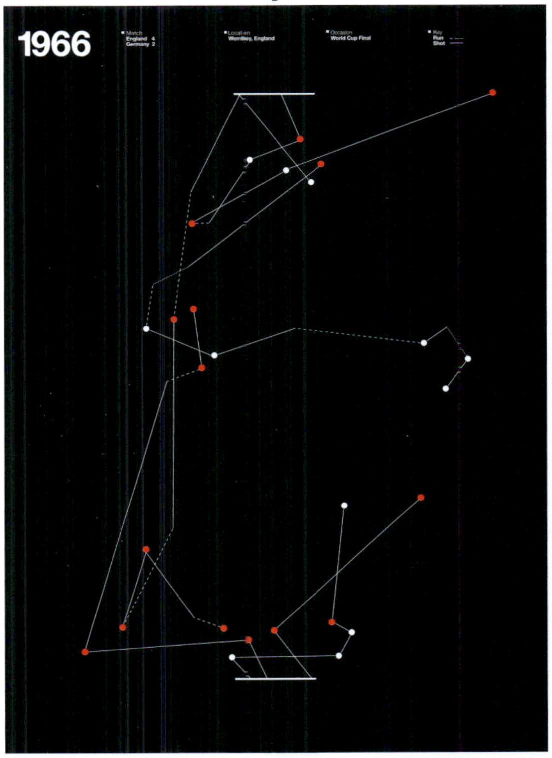

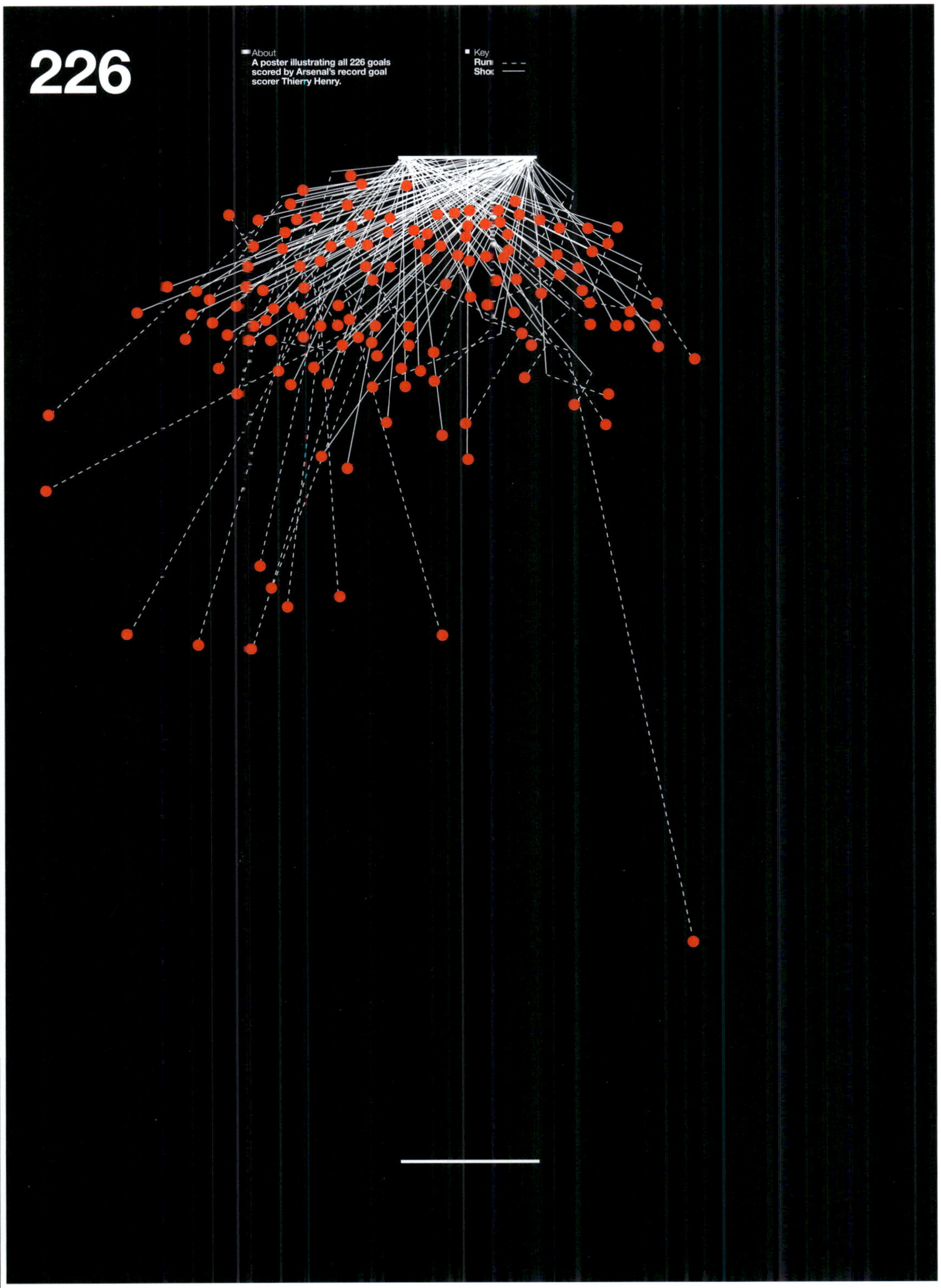

GOALS POSTER — 1989
Adrian Newell
Poster représentant les deux buts marqués à Ansfield lors du match décisif pour la victoire de Premier League en 1989

GOALS POSTER — THIERRY HENRY
Adrian Newell
Un poster des 226 buts marqués par Thierry Henry alors qu'il jouait à Arsenal.

DATANETS

### 1
### UCF APPLY
### Sean Clarke

Prenez un stylo et choisissez votre avenir! Afin d'encourager les jeunes gens qui envisagent de faire des études de design graphique, Sean Clarke les invite à choisir la direction à donner à leurs études. En reliant les verbes aux substantifs, ils créent ainsi de nouvelles voies potentielles.

### 2
### ILLINOIS: VISUALIZING MUSIC
### Jax de León

Le projet de Jax de León ILLINOIS: VISUALISATION DE LA MUSIQUE dresse une carte de cet État américain. Dans cet hommage à Sufjan Stevens, prolifique auteur-compositeur américain — et à son album majeur, « Illinoise » — Leon fait un inventaire méticuleux de tous les lieux mentionnés dans ce chef-d'œuvre de la pop. Dans cet album conceptuel, Stevens intègre une grande quantité de références locales, de titres de chansons (Chicago, Jacksonville) à des mentions fugaces d'étapes moins connues comme Great Godrey Maze ou Nichols Park.

Avec cette recréation rudimentaire de ce voyage musical, visitant chaque endroit dans leur ordre d'apparition, Leon propose une approche alternative à la complexité inhérente à l'album — non en guise de complément, mais d'enrichissement visuel. Après tout, aucune analyse ne saurait remplacer l'immédiateté émotionnelle de la musique ou les réactions viscérales qu'elle provoque.

### 3
### LIST OF SOMETHING
### Jin Jung

Jin Jung tisse une toile de mots sur un mur: mélangeant des extraits de textes poétiques, ce designer en communication a décidé d'évaluer par des moyens visuels la réaction du public à son œuvre. Dans cet esprit, il a demandé à des amis proches de choisir leurs mots et expressions favoris et de les placer en tête de liste. La seconde phase du projet, l'exposition, propose ces expressions au débat et invite les visiteurs à faire leurs propres connexions. Chaque expression a sa propre punaise et peut être reliée à des énoncés apparentés par un fil rouge — au sens propre comme au sens figuré. La LISTE DE QUELQUE CHOSE qui en résulte raconte une nouvelle histoire, qui rapproche l'auteur et son public.

1

2

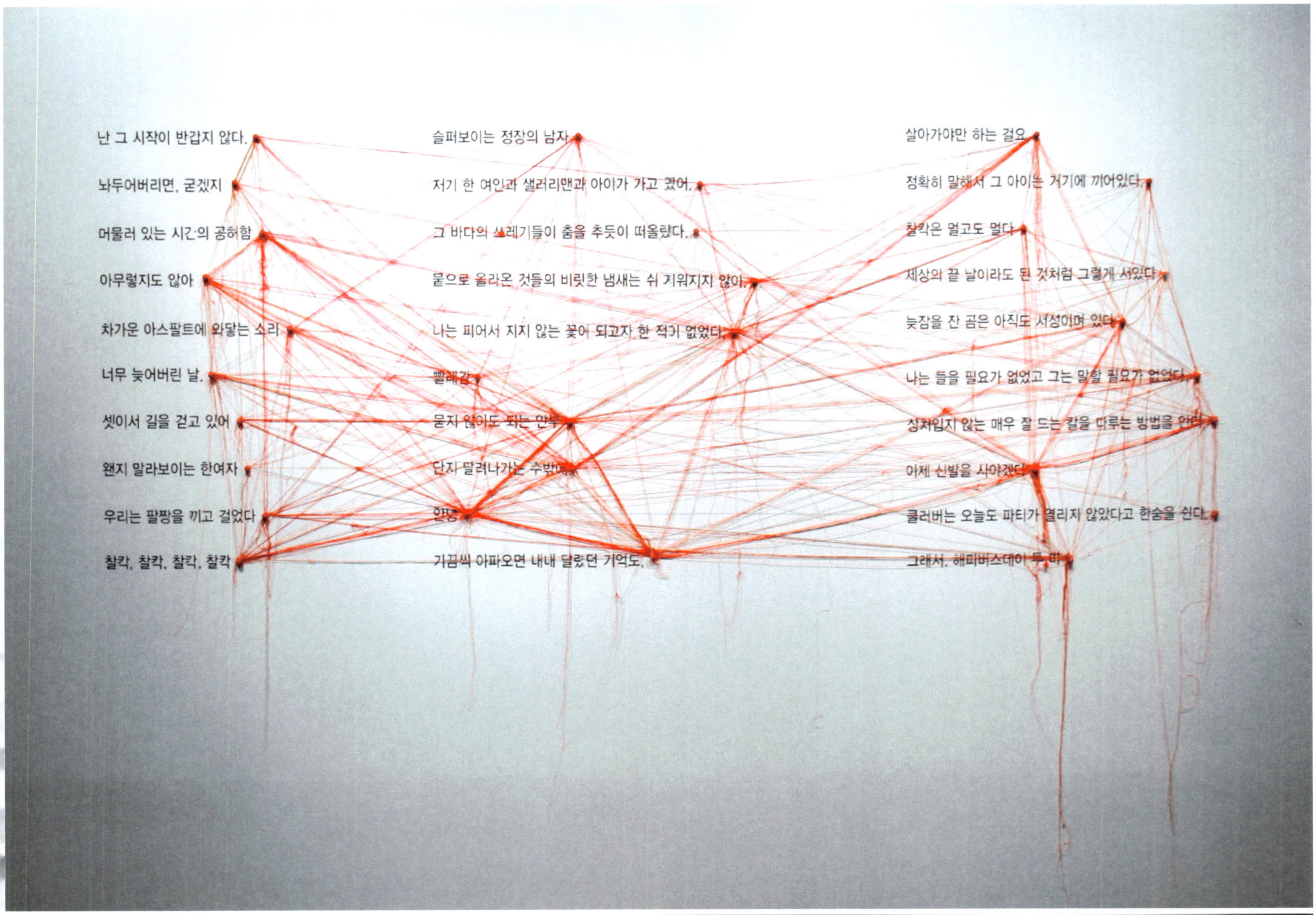

DATANETS

**1**
**TEMPLATE 2.0**
**WEALTH VERSUS HAPPINESS GRAPHITI**
**TOKO**
/L'exposition Template 2.0 fait partie de l'ISEA — International Symposium on Electronic Art/

**2**
**DRM**
**DensityDesign**
La Carte de la Recherche en Design (DRM) est une initiative dont le but est de constituer des archives visuelles de la recherche en design en Italie, grâce à des infographiques annotés et des cartes répertoriées interprétatives et comparatives. /Direction de création: Donato Ricci/Infographie: Daniele Guido, Luca Masud, Mauro Napoli, Donato Ricci, Gaia Scagnetti/Politecnico di Milano, Dipartimento Indaco, Agenzia SDI/Le livre DRM est édité par Paola Bertola et Stefano Maffei/

1

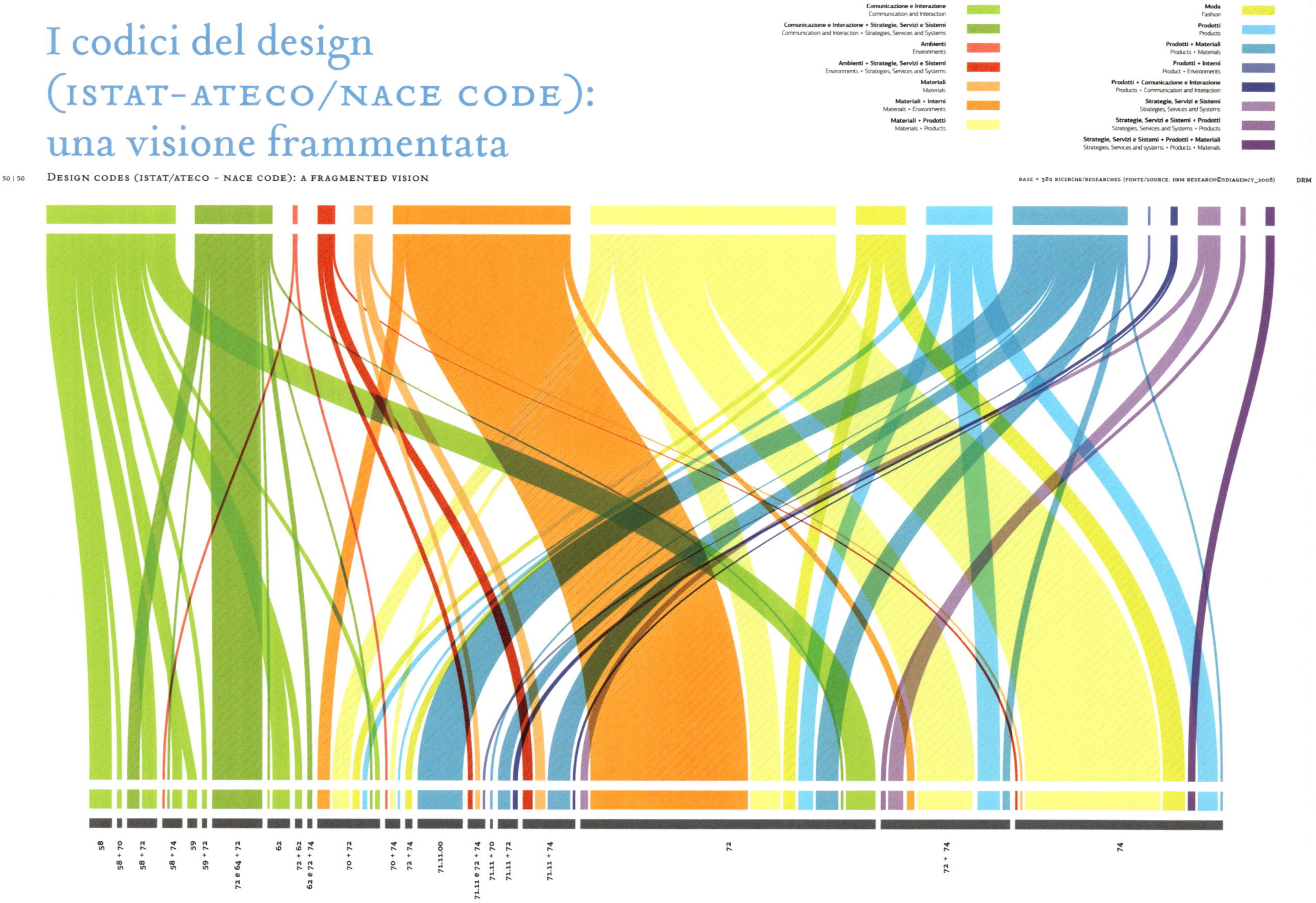

I codici del design
(istat-ateco/nace code):
una visione frammentata

Design codes (istat/ateco - nace code): a fragmented vision

2

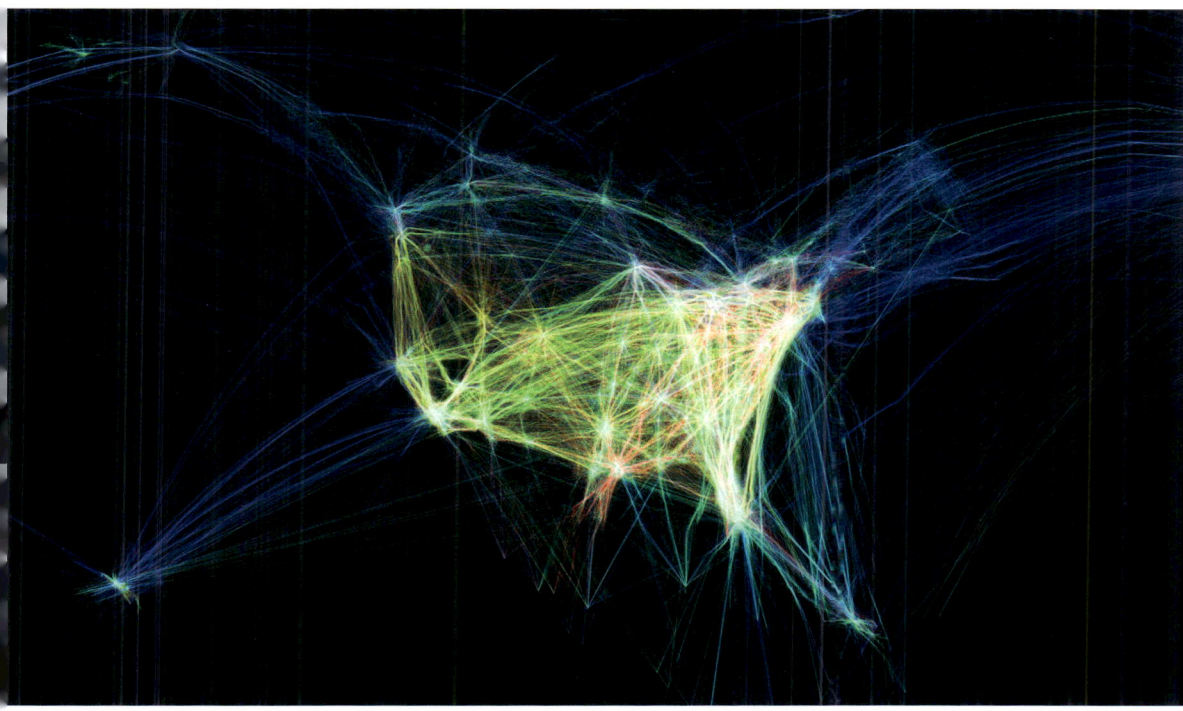

### FLIGHT PATTERNS
#### Aaron Koblin

Comme c'est le cas pour la plupart des produits de l'ingéniosité humaine — et pour l'humanité elle-même — il existe des avions de toutes tailles et de toutes formes. Dans cette version particulière du jeu consistant à relier les points d'un dessin, Aaron Koblin trace des traînées de lumière au-dessus de l'Amérique du Nord et au-delà, vers les autres territoires des États-Unis, et rend compte de l'intensité du trafic aérien au-dessus du continent, codée par marques et modèles d'avions.
Faisant à l'origine partie d'une série d'expériences sur les « mécaniques célestes » entreprise avec Gabriel Dunne et Scott Hessels à l'UCLA, SCHÉMAS DE VOL examine les nouvelles tendances de voyage en intégrant les données de l'Administration fédérale de l'aviation (FAA) dans l'environnement de programmation destiné à leur traitement.

### BARCODE PLANTAGE
#### Daniel Becker

Dans la « ferme du code-barres » de Daniel Becker, ce modeste identifiant de produit en deux dimensions devient un arbre unique dans le jardin de la mondialisation.

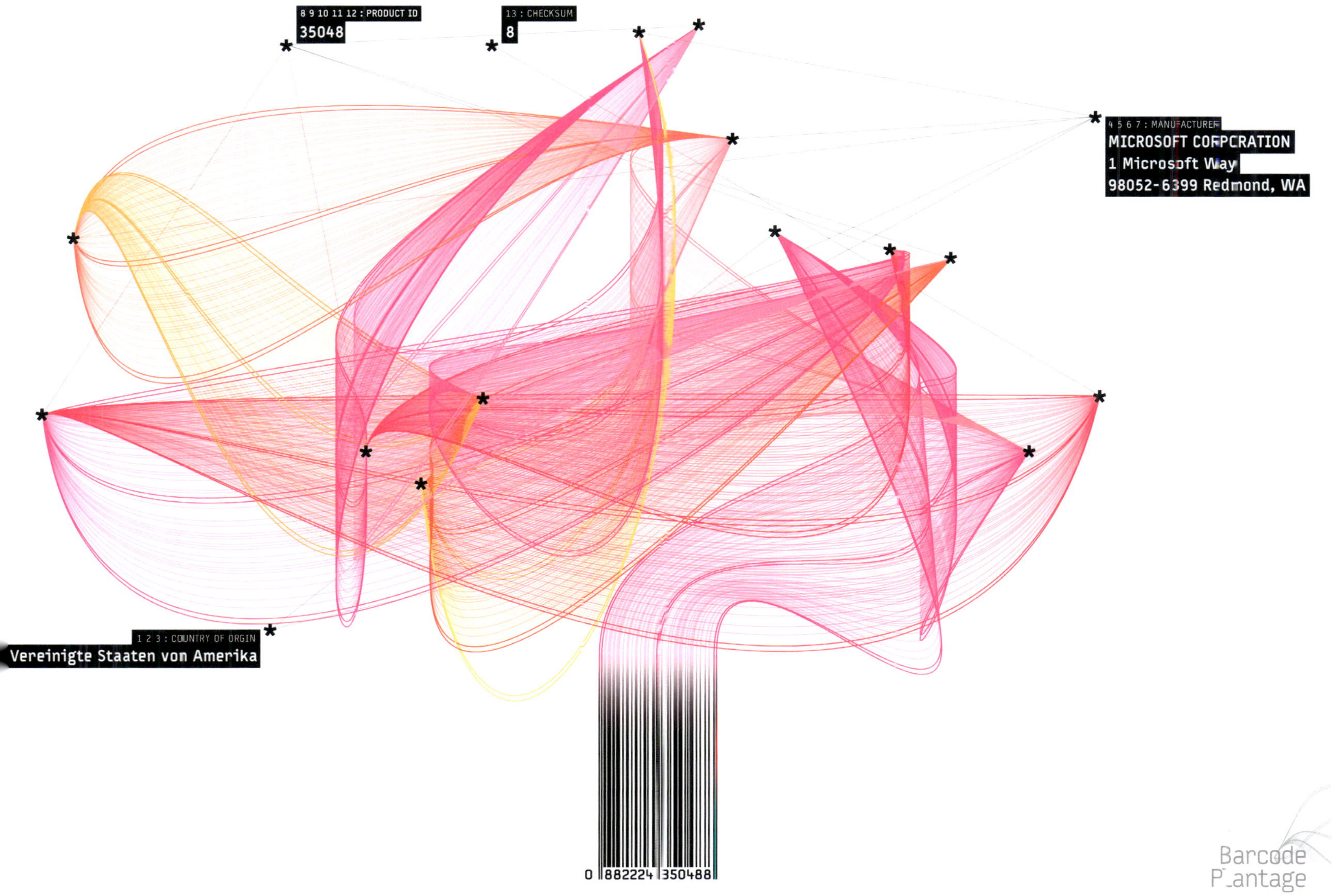

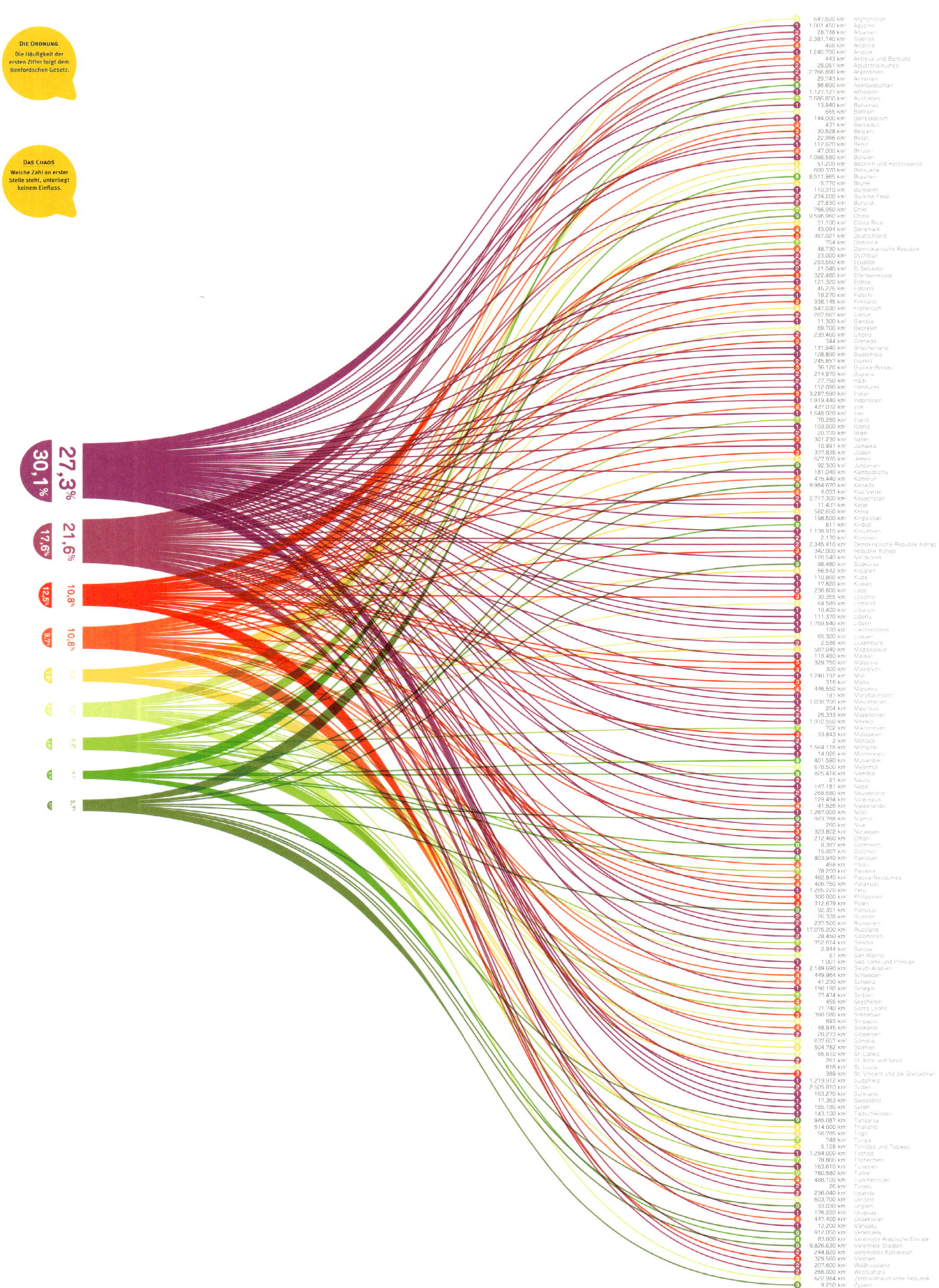

## DAS BENFORDSCHE GESETZ

**B**estimmte Datensätze, deren Werte nicht durch bewusste Manipulation bestimmt wurden, wie beispielsweise die Flächengrößen der Länder der Erde, haben eine interessante Eigenschaft. Betrachtet man nur die erste Ziffer der Flächengrößen, stellt man fest, dass die Häufigkeiten der Ziffern von 1 bis 9 in einem Verhältnis zueinander stehen, die auch bei völlig anderen Datensätzen wie beispielsweise DAX-Werten anzutreffen ist. Dieses Phänomen wird das „Benfordsche Gesetz", bzw. das „Gesetz der ersten Ziffer" genannt. Obwohl die Daten im einzelnen nicht bewusst beeinflusst wurden, unterliegen sie dennoch dieser Regelmäßigkeit. Sind sie hingegen manipuliert worden, kann man dies anhand des Gesetzes in einem gewissen Rahmen erkennen.

Alphabetisch sind hier alle Länder der Erde mit ihren Flächengrößen aufgelistet. Von diesen wird dabei nur die erste Ziffer berücksichtigt. Diese Ziffern sind mit Linien verbunden, die zu ihren Gruppen laufen. Die Gruppen wachsen mit der Anzahl ihrer Ziffern. Darüber hinaus wird der prozentuale Anteil einer Ziffer an der Gesamtmenge der Ziffern gezeigt. Daneben stehen in den Halbkreisen die erwarteten prozentualen Anteile nach dem Benfordschen Gesetz. Man sieht, wie gut dieses Gesetz schon bei diesem relativ kleinen Datensatz zum Tragen kommt.

## RANDOM WALK
### DIE VISUALISIERUNG DES ZUFALLS

RANDOM WALK
THE VISUALIZATION OF RANDOMNESS
Daniel Becker

SPAMGHETTO
JUNK-MAIL WALLCOVERING
ToDo

Tous les jours, nos boîtes mail sont inondées de propositions non sollicitées, qui ennuient les uns et divertissent les autres. ToDo a décidé qu'il était grand temps d'arrêter de faire disparaître ces rebuts métaphoriques sous le tapis et de les recycler pour le bien commun. Faisant du vice (prospectif) une vertu — ou transformant des défauts en richesses — le papier peint GHETTO DU SPAM donne une seconde chance et un nouveau souffle à ces missives discutables; lorsqu'un logiciel génératif transforme les plaisirs coupables d'une littérature gâteuse et d'étranges sollicitations en branches fécondes de jolies feuilles, il en résulte un cours édifiant sur le faux Art Nouveau et les ornements victoriens. Découpés en minces filets de mots et soumis aux contraintes de ce GHETTO DU SPAM apprivoisé, même les messages commerciaux agressifs ou les boniments publicitaires deviennent des objets de toute beauté.

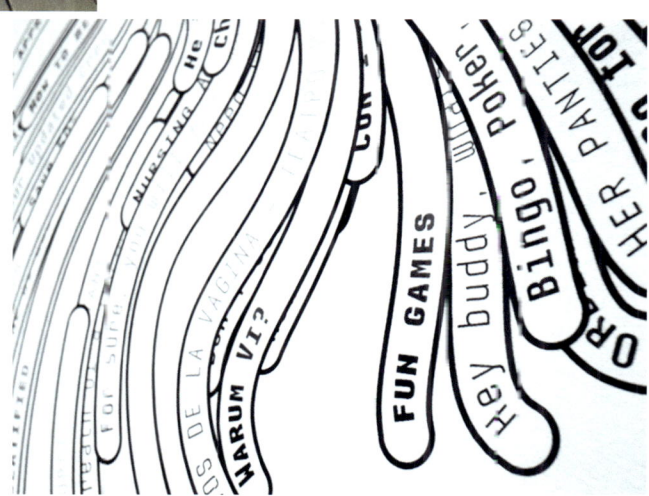

DATANETS

### 1
### MURMUR STUDY
### Christopher P. Baker

L'ÉTUDE DES MURMURES de Christopher P. Baker se penche sur l'essor des technologies de micro-messagerie comme TWITTER ou les mises à jour de statut sur FACEBOOK — la « conversation numérique mondaine » d'aujourd'hui. Mais contrairement aux paroles échangées devant la machine à café, ces pensées fugaces sont compilées, archivées et classées par des entreprises. Tandis que l'avenir de ces archives est encore incertain, le simple volume de ces données accessibles au public — et souvent chargées d'émotions — devrait nous donner à réfléchir. Qu'il s'agisse de messages de colère, d'explosions spontanées de joie ou de simples pensées insignifiantes écrites pour passer le temps, ces débordements éphémères et à sens unique vont rester — et pourraient revenir nous hanter. L'installation de Baker est composée de trente imprimantes thermiques connectées en permanence à TWITTER à la recherche de messages contenant des variantes d'énoncés émotionnels communs, comme argh, pffft, grrrr, ooooh, beurk et bof. Ces éructations forment d'infinies bandes de papier imprimé qui s'accumulent en autant de piles sur le sol, vouées à l'oubli et à la poubelle ou — dans ce cas — recyclées pour d'autres projets. / 2009 / Messages de Twitter reçus en temps réel et imprimantes thermiques contrôlées par matériel et logiciels customisés / Participation au projet: Márton András Juhász / Photo: Márton András Juhász /

### 2
### RELATIONSHIP MATTERS.
### A SOCIOGRAM INVESTIGATION
### Valentina D'Efilippo

2

1

**PAGE SUIVANTE (GAUCHE)**
**INNOVATE, PARTICIPATE! POSTER**
**LUST**
Ne vous inquiétez pas: il ne s'agit pas du gros plan d'une reproduction de l'Étoile de la mort, mais d'une représentation visuelle des recherches approfondies du Conseil culturel en matière d'arts, de culture et de médias.
 Pour illustrer un de ses rapports, une affiche met en valeur les différents liens entre les sujets couverts et les départements. Le résultat est une surface de texte et de texture prodigieusement dense, multidimensionnelle, aux extrémités floues — et ainsi un témoignage impressionnant de l'ampleur, de la profondeur et de l'interdisciplinarité du travail du Conseil culturel dans les domaines des arts, des médias et de la communication.

**PAGE SUIVANTE (DROITE)**
**JERRY GARCIA**
Marian Bantjes
Débauche de couleurs et d'imagination, cette «généalogie» musicale de Jerry Garcia, membre fondateur du groupe hippie culte Grateful Dead, ajoute une touche psychédélique à la visualisation des influences, des contemporains et des disciples immédiats du très productif leader du groupe. Imprégné de l'esthétique et des couleurs dominantes de l'époque, cet arbre généalogique non conventionnel donne une place importante à ceux qui ont inspiré le guitariste — dans sa musique ou sa vie en général — ainsi qu'à ceux qui ont profité de son prolifique génie./Directeur artistique: Phil Bicker.

raad voor cultuur
raad voor cultuur
raad voor cultuur

agenderende
thema's

## Innoveren, participeren!

Advies
Agenda Cultuurbeleid en
Culturele Basisinfrastructuur

Maart 2007

**e-cultuur**

Democratisch en cultureel burgerschap staat of valt met goed geïnformeerde burgers, en in het verlengde daarvan met instellingen die onbelemmerd en bemiddelend toegang bieden tot bronnen van cultuur en informatie. Dat betekent dat ook alles wat in een gedigitaliseerde omgeving met publieke middelen tot stand komt, in de breedst mogelijke zin beschikbaar en toegankelijk moet zijn en blijven.

**cultuur-verdracht**

Het aanwakkeren van culturele interesse en activiteiten is dan ook niet gebaseerd op de traditionele verheffingsgedachte, maar op een maatschappelijke noodzaak. In een steeds ingewikkeldere samenleving groeit de behoefte aan betekenisgeving en verdieping. En ook de behoefte aan schoonheid, fun en verstrooiing. Kunst, erfgoed en de media spelen daarbij een vooraanstaande rol.

**talent-ontwikkeling**

De krachtigste bron voor de kwaliteit van de kunst- en cultuurbeoefening in Nederland en voor de toekomst van de verschillende disciplines is talent en de manier waarop dat wordt gekoesterd en geslepen tot goede kunstenaars en interessante cultuurdragers, die ook buiten de grenzen worden gewaardeerd. Zeker in de wereld van kunst, erfgoed en media is het niet de bedoeling een leven lang veelbelovend te blijven.

**innovatie**

Een nieuw innovatieprogramma moet door verschillende ministeries, andere overheden en uiteraard ook het bedrijfsleven worden gefinancierd. Het programma is niet bedoeld voor individuele instellingen. Alleen consortia van samenwerkende partijen, waaronder onderwijsinstellingen, culturele en wetenschappelijke instellingen, alsmede het bedrijfsleven en wellicht ook overheden kunnen er gezamenlijk op inschrijven.

**continuïteit**

In alles wat we vandaag doen, klinkt gisteren door. In vrijwel alle onderdelen van de cultuur is sprake van een continu proces in de tijd. Er zijn geen schotten die eerder in aanmerking komen om onder invloed van, en tegelijk met gebruikmaking van, de nieuwste technologieën te verdwijnen, dan die tussen verleden, heden en toekomst van de cultuur.

**instrumenten**

Juist in de cultuursector is in de loop van de tijd een goede betrokkenheid-op-afstand ontstaan – niet in de laatste plaats door een rijksoverheid die zich verantwoordelijk voelde voor vaak kwetsbare kunst- en cultuurinstellingen en tegelijkertijd besefte dat inhoudelijke bemoeienis uit den boze was. Die betrokkenheid mag door een stelselgeoriënteerd beleid niet verloren gaan.

sectoren

amateurkunst en cultuureducatie
archieven
architectuur, stedenbouw, monumenten, archeologie, landschap
beeldende kunst
bibliotheken
film
intercultureel cultuurbeleid
internationaal cultuurbeleid
letteren
media
musea
dans
muziek en muziektheater
theater

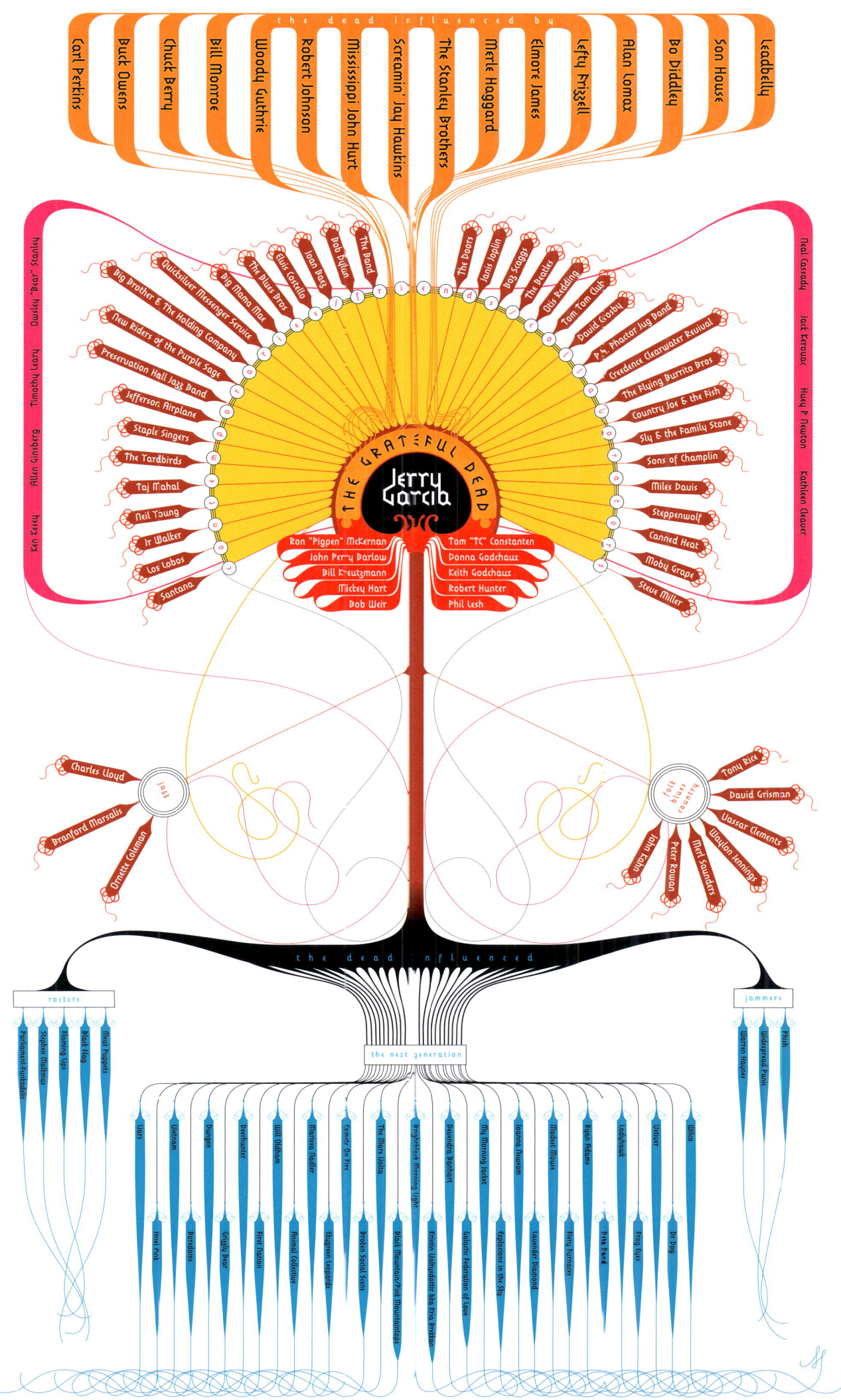

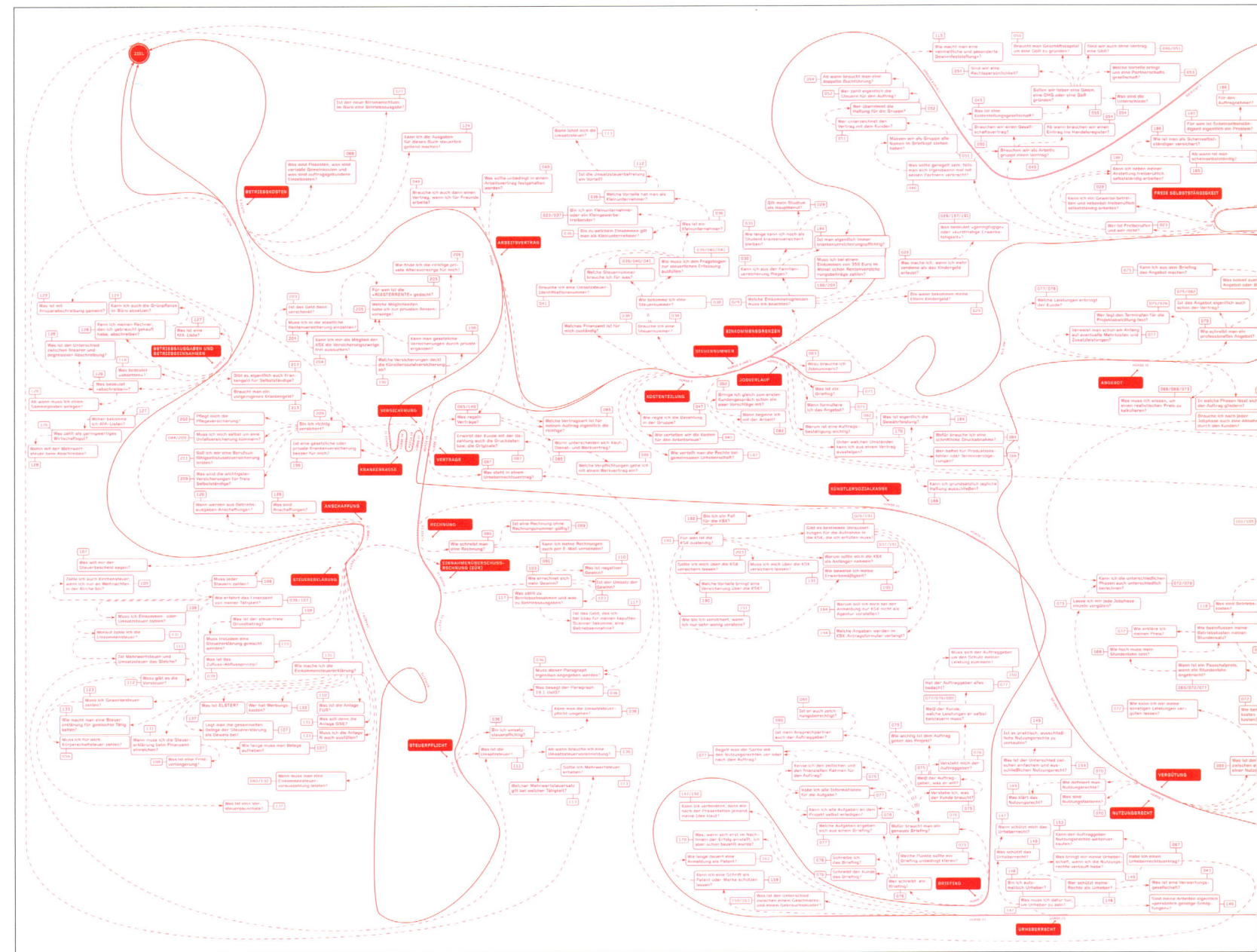

**PARCOURS**
Katrin Schacke

Le GUIDE DU TRAVAIL INDÉPENDANT de Katrin Schacke — un guide pratique pour artistes et designers en herbe — donne un coup de main à ces jeunes gens plein de talent et d'espoir dans le monde difficile du travail indépendant. Composé d'une affiche et d'un livre, il traite de questions allant des pratiques professionnelles aux impôts. Poussant le classique organigramme à des extrémités organiques — et illustrant ainsi les ramifications et l'absence de hiérarchie caractéristiques de ce monde — l'affiche se concentre en particulier sur les barrières à franchir avant d'y entrer, les obstacles actuels à surmonter, décompose leurs caractéristiques individuelles. Formulé comme une série de questions, il fournit une liste récapitulative fort pratique pour être un « freelance au top », que ce soit sur les assurances pour artistes à coûts réduits ou les contrats, le partage des coûts ou le copyright.

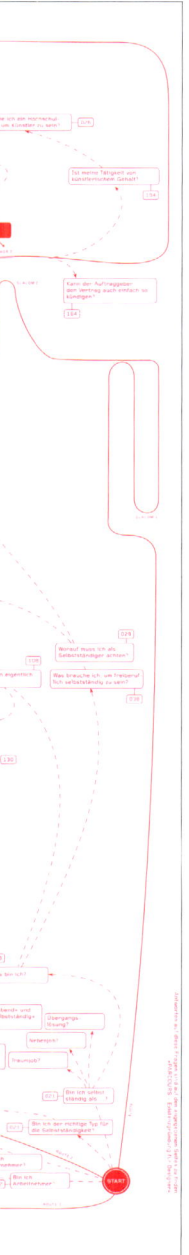
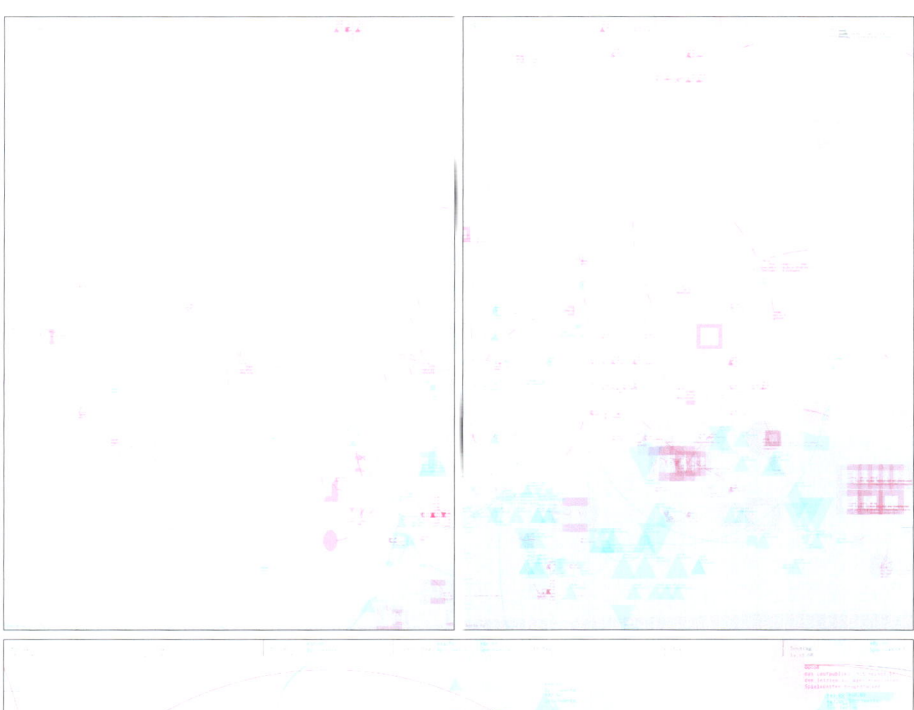

2
HOW WE ONCE BECAME ALMOST
RICH AND FAMOUS
Yvonne Feller et Florian Flechsig

Le travail de fin d'études d'Yvonne Feller et Florian Flechsig explore une vie au subjonctif, où l'on prend ses désirs pour des réalités — ainsi que les moyens qui pourraient nous aider à réaliser ces désirs. COMMENT NOUS AVONS FAILLI DEVENIR RICHES ET CÉLÈBRES nous montre les visées ambitieuses de ces deux étudiants. Leur but: devenir millionnaires en six mois et faire de cette tâche une compétition bienveillante — et bien documentée.    Suivant la maxime «chaque euro compte», ils ont développé une série de stratégies pour gagner de l'argent, de la récupération de quelques cents ici et là grâce aux consignes de bouteilles à des ventes sur EBAY, à des paris risqués et à la participation à des sondages rémunérés. Dans le cadre d'une expérience de CROWDSOURCING social, ils ont également sollicité les dons et les idées du public par le biais d'un blog et d'un site Internet dédiés au projet.    La documentation visuelle de leur expérience financière comprend un compte-rendu (avec l'exposé de leur entreprise, des schémas visant à gagner de l'argent et une sélection de réactions de leurs lecteurs et de la presse), des rapports hebdomadaires comprenant une liste détaillée de toutes les actions en rapport avec leur projet — courriers électroniques, articles sur leur blog, commentaires et revenus ainsi qu'une scène expérimentale, en forme de cube, pour les autres formats d'informations présentées, comme les nombreux yeux, les remarques encourageantes ou les commentaires pessimistes de leurs détracteurs.

STANLEY
THE OPEN QUESTION MAGAZINE
Katrin Schacke

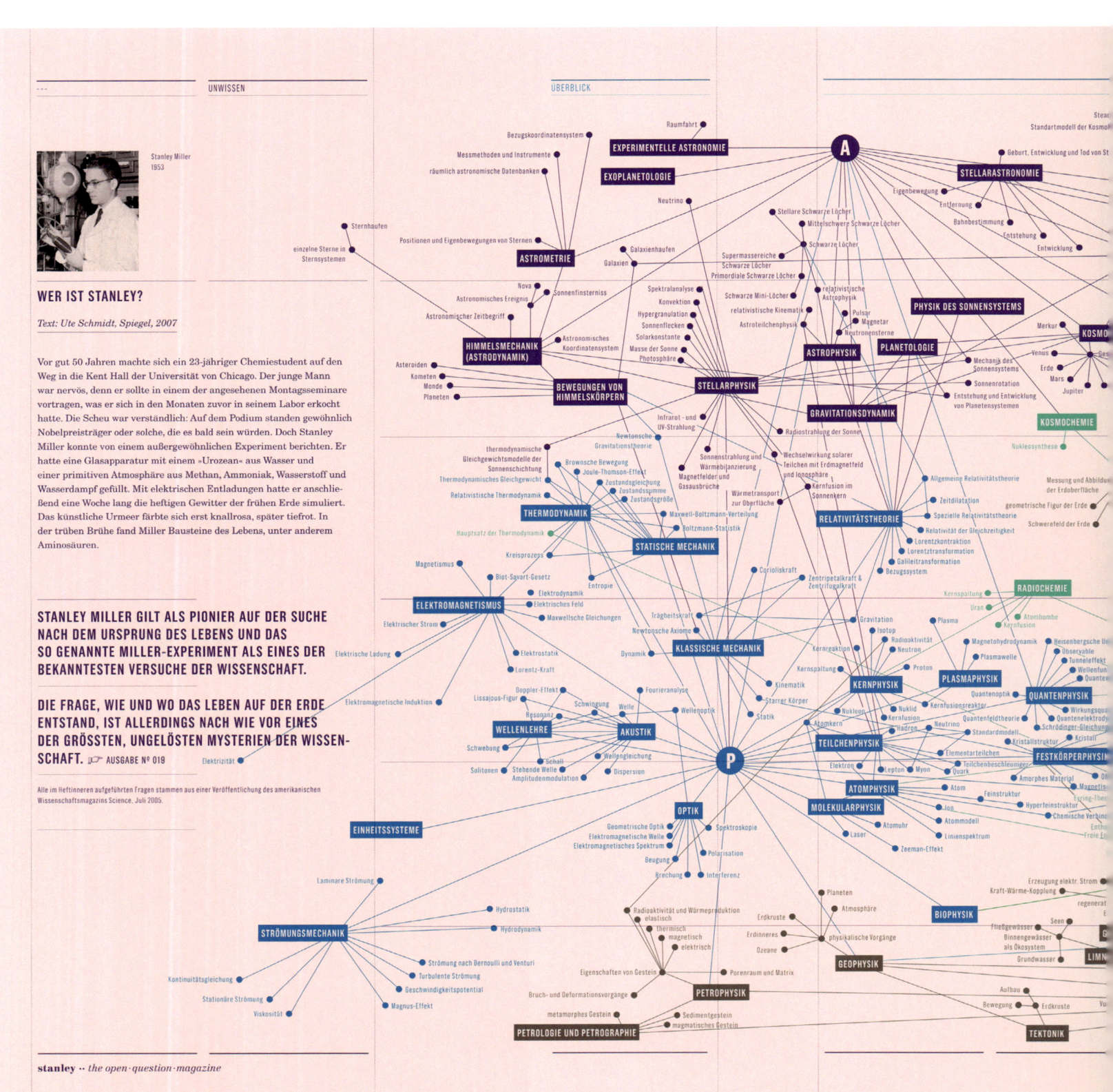

Stanley Miller 1953

## WER IST STANLEY?

*Text: Ute Schmidt, Spiegel, 2007*

Vor gut 50 Jahren machte sich ein 23-jähriger Chemiestudent auf den Weg in die Kent Hall der Universität von Chicago. Der junge Mann war nervös, denn er sollte in einem der angesehenen Montagsseminare vortragen, was er sich in den Monaten zuvor in seinem Labor erkocht hatte. Die Scheu war verständlich: Auf dem Podium standen gewöhnlich Nobelpreisträger oder solche, die es bald sein würden. Doch Stanley Miller konnte von einem außergewöhnlichen Experiment berichten. Er hatte eine Glasapparatur mit einem »Urozean« aus Wasser und einer primitiven Atmosphäre aus Methan, Ammoniak, Wasserstoff und Wasserdampf gefüllt. Mit elektrischen Entladungen hatte er anschließend eine Woche lang die heftigen Gewitter der frühen Erde simuliert. Das künstliche Urmeer färbte sich erst knallrosa, später tiefrot. In der trüben Brühe fand Miller Bausteine des Lebens, unter anderem Aminosäuren.

**STANLEY MILLER GILT ALS PIONIER AUF DER SUCHE NACH DEM URSPRUNG DES LEBENS UND DAS SO GENANNTE MILLER-EXPERIMENT ALS EINES DER BEKANNTESTEN VERSUCHE DER WISSENSCHAFT.**

**DIE FRAGE, WIE UND WO DAS LEBEN AUF DER ERDE ENTSTAND, IST ALLERDINGS NACH WIE VOR EINES DER GRÖSSTEN, UNGELÖSTEN MYSTERIEN DER WISSENSCHAFT.** ☞ AUSGABE N° 019

Alle im Heftinneren aufgeführten Fragen stammen aus einer Veröffentlichung des amerikanischen Wissenschaftsmagazins Science, Juli 2005.

stanley ·· the·open·question·magazine

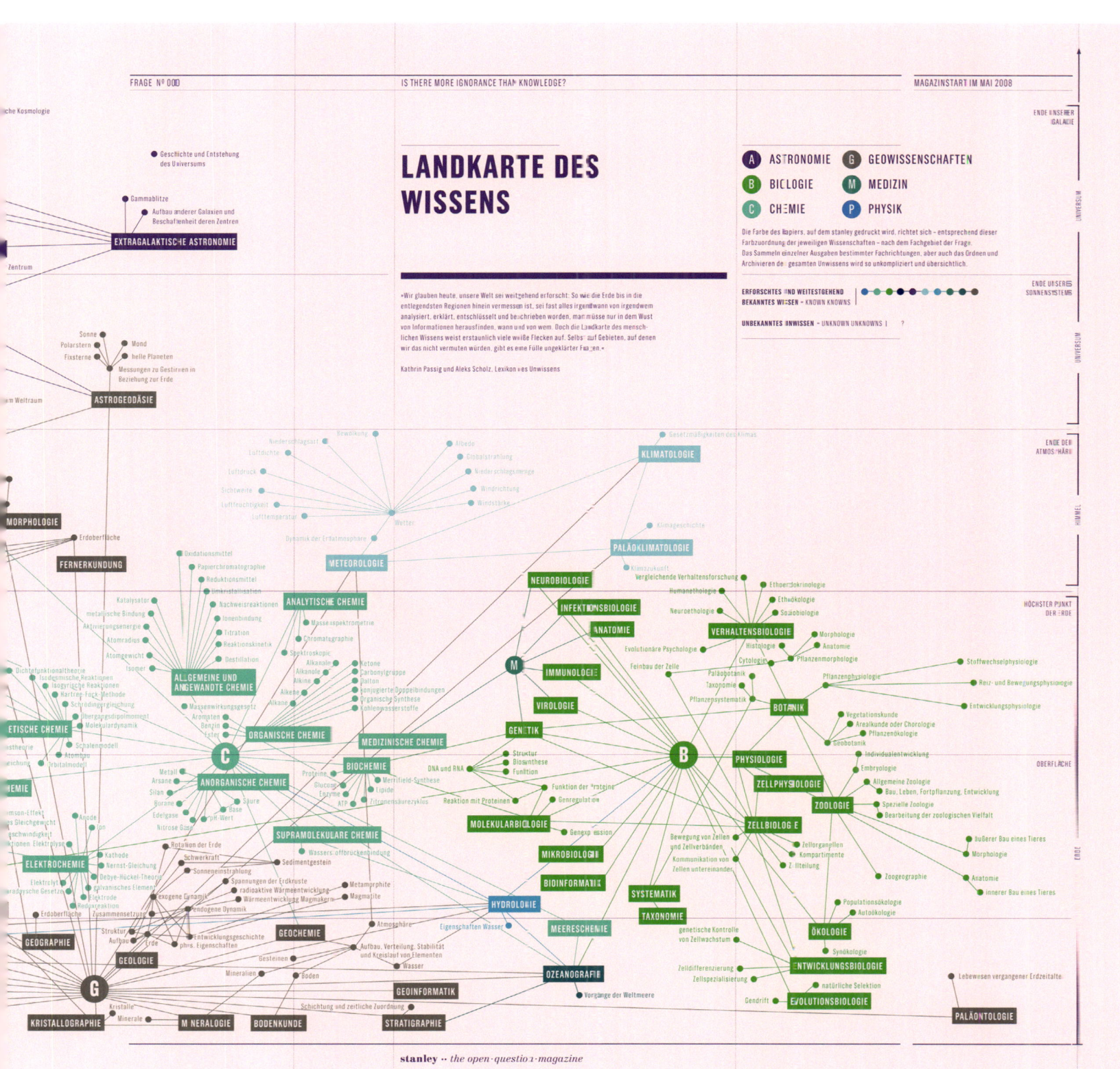

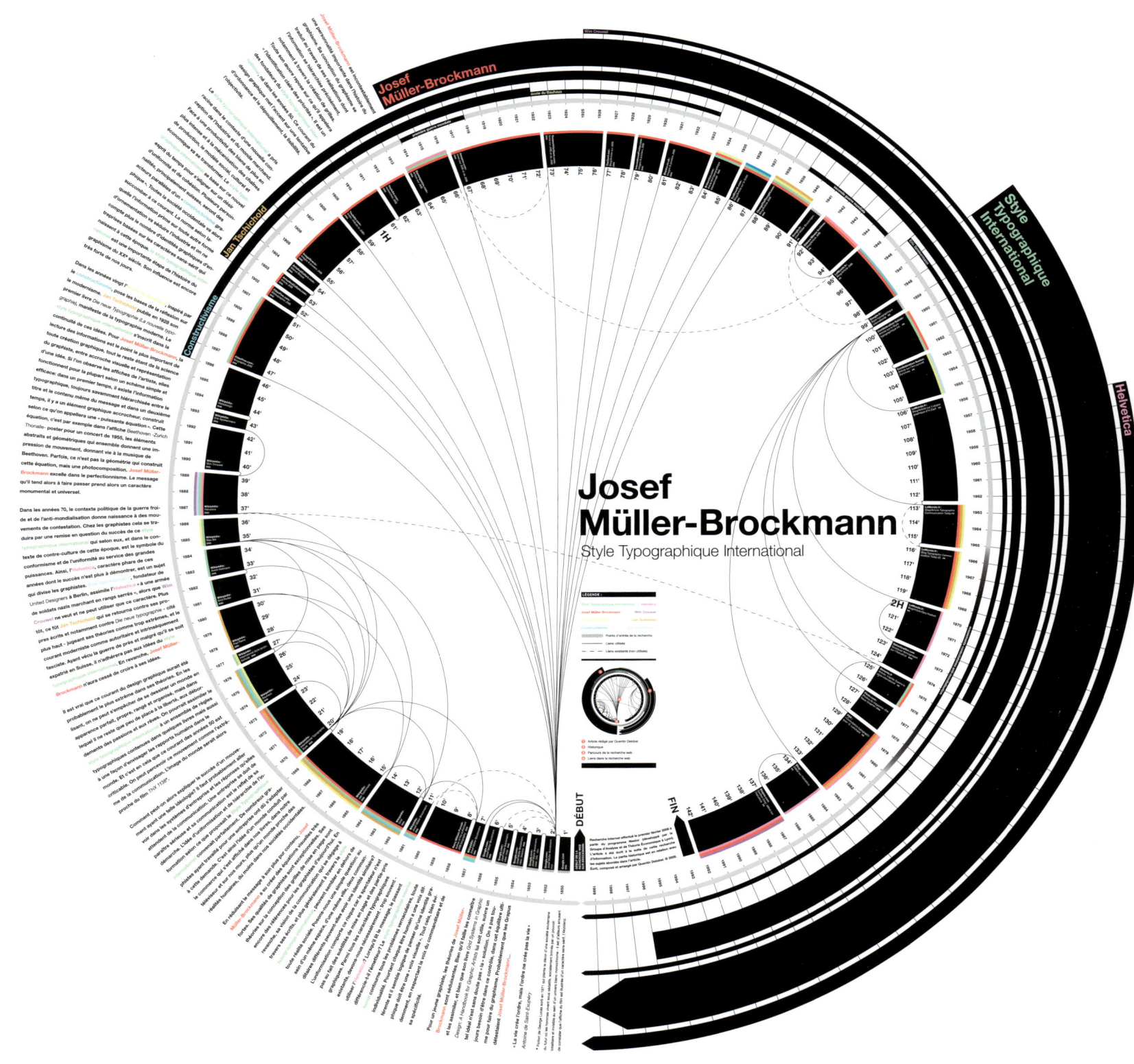

## 2008

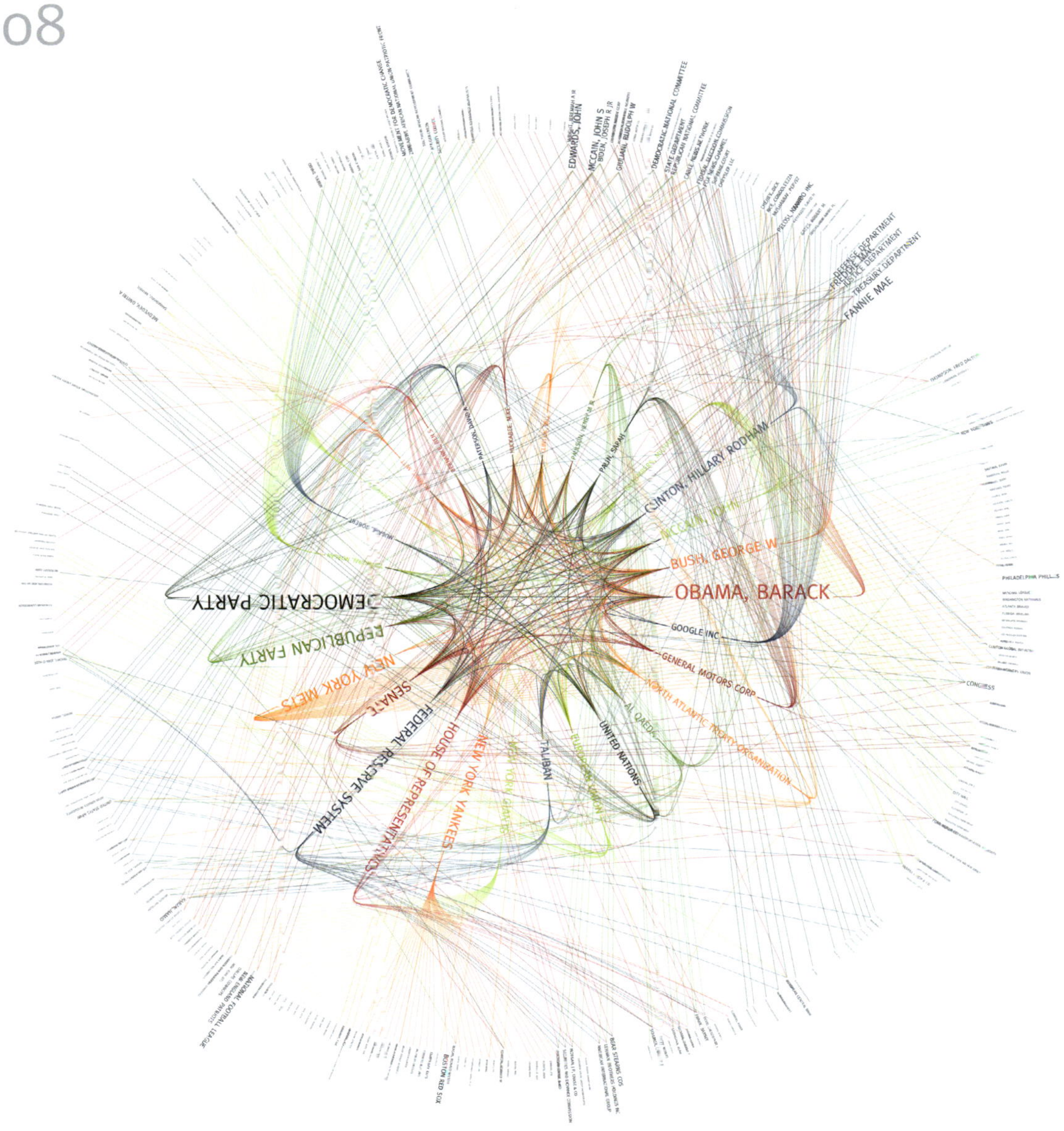

## 1984

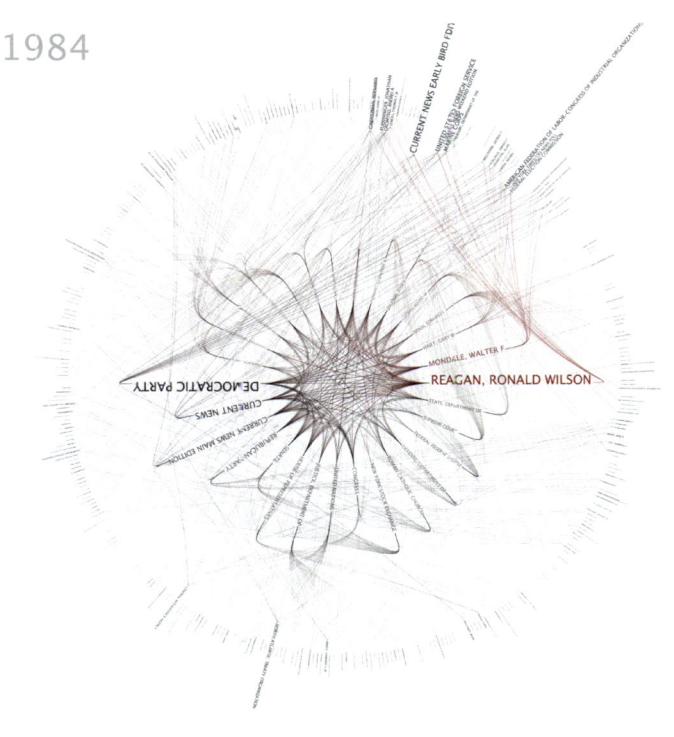

1
JOSEF MÜLLER-BROCKMANN &
THE INTERNATIONAL TYPOGRAPHIC STYLE
Quentin Delobel
Josef Müller-Brockmann designer graphique suisse, est connu pour ses designs simples et son usage élégant de la typographie. Basé sur des recherches sur Internet, ce diagramme étudie trois facteurs-clefs: le processus de recherche une biographie de Müller-Brockmann et les réflexions suscitées par les informations trouvées.

2
THIS WAS 1984
3
THIS WAS 2008
Jer Thorp
Étude comparative des organisations et des personnalités les plus importantes de 1984 et 2008 en fonction de leurs mentions dans les articles du NEW YORK TIMES au cours de ces deux années. Des lignes permettent de visualiser les relations entre les personnes et les organisations mentionnées

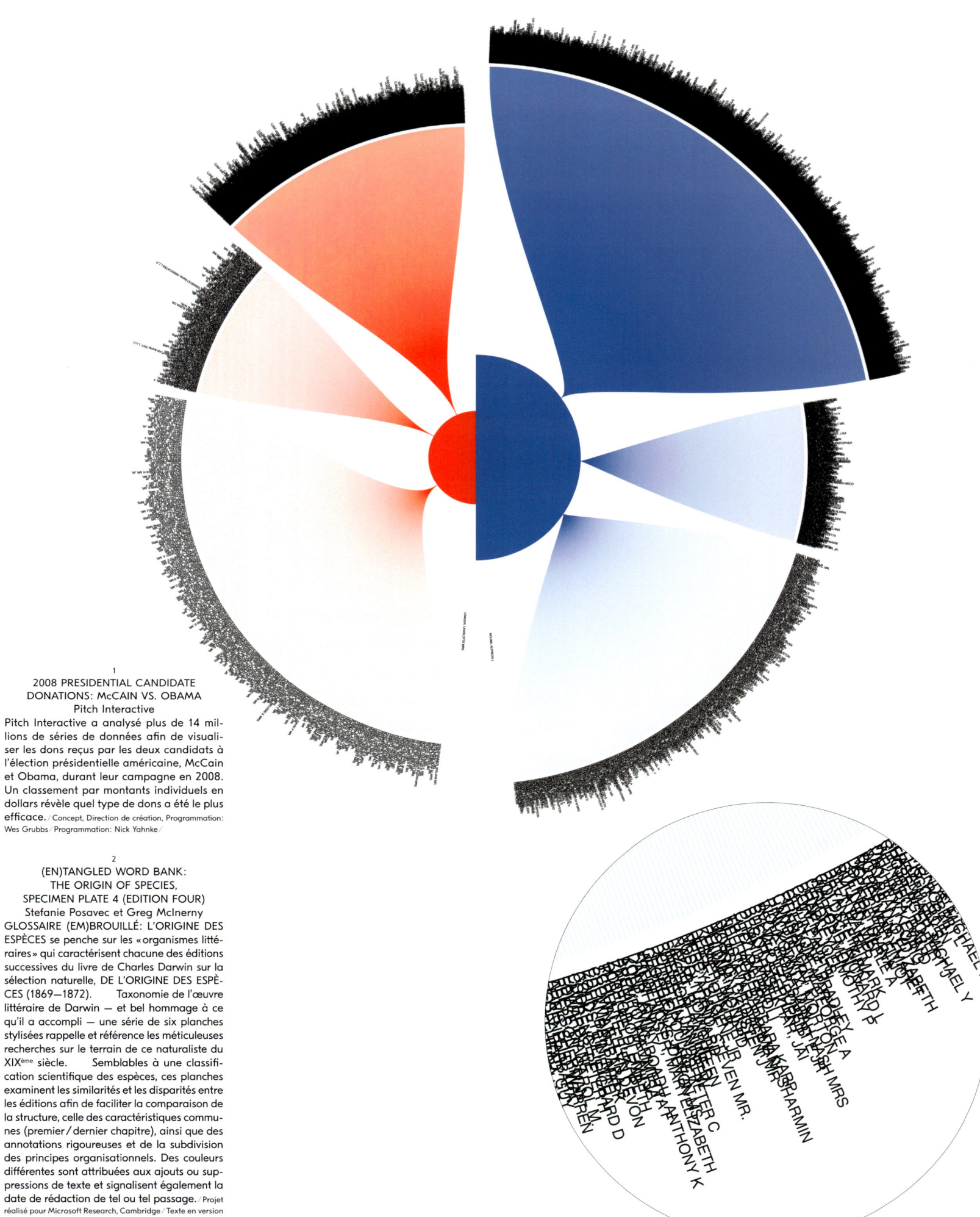

1
2008 PRESIDENTIAL CANDIDATE
DONATIONS: McCAIN VS. OBAMA
Pitch Interactive

Pitch Interactive a analysé plus de 14 millions de séries de données afin de visualiser les dons reçus par les deux candidats à l'élection présidentielle américaine, McCain et Obama, durant leur campagne en 2008. Un classement par montants individuels en dollars révèle quel type de dons a été le plus efficace. / Concept, Direction de création, Programmation: Wes Grubbs / Programmation: Nick Yahnke /

2
(EN)TANGLED WORD BANK:
THE ORIGIN OF SPECIES,
SPECIMEN PLATE 4 (EDITION FOUR)
Stefanie Posavec et Greg McInerny

GLOSSAIRE (EM)BROUILLÉ: L'ORIGINE DES ESPÈCES se penche sur les « organismes littéraires » qui caractérisent chacune des éditions successives du livre de Charles Darwin sur la sélection naturelle, DE L'ORIGINE DES ESPÈCES (1869—1872). Taxonomie de l'œuvre littéraire de Darwin — et bel hommage à ce qu'il a accompli — une série de six planches stylisées rappelle et référence les méticuleuses recherches sur le terrain de ce naturaliste du XIXème siècle. Semblables à une classification scientifique des espèces, ces planches examinent les similarités et les disparités entre les éditions afin de faciliter la comparaison de la structure, celle des caractéristiques communes (premier / dernier chapitre), ainsi que des annotations rigoureuses et de la subdivision des principes organisationnels. Des couleurs différentes sont attribuées aux ajouts ou suppressions de texte et signalent également la date de rédaction de tel ou tel passage. / Projet réalisé pour Microsoft Research, Cambridge / Texte en version numérique fourni par www.darwin-online.org.uk /

# PLATE 4

*First Chapter*  *The Origin of Species*  *Last Chapter*
Charles Darwin
Fourth Edition, 1866

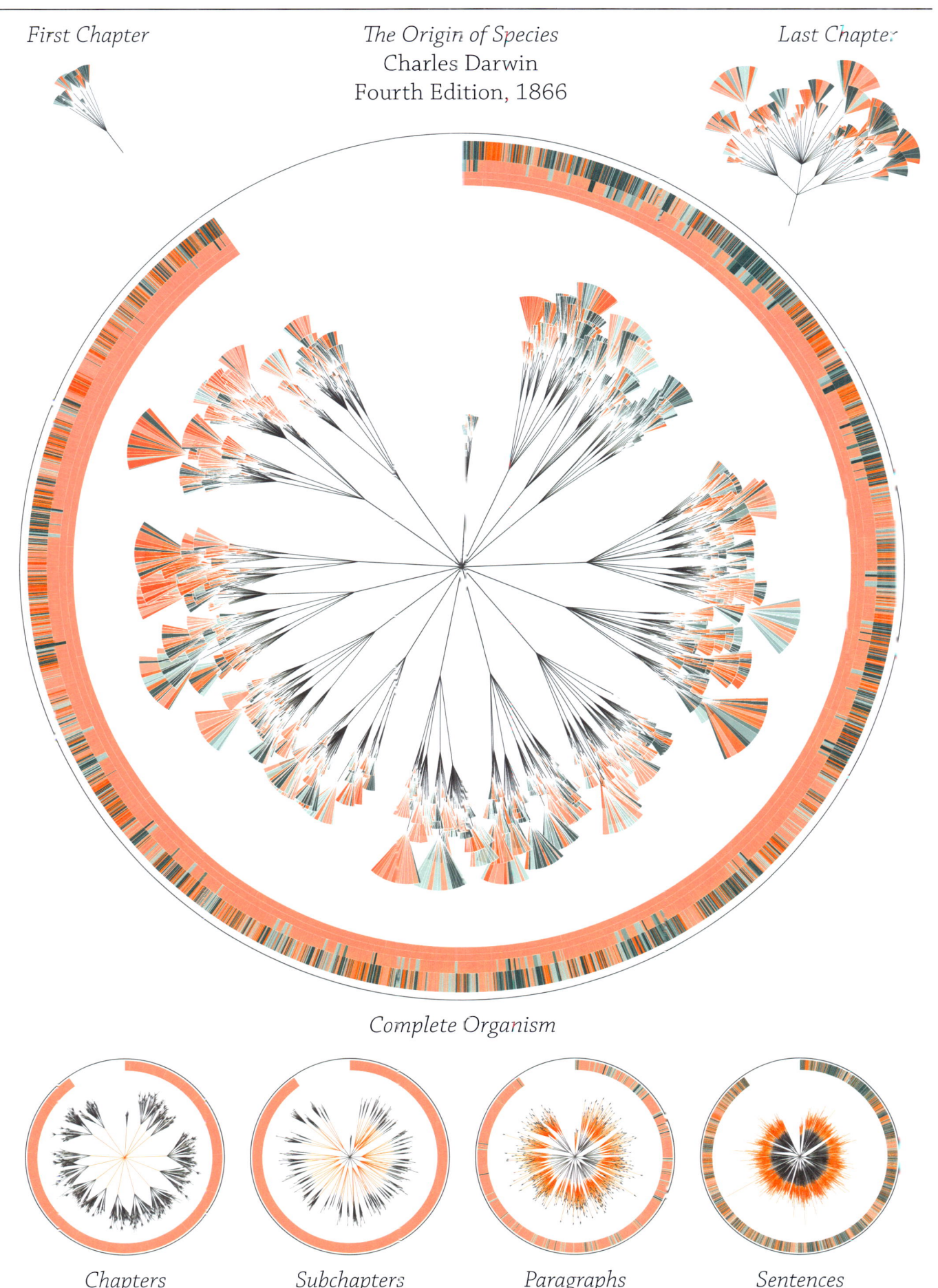

*Complete Organism*

*Chapters*  *Subchapters*  *Paragraphs*  *Sentences*

(En)tangled Word Bank                              Greg McInerny & Stefanie Posavec

**Le graphiste dispose de nombreux outils pour faciliter la compréhension d'un problème par l'image: organigrammes, diagrammes figuratifs, schémas et illustrations techniques, pour n'en nommer que quelques-uns. Ce chapitre nous montre différentes manières de visualiser des rythmes de travail, de faire la lumière sur des processus complexes, de démontrer des fonctions et de représenter des séquences.**

•

**Les cartes sont fascinantes. Elles nourrissent nos rêves d'endroits inconnus et d'itinéraires de voyages. Elles nous permettent d'avoir une vue d'ensemble de notre immense planète et nous donnent ainsi l'impression de mieux contrôler la situation. Elles nous aident à comprendre le monde en nous parlant d'histoire, de nature, de politique et de société et sont bien pratiques quand on est perdu dans une ville qu'on ne connaît pas. Mais de nombreux graphistes sont attirés par les cartes pour d'autres raisons. Avec leur tracé complexe, leurs nombreuses combinaisons de couleurs et leurs symboles abstraits, elles sont l'équivalent d'un magasin de jouets non surveillé pour un enfant de cinq**

PAGE PRÉCÉDENTE
MAPS
Corriette Schoenaerts
Pour une commande sur le thème des nations et des frontières, Corriette Schonaerts a créé plusieurs cartes et paysages de vêtements qui jouent avec la beauté traditionnelle et les clichés de la mode. /Syling: Emmeline de Mooij/

ans. Ils se déchaînent. Parfois un peu trop, si l'en en croit le cartographe néerlandais Menno-Jan Kraak. /voir l'entretien ›PP. 214, 215/ Mais les cartographes professionnels reconnaissent que les idées souvent peu orthodoxes des artistes et designers – leur résolution créative de problèmes et leur sens de l'esthétique – sont une source d'inspiration très appréciée dans leur métier.

Ce chapitre est truffé de ce genre d'inspirations. Prenez la carte des lieux de pêche « secrets » dessinée par Torgeir Husevaag 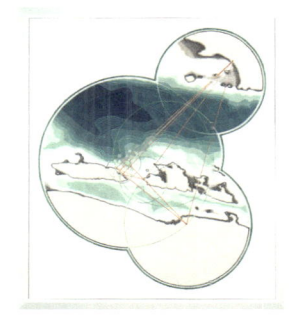. Omettant délibérément les informations qui permettraient une localisation exacte, ses magnifiques illustrations piquent notre curiosité quant aux endroits décrits et nous encouragent à explorer la région. Peut-être est-ce en réaction à l'omniprésence de *Google Maps* et consorts qu'un grand nombre de cartes vues récemment rivalisent d'ingéniosité. Le travail topographique et typographique de Mark Webber n'a absolument rien à voir avec les nombreux « mashups de cartes » que l'on trouve sur Internet. Ses *City Maps (Cartes de ville)*  sont gravées sur lino – rappelez-vous vos cours de travaux manuels – puis imprimées sur de grandes et épaisses feuilles de papier. Le designer Hoon Kim se lance dans un domaine encore peu exploré par la cartographie scientifique: la visualisation géospatiale de phénomènes acoustiques. 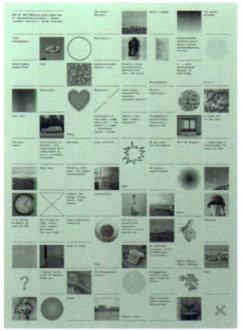 Associer les qualités éphémères du son à des données spatiales est un véritable défi. Mais nous sommes exposés à un bruit croissant dans les zones urbaines et il cause des dommages physiques et mentaux; ce type d'information est donc de plus en plus important.

Les exemples évoqués ci-dessus font tous appel à des références spatiales, ce n'est toutefois pas le cas de tout le chapitre. Dans le travail d'Abi Huynh, la localisation des endroits 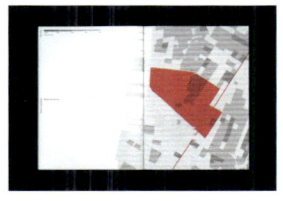 n'est pas basée sur la latitude et la longitude, mais sur ses propres associations. Une sorte de carte mentale. La question suivante s'impose: est-ce vraiment une carte? (Un cartographe répondrait sans doute résolument NON.)

1
MAPS OF SECRET FISHING LOCATIONS
(NO 5)
Torgeir Husevaag
/›P. 210/

2
WHERE IN THE WORLD
CITY MAP SERIES
Mark Webber
/›P. 200/

3
WALK ON RED EX1
why not smile
Hoon Kim
/›PP. 196, 197/

4
EARTH MAP (EXCERPT)
abiabiabi
/›P. 225/

1
SEOUL RAILWAY SYSTEM
2
NEW YORK CITY RAILWAY SYSTEM
3
HOKKAIDO RAILWAY SYSTEM
ZERO PER ZERO

Rappelant la symétrie d'un flocon de neige, la carte du réseau ferroviaire de Zeroperzero transforme l'île entière d'Hokkaido — connue pour sa fine neige poudreuse — en un grand cristal de glace.

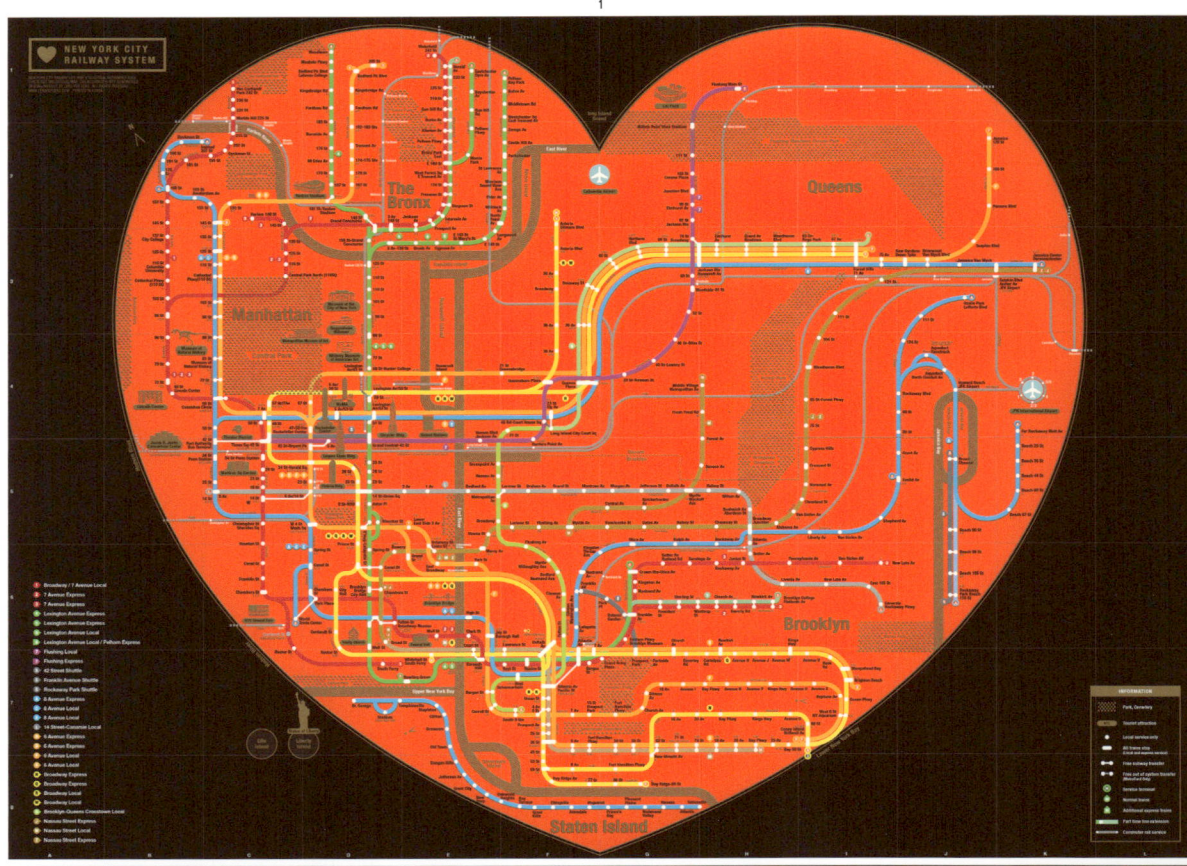

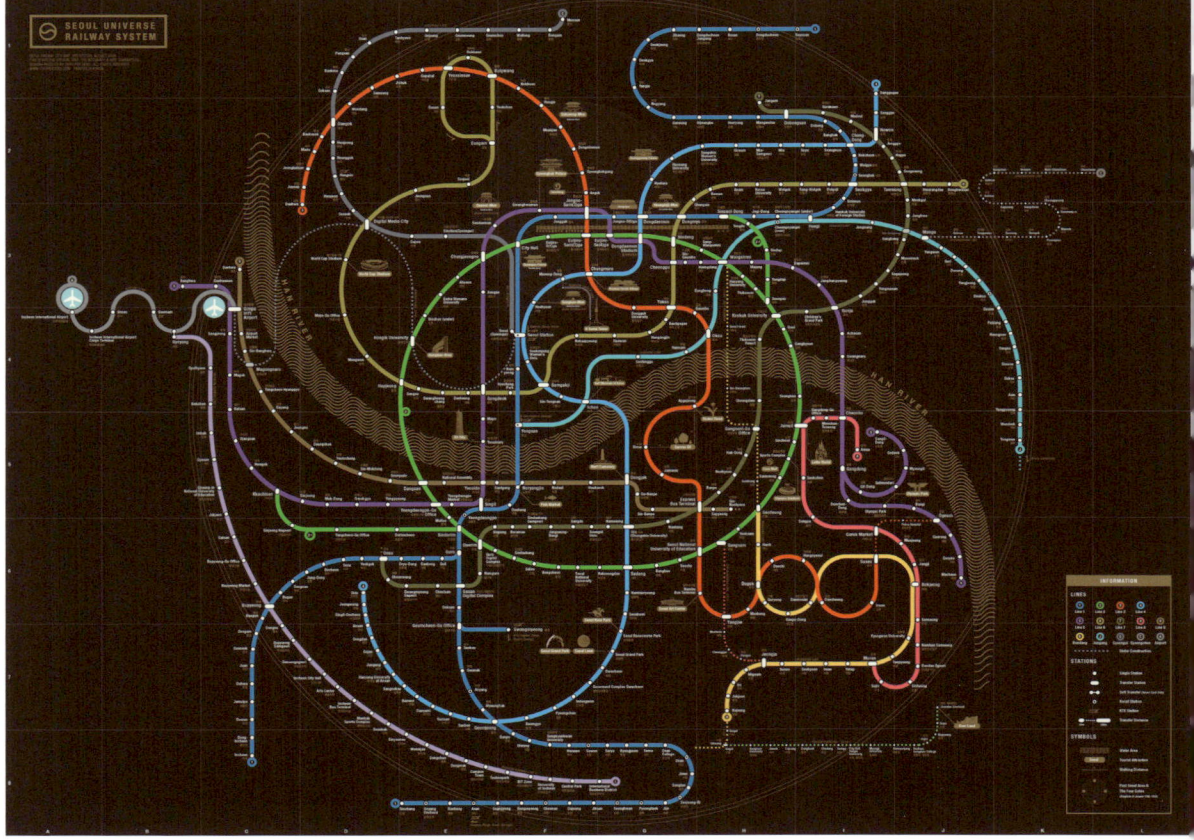

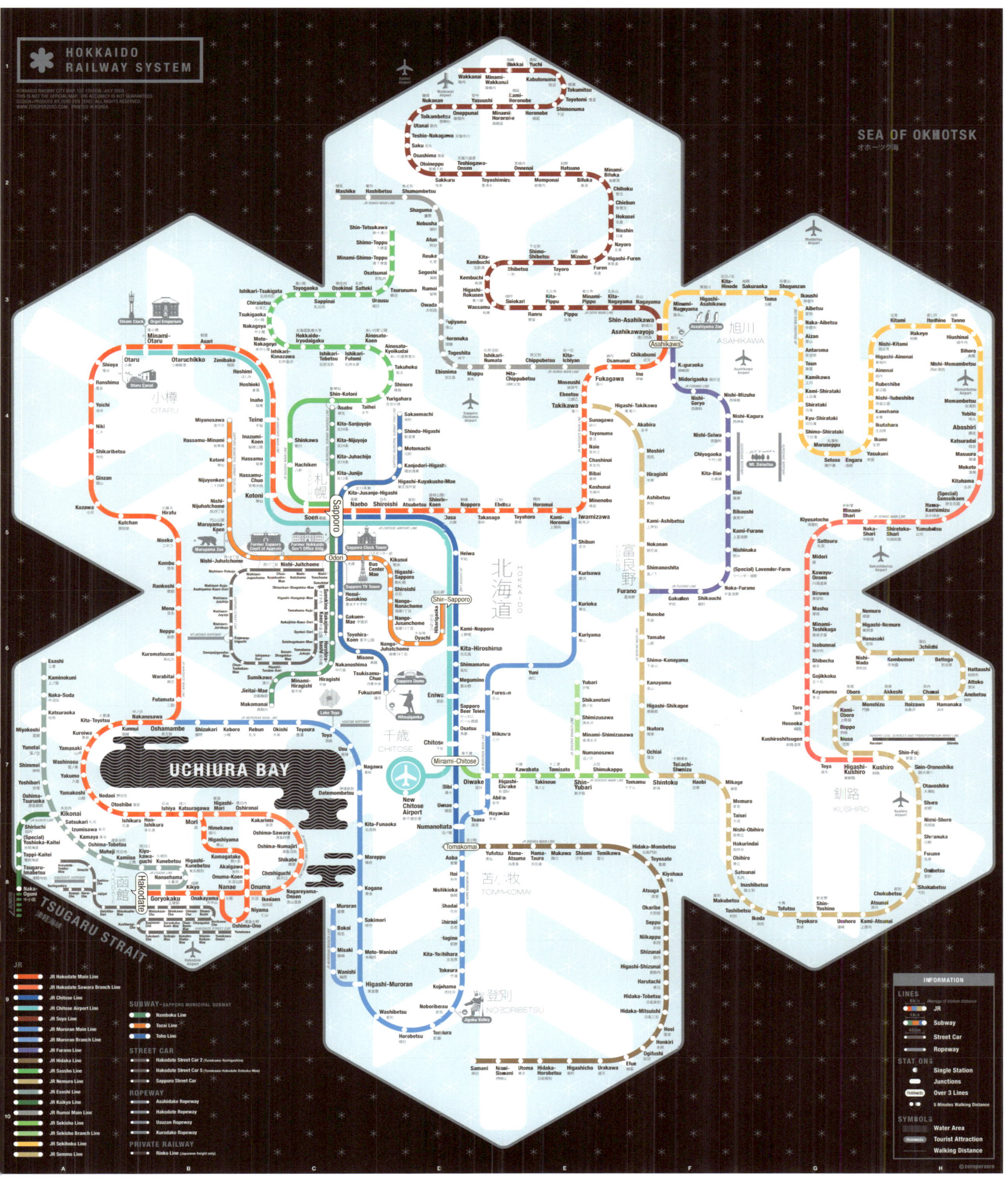

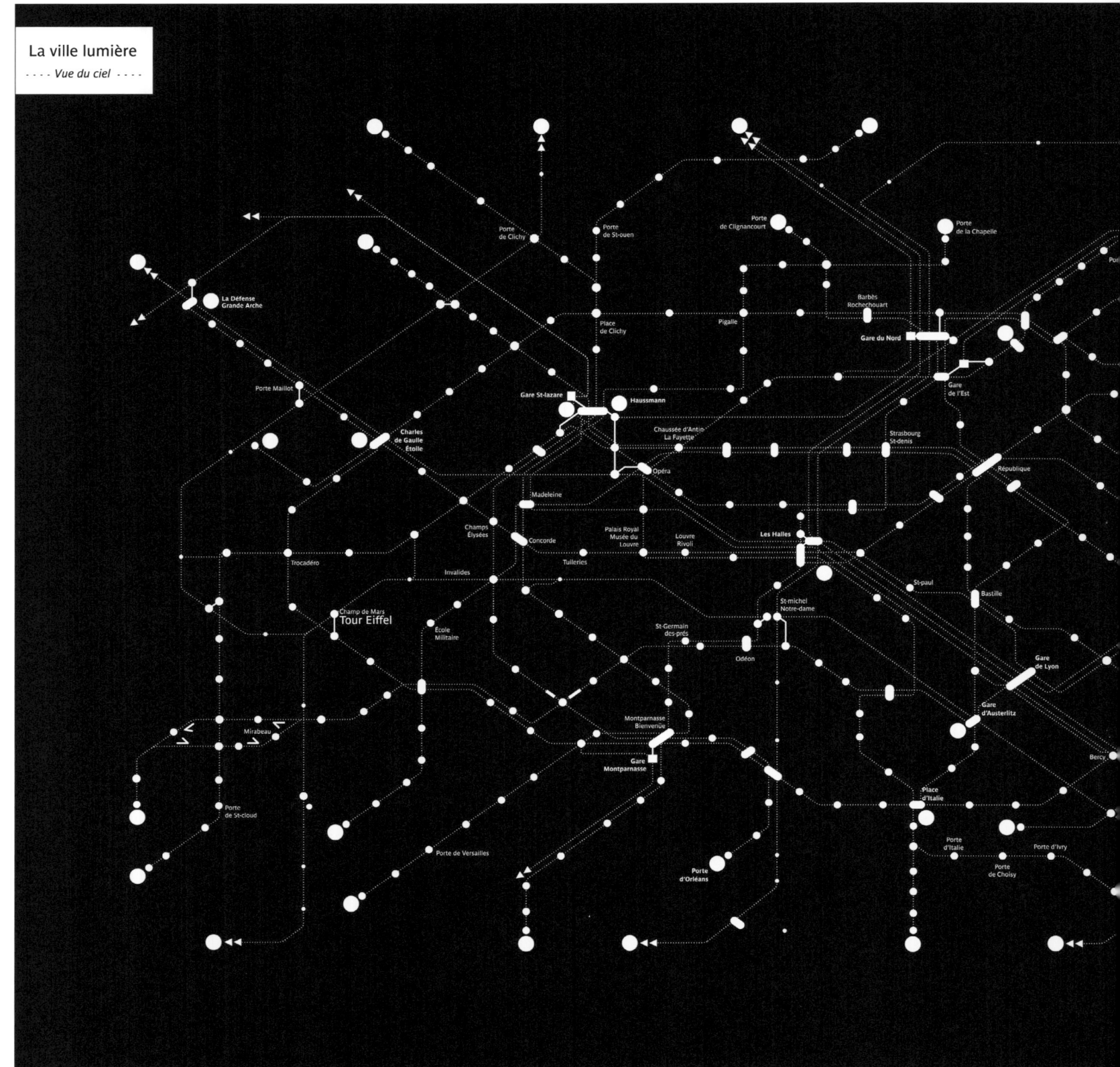

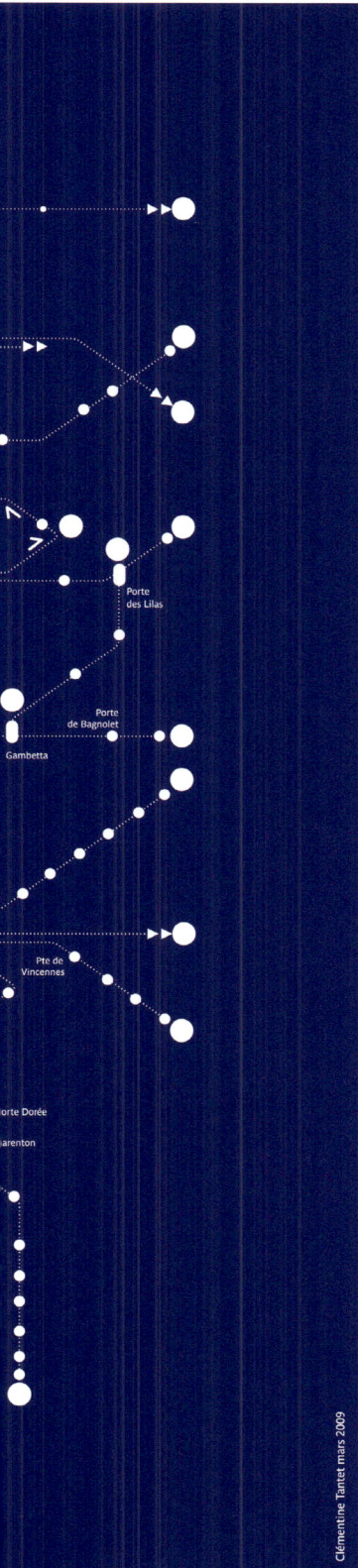

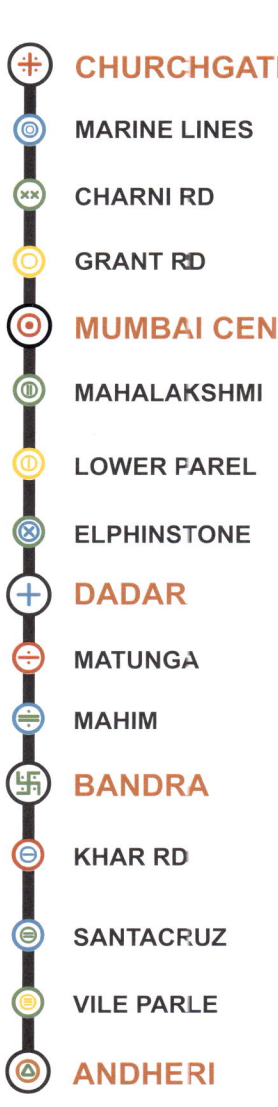

1
THE LIGHT CITY
Clémentine Tantet
Comme les étoiles scintillantes et les magnifiques constellations au firmament, Clémentine Tantet illumine LA VILLE LUMIÈRE en détournant le plan du métro parisien pour en faire une carte du ciel.

2
DABBAWALLA'S
GMI Grandmother India Design
Les habitants de la banlieue de Mumbai aiment déguster des plats maison. Chaque midi, quelque 5000 dabbawallahs — livreurs de nourriture — vont chercher plus de 200 000 repas dans les maisons de banlieue pour les livrer sur le lieu de travail des gens. Pour répertorier la riche palette typographique de Mumbai, Typocity numérise des logos connus des dabbawallahs et les intègrent à la signalisation, aux tickets et horaires de transport public pour enrichir le langage visuel de Mumbai. / Concept, Recherche, Ré-interprétation: Kurnal Rawat / Photographie, Assistant de recherche: Danesh Anita /

3
SUBWAY OF PARIS
Mehdi Sedira
Les expériences graphiques de Mehdi Sedira étudient les différences pratiques et esthétiques entre différents plans de métro à travers le monde. Chaque réseau de transport en commun, souvent la colonne vertébrale d'une métropole, a son propre système de signalisation. Ramené à des symboles simples et à ses éléments pertinents, son esthétique et son style particuliers n'en sont que plus apparents.

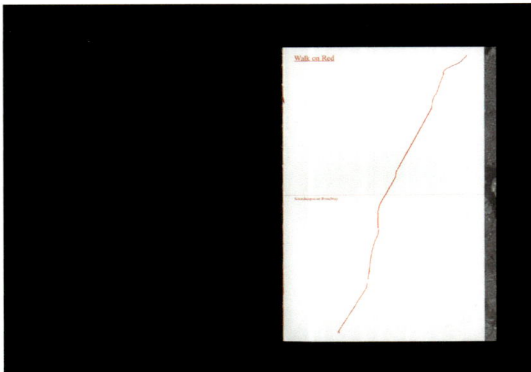
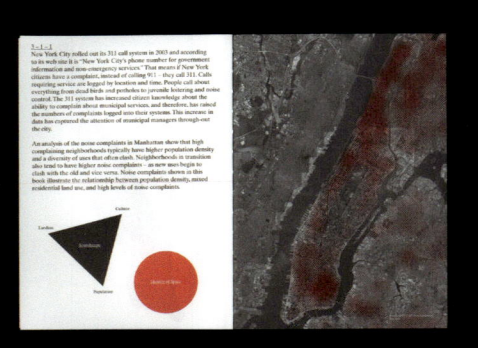
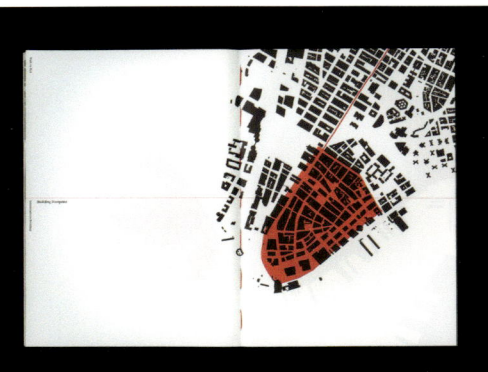
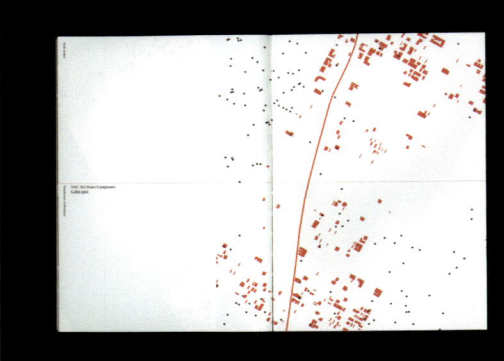
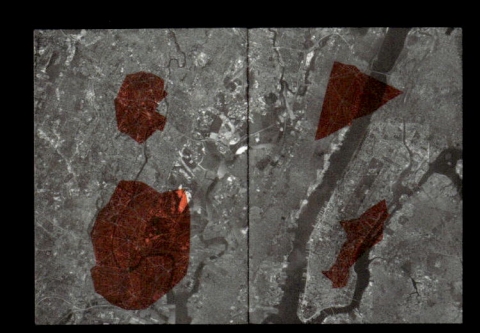

**1**
WALK ON RED EX1
why not smile
Hoon Kim
DANS LE ROUGE analyse les plaintes relatives au bruit enregistrées dans quatre quartiers contigus de Manhattan — Soho, Wall Street, Midtown et Inwood — et leur relation avec la densité de population et l'utilisation des biens de propriété mixte. Les graphiques sont accompagnés de photographies, d'images satellites et de données documentaires. / Préparation des données par Sarah Williams /

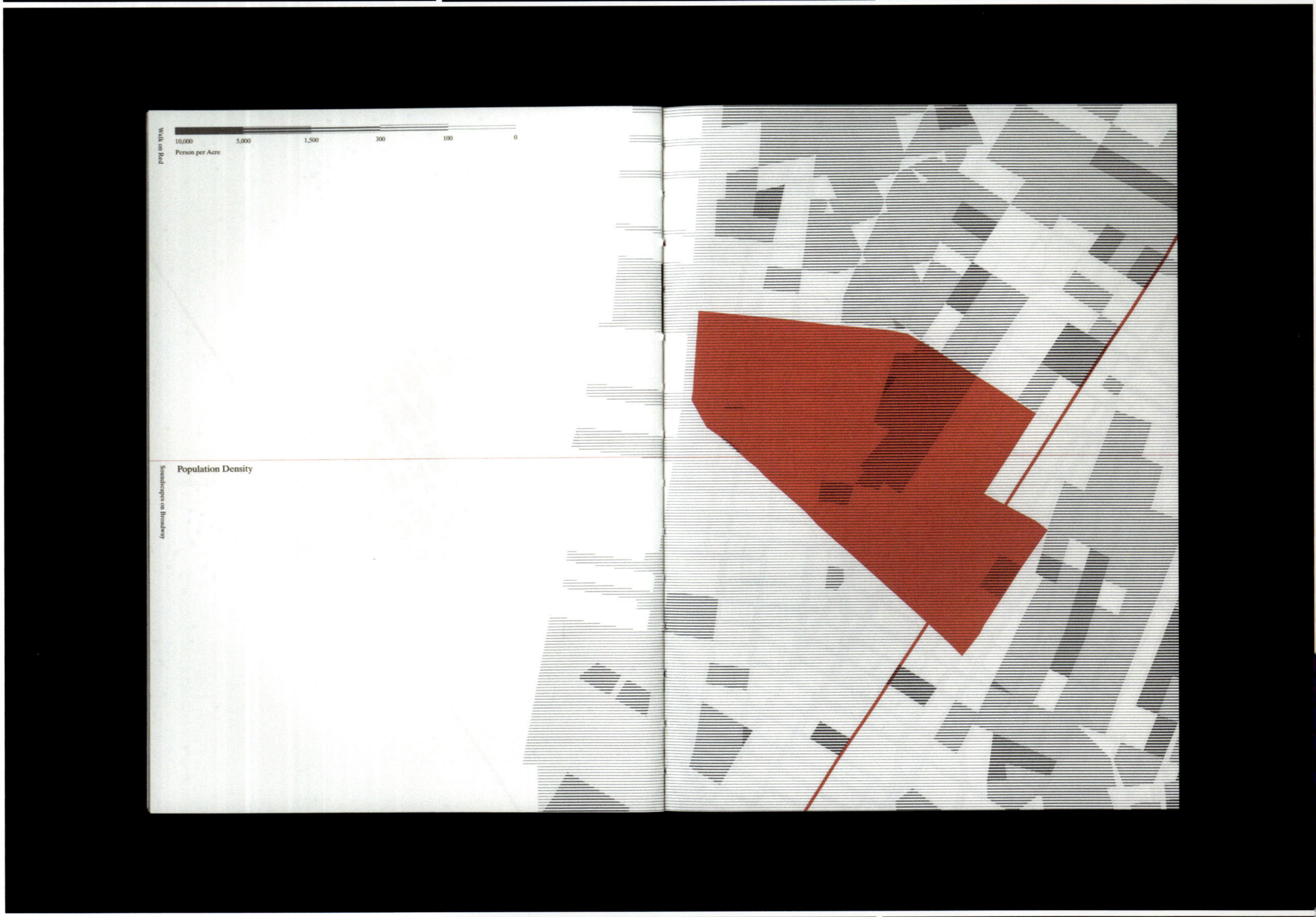

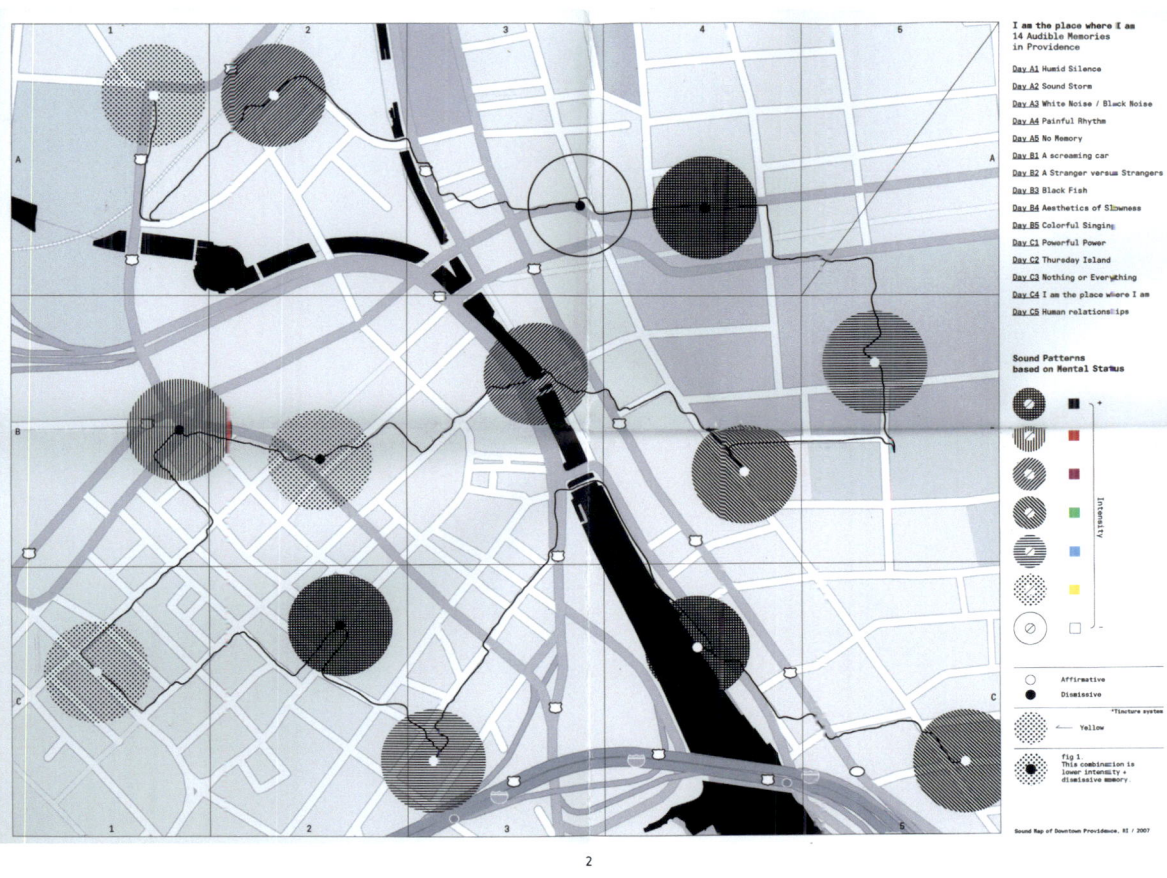

2
I AM THE PLACE WHERE I AM 16
why not smile
Hoon Kim

Point de vue légèrement différent sur cette carte, JE SUIS L'ENDROIT OÙ JE SUIS est rempli des représentations subjectives des souvenirs (sonores) de l'artiste. Le travail qui en résulte est installé sur le lieu même du souvenir en question.

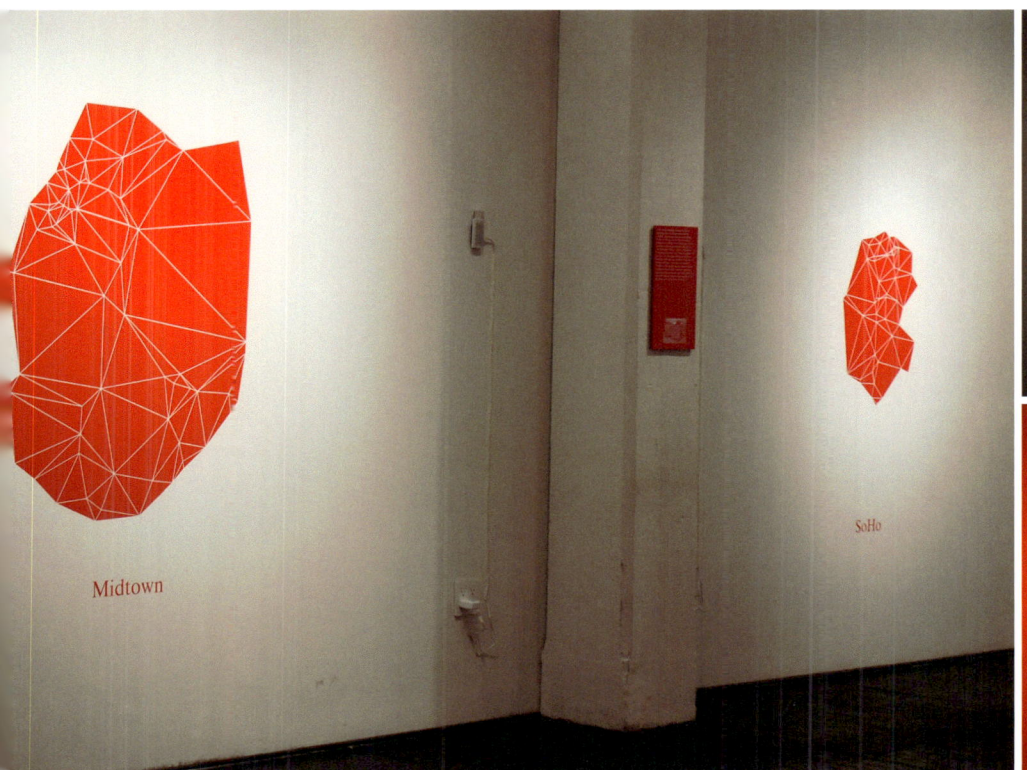

DATAMAPS

PAGE PRÉCÉDENTE
**FELTRON 2008 ANNUAL REPORT**
Nicholas Felton

**WHERE IN THE WORLD
CITY MAP SERIES**
Mark Webber

Tout est dans le titre: la série de cartes de villes de Webber DANS QUEL COIN DU MONDE? nous emmène dans un voyage typographique à travers Amsterdam, Londres, Paris et New York. Tandis qu'il place les différents quartiers et monuments sur ses gigantesques gravures sur lino, l'artiste lui-même n'a pas intérêt à perdre le fil — un geste déplacé pourrait tout compromettre.

# Ausgewanderte Wörter
## WANDERWORT

**WANDERWORT**
Golden Section Graphics

Il vous arrive peut-être d'employer les mots ERSATZ ou LEITMOTIV? Cette carte vous permettra de suivre la propagation d'expressions et de mots allemands difficiles à prononcer. Avec une couleur par thème, le projet MOT VOYAGEUR retrace l'infiltration et la migration étonnamment riche d'expressions allemandes dans d'autres langues.

Mine d'or pour les linguistes, cette affiche — commandée par le Goethe Institut, institution de promotion de la langue et de la culture allemande — n'offre pas seulement un grand nombre d'obstacles linguistiques (dont les expressions idiomatiques avec umlaut ou voyelles infléchies), mais reflète également les schémas d'émigration, les routes commerciales et l'hybridation linguistique. /Jan Schwochow, Katharina Erfurth, Sebastian Piesker/

Diese Weltkarte enthält „ausgewanderte Wörter" aus dem Deutschen. Die meisten von ihnen stammen aus dem internationalen Wettbewerb mit dem Titel „Ausgewanderte Wörter", den der Deutsche Sprachrat gemeinsam mit dem Goethe-Institut und der Gesellschaft für deutsche Sprache im Jahre 2006 durchführte. Ziel des Wettbewerbs war es, rund um die Welt Wörter deutscher Herkunft aufzuspüren.

Goethe-Institute und private Einsender haben sich daran beteiligt, so dass viele deutsche ausgewanderte Wörter zusammen getragen und in einem Buch (Ausgewanderte Wörter. Hrsg. von Prof. Dr. Jutta Limbach. Hueber Verlag 2006) veröffentlicht wurden. Jetzt nutzen wir diese Sammlung für eine Weltkarte besonderer Art. Auch die freie Enzyklopädie „Wikipedia" lieferte eine große Anzahl von Wortbeispielen für diese Übersicht. Die ausgewählten Wörter stammen aus den Bereichen Handwerk, Handel, Kunst, Philosophie, Medizin, Sport und dem alltäglichen Leben. Sie sind mit den Menschen und deren Geschichten um die ganze Welt gewandert und finden sich heute in den verschiedenen Ländern und Sprachen wieder, beeinflussen und erweitern den alltäglichen Sprachgebrauch. So verändern sich Sprachen, nehmen auf und geben ab.

Diese Weltkarte soll dazu beitragen, die Wanderung deutscher Wörter nachzuvollziehen, ihre weltweite Verbreitung zu zeigen und über Veränderungen in ihrer Struktur zu informieren, die sie auf ihrer Reise erfahren haben.

GOETHE-INSTITUT

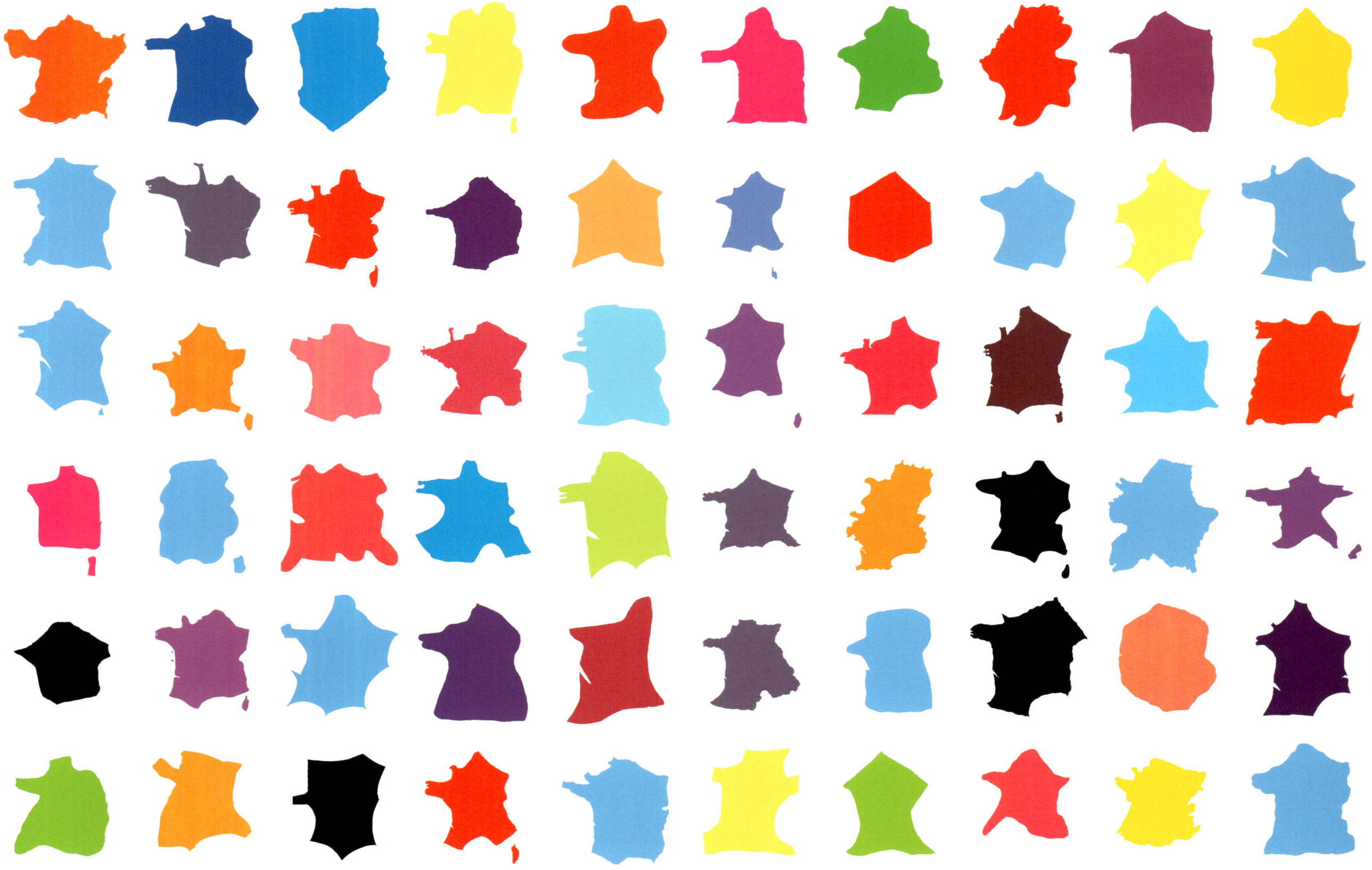

DATAMAPS             204

**1**
**FRANCE**
Clio Chaffardon
Livre sans texte mais évocateur, FRANCE porte bien son titre. Basés sur les dessins d'habitants de ce pays européen, les découpages monochromes de Clio Chaffardon mettent en évidence la façon dont la perception individuelle peut modifier l'apparence fondamentale et le caractère de notre terre (natale ou adoptive) et de notre psychogéographie.

Exercice de symbolisme et de simplification, ce livre souligne les notions de territoire et d'identification: si les cinq principaux appendices autour du volumineux corps de texte sont la plupart du temps identifiables, les interprétations et souvenirs individuels engendrent des changements marqués dans la taille, la forme et l'étendue du pays.

**2**
**FORTRESS EUROPE MAPS**
**LUST**
Chaque année, des milliers de réfugiés prennent le chemin de l'Europe dans l'espoir d'une vie meilleure. Mais ceux qui parviennent à entrer finissent souvent dans des camps qui ressemblent à des prisons. FORTERESSE EUROPE trace la carte de ces camps d'internement rarement répertoriés et témoigne de leur expansion continuelle: on en compte actuellement plus de 13,000. / Avec la coopération de Juangluang Long /

Raja · Mère au foyer

André · Retraité

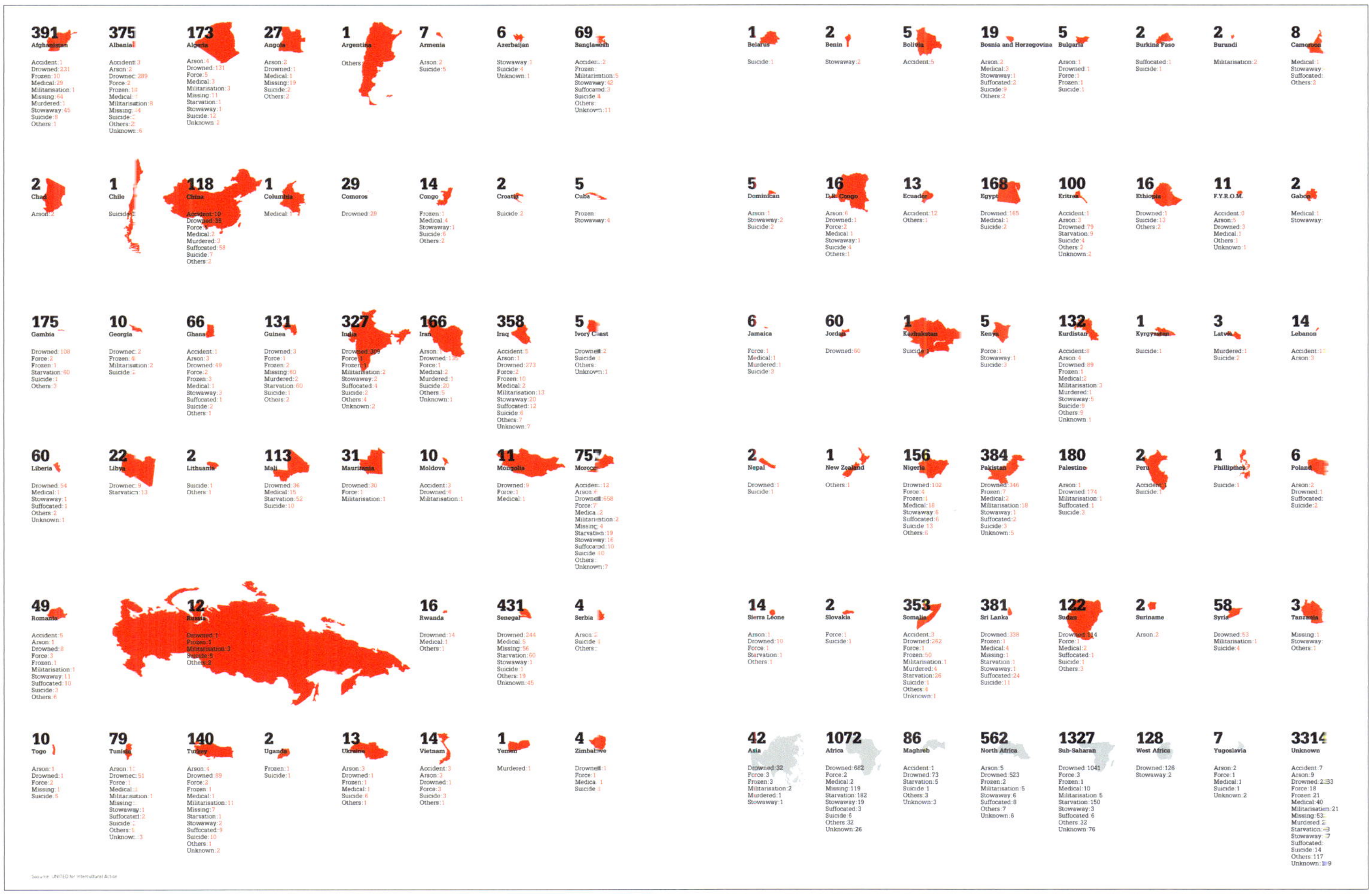

# FORTRESS EUROPE

**OVER 13000 REFUGEE DEATHS IN 15 YEARS**

Every year thousands of refugees are trying to flee to Europe in their search for safety from persecution, for economic security or just 'a better life'. Each year hundreds of them drown on the way from Africa to Italy or Spain, suffocate in sealed containers, starve in locked trucks, are blown to pieces by land mines between Turkey and Greece or freeze on their way over the mountains. And if they finally manage to arrive in "Fortress Europe" they are not at all safe. They are fenced-in, in refugee centres, some of which do not differ from a normal prison. Some of these refugees cannot deal with the misery and the inhuman conditions in which they are held and start a hunger strike or sew their eyes and mouth shut to protest against their situation. Some of them even commit suicide. Although many European states celebrate the lowest numbers of refugees in years, people still plea for stricter rules and limitations for refugees.

It is at least ironic that the origin of the name "Europe" is the legend of Europa who was abducted by the Greek God Zeus in the form of a bull. He swam with this Middle Eastern princess upon his back from a beach in Canaan to his island, Crete. This story is often referred to as 'the rape of Europa'. Nowadays, Canaan is named Lebanon, situated on the Asian continent. When we started this project it was based on a list with 11105 refugee deaths. The time it took to make the maps the list grew over 13000. History seems to continue the same way it always did.

For this map the legend is
1 person = 1 line.

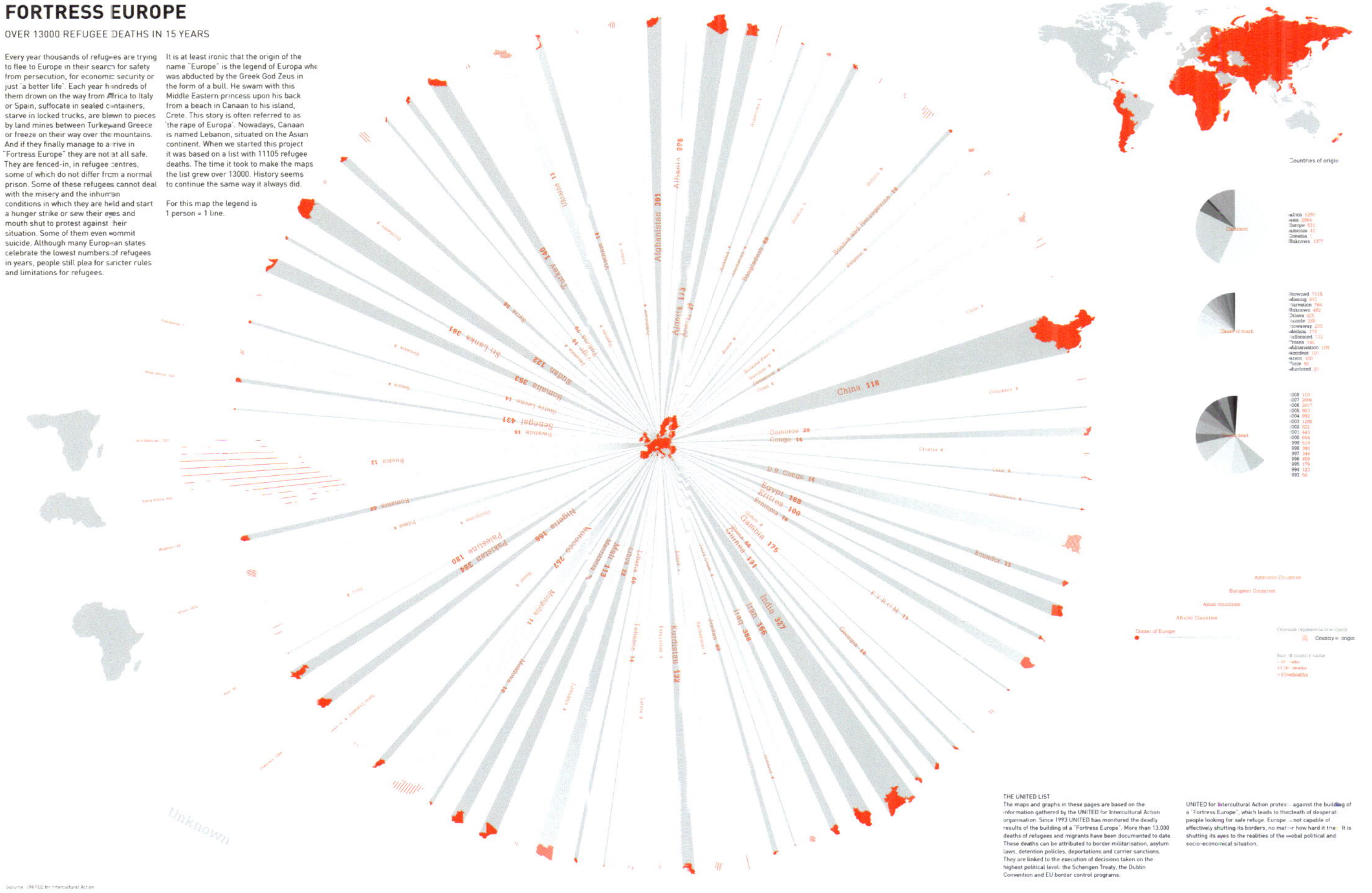

**THE UNITED LIST**
The maps and graphs in these pages are based on the information gathered by the UNITED for Intercultural Action organisation. Since 1993 UNITED has monitored the deadly results of the building of a "Fortress Europe". More than 13,000 deaths of refugees and migrants have been documented to date. These deaths can be attributed to border militarisation, asylum laws, detention policies, deportations and carrier sanctions. They are linked to the executions of decisions taken on the highest political level: the Schengen Treaty, the Dublin Convention and EU border control programs.

UNITED for Intercultural Action protests against the building of a "Fortress Europe", which leads to the death of desperate people looking for safe refuge. Europe – not capable of effectively shutting its borders, no matter how hard it tries – is shutting its eyes to the realities of the global political and socio-economical situation.

## STORIA DI COPERTINA – DUE

# Attenti a questo dragone

Hanno attraversato il mondo aprendo rotte migratorie destinate a durare nel tempo. Ora sono i nuovi protagonisti degli scambi internazionali. E le loro "chinatown" diventano sempre più grandi. Un trend che appare inarrestabile

A CURA DI – *Francesco Franchi* e *Alessandro Giberti*
MUSICA – *The Move · Chinatown*

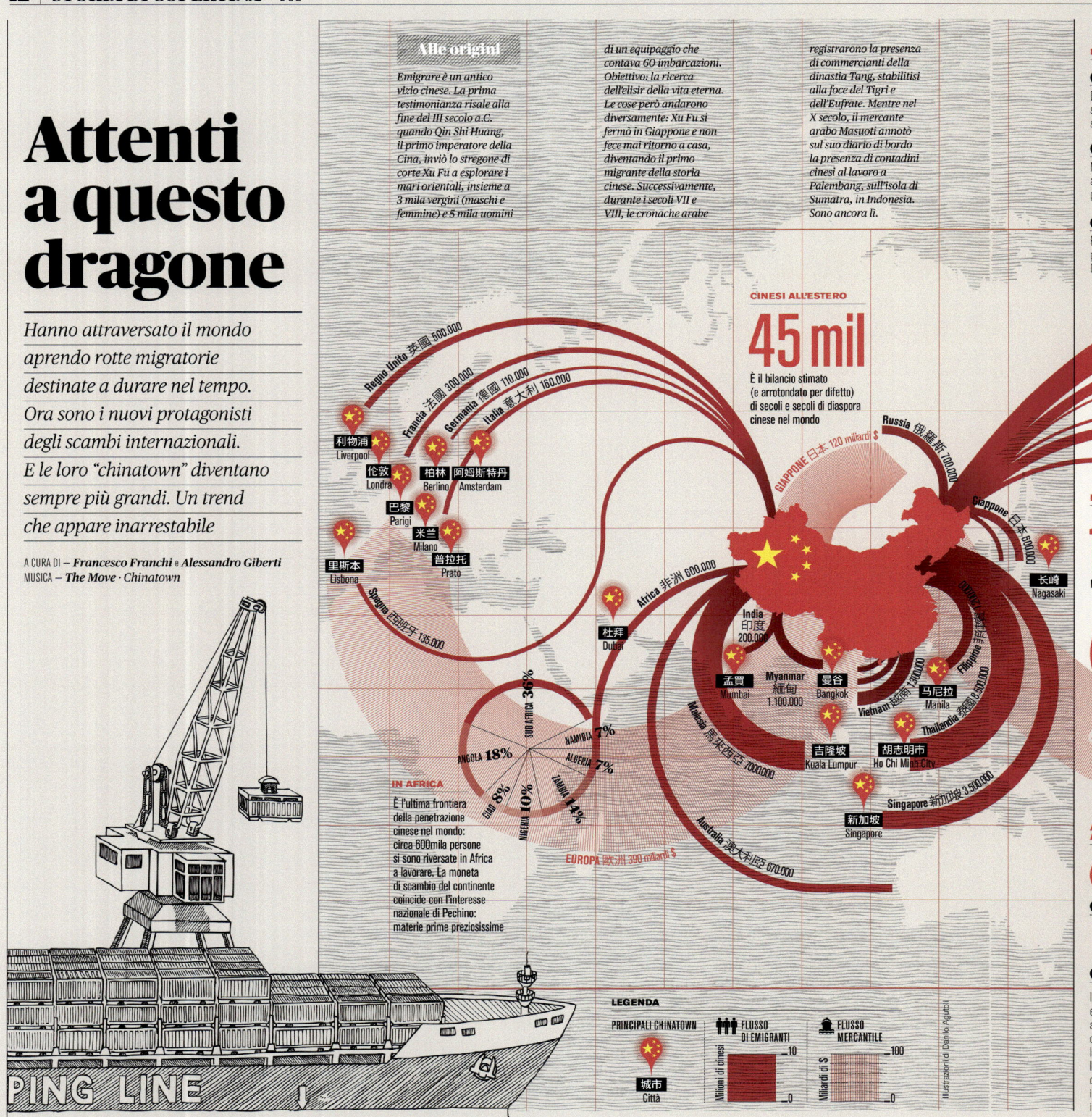

Illustrazioni di Danilo Agutoli

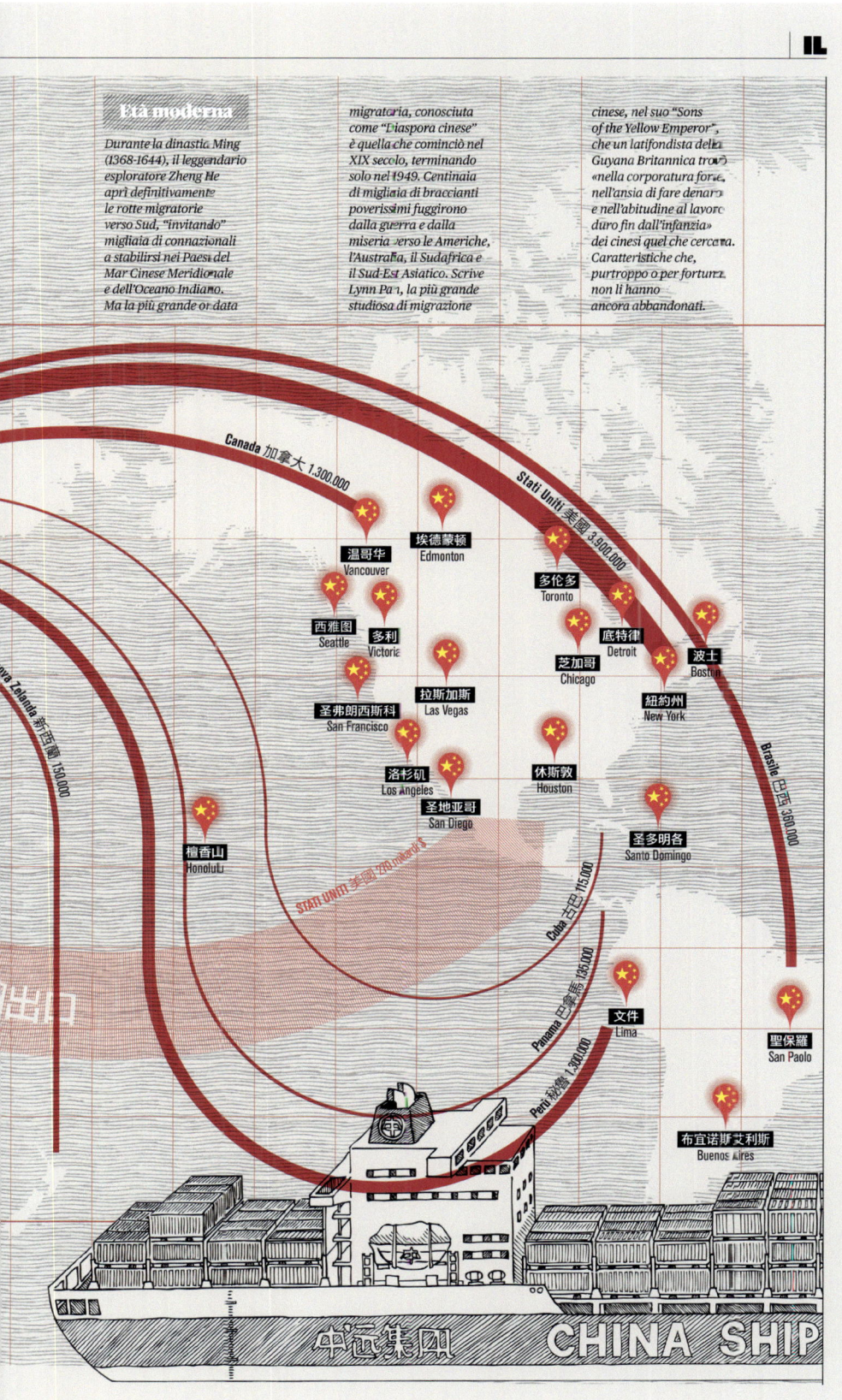

## ATTENTI A QUESTO DRAGONE
Francesco Franchi
ATTENTION AU DRAGON met le monde en « alerte rouge » avec sa description résolument non combative du commerce chinois et de la répartition de la population chinoise. Retraçant les routes commerciales et la diffusion de la culture, il nous montre aussi les flux migratoires et les plus grandes communautés d'expatriés au monde, les quartiers chinois ou Chinatowns. /Illustration bateau: Danilo Agutoli/

PAGE SUIVANTE
## A NEW CARTOGRAPHY OF EUROPE
## DIFFUSION AND TECHNOLOGY
## IMPACT IN THE EU27
DensityDesign
La présentation de statistiques peut être relativement aride. Design Densité intègre un design et des chiffres pertinents sur une carte pour étudier la diffusion et la répercussion des technologies de communication dans les 27 pays membres de l'Union européenne.

Basé sur deux récentes études de la Commission européenne, ce projet recouvre une carte en courbes de niveaux — qui permet de visualiser la perception de la répercussion des larges bandes passantes et des téléphones mobiles dans chaque pays — d'un cartogramme de la répartition des technologies. Une nouvelle géographie apparaît alors — un paysage européen réinventé — qui conserve ses proportions mais change de morphologie. Ici, le glissement tectonique en matière de technologies de communication forme de nouvelles chaînes de montagnes pour une nouvelle topologie de l'interaction et une approche concrète et visuelle de la diffusion et de l'acceptation de ces technologies. /Supervision scientifique: Paolo Cuccarelli, Marco Fattore /Direction de création: Donato Ricci /Développement code: Giorgio Caviglia, Michele Mauri /Designers: Lorenzo Fernandez, Luca Masud, Mario Porpora /

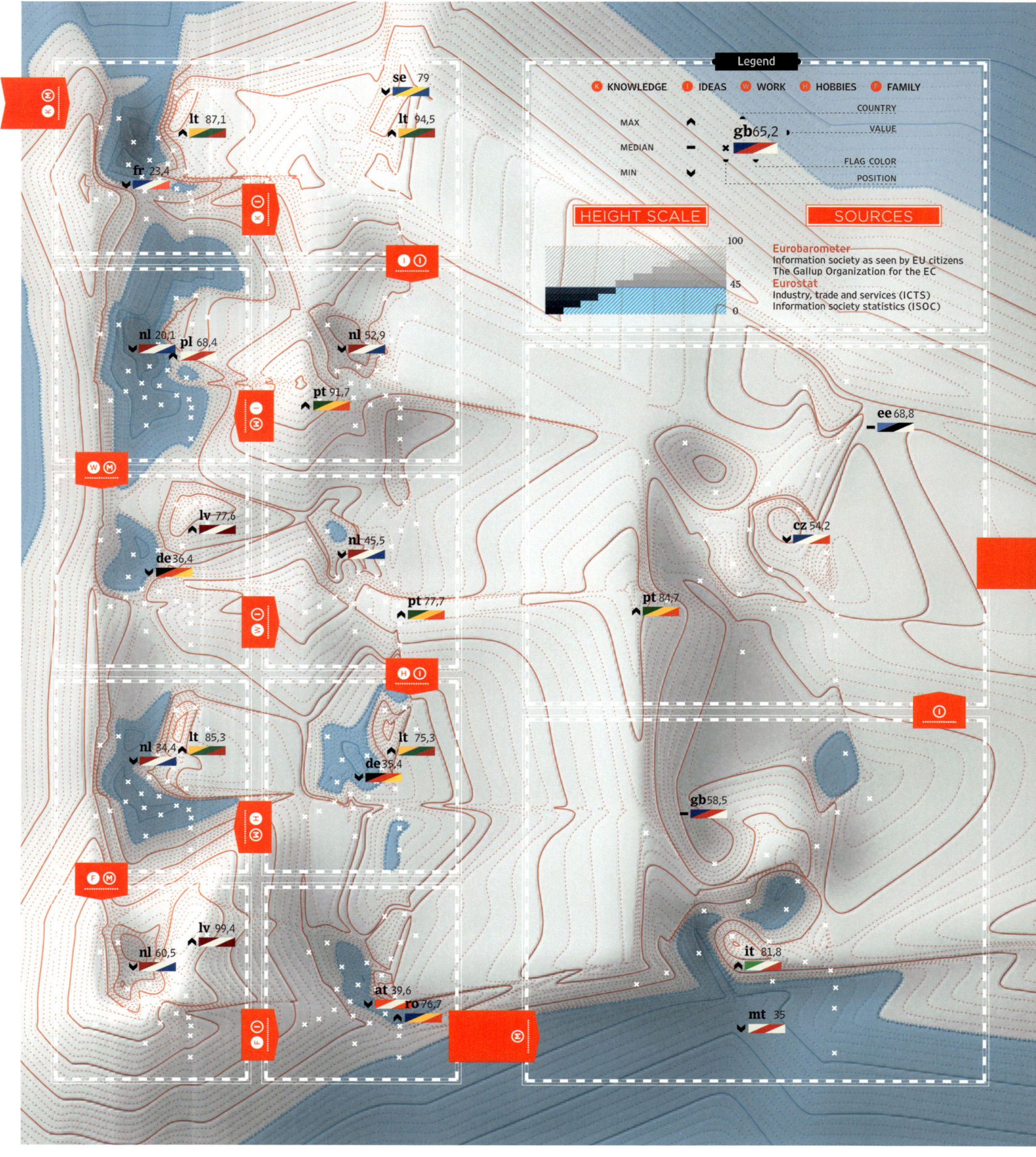

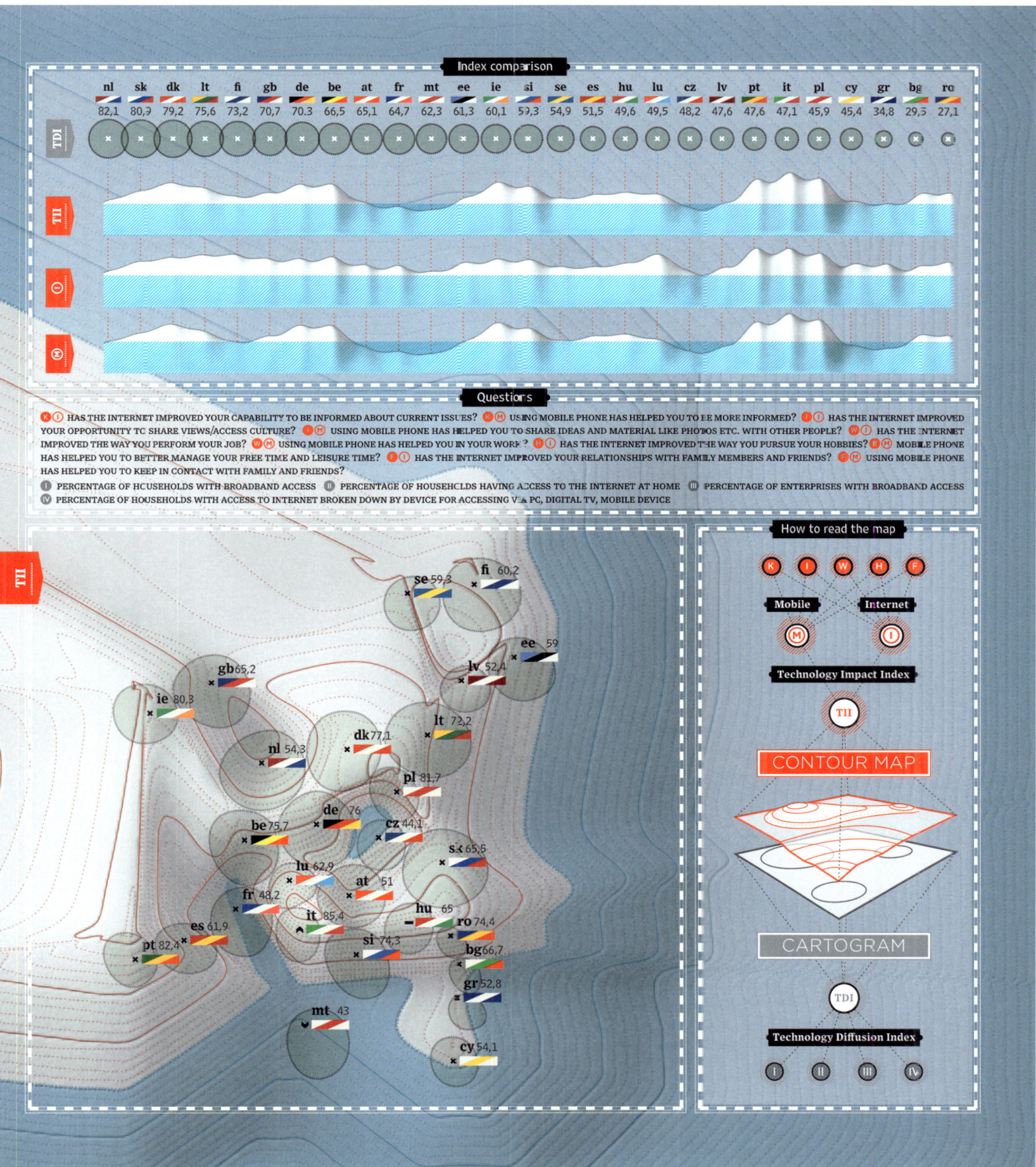

## 1
### THROUGH 150 DRY WELLBORES
### (Nº 3)
#### Torgeir Husevaag

Le pétrole et le gaz naturel sont les bases de l'économie norvégienne: l'essentiel de la richesse relative du pays dépend de ressources offshore limitées. Célébration des aventuriers, mais aussi rappel opportun de la nature éphémère de ces précieuses ressources, les Trous de forage de Torgeir Husevaag dressent la carte de tous les trous secs entre le début de l'exploitation norvégienne en 1967 et la découverte du gisement de gaz Blanche-Neige en août 1984. Des chiffres attribués aux trous de forage et des codes de couleur retracent la date des forages, la profondeur de l'eau et des forages en haute mer. L'image d'ensemble montre une exploitation croissante des ressources naturelles — s'aventurant en particulier de plus en plus loin au nord. Magnifique récit de ces événements passés, du progrès et de cette œuvre de pionniers, mais aussi anticipation des futures limites de l'exploration et de l'exploitation, cette œuvre de commande pour un des tankers de la flotte norvégienne est un rappel bienvenu de l'ingéniosité humaine — et de ses limites naturelles. / 2005 / Encre sur papier / 84 × 80 cm /

## 2
### MAPS OF SECRET FISHING LOCATIONS
### (Nº 5)
## 3
### MAPS OF SECRET FISHING LOCATIONS
### (Nº 3)
#### Torgeir Husevaag

Mine d'or d'informations accessibles au public sur le domaine maritime, on pourrait croire que l'Administration côtière norvégienne dispose de toutes les informations possibles. Or ses archives sont lacunaires.

L'artiste norvégien Torgeir Husevaag comble quelques-uns de ces déficits en réalisant une série de dessins représentant les traditions locales et les connaissances individuelles de coins de pêche « secrets » au rendement exceptionnellement prometteur.

Plus une énigme qu'un mode d'emploi, ces œuvres d'art ne sont pas de véritables cartes. Elles indiquent chaque endroit et la direction à suivre (sans GPS), mais leur amour du détail les empêche d'être des aides à la navigation car elles sont dépourvues d'indications de latitude ou de longitude.

Ces perles tentantes deviennent des îles isolées et préservent ainsi les secrets des pêcheurs locaux. / Photo: Werner Zellien / MAPS OF SECRET FISHING LOCATIONS (Nº 5) / 2004 / Encre sur papier / 76 × 84 cm / MAPS OF SECRET FISHING LOCATIONS (Nº 3) / 2004 / Encre sur papier /

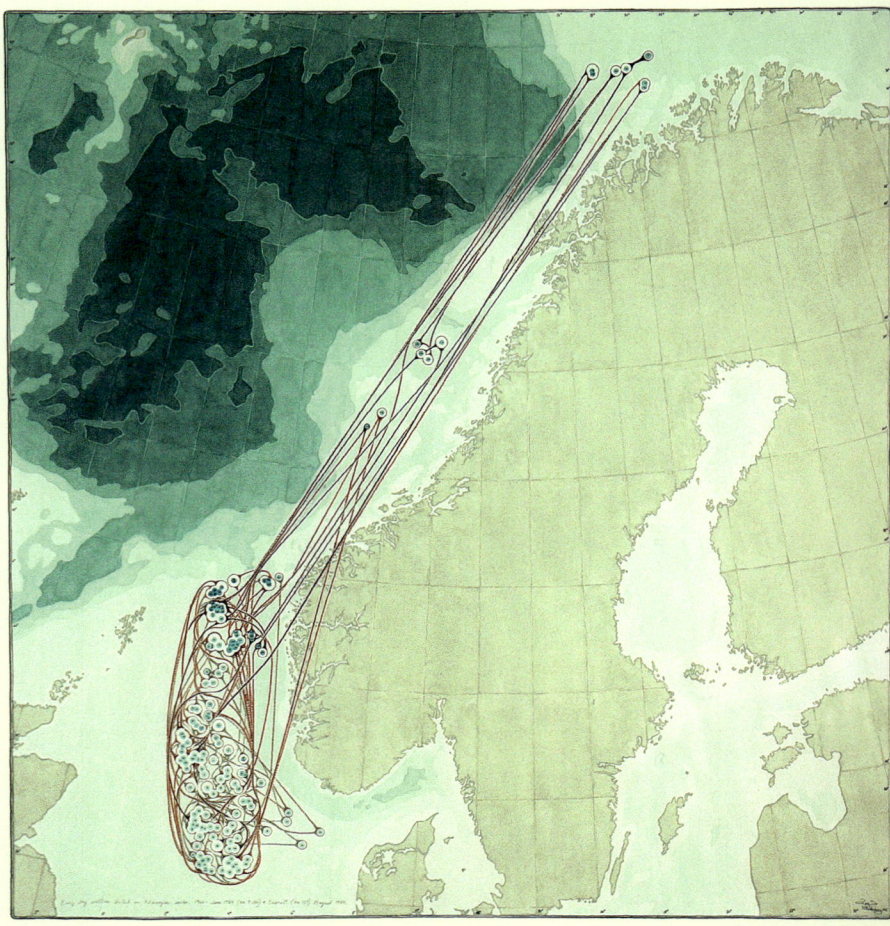

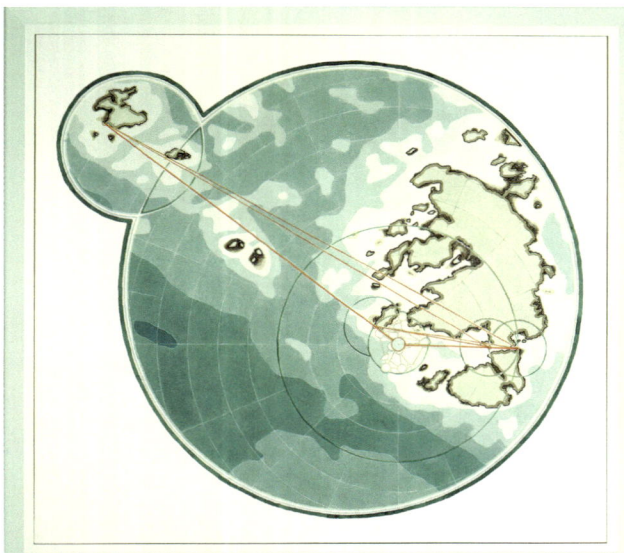

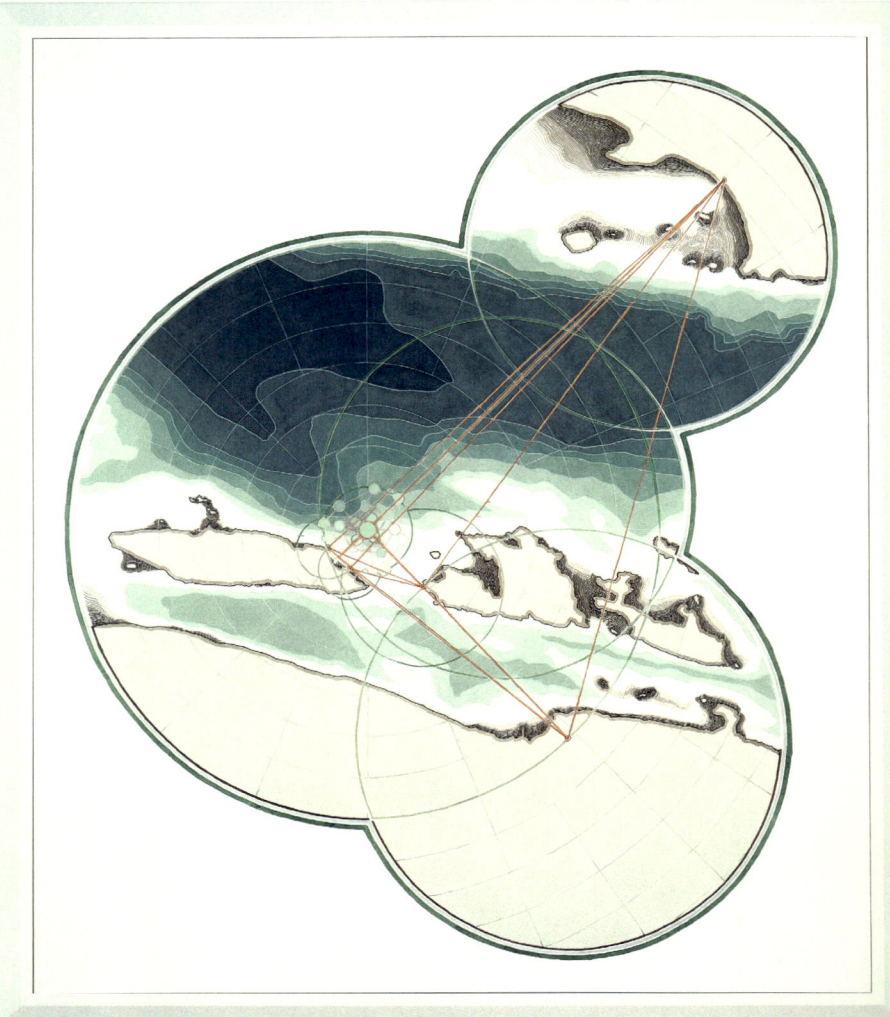

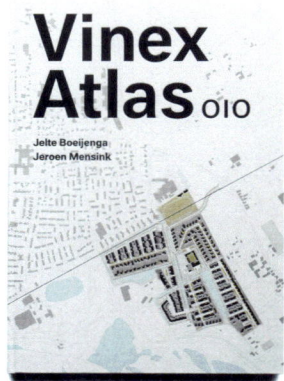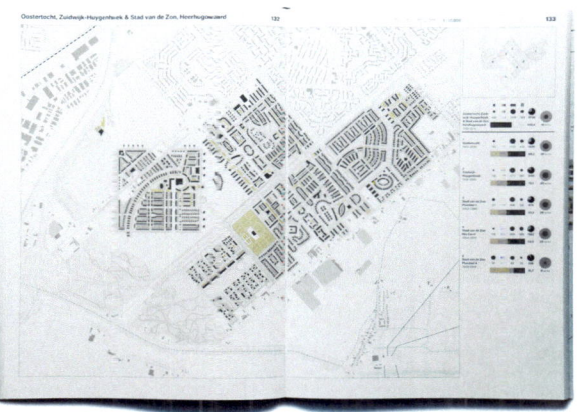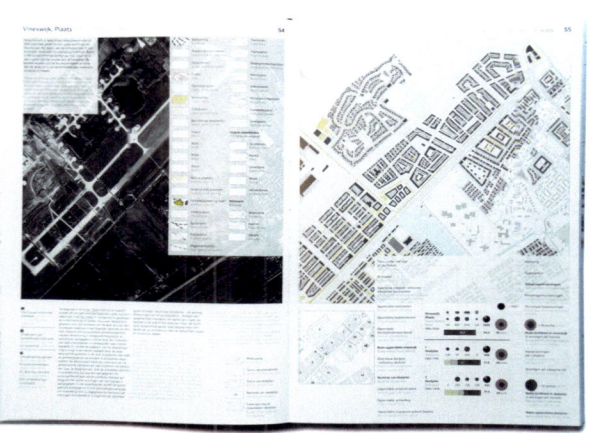

4
VINEX ATLAS
Joost Grootens
La première étude approfondie des fameux lotissements Vinex planifiés par l'État néerlandais nous montre 52 quartiers avec leurs plans, les données sur les sites et des vues aériennes du milieu des années 1990 ainsi que des photographies sur site plus récentes. /Design du livre et des cartes: Studio Joost Grootens (Joost Grootens avec Tine van Wel, Jim Biekmann et Anne Iwansson) /

### 1
### ATLAS OF SHRINKING CITIES
#### 1kilo

ATLAS DES VILLES EN RÉGRESSION expose les raisons du rétrécissement urbain — des évolutions démographiques et des schémas de migration à la raréfaction des ressources —, la destruction de la nature et la transformation des villages. S'intégrant dans l'exposition qui accompagne le projet, des cartes de Berlin tirées de l'atlas ont été transformées en objets dans l'espace. /Photo: Christoph Petras/

### 2
### WORLD CONSPIRACY
#### Tim Schwartz

Il est temps de dépoussiérer les théories du complot et de jeter un regard subjectif et fascinant sur notre monde actuel. Ressemblant aux autoportraits présentés dans le chapitre Datalogy, CONSPIRATION MONDIALE peint une image déformée — mais logique en soi — du monde vu à travers les yeux d'un individu. Quel poids, quelle importance accordons-nous à certains thèmes ou à certains pays? Quels sont nos sujets politiques de prédilection? Assemblée et reformée en fonction des données recueillies dans plus de 10,000 documents rassemblés par un anonyme adepte de la théorie de la conspiration entre le 19 septembre 2001 et le 15 janvier 2009, la carte du monde de Tim Schwartz a été modifiée en fonction du nombre de mentions de chaque pays — ce qui nous permet de visualiser à la fois la paranoïa d'un individu et les récents sujets d'actualité politique.

3
**JUST LANDED**
Jer Thorp
Comme une variation des modèles de transmission des maladies épidémiques, ON VIENT D'ATTERRIR retrace les mouvements de réseaux sociaux. Utilisant des messages sur Twitter contenant des expressions comme « Viens d'atterrir à... » ou « Viens d'arriver à... », l'artiste a réalisé une carte des destinations grâce au LOCATION FINDER API de MetaCarta, avant de les comparer avec le point de départ des utilisateurs de Twitter pour voir quels itinéraires apparaissaient.

4
**GEOHISTORIOGRAPHY**
Tim Schwartz
Dans une variation sur son thème de la conspiration, Schwartz passe d'une carte redessinée à partir d'un point de vue individuel à celui de l'Amérique entière. Pour dessiner ce monde vu par un journal américain, l'artiste a recherché les articles consacrés à chaque pays dans les archives du New York Times, puis a contracté ou dilaté leur apparence physique en fonction de ces données. Dans sa version animée, cette géo-historiographie révèle le changement de vision de l'Amérique au cours des 150 dernières années, et la façon dont les problématiques les plus délicates et leurs relations avec les autres pays se sont déplacées avec le temps. Avec la distance de l'observateur scientifique, Tim Schwartz dissèque la psyché humaine, dévoile nos principaux centres d'intérêt et nos plus grandes peurs — assez stables depuis la préhistoire: notre terre natale, nos voisins et ceux que nous percevons comme une menace.

# MENNO-JAN KRAAK

Le professeur Menno-Jan Kraak est né en 1958 par 52° 16' 59.79" N et 5° 57' 44.63" E. Il dirige le département de traitement des géoinformations de l'Institut international de géosciences de l'information et d'observation terrestre (ITC) à Enschede, aux Pays-Bas. Auteur de plus de deux cents publications sur la cartographie et les systèmes d'information géographique, intervenant dans divers contextes et titulaire de positions-clés dans plusieurs sociétés et journaux cartographiques, il est l'un des protagonistes les plus passionnés et les plus réputés de son domaine. MJ Kraak est un véritable fan de cartes et son intérêt pour elles ne se limite pas à sa vie professionnelle très remplie, comme le prouve son impressionnante collection « cartophilatélique » (des timbres avec des motifs cartographiques).

•

La cartographie n'a jamais été aussi populaire et omniprésente qu'aujourd'hui. Nos téléphones portables reçoivent des données GPS, nous connaissons les cartes de *Google* sur le bout des doigts et une voix sympathique nous dit si nous devons tourner à gauche ou à droite au prochain carrefour. En même temps, travailler avec des données géospatiales n'est plus réservé aux professionnels. Toute personne qui s'y connaît un peu peut créer ses propres « mashups » de cartes. Est-ce une bonne ou une mauvaise époque pour votre discipline ? /MJK/ **Une bonne époque ! Même si on peut avoir des points de vue différents sur ce qui est « bon ». Mais le message général, qui est positif, c'est qu'on dirait que tout le monde aime les cartes. On produit et on utilise plus de cartes aujourd'hui que jamais. Des sociétés Internet comme *Google* et des constructeurs de systèmes de navigation y contribuent. Et puis il y a toutes ces tendances du web 2.0 comme la néo-géographie, Open Street Map, etc. Ces cartes sont générées par les utilisateurs, qui se servent de systèmes déterminant l'aspect final. Avec certains autres cadres, en revanche, qui donnent bien plus de libertés, le design est souvent mauvais. Cela peut être considéré comme un aspect négatif, mais tant que ces cartes ne sont pas utilisées pour prendre des décisions importantes, ce n'est pas trop grave.**

Alors les cartographes ne risquent pas de manquer bientôt de travail ? /MJK/ **Quand on regarde ce que font les professionnels, il n'y a pas** nécessairement moins de travail. Mais d'autres professions sont également impliquées dans la conception de cartes. Ces gens pourraient avoir besoin d'une formation supplémentaire.

Est-ce que l'inverse est vrai aussi? Les cartographes doivent-ils eux aussi apprendre de ces gens pour faire évoluer leur profession? /MJK/ Je pense que les cartographes devraient regarder autour d'eux et apprendre d'autres disciplines. Mais ils le font déjà, en fait. Il existe une communauté scientifique de géovisualisation / visualisation d'informations / analyse (géo)visuelle très active où les connaissances s'échangent dans de multiples directions.

Qu'en est-il des designers graphiques? /MJK/ Dans les domaines du design et de l'esthétique, la créativité des designers graphiques travaillant avec les nouveaux médias est une bonne source d'inspiration. Mais ces idées doivent être canalisées en une série de consignes cartographiques pour laisser les cartes faire leur travail. Ce qui consiste, dans sa forme la plus simple, à transmettre des informations, comme un outil d'exploration ou une interface présentant des séries de données géographiques.

Dites-nous en un peu plus sur ces règles et ces consignes. Qu'est-ce qui sépare la cartographie de la simple illustration d'une carte? /MJK/ Les cartes ont la capacité de présenter, synthétiser, analyser et explorer le monde réel. Elles le font parce qu'elles ne présentent qu'une sélection de la réalité complexe et la visualisent de façon abstraite. La cartographie en tant que discipline a développé toute une série de consignes de design pour réaliser la carte la plus appropriée qui permet de comprendre relations et caractéristiques spatiales. Certaines de ces consignes sont des conventions – la mer est bleue, le sable jaune – comme nous le voyons la plupart du temps sur les cartes topographiques. D'autres sont basées sur la perception – des symboles de grande taille représentent de grandes quantités, des teintes foncées des valeurs importantes – comme on les utilise principalement sur les cartes thématiques. Pourtant, ces consignes concernent principalement les cartes qui doivent faire passer un message. Aujourd'hui, on devrait aussi considérer les cartes comme des interfaces flexibles pour des données géospatiales – souvent basées sur Internet – et proposer une interaction avec les données au-delà de la représentation visuelle. Les cartes sont également un moyen d'encourager l'exploration. Elles peuvent donc être utilisées pour stimuler une pensée (visuelle) sur des relations et schémas géospatiaux.

> DANS LES DOMAINES DU DESIGN ET DE L'ESTHÉTIQUE, LA CRÉATIVITÉ DES DESIGNERS GRAPHIQUES TRAVAILLANT AVEC LES NOUVEAUX MÉDIAS EST UNE BONNE SOURCE D'INSPIRATION. MAIS CES IDÉES DOIVENT ÊTRE CANALISÉES EN UNE SÉRIE DE CONSIGNES CARTOGRAPHIQUES POUR LAISSER LES CARTES FAIRE LEUR TRAVAIL

> TOUT DESIGN DE CARTE EST FORTEMENT INFLUENCÉ PAR LA NATURE DES DONNÉES. AVANT LA VISUALISATION VIENT L'ANALYSE DES DONNÉES

Quelle est la bonne dose de design créatif dans une carte? /MJK/ Une carte devrait avoir un parfum de design, sous peine d'être stérile. En revanche, de nombreuses « cartes artistiques » ont une apparence correcte, mais n'appliquent pas correctement les consignes, elles font par exemple un usage erroné des nuances de couleurs: la teinte la plus sombre est au milieu d'une échelle au lieu d'être à une extrémité. S'il y a un message ici, il ne passe pas. Et c'est bien à ça que servent les cartes: aider à résoudre un problème et servir de base pour prendre une décision, comme trouver votre chemin d'un point A à un point B.

Pouvez-vous nous dire comment un cartographe utilise les données? Dans quelle mesure les données disponibles déterminent-elles la réalisation d'une carte? /MJK/ Tout design de carte est fortement influencé par la nature des données. Avant la visualisation vient l'analyse des données. Pour cela, nous avons toute une série de consignes qui garantissent le meilleur résultat possible. Voici un exemple simple: supposez que nous voulions présenter le nombre d'habitants des villes d'un pays donné. La question que nous devons nous poser est: quelle est l'échelle de mesure? Les données sont-elles d'ordre qualitatif – valeurs nominales comme une liste de catégories? Ou d'ordre quantitatif – valeurs numériques utilisant une échelle ordinale, d'intervalles ou de proportionnalité? Dans notre exemple, les données sont d'ordre quantitatif et nous devons utiliser une échelle de proportionnalité. Notre boîte à outils graphiques nous dit comment exprimer ces caractéristiques: des symboles de taille variable sont le mieux à même de représenter le nombre de personnes. En d'autres termes, on se base sur l'analyse des données afin de choisir les meilleures variables graphiques pour créer une carte correcte.

Une question plus personnelle pour finir: quand avez-vous découvert votre amour des cartes? D'où vient cette fascination pour la cartographie? /MJK/ Les cartes sont entrées dans ma vie quand j'étais enfant et que mon grand-père et moi nous partions en voyage dans son fauteuil, moi sur ses genoux. Depuis, j'ai toujours été attiré par les cartes et j'ai commencé à en dessiner. Je trouve fascinant que les cartes puissent capturer certaines parties de la réalité dans leur design. Elles peuvent être un message et un outil de pensée, en particulier dans notre contexte actuel de cartes interactives sur Internet.

**1**
REFLECTION
Andreas Nicolas Fischer
and Benjamin Maus
/ 2008 / Matériel travaillé à la fraiseuse CNC MDF Dimensions
900 × 720 × 120 mm /

**2**
EARTH BOWL PINSTRIPE
Fluid Forms
COUPE DU MONDE RAYURES invite les fans de design à choisir l'endroit parfait pour leur nouvel accessoire de décoration: pour personnaliser leur coupe, les clients choisissent un endroit sur une carte interactive. Fluid Forms transforme ensuite la topographie choisie en données de production et réalise la forme requise. / Crédits photographiques: Günther Kubizer /

4

5

### 3
### GUIDED
#### R. Justin Stewart

Exercice de patience et d'adresse, le jeu de labyrinthe, très populaire auprès des enfants consiste à guider une bille sur un parcours d'obstacles. GUIDÉ applique ce principe à la carte des Villes Jumelles (Minneapolis et Saint Paul), les rues etant gravées dans le matériau à une profondeur de 1,5 mm et les voies de transport en commun à une profondeur de 3 mm, si bien que les billes peuvent passer dans les voies de transport public, mais pas dans les rues. GUIDÉ souligne ainsi la dualité de tout système de transport qui, simultanément autorise et refuse l'accès à une ville. /2008/ MDF, matériel informatique, bille en acier/

### 4
### SÈ SAN DIEGO HOTEL CITY WALL
#### Ball Nogues Studio

Une carte en trois dimensions de la ville pour le très chic Sè San Diego Hotel. Travaillant à partir de prises de vues aériennes, Ball Nogues Studio a créé la maquette d'un bas-relief en trois dimensions. La sculpture réalisée par une machine à commande numérique a été finclisée à la résine de polymères puis recouverte d'une couche de poudre de bronze. /2008/ Responsables: Benjamin Ball, Gaston Nogues/ Chef de projet: Ben Dean/ Design et développement du projet: Benjamin Ball, Gaston Nogues, Ben Dean, Andrew Lyon/ Développement du logiciel: Pylon/ Photographie technique: Ramona d'Viola, ilumus photography/ Design d'intérieur: Dodd Mitchell Design/

### 5
### EARTH BROOCH SILVER
#### Fluid Forms

COUPE DU MONDE RAYURES, cette broche met en forme des cartes personnelles. Les clients sélectionnent leurs coordonnées géographiques préférées pour en faire un paysage décoratif en argent. /Crédits photographiques: Karin Lernbeiß, www.lupispuma.at/

1

2

1
TOPOGRAPHY PLATE
kyouei design
Kouichi Okamoto
Cet ultime accessoire de cuisine pour alpinistes nous invite à montrer les sommets aux chocolats ou aux biscuits grâce à cette chaîne de montagnes miniature.

2
MAPA TUR'STICO — LEIRIA
Rodrigo Machado
Carte interactive des principales attractions touristiques de la région de Leiria, au Portugal. Les endroits sont matérialisés par de petites icônes en trois dimensions; en cliquant sur ces icones, on fait apparaître des informations sur les sites. /Lu's Correia: participation à la création des icones en 3D/

3
IF THE WORLD
WERE A VILLAGE OF 100 PEOPLE
Hyebin PARK
Appliquant le principe SI LE MONDE ÉTAIT UN VILLAGE DE CENT HABITANTS, le village imaginaire sur Internet de Hyebin Park — peuplé de petits personnages et de petits bâtiments en trois dimensions — étudie d'importantes statistiques mondiales dans un milieu amical et familier. /Partenaire: Jhoo-Youn Cha /Tutorat: Juhyun Eune/

4
CARPET
Laurens van Wieringen
Le Studio Laurens van Wieringen rend notre démarche souple grâce aux formes incroyables et aux motifs infinis de son coûteux tapis topographique. Le relief est composé de plus de 10'000 pièces de mousse de tailles et couleurs différentes assemblées par 52 mains au total.

3

4

FALTJAHR 2010
Johann Volkmer

Snap, crack et pop(-up)! CALENDRIER DÉPLIANT 2010 de Johann Volkmer est un rappel immédiat des saisons de l'année. Pour chaque mois, une véritable prouesse de sculpture sur papier se déplie dans l'espace en format A3. De nature abstraite, chaque figure a pourtant des plis vraiment différents, de l'austère anguleux de janvier à l'éclosion des douces courbes de juillet. / Photo: Kristian Barthen /

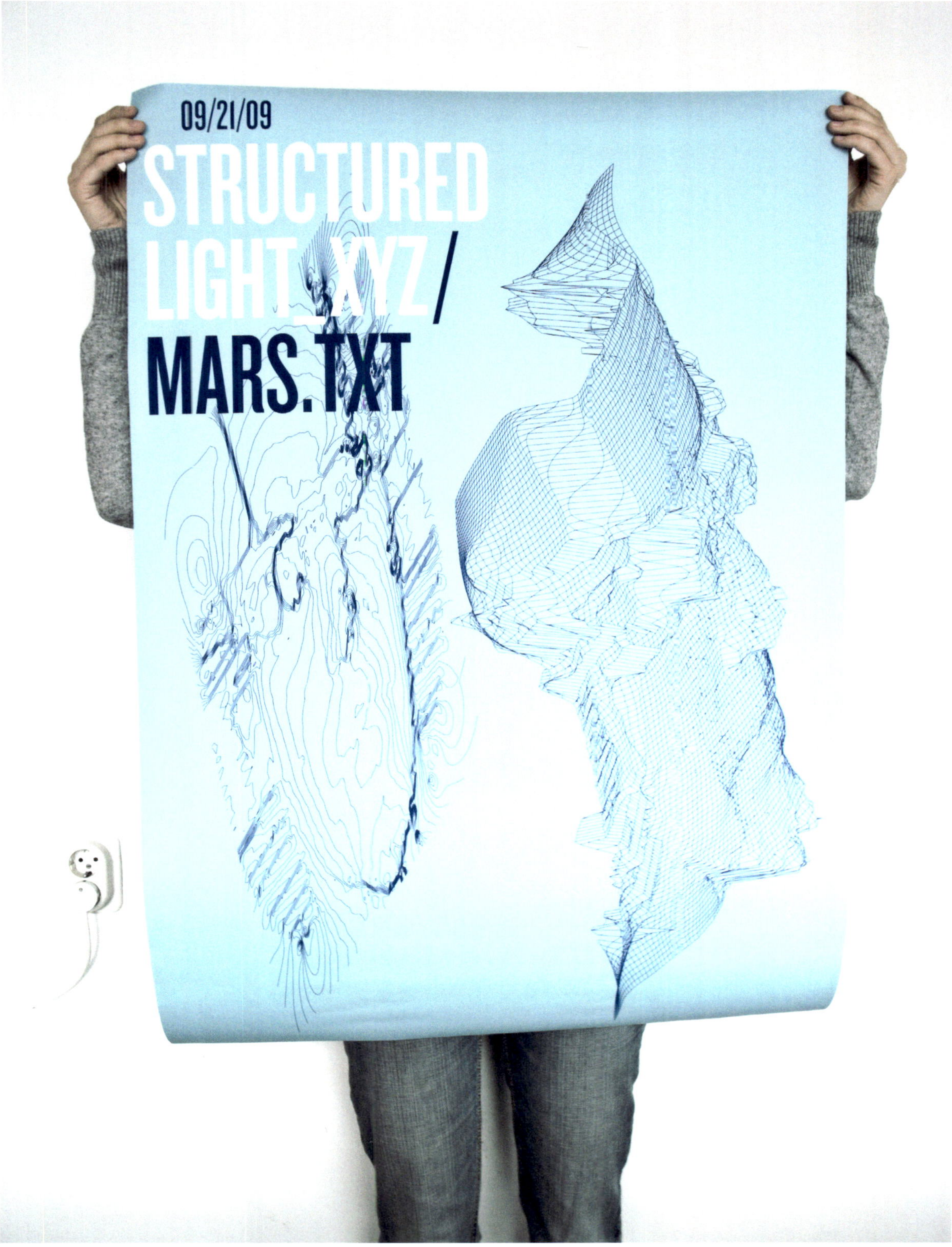

1
HELSINKI BIENNALE
Stine Belden Røed
La Biennale d'Helsinki 2008 a accueilli les installations, dessins, peintures, photographies, travaux vidéo et audio de près de 150 artistes. Au lieu d'en faire simplement une liste, l'affiche de la Biennale a représenté les 13 pavillons sous forme de pays contenant chacun plusieurs villes (les différents artistes). /Avec Blank Blank & Korea /Design: Petri Henriksson /Direction artistique: Aki-Pekka Sinikoski /Illustrations: Stine Belden Røed/

2
STRUCTURED LIGHT
Catalogtree
Les expériences lumineuses de Catalogtree mettent les photons à l'épreuve. Ils utilisent ici une LUMIÈRE STRUCTURÉE pour projeter des motifs sur une scène. Les déformations d'isolignes qui en résultent révèlent les propriétés tridimensionnelles des objets examinés, rendant visible l'invisible dans une grille de lumière rigoureusement contrôlée. /Plaatsmaken Arnhem, Pays-Bas/

# FLOCKING DIPLOMATS NEW YORK

**SAME PLACE, MULTIPLE TIMES**
Parking Violations by Diplomats in 1999 shown as treemap. The Top 100 of addresses with most violations is used, the surface of the image is related to the number of violations committed at that place.

Top 5: 307 E 44 ST (2014 violations), 310 E 44 ST (1896 violations), 304 E 45 ST (1407 violations), 333 E 38 ST (1152 violations) and 866 UN PLAZA (835 violations).

**SOURCES**
Based by kind permission on data from: Ray Fisman and Edward Miguel, "Corruption, Norms and Legal Enforcement: Evidence from Diplomatic Parking Tickets", December 2007, Journal of Political Economy.

**DESIGN**
Catalogtree, June 2008

**PHOTOGRAPHY**
Mikhail Iliatov, New York City

printed by Plaatsmaken, Arnhem, NL

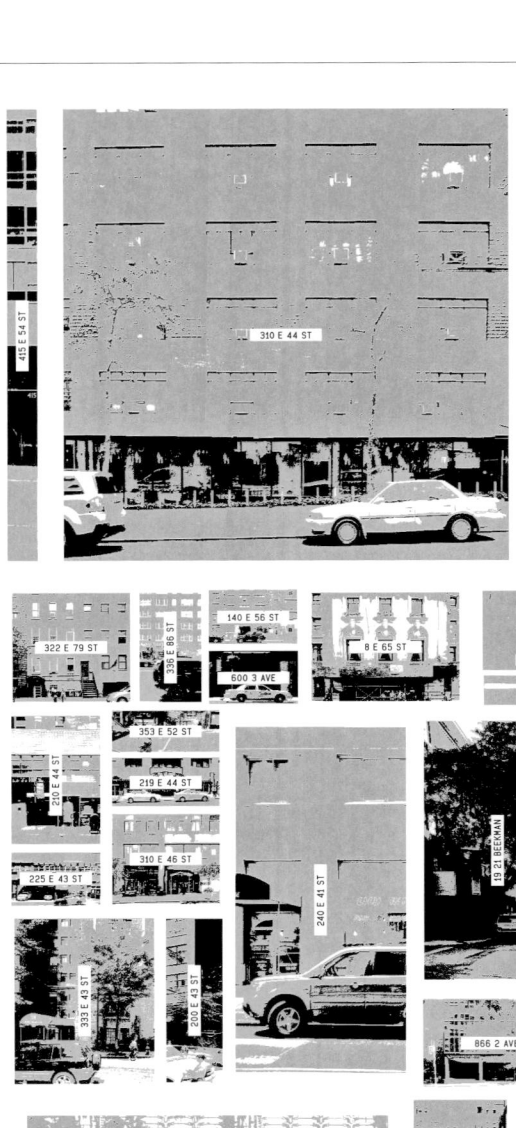

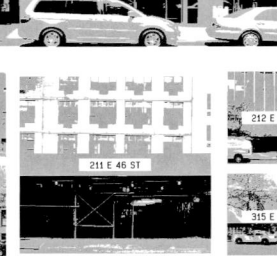

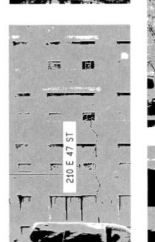
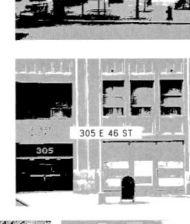

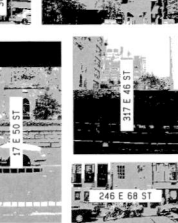

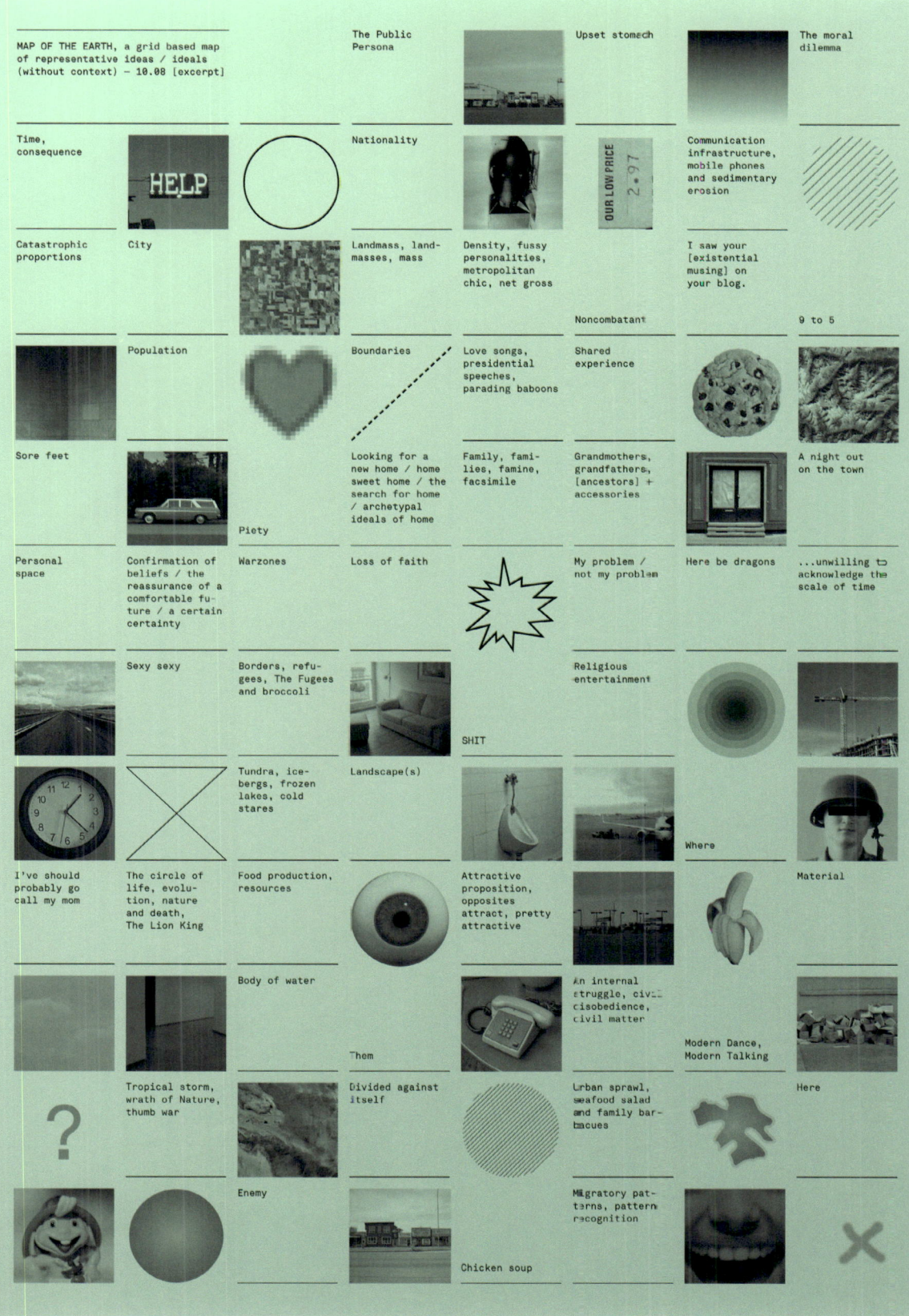

**1**
FLOCKING DIPLOMATS 4
Catclogtree

Protégé par une immunité diplomatique — et donc exempt de poursuites — le personnel diplomatique du monde entier fait montre d'un remarquable dédain à l'égard des « petites » réglementations locales. Le stationnement interdit est en première place sur la liste de leurs infractions. ATTROUPEMENT DE DIPLOMATES À NEW YORK nous montre les lieux les plus touchés grâce à une reconstruction graphique des cent endroits les plus recherchés de New York; la taille de chaque image indique le nombre et la fréquence des stationnements interdits. Faisant état de plus de 2000 infractions pour une seule et même adresse, cette carte n'illustre pas seulement l'idée des « récidivistes » qui reviennent sur les lieux de leurs crimes (restés impunis), elle coïncide également avec celle des endroits les plus attrayants de la ville, où se rassemblent les élites de ce monde. /Images: Mikhail Ilatov/

**2**
EARTH MAP (EXCERPT)
abiabiabi

Quel est le contraire d'une carte? CARTE DU MONDE d'Abi Huynh, dont on ne voit ici qu'un petit extrait, est une entreprise ambitieuse. Abandonnant les concepts de contexte et de géographie, les hiérarchies perceptibles ou les repères spatiaux, son anti-carte repose seulement sur les associations qui rendent visible le cheminement de sa pensée. Sorte de méta-carte, CARTE DU MONDE de Huynh questionne le choix de l'échelle, le contenu et la méthodologie employée pour établir une carte. En privilégiant les connections et les associations non-hiérarchiques, l'œuvre forme une nouvelle carte mentale avec des résultats différents pour l'observateur et le créateur. Dans son approche quadrillée d'idées et d'idéaux représentatifs, CARTE DU MONDE devient une quête de patrie et d'identité, d'éléments familiaux et familiers, de chefs d'État et d'états d'esprit, de banal et de résolument étranger concentrée dans un document à la fois public et privé qui brouille les frontières entre ce qui est représenté et celui qui le représente.

PAGE SUIVANTE
JOUR 1
rollergirl

Pourquoi vivre dangereusement quand on peut vivre par procuration? En 16 jours d'un intense voyage sur Internet, LA FILLE AUX ROLLERS recrée le voyage parfait — et parfaitement banal — vers certains des hauts lieux de la côte ouest des États-Unis. Los Angeles, le Grand Canyon, Las Vegas, San Francisco: planifié, organisé et immortalisé par des moyens virtuels — grâce à des informations recueillies sur le site de préparation de voyages MAPPY.COM, à des webcams publiques et aux récits de quelques-unes des sept millions de personnes qui font ce voyage annuellement — ce voyage fictif devient une collection hyperréaliste de toutes les expériences et connaissances accumulées par ceux qui sont vraiment allés dans tous ces endroits. Comme le satirique DICTIONNAIRE DES IDÉES REÇUES de Flaubert, cette accumulation de clichés de beaux voyages n'est jamais authentique mais en condensant toute une série de plus petits dénominateurs communs, elle devient « plus vraie » que chacun des voyages pris individuellement.

```
7:02    0,00    Prendre à gauche la Rue de Genève [500m]
                Sortir de Lausanne et continuer sur 1 [3.1km]
7:05    4       Prendre la E23 [3.1km] en direction de Genève Morges
                Continuer sur l'A1/E62 [51.5km] en direction de Morges-Ouest
7:07    7       Sortir et prendre la E21 [1.9km]
7:35    59      Entrer dans Cointrin [1.5km] en direction de Aéroport
7:37    61
7:40    62      Arrivée Aéroport Genève-Cointrin

4:00    0,0     Depart Los Angeles International Airport on Local road(s) (East) for 98 y
4:00    0,1     Turn RIGHT (South) onto Departures Acc [World Way S] for 0,6 mi
4:02    0,6     Continue (East) on Ramp for 0,4 mi
4:03    1,0     Bear RIGHT (East) onto W Century Blvd for 1,5mi
4:06    2,5     Bear RIGHT (East) onto Ramp for 0,7 mi
4:08    3,2     Merge onto I-405 [San Diego Fwy] for 16,0 mi
4:27    19,1    Turn off onto Ramp for 0,2 mi
4:28    19,4    Bear LEFT (North-East) onto Sepulveda Blvd for 0,5 mi
4:29    19,9    Turn RIGHT (East) onto Ramp for 0,2 mi
4:30    20,1    Continue (South) on US-101 [Ventura Fwy] for 5,5 mi
4:38    25,6    Bear LEFT (South-East) on Ramp for 0,2 mi
4:39    25,8    Turn RIGHT (South) onto Vineland Ave for 87 yds
4:39    25,8    Arrive Holiday Inn-Beverly Garland's
                [4222 Vineland Ave, North Hollywood, CA 91602, Tel: (818) 980-8000]
```

Ford Mustang Convertible
- 2 Adults, 2 Children
- 1 Large Suitcase, 2 Small Suitcases
- Automatic Transmission
- Air Conditioning
- Dual Airbags
- ABS
- AM/FM,
- Cassette
- CD
- Power Brakes
- Power Steering
- Power Windows
- Central Locking
- Tilt Steering
- Dual Mirrors
- Cruise Control
- V6 Engine
- Bucket Seats
- Power Mirrors

réveil à 06h10. Contrôler les robinets
les fenêtres. Vider le frigo. Arroser les plantes
rifier deux fois la poignée de la porte. Mettre

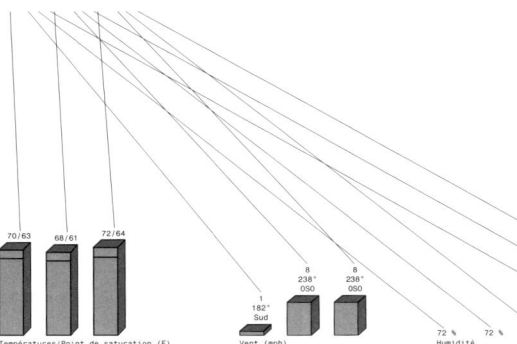

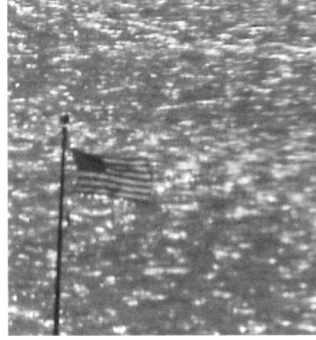

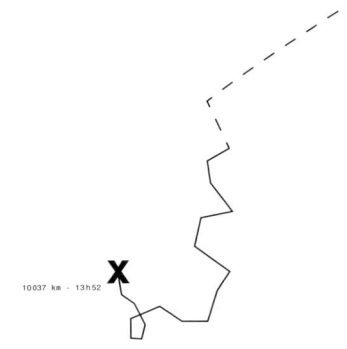

10037 km · 13h52

harmacie.

Could you recommend something for a bad cold?
oi, pourriez-vous me recommander quelque chose contre un gros rhume ?
ds. Is it just a simple head cold?
Est-ce seulement un simple rhume de cerveau ?
ave a headache, a sore throat? a slight cough, and I ache all over.
en effet une migraine, mal à la gorge, je tousse un peu et j'ai des douleurs partout.
ainly sounds like the flu that's going around. Everyone's got it. I can give you a cold capsule that'll relieve the runny nose and so
tout l'air de la grippe qui circule, tout le monde l'a. Je peux vous donner une gélule contre le rhume qui soulagera le nez et
n't knock me out, because I've gotta go to leave tomorrow.
ue ça ne va pas m'assommer, parce que demain il faudra que je parte.
make you drowsy, but it'll get you over the worst part fast. How about some vitamin C tablets? They won't do you any harm.
va vous rendre somnolent, mais ça va vous soulager rapidement. Que diriez-vous de comprimés de vitamine C ? Ça ne vou
. I've got plenty.
J'ai tout ce qu'il faut.
re. This ought to do the trick, but if you're not better in a couple of days, you should see a doctor.
evrait faire l'affaire, mais si vous n'allez pas mieux d'ici deux, trois jours, vous devriez voir un médecin.
Bye now.
ue je ferai. Bon eh bien au revoir.

Lick Observatory
Jul 27 04 09:50:07

er les pastilles.
seoir sur un banc. Regarder les passants.
ndre à l'agence de location de véhicules

La route qui a des bosses.
Tout droit.
Les nuages qui se précisent.
Le soleil dans le rétroviseur.
Le panneau 60.
La climatisation sur 22°.
Le volume sur 12.

**Riders on the st**
**There's a killer**

ir – 8

*West*

```
00   1294,8   Depart Goulding's Monument Valley RV Park [PO Box 360001, Monument Valley,
              UT 84536, Tel: (435) 727-3235] on Local road(s) (South) for 54 yds
00   1294,8   Turn LEFT (East) onto Gouldings Hospital Rd for 0,8 mi
03   1295,5   Bear RIGHT (East) onto Monument Valley Rd for 1,8 mi
09   1297,3   Bear RIGHT (South) onto US-163 for 23,7 mi
09   1297,7   Entering Arizona
38   1321,0   Turn RIGHT (West) onto US-160 for 31,9 mi
16   1352,9   Turn LEFT (North) onto SR-98 for 9,4 mi
33   1362,3   Bear LEFT (West) onto SR-98 [BIA-22] for 3,0 mi
33   1365,3   Continue (West) on SR-98 for 1,2 mi
40   1366,5   Bear LEFT (West) onto SR-98 [BIA-22] for 0,3 mi
40   1366,8   Continue (West) on SR-98 for 0,5 mi
45   1367,4   Bear LEFT (West) onto SR-98 [BIA-22] for 2,2 mi
45   1369,5   Continue (North-West) on SR-98 for 12,1 mi
06   1381,6   Bear LEFT (West) onto SR-98 [BIA-22] for 3,1 mi
11   1418,7   Bear LEFT (South-West) on SR-98 for 34,0 mi
15   1421,9   Turn LEFT (East) onto US-89 [Lake Powell Blvd] for 3,2 mi
16   1422,6   Bear RIGHT (North) onto Lakeshore Dr for 0,7 mi
17   1422,7   Arrive Wahweap/Lake Powell RV Park
              [PO Box 1597, Page, AZ 86040, Tel: (520) 645-1004]
```

ir – 9

ard. Include Choice of Soup du Jour or
ssings: Italian, Roquefort, Sherry Wine,
d Vegetables, Potato, Garlic Bread.

– Chicken Marsala_17.00
– Chicken Breast Chez Jay_17.00
– Chicken Curry_17.00
– Swordfish Béarnaise Seasonal_21.95 **X**
– Swordfish "Roti" au Poivre_21.95
– Sand Dabs Sauté Almondine_17.00

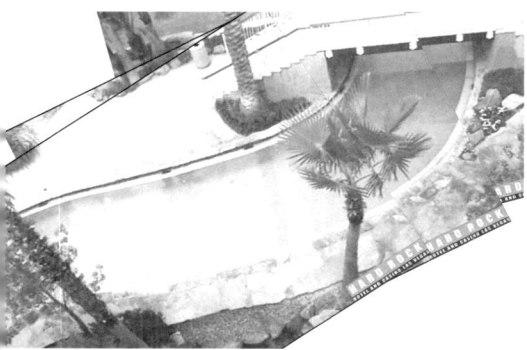

gressive. Le noeud dans les cheveux longs.
Les cheveux humides. Les lunettes Gucci avec
iamant incrusté incrustés dans les cheveux. I
trings jaunes. Les strings bleus. Les strings ar
rés. Les strings rouges. Les strings violets. Le
trings roses fluo. Le clip R n' B. Les blondes
ines. Les bombes latines. Les 2 filles joujouta
ans les éclaboussures du bassin. Le plongeor
ans l'eau. La douzaine de brasses jusqu'au r
ord. Remonter sur les dalles. Se rasseoir dan
haise longue. Les noeuds fragiles. Les discuss

knows I'm goin
alifornia dreamin
winter's day.
ll the leaves are l
e sky is gray. I'v
walk on a winter

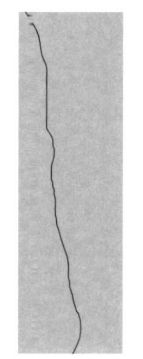
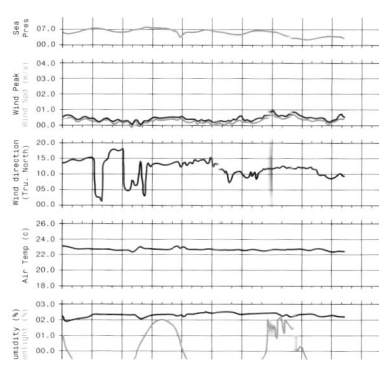

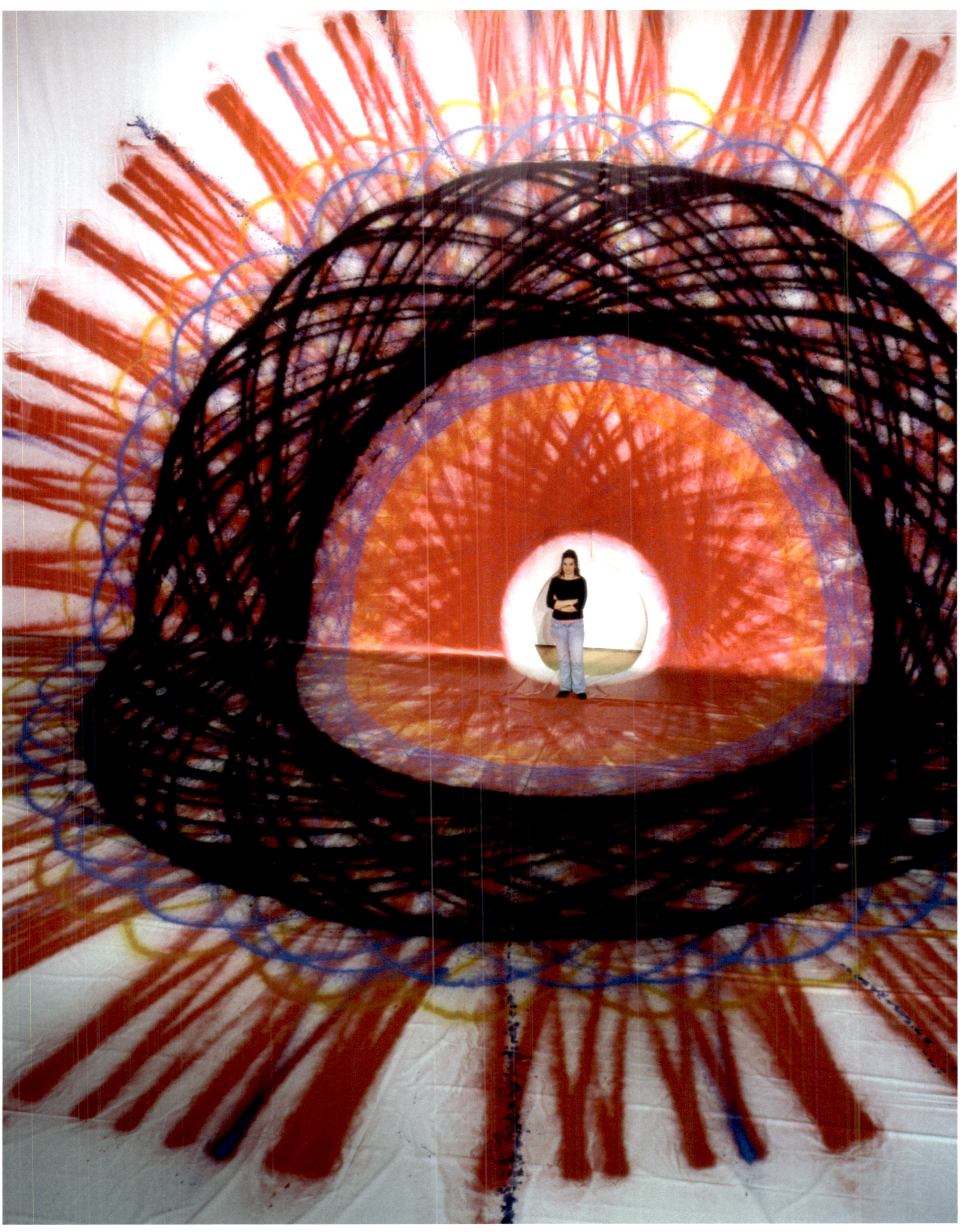

Ce dernier chapitre diffère des précédents car le but premier de ces visualisations n'est pas d'informer. Du moins pas de la même manière que les autres travaux. Nous entrons dans le monde de l'art de l'information, où les données sont un moyen d'exprimer des sentiments personnels et de créer des œuvres qui s'adressent à nos sens et à nos émotions. C'est la dimension esthétique des données qui est explorée dans ces pages.

•

C'est probablement la trilogie des *Matrix* qui a initié le grand public à l'« esthétique des données ». Certes, ces fragments illisibles d'un code défilant en vert sur une surface noire avaient quelque chose du cliché (il s'agit d'une grosse production hollywoodienne!), mais c'était une métaphore forte du thème du film.

Depuis les batailles de Néo, nous avons vu de nombreuses visualisations de données abstraites. Elles font désormais partie de notre vie quotidienne.

PAGE PRÉCÉDENTE
THE GOOD-TIME MIX MACHINE:
SCRAMBLER DRAWINGS
Rosemarie Fiore
/ › P. 252 / 2004 / Peinture acrylique sur vinyle, 60 × 60 pieds (18 × 18 m), Installation au Queens Museum, Flushing, New York / Photo: Stefan Hagan / Avec l'aimable autorisation de Priska C. Juschka Fine Art /

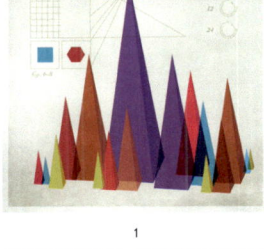

1
NONSENSICAL INFOGRAPHICS
Chad M. Hagen
/›PP.236,237/

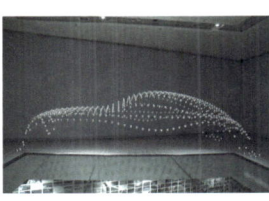

3
KINETIC SCULPTURE
ART+COM AG
/›PP.256,257/

Nous nous sommes habitués au langage visuel qui les accompagne. Certaines caractéristiques esthétiques nous font immédiatement penser à la représentation d'informations. Une structure complexe avec un grand nombre de nœuds et d'interconnexions: il pourrait s'agir de la représentation d'un réseau. Des barres colorées de tailles différentes – probablement des statistiques. Des lignes courbes ou en zigzag: sans doute des données enregistrées durant un certain laps de temps. Chad Hagen joue avec ces attentes. Ses images /1/ ont tout ce dont une visualisation de données a besoin – excepté les données. Leur usage de la forme et de la couleur, leurs grilles et leur présentation nous piègent et nous font penser à des infographiques, mais aucun sens ne se cache dans ces œuvres.

 Les images de Ross Racine nous induisent elles aussi en erreur. Elles ressemblent à des prises de vue aériennes ou aux relevés d'un urbaniste, /2/ mais sont en réalité des dessins à main levée. Aucune donnée là-dedans, juste de l'imagination.

 Nos (fausses) interprétations montrent que la visualisation de données a développé une esthétique certes très variée, mais spécifique. Cette esthétique résulte des données elles-mêmes, mais aussi de la forme qui leur est donnée. La donnée devient substance. La question de savoir si on peut la comparer à une matière physique fait débat – Joachim Sauter, /voir l'entretien ›PP.250,251/ artiste des nouveaux médias, refuse cette analogie – la donnée est en tout cas un contenu. Et comme tout autre matériau, nous pouvons en faire un produit ou une œuvre d'art. Tandis que la plupart des projets présentés dans ce livre se servent des données pour transmettre des informations «utiles», ce dernier chapitre nous présente des exemples dans lesquels les données sont employées à des fins esthétiques. Prenez l'installation d'ART+COM /3/ pour le musée BMW: elle n'explique pas le processus de design d'une voiture, elle l'interprète de façon métaphorique, émotionnelle.

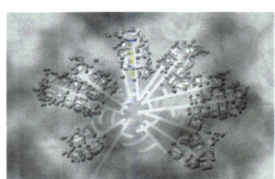

2
SUBDIVISION:
EVERGREEN PARK
Ross Racine
/›P.240/

DATAESTHETIC

1
GEOMETRIC EXPERIMENT NUMBER 1
2
GEOMETRY EXPERIMENT NUMBER 2
3
GEOMETRIC EXPERIMENT NUMBER 3
Fabiano Coelho
Une série d'expériences sur la géométrie simple, les couleurs primaires et leurs multiples applications en design graphique.

4
ROTOR D/64
Max Frey
Les joies du bricolage — les cercles de lumière de Max Frey, colorés et en rotation, nous révèlent les mécanismes à l'œuvre. Ici, des dessins gravés sur un disque de programmation déterminent le résultat visuel final. /2007/Jantes de vélo, carte de circuits, moteur, lampes LED/91×73×28 cm/Édition 3/10/Photo: Carolina Frank/

5
ROTTA
6
ROULADE
7
SCORDATURA
Andy Gilmore

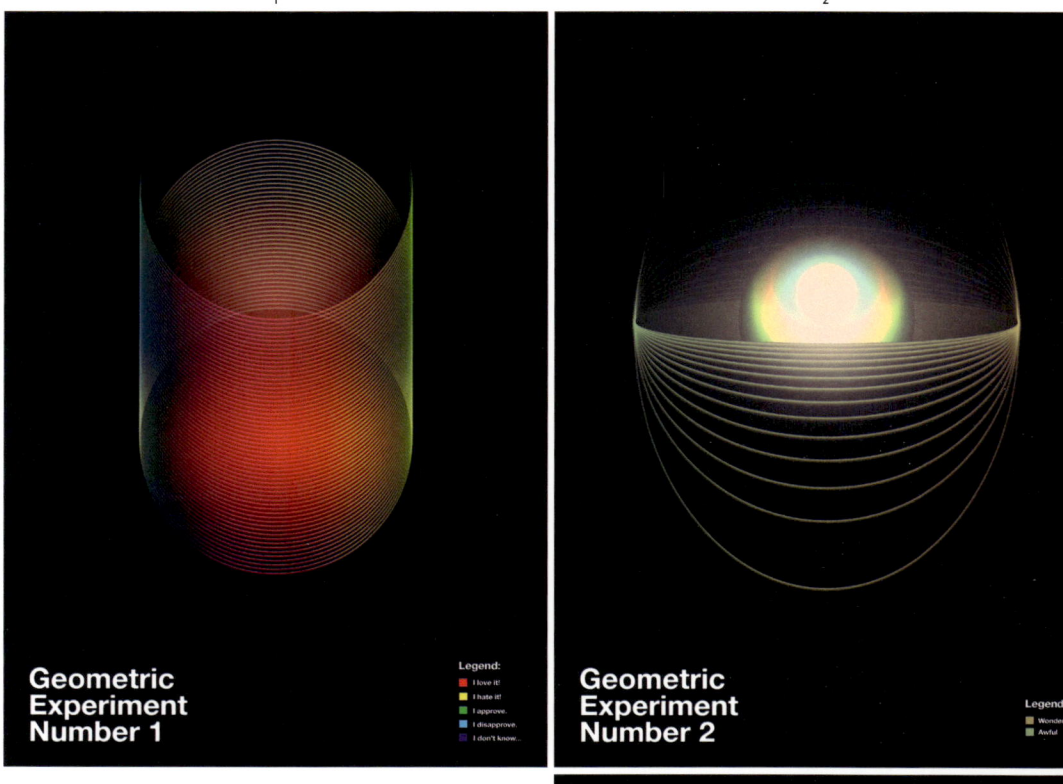

1
GREEN PAINTING
2
POSTCARD PAINTING 2
Mark Wilson
Celle-là sort des archives! Datant de la fin des années 1970 — à l'époque ou diagramme et technologie étaient synonymes de progrès — les peintures de Mark Wilson célèbrent la beauté des réseaux et des circuits électriques. /GREEN PAINTING /1977/ Acrylique sur lin / 76×76 cm / POSTCARD PAINTING 2 /1978/ Acrylique sur papier /10×15 cm/

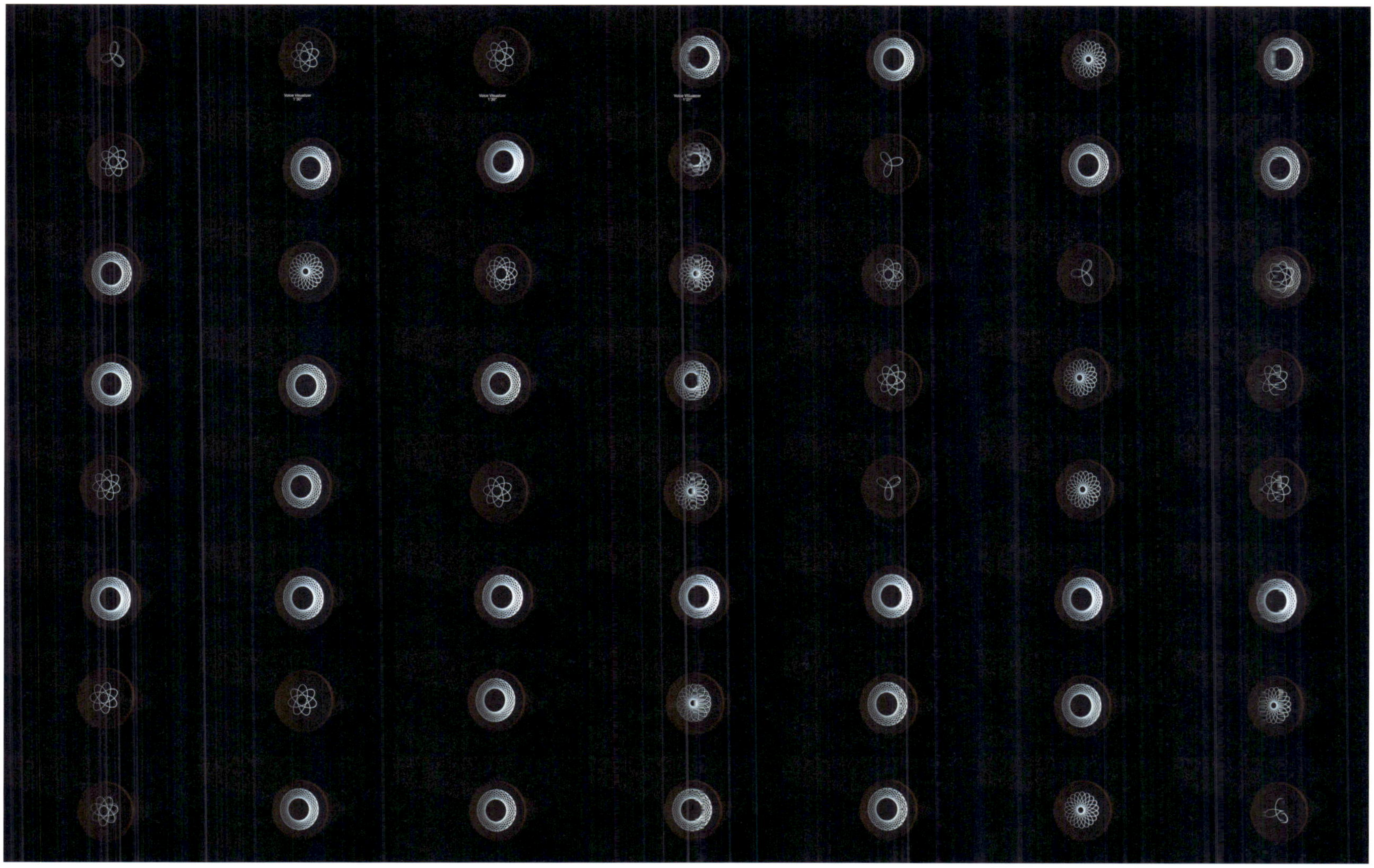

3

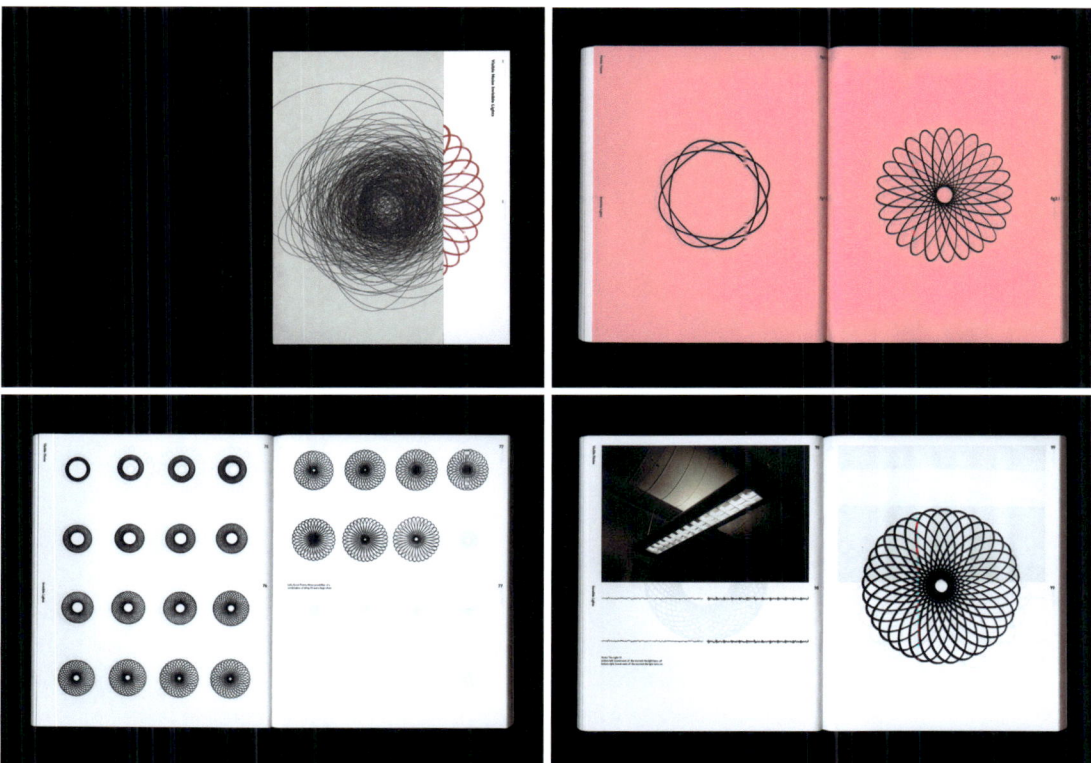

4

### 3
**VOICE VISUALIZER**
why not smile
Hoon Kim

VISUALISEUR DE VOIX a pour but d'améliorer la qualité de la communication dans l'espace public. Mégaphone-kaléidoscope, cet objet transforme en temps réel la voix en pixels, dessins au spirographe ou spectre de couleurs en fonction du ton et du volume.

### 4
**VISIBLE NOISE / INVISIBLE LIGHTS**
why not smile
Hoon Kim

BRUIT VISIBLE / LUMIÈRES INVISIBLES étudie le bruit blanc produit par des sources de lumière. Dans son studio expérimental, l'artiste a étudié à l'aide d'un spirographe les relations entre les 25 différents types de lumière. Toutes les lampes ont été photographiées, ainsi que le son qu'elles produisent quand on les allume et quand on les éteint. Kim a ensuite analysé les différences en termes de répétition, de volume et de fréquences entre les ondes sonores émises.

NONSENSICAL INFOGRAPHICS
Chad M. Hagen
Vision graphique du conte des HABITS NEUFS DE L'EMPEREUR, les INFOGRAPHIQUES ABSURDES de Chad M. Hagen nous montre à quoi ressemblent des infographiques sans véritables données ou statistiques pour donner une substance à leur structure visuelle.

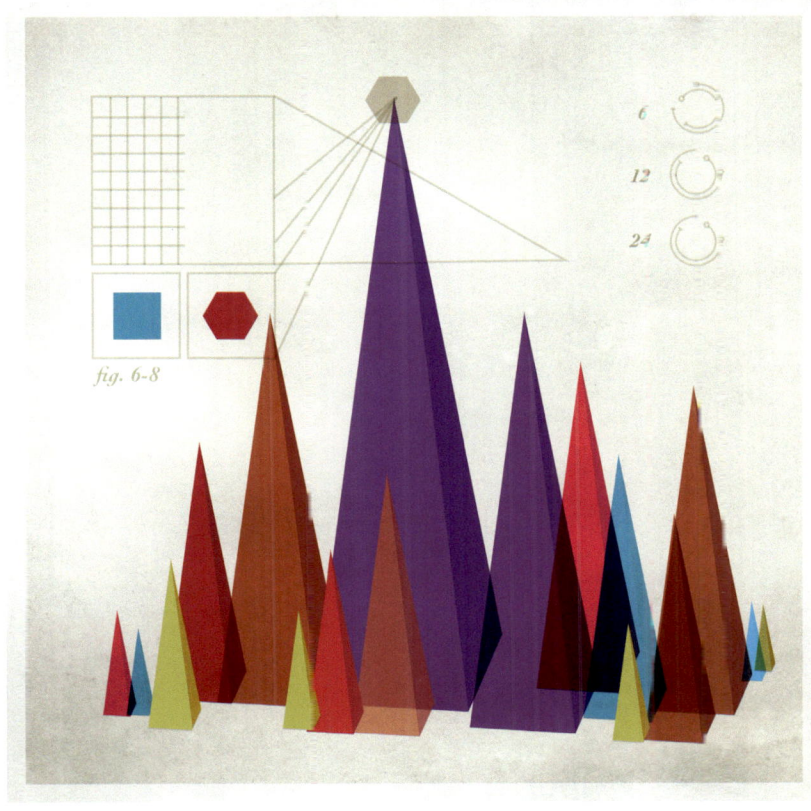

The encyclopedia was viewing the events on the other pages with immense satisfaction and decided to introduce some facts to Jack from Jack and the Beanstalk. Almost immediately the golden goose keeled over. Next to the bird's lifeless body was a group of words claiming 'no animal is able to sustain metal ore in its digestive tract'. Jack spun round to see more words declare, 'a garden beanstalk is unable to grow beyond 13 feet'. Suddenly all his words were swamped with explanations.

And so, like the beast's enforced timeline, Jack's tale was now inhabited with the encyclopedia's 'facts'.

Jack's Bean was looking considerably less Magic.

PAGE DE GAUCHE
**MADE UP TRUE STORY**
Sam Winston
Travail de déconstruction du conte Jack et le haricot magique. /2005/

1
**NEW YORK TIMES**
Sam Winston
Dans NEW YORK TIMES de Sam Winston, la poésie du langage se dissout dans le pragmatique « soit / soit » d'un code binaire informatique. /2006/

2
**THE FIGURES: ANNUAL REPORT**
3
**THE FIGURES: BUDGETING**
Tsilli Pines
LES CHIFFRES retrace la topographie de l'argent dans la conscience humaine et le défilé incessant de chiffres dans notre vie de tous les jours. /2008/ Pigments, papier ancien et fils de coton sur papier de riz/

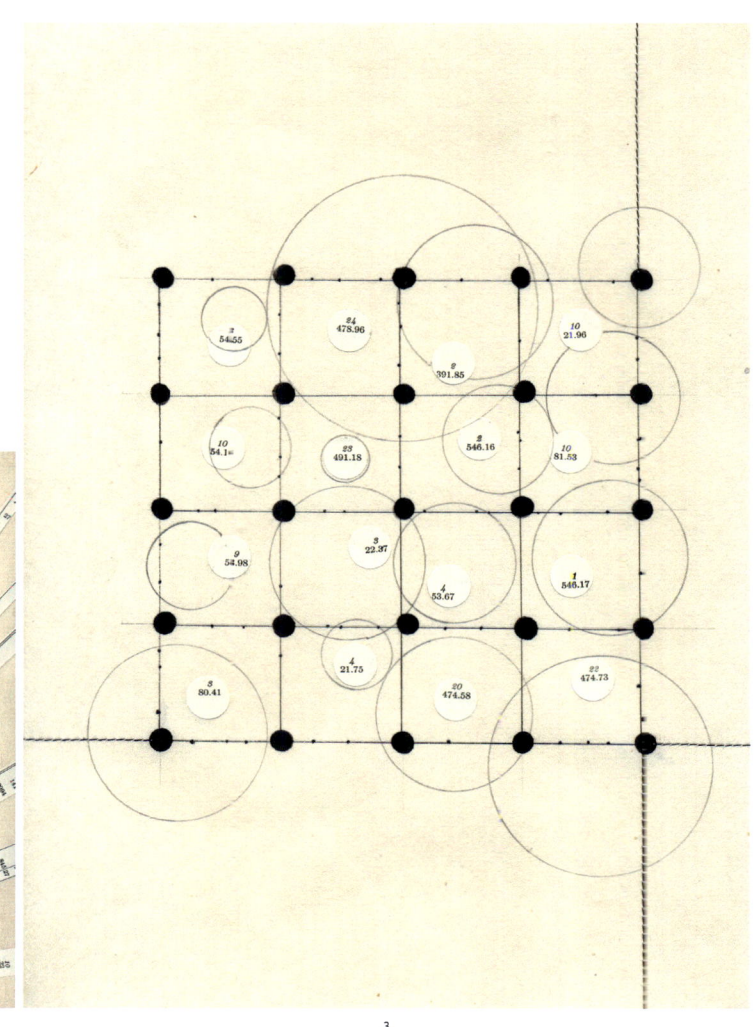

DATAESTHETIC

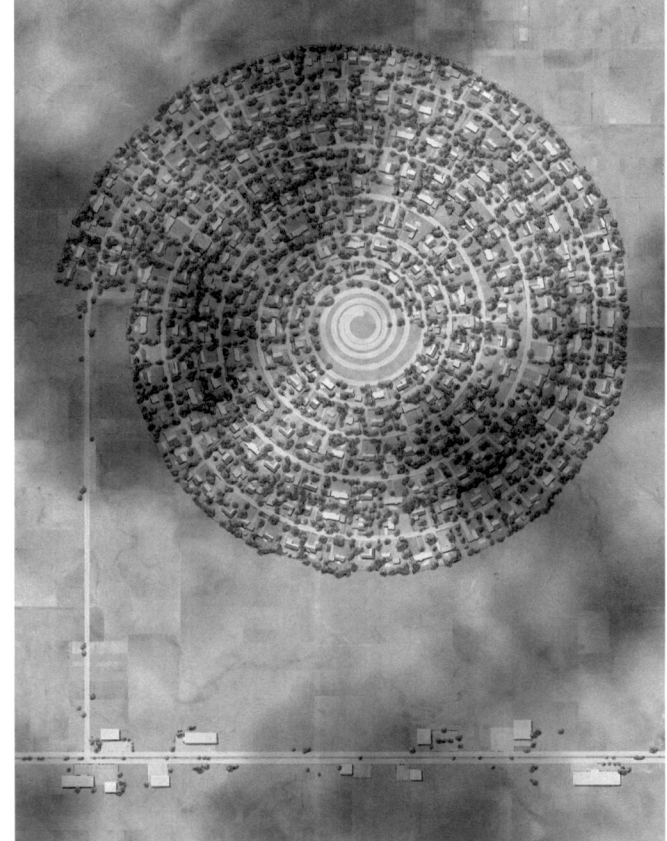

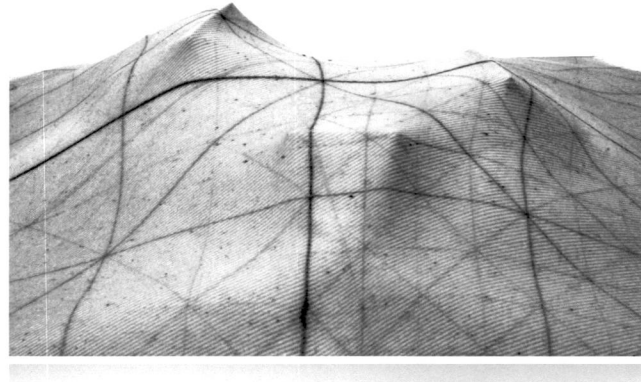

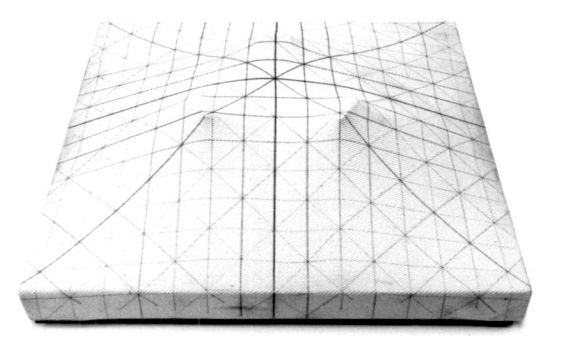

4

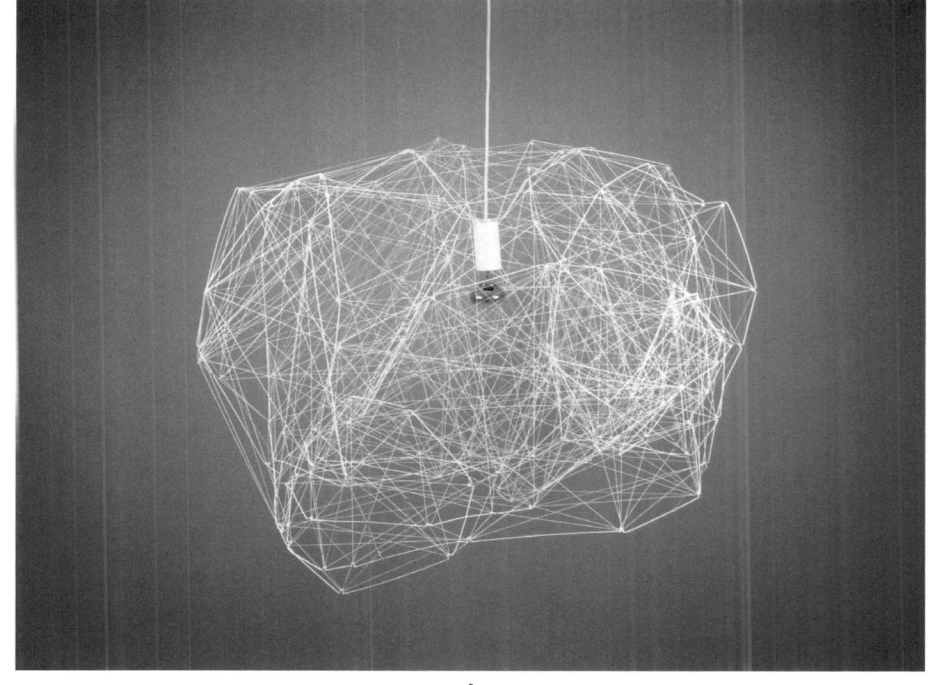

5

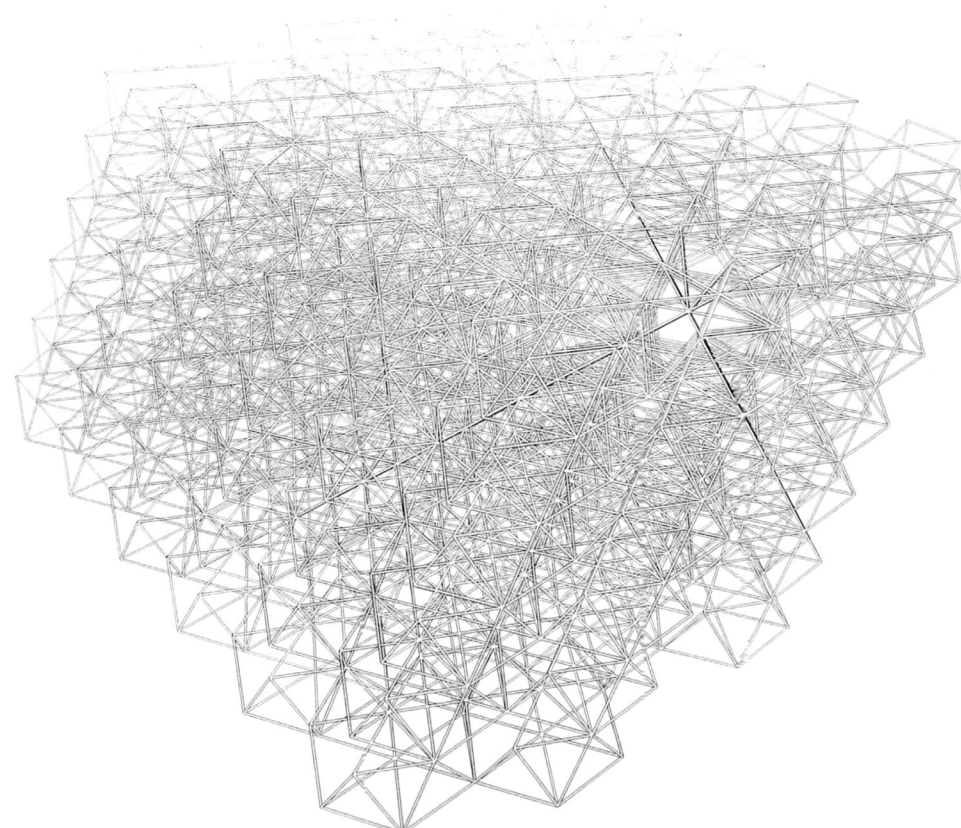

6

1
SUBDIVISION: EVERGREEN PARK
2
SUBDIVISION: GREENFIELD LAKES
3
SUBDIVISION: BEACHVIEW BLUFFS
Ross Racine
Point de vue graphique et rigoureux sur l'ici-bas, l'organisation humaine, les villes et leurs banlieues, les vues aériennes fictives des réalités urbaines et rurales par Ross Racine sont des dessins à main levée réalisés sur ordinateur

4
SURFACE MODULATION
Richard Sweeney
Dans sa série MODULATION DE SURFACE, Richard Sweeney, qui se livre à des expériences mathématiques, s'intéresse ici au design. Des formes en bois — fixées derrière une toile — déforment le tissu tendu. La forme qui en résulte est peinte à la résine époxy et laisse une trace qui subsiste même après qu'on a retiré les formes. / 2009 / Graphite sur toile, formes de bois / Maquette et photographie: Richard Sweeney /

5
DRAWING LIGHT — CUMULUS
Sara Ivanyi
DESSIN DE LUMIÈRE est une série d'abat-jour qui met en valeur la qualité spatiale de la lumière. Tissant leur toile sur les murs, les abat-jour réalisent de grands volumes de lumière avec une masse faible. / DRAWING LIGHT — FRACTAL / 2009 / Métal, fil de caoutchouc traité, 8 diamètre × 64 cm h / Dessin de lumière — Cumulus / 2009 / Métal, fil de caoutchouc traité diamètre × 70 cm h /

6
FRED AND ME
Matt Shlian
/ P. 242 / 2009 / Stylo à bille 19 × 24 pouces /

1

2

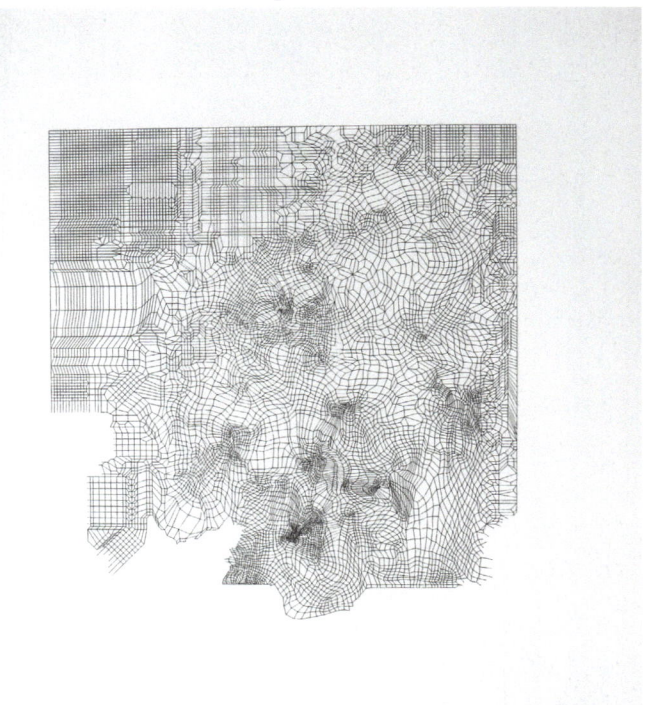
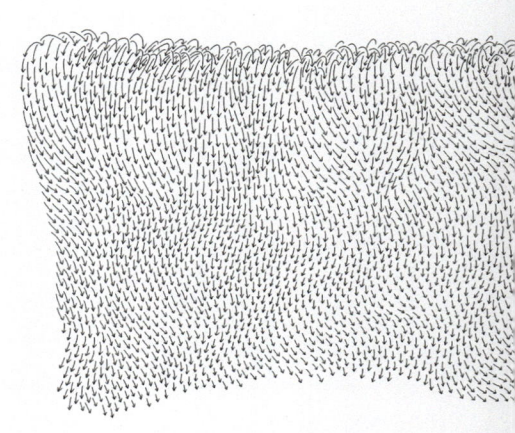

3

1
6
2
4
3
### 12 MORNING GLORY LANE
Matt Shlian

Dans un jeu sur la traduction erronée d'informations — pensez au téléphone arabe, par exemple — Matt Shlian se penche sur la façon dont un logiciel peut corrompre des données en les soumettant à différents formats numériques. N'ayant souvent que peu de ressemblance avec l'image ou le texte original, les nouvelles informations perverties sont dessinées par un traceur. /6/2008/Stylo roller sur papier d'Arches 19×25 pouces/4/2008/Stylo roller sur papier d'Arches 19×25 pouces/12 MORNING GLORY LANE/2007/Stylo roller sur papier d'Arches 19×24 pouces/

4
### O.T. (PFEILE 4)
Jorinde Voigt

/Berlin/2006/Encre sur Papier/150×300 cm/Pièce unique/

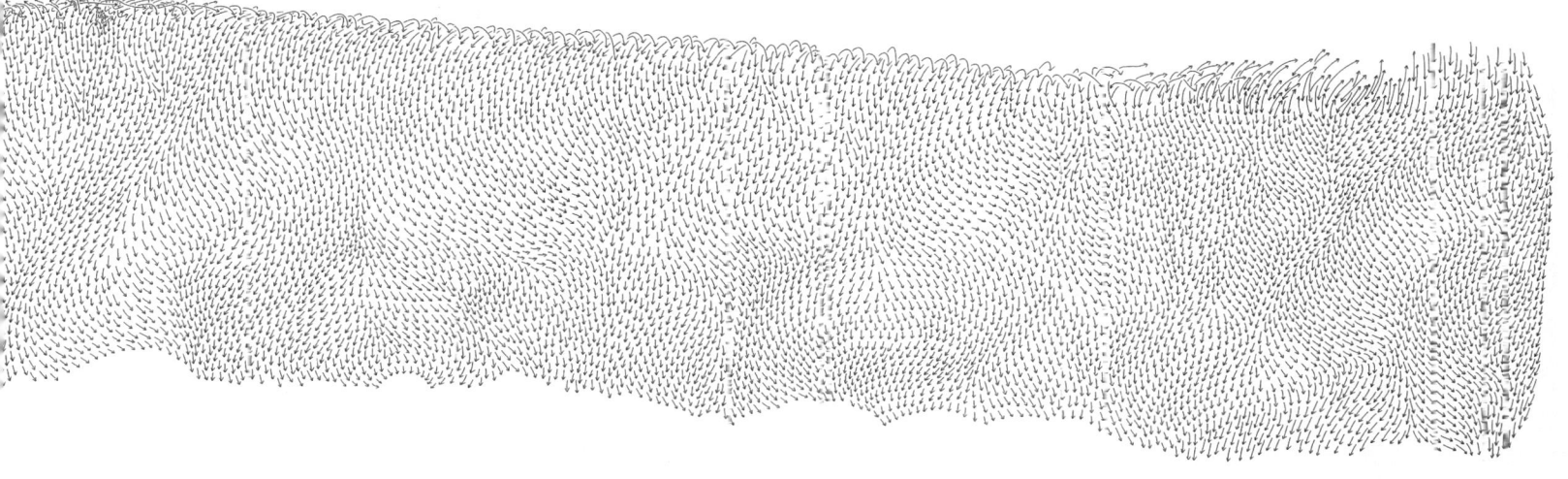

DATAESTHETIC

**1**
**RANDOMIZER 4**
Zalibarek
RANDOMISEUR 4 de Zalibarek monte sur les hauteurs vertigineuses de la prose transformée en paysage de montagne. ⁄ 2009 ⁄ crayon, encre sur papier ⁄

**2**
**TEST AUDIENCE DRAWINGS (RED REJECT, 7ᵀᴴ GENERATION)**

**3**
**TEST AUDIENCE DRAWINGS (ORANGE REJECT, 1ˢᵀ GENERATION)**
Torgeir Husevaag
Dessins « génératifs » à l'encre réalisés selon des règles prédéfinies, les dessins de Husevaag approuvés par un public-test se nourrissent de l'opposition entre méthode et jeu, entre l'attention portée au détail et les imperfections délibérées.    Afin de tester son adresse et sa concentration, l'artiste, au cours de cet exercice particulier, s'efforce de tracer des cercles les uns autour des autres — le plus près et le plus rapidement possible. Le cadre expérimental prévoit qu'aucune des lignes ne doit se toucher — ses erreurs sont marquées par un « cercle de pénalité » qui accentue l'imperfection originelle.    Pour donner une tournure inattendue à l'expérience, les dessins doivent se poursuivre sur plusieurs « générations ». À la fin de chaque série, un public-test choisit parmi quatre dessins celui qu'il préfère et qui va servir de point de départ à la prochaine série, accentuant les erreurs de Husevaag.    Dans cet exercice d'habileté et de perception, ce sont précisément ces imperfections qui augmentent l'intérêt et la structure de ce système rationalisé. Comme l'ont montré les principes de l'évolution, des mutations minimales peuvent produire d'énormes changements. Sur plusieurs générations, des erreurs minuscules donnent lieu à une étonnante diversité. ⁄ TEST AUDIENCE DRAWINGS (RED REJECT, 7ᵀᴴ GENERATION) ⁄ 2002 ⁄ Encre sur papier ⁄ TEST AUDIENCE DRAWINGS (ORANGE REJECT, 1ˢᵀ GENERATION) ⁄ 2001 ⁄ Encre sur papier ⁄

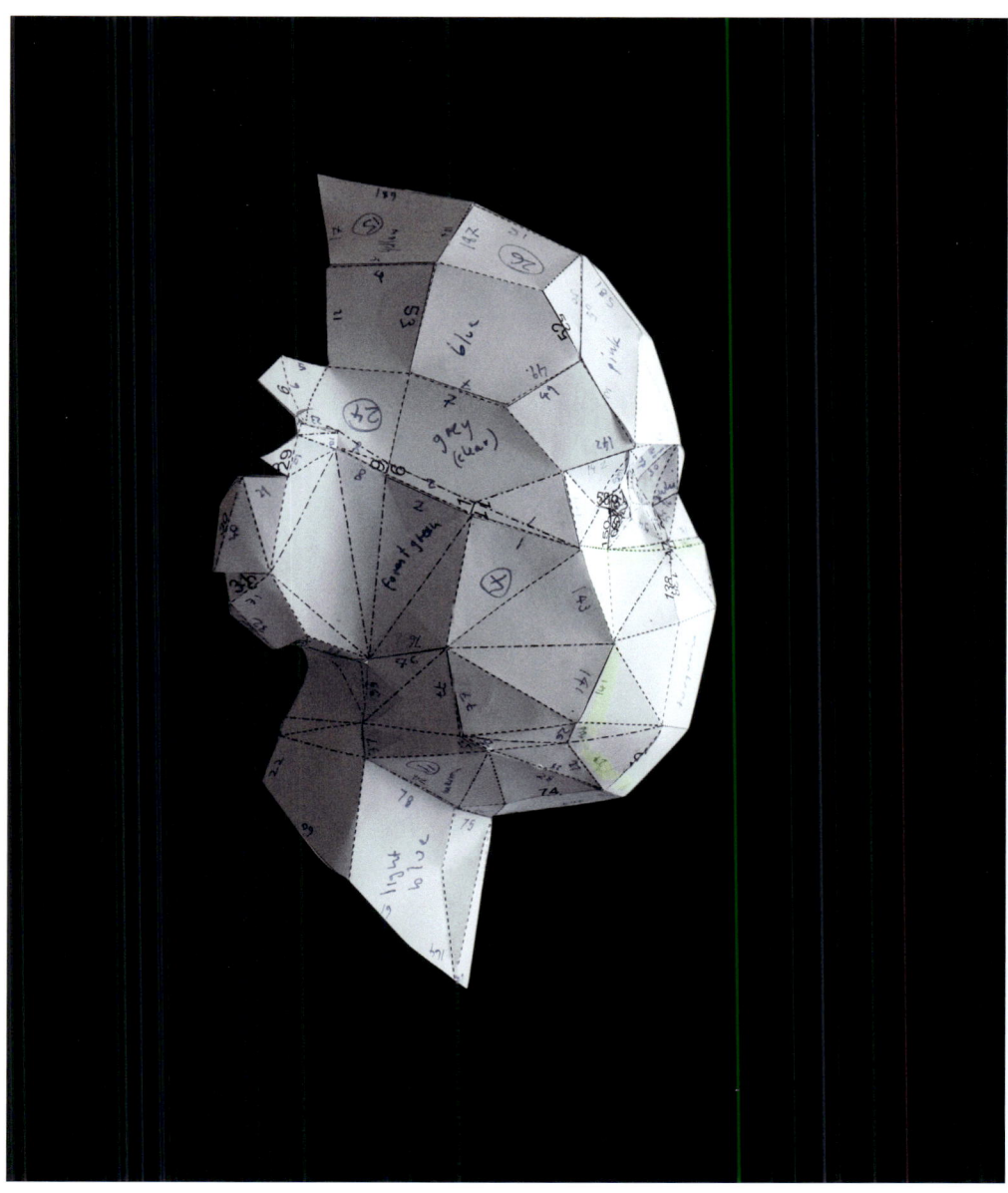

**4**
**CLINIC PLANETARIUM OF THE SOUL**
Clemens Habicht
Visuels de concert pour le groupe britannique Clinic. / 2008 / Concerts visuels / Nexus Productions London /

**5**
**ANATOMY SERIES (HEAD RIGHT)**
**6**
**ANATOMY SERIES (HEART)**
Shannon Rankin
Shannon Rankin réalise des cartes de notre anatomie — à moins que ce ne soit l'anatomie des cartes? / 2008 / Carte sur papier /

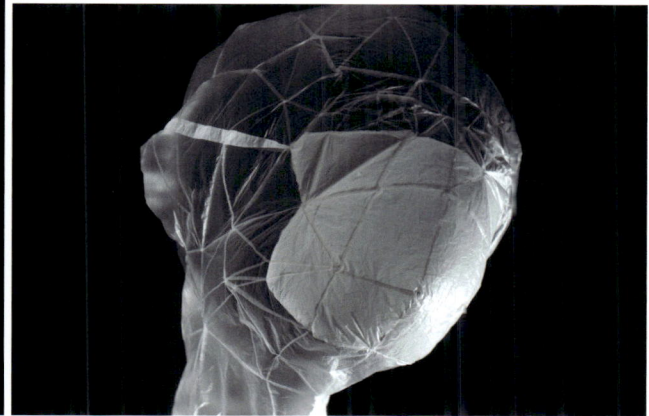

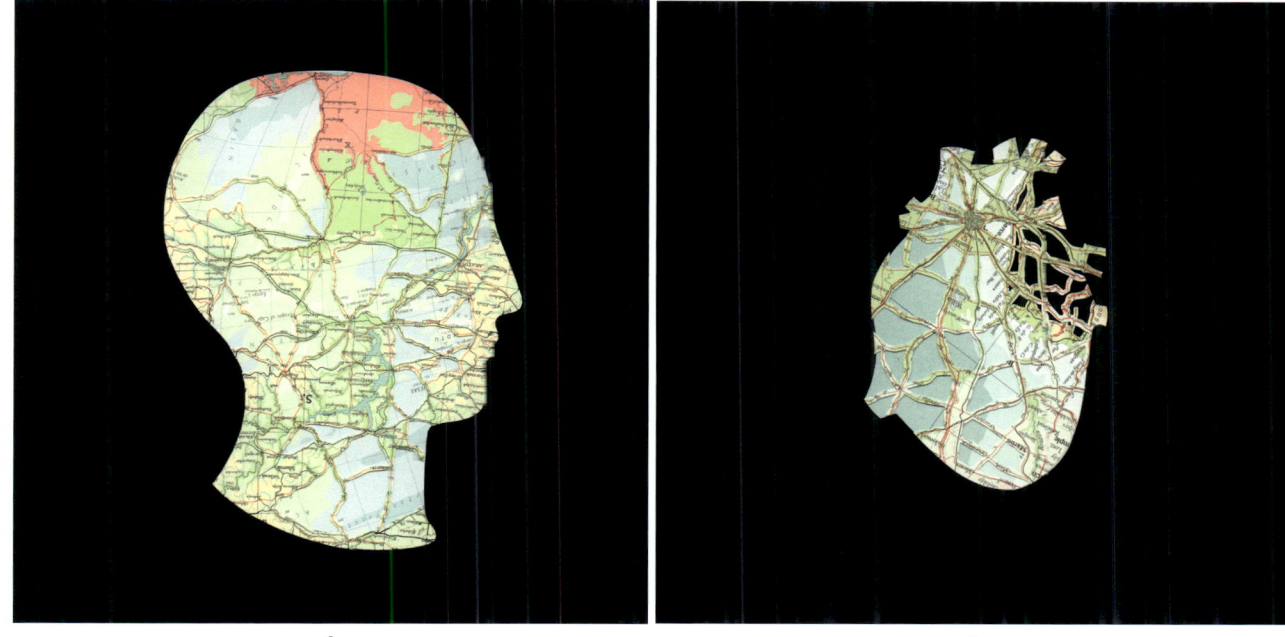

1

2

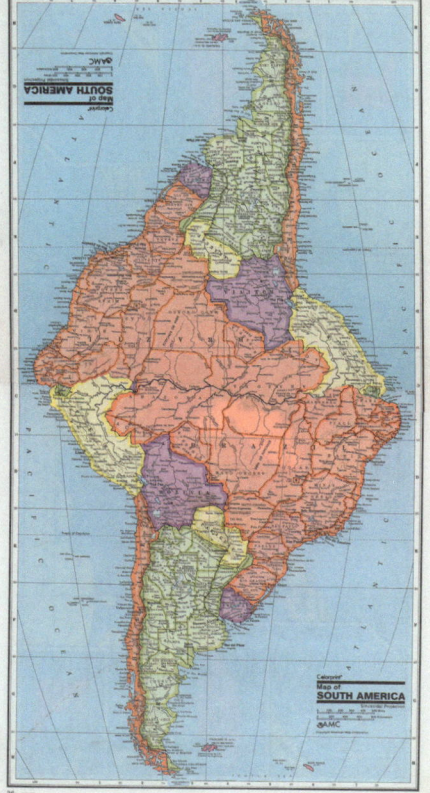

1
**ITALY**
De la série GEOGRAPHIC PATHOLOGIES
2
**SOUTH AMERICA**
De la série GEOGRAPHIC PATHOLOGIES
3
**NORTH AMERICA**
De la série GEOGRAPHIC PATHOLOGIES
Nina Katchadourian

Où est le haut, où le bas? Les PATHOLOGIES GÉOGRAPHIQUES de Nina Katchadourian modifient la carte du monde telle que nous la connaissons. Avec des procédés simples comme l'inversion ou la réflexion, elle parvient à créer un sentiment instantané d'étrangeté — et nous donne un nouveau point de vue. /1996/ Avec l'aimable autorisation de l'artiste, de la Sara Meltzer gallery (New York) et de la Catharine Clark gallery (San Francisco)/

4
CIRCLE SERIES (VENTS 02)
5
UNCHARTED SERIES — FRACTURE
6
CIRCLE SERIES (MIGRATION)
7
UNCHARTED SERIES — BASIN
Shannon Rankin
/2009/Carte sur papier/

4

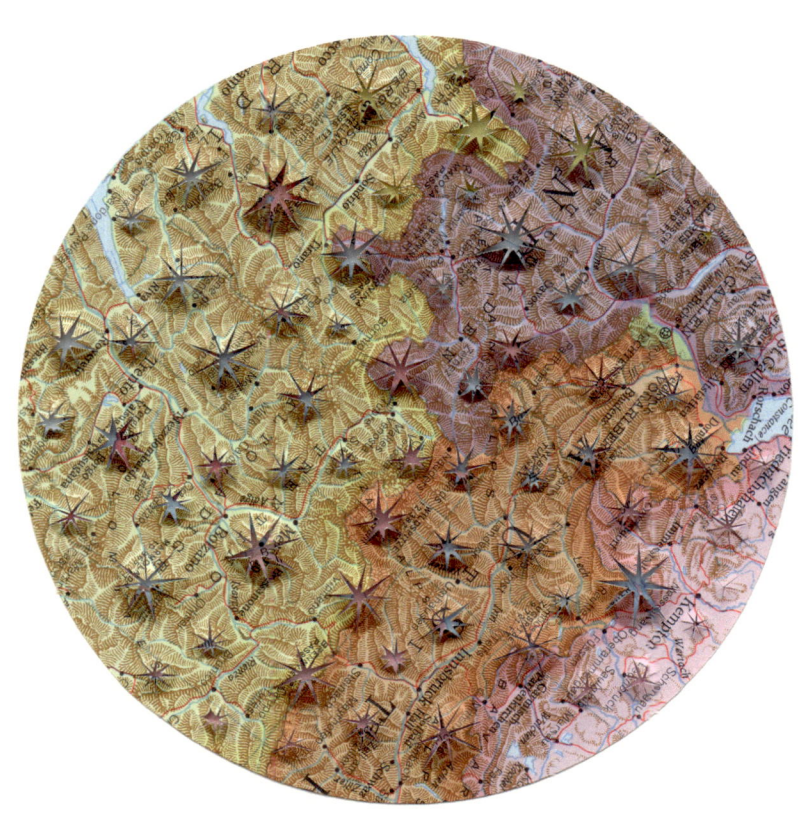

5

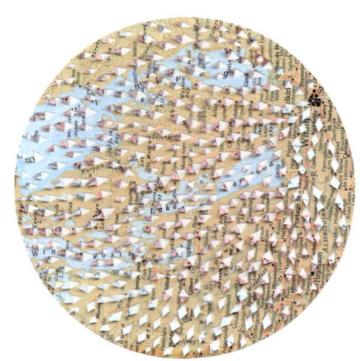

6

7

1
HIGH ALTITUDE / hangseng_80-09
2
HIGH ALTITUDE / dax_80-09
3
HIGH ALTITUDE / nasdaq_80-09
Michael Najjar
Le matériel photographique rassemblé près du mont Aconcagua — le plus haut sommet du continent américain avec ses 6962 mètres — constitue la base de HAUTE ALTITUDE, une série qui visualise l'évolution des grands indices boursiers mondiaux au cours des vingt ou trente dernières années. / 2008–2009 / Avec l'aimable autorisation de l'artiste et de la Galería Juan Silió /

# JOACHIM SAUTER

Joachim Sauter est co-fondateur d'ART+COM, l'une des principales agences de réalisation de solutions spatiales en relation avec les nouveaux médias. Pionnière dans le domaine pendant plus de vingt ans, l'agence est toujours à la pointe dans le développement de projets au croisement de l'art, des médias, du design et de la communication d'informations. ART+COM est particulièrement douée pour présenter des marques et des contenus de manière efficace et ludique et pour donner une touche émotionnelle à ses présentations. Joachim Sauter est toujours à la tête du département créatif de l'agence, mais il prend aussi le temps de transmettre son expérience et ses connaissances aux étudiants. Depuis 1991, il est professeur de design, art et nouveaux médias à l'université des arts de Berlin. En 2001, il a été nommé professeur auxiliaire de l'UCLA.

•

**Vous travaillez à la fois dans le domaine de l'art et dans celui du design. Quelle est la différence entre un projet de visualisation réalisé dans un contexte artistique et un projet de design?** /JS/
En quelques mots : le résultat d'un travail de design doit être compris immédiatement et devrait être directement lisible par le plus grand nombre de personnes possible. Ce qui signifie qu'il doit employer un langage que tout le monde comprend. Une œuvre d'art, en revanche, se sert d'un langage individuel et personnel et n'est pas vraiment censée être comprise immédiatement par tout le monde. Le processus consistant à comprendre une œuvre d'art en la déchiffrant est très important. Cela nous oblige à avoir un dialogue bien plus profond avec ce qui est présenté. Avec un travail de design, c'est le contraire – s'il y a un incendie, vous n'avez pas envie de déchiffrer une pancarte de sortie. Il va sans dire que les frontières sont floues et qu'on peut trouver ces deux approches dans les deux domaines.

Dans le domaine des données, il y a d'un côté la visualisation d'informations. Le but est ici d'informer quelqu'un sur un sujet de manière lisible ou de lui faire comprendre ce qui se cache derrière une série de données. De l'autre, il y a la *visualisation des données*, où les données sont utilisées pour trouver une forme permettant de créer une sensation expérientielle / visuelle / esthétique. Dans un projet de design, tout tourne autour de l'information que vous voulez communiquer. Le designer doit trouver la bonne manière de traduire ces données en informations. Dans un projet artistique qui se sert de données, la qualité esthétique et formelle a plus d'importance que le contenu.

Dans quelle mesure laissez-vous les données influencer le résultat? Dans quelle mesure les données déterminent-elles l'esthétique? /IS/ Dans un projet de design, tout tourne autour de ce que vous voulez communiquer avec les données ou de la manière de rendre les données lisibles. Ne laissez jamais les données vous dicter ce qu'elles veulent mais «écoutez»-les attentivement. D'un autre côté, si vous voulez un résultat purement esthétique, vous pouvez jouer avec les données et dialoguer avec elles jusqu'à obtenir un résultat visuellement satisfaisant. Là encore, les frontières sont floues.

Considérez-vous les données comme votre «matière»? Comme la peinture est la matière d'un peintre ou la pierre, le métal ou le bois celle d'un sculpteur? /IS/ Non, pour moi ce n'est pas une matière. Elles sont soit le contenu, soit la base d'un processus de recherche formelle. Pour reprendre la comparaison avec la peinture traditionnelle, les données sont plutôt le motif ou le sujet que la gouache.

Votre travail est souvent très expérimental. Pensez-vous que nous sous-estimons la réceptivité de notre public? Devrions-nous le solliciter davantage? /IS/ Ma façon de faire du design peut être expérimentale et le résultat de mes travaux peu conventionnel. Mais en principe il est lisible et je fais en sorte que le public comprenne l'information communiquée. Je dirais que le public est plus intelligent que beaucoup ne le pensent. Il faut solliciter les gens – si vous ne le faites pas, ce que vous avez à leur dire ne les intéresse pas. Mais il faut le faire de façon intelligente.

Quelle est l'importance de l'interactivité dans la transmission d'informations? /IS/ L'interactivité implique de créer un dialogue entre le public et le sujet. Dans le domaine de la visualisation d'informations, il est souvent utile de voir les données sous des angles différents, de les comparer avec d'autres informations, de les mettre à jour, de les mettre en réseau, de donner une vision personnelle de quelque chose, d'aller en profondeur, etc. L'interactivité est un bon moyen pour faire tout cela.

Vous travaillez souvent avec des installations assez impressionnantes, des logiciels sophistiqués et les technologies les plus récentes. Comment vous assurez-vous que le médium ne devient pas le message? /IS/ Les histoires que l'on raconte doivent toujours être plus intéressantes que le narrateur et mises en avant par rapport à lui. J'essaie d'écrire ces histoires de manière appropriée et intéressante et je choisis le narrateur adéquat, que je cache parfois.

On parle toujours de «visualisation» d'informations. Ne nous privons-nous pas de nos autres sens? /IS/ La vue est le sens qui nous permet de comprendre, percevoir et manier au mieux l'information. Mais il existe aussi de bons travaux de sonification des données. Dans certains cas, ce type de travaux est même meilleur que la visualisation, en particulier lorsque notre vue est occupée à d'autres tâches.

Pendant des décennies, la visualisation d'informations est restée avant tout statique, imprimée dans des livres ou des journaux. Aujourd'hui, on trouve beaucoup de solutions interactives, principalement sur Internet. De plus en plus de gens, vous inclus, se mettent à travailler avec l'espace et les objets. Quelle sera la prochaine étape? Dans quel domaine verrons-nous davantage de visualisations dans les années qui viennent? /IS/ On a pu observer une mode de la visualisation de données pendant la dernière décennie. Cela a beaucoup à voir avec le nouveau domaine du design computationnel. Les deux médias de l'écran – Internet et la télévision – ont dépassé l'écrit. Mais nous assistons également à une renaissance du monde physique. De plus en plus de gens quittent l'isolement de leur écran d'ordinateur et vont au musée pour voir l'information dans un environnement physique, avec d'autres gens. Je pense que l'information et la narration dans l'espace vont voir apparaître un nombre croissant d'installations physiquement statiques et mécatroniques.

> DANS UN PROJET ARTISTIQUE QUI SE SERT DE DONNÉES, LA QUALITÉ ESTHÉTIQUE ET FORMELLE A PLUS D'IMPORTANCE QUE LE CONTENU

> SI VOUS VOULEZ UN RÉSULTAT PUREMENT ESTHÉTIQUE, VOUS POUVEZ JOUER AVEC LES DONNÉES ET DIALOGUER AVEC ELLES JUSQU'À OBTENIR UN RÉSULTAT VISUELLEMENT SATISFAISANT

> JE PENSE QUE L'INFORMATION ET LA NARRATION DANS L'ESPACE VONT VOIR APPARAÎTRE UN NOMBRE CROISSANT D'INSTALLATIONS PHYSIQUEMENT STATIQUES ET MÉCATRONIQUES

**1**
**THE GOOD-TIME MIX MACHINE:**
**SCRAMBLER DRAWINGS**
**(PROCESS PHOTOGRAPH)**
Rosemarie Fiore
Pour ce projet, Rosemarie Fiore a transformé un «Scrambler», manège de la société Eli Bridge (1964), en une machine à peindre. Le résultat: un graffiti contrôlé (à distance) sur vinyle, dont la surface peut atteindre 18×18m et qui ressemble à de gigantesques dessins au spirographe. / 2004 / 1964 Eli Bridge, générateur, compresseur, seau, peinture acrylique sur vinyle, caméra vidéo / 18×18 m / Crédits photo: E.G. / Avec l'aimable autorisation de Priska C. Juschka Fine Art /

**2**
**SPHERE**
Eva Schindling
/ Produit par Amy Cheung alors qu'elle travaillait pour Handkerchief Productions, Hong Kong / 2008 / Processing, P5Sunflow library /

PAGE DE DROITE
**ASHES UNTO PEARL**
Amy Cheung
Installation à la troisième Triennale de Guangzhou, septembre-novembre 2008. / Charbon, bois, unités de contrôle, haut-parleurs, encens / Informatisation: Eva Schindling / Voix: Miya Zhao, David Lo, Edwin Law, Joseph Chan, Qiqi and Vasco / Sociétés: Handkerchief Production et Yuco Lab / Sponsorisé par le Hong Kong Arts Development Council, Guangdong Museum of Art et la troisième Triennale de Guangzhou, Chine /

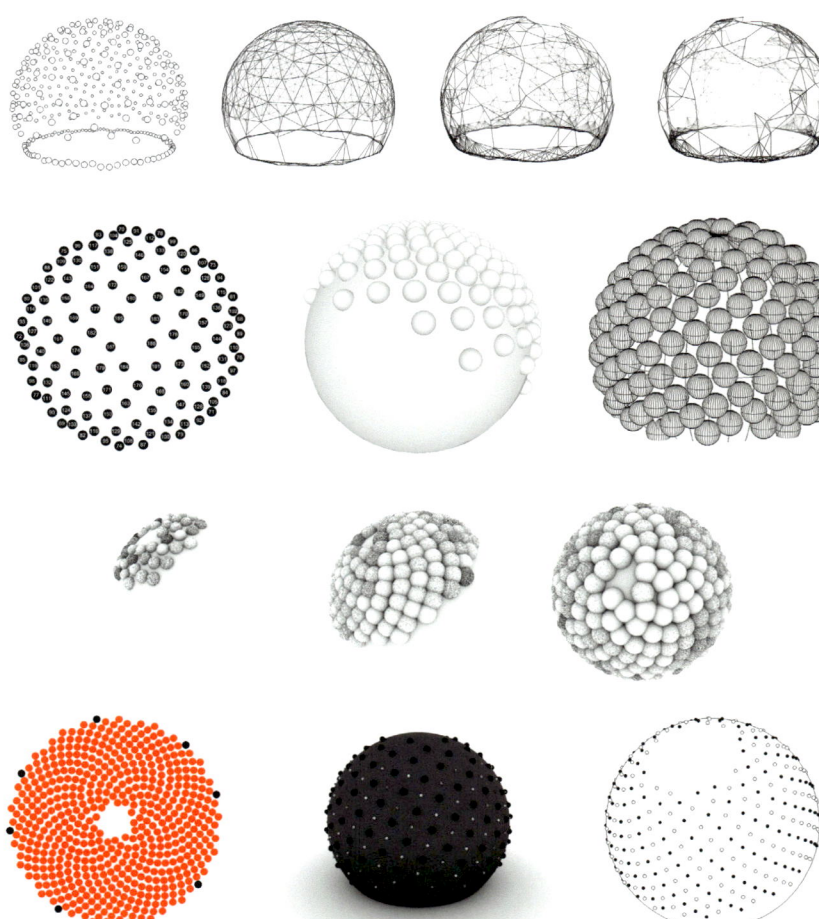

### ATOM
**WHITEvoid interactive art & design**

Une formation de huit fois huit sphères illuminées flotte dans l'air comme une molécule complexe. Maniées avec précaution par des câbles contrôlés par ordinateur qui les font monter et redescendre, ces bulles remplies de gaz sont éclairées de l'intérieur par des LED ultra-brillantes, à puissance réglable, chacune d'entre elles constituant un pixel de cette matrice spatiale. Sculpture dynamique d'objets physiques, de combinaisons de lumières et de sons rythmiques synchronisés, ATOME entreprend d'explorer les interstices entre le design interactif, le design de médias, le design de produits, l'architecture d'intérieur et l'ingénierie électronique. Le crépitement de lumière de mouvement et de son qui en résulte est manipulé en temps réel puisqu'il fait partie d'une performance d'une durée de 60 minutes de l'« aéronaute » Christopher Bauder (WHITEVOID) et du designer de son électronique expérimental Robert Henke (MONOLAKE). / ATOM / Performance: Christopher Bauder / Robert Henke / Photo: Justine Lera /

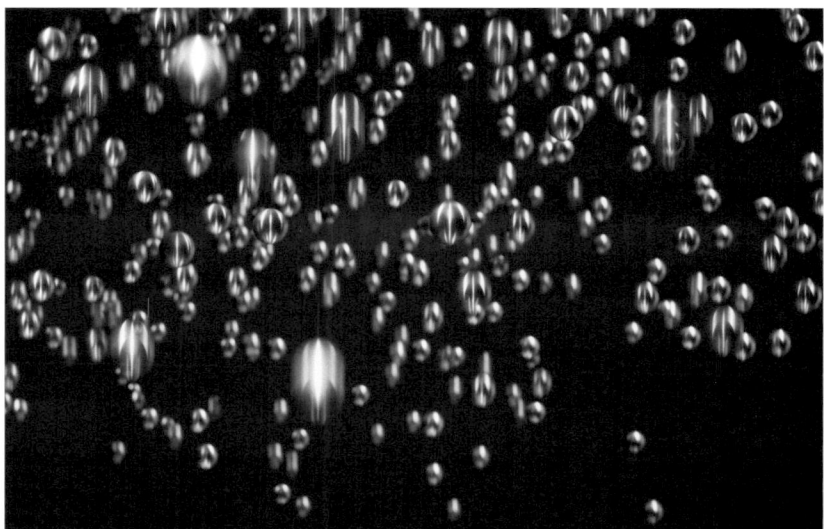

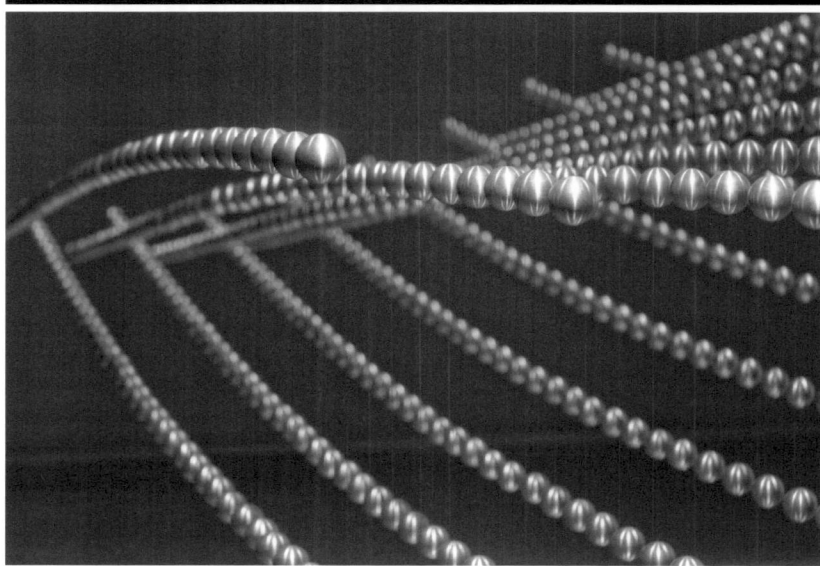

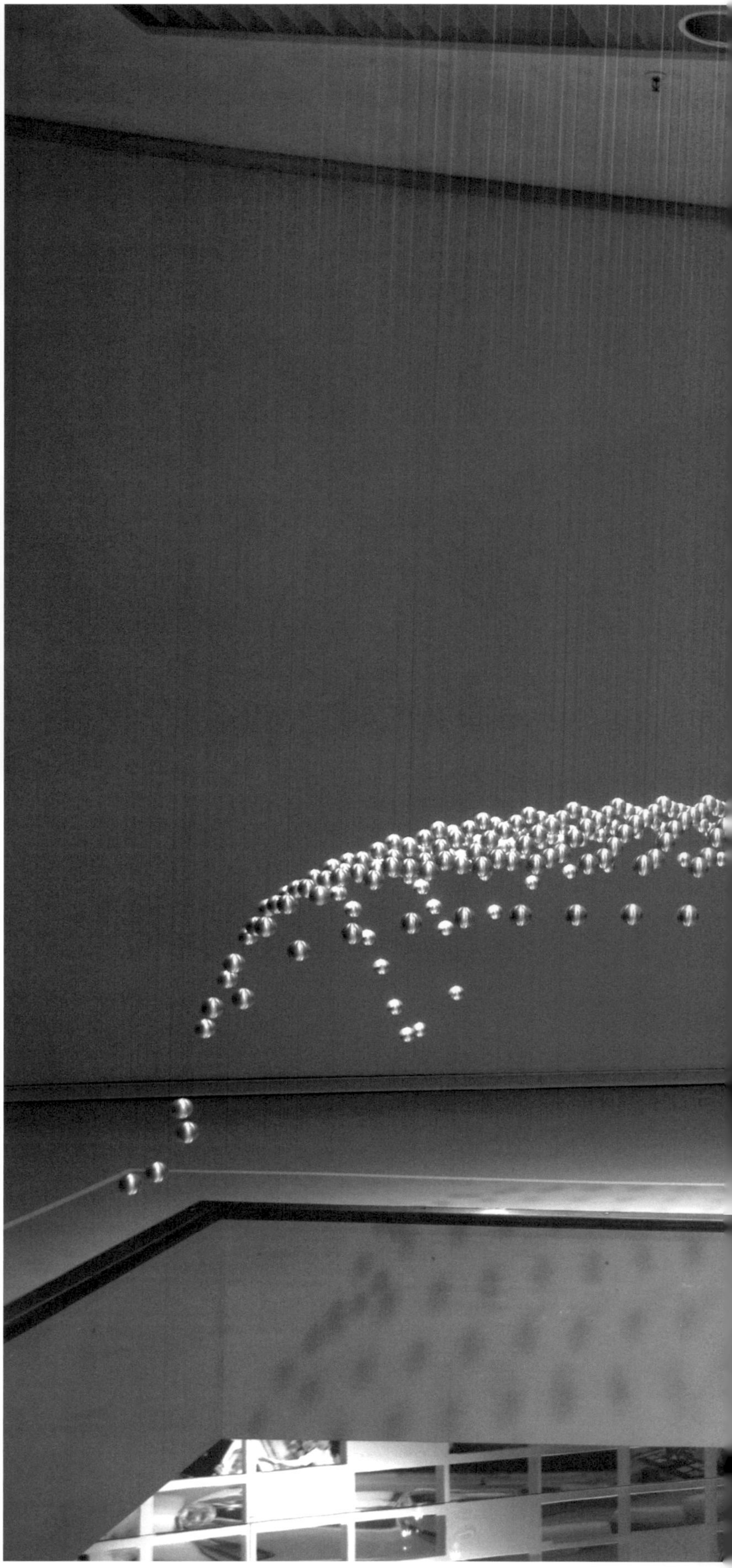

KINETIC SCULPTURE
ART+COM AG

Chargée de créer une visualisation métaphorique du processus de design automobile pour le nouveau musée BMW de Munich, ART+COM a décidé de réaliser une œuvre poétique en mouvement avec une sculpture cinétique qui incarne les promesses et le potentiel d'une technologie de haute précision.

714 sphères de métal — reliées à des moteurs pas à pas contrôlés individuellement — forment des animations complexes en trois dimensions qui montrent l'interaction précise, à l'œuvre dans l'industrie automobile, entre un grand nombre d'éléments et la forme cohérente qui en découle. Au cours d'une chorégraphie de sept minutes, le chaos de ces sphères au mouvement aléatoire — un nuage infini d'idées — laisse progressivement la place à des formes abstraites et, finalement, aux contours tout à fait identifiables de modèles de voitures. Incarnant une fluidité de pensée, de créativité et de design, cette sculpture devient une page blanche au potentiel infini et rend hommage aux concepts de mouvement, d'éphémère et de flexibilité.

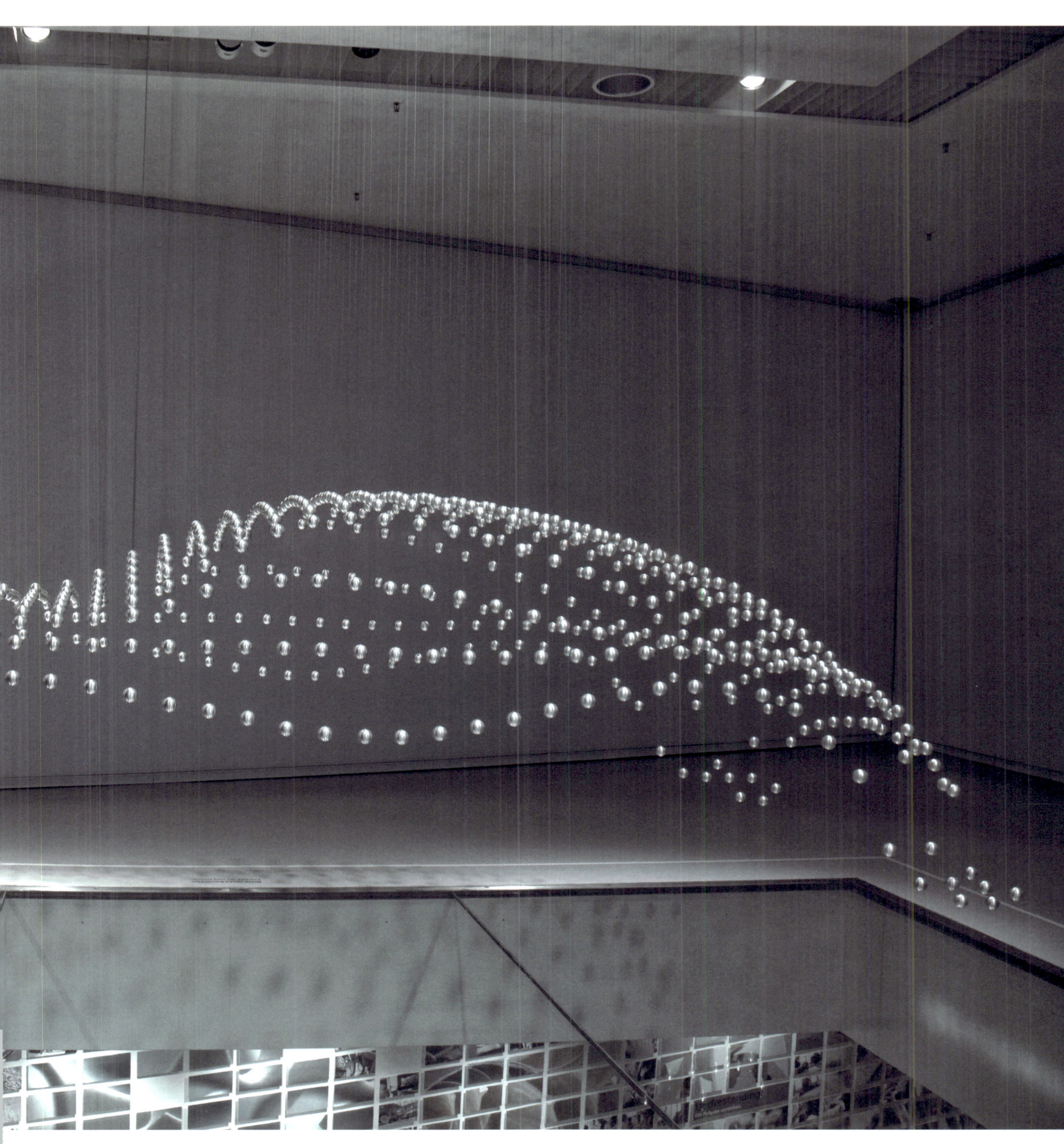

1
MOVEABLE TYPE
EAR Studio
Mark Hansen et Ben Rubin
Cette œuvre d'arts médiatiques, installée dans le hall d'entrée du NEW YORK TIMES, est composée de deux grilles de 560 petits écrans numériques qui traduisent la production journalière du NEW YORK TIMES (informations, articles de fond, articles d'opinion, blogs), les archives vieilles de 150 ans du journal et les commentaires des utilisateurs en une série de compositions cinétiques fragmentaires, sans cesse recombinées et différentes. /2007/ Les oeuvres d'art se trouvent dans le hall du bâtiment du New York Times à New York City/

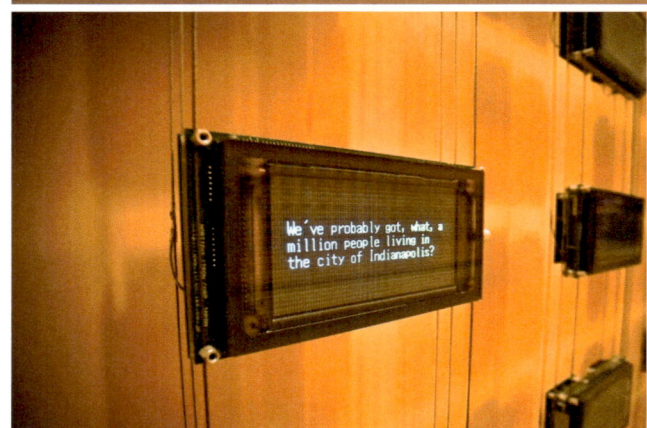

2
BASF-BESUCHERZENTRUM
flying saucer
L'exploration de l'usine BASF de Ludwigshafen (grande comme Manhattan) sur une table interactive reste l'une des attractions majeures de ce centre international pour les visiteurs. L'écran permet à six personnes d'étudier différentes strates d'informations projetées sur une maquette en relief de l'immense site. / Conception du logiciel: deux:luxe GbR, Muskelfisch Entertainment / Direction de la construction: R&F Logistik GmbH / Intégration de système: project syntropy GmbH /

2

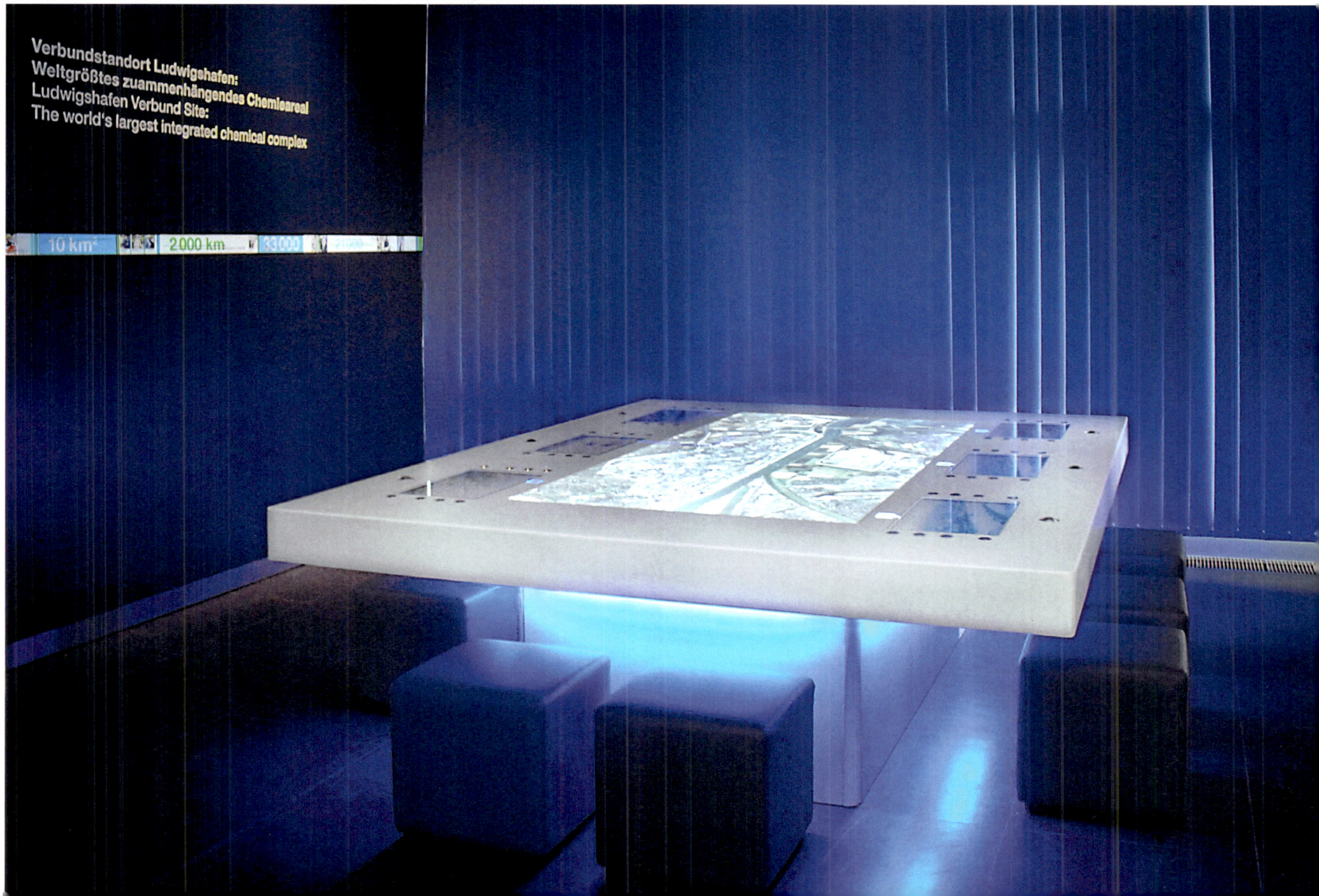

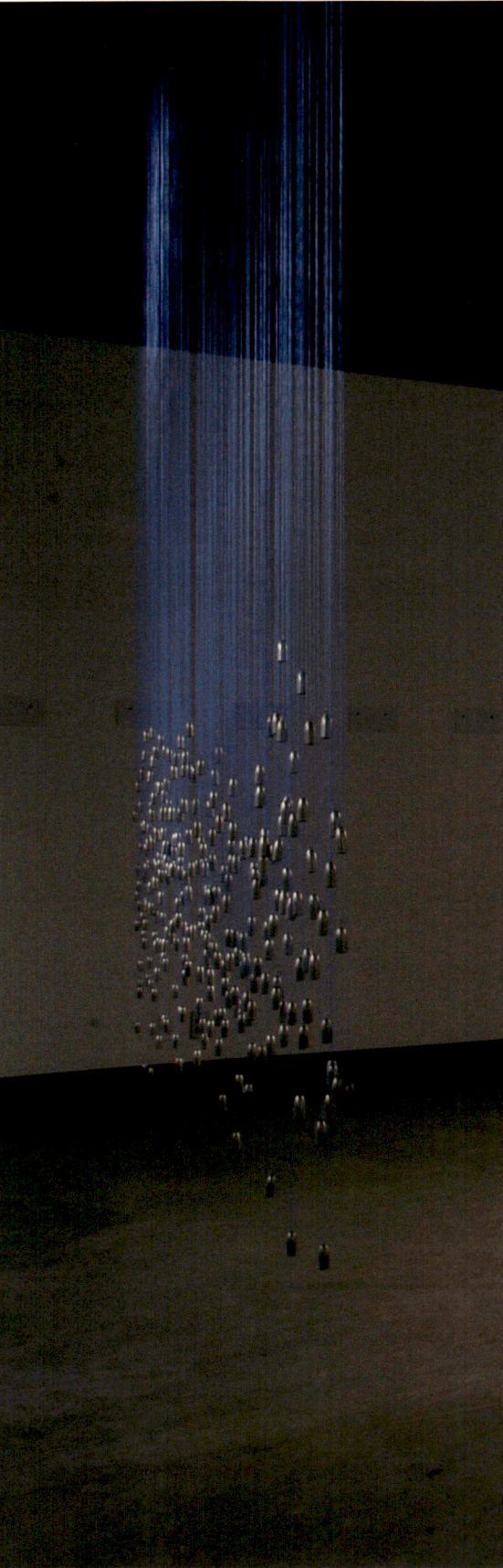

### 1
### DIVIDED TIME (1999–2009)
#### R. Justin Stewart

L'histoire se répète: dans un monde où les cours très fluctuants des actions ont commencé à décider du rythme de la vie quotidienne, TEMPS DIVISÉ est un portrait des États-Unis sur dix ans ou, pour être plus précis, nous montre sa valeur intrinsèque et extrinsèque en affaires — son succès dans ce domaine.    Dans ce rideau serré fait de minces fils bleus et de légères petites sphères d'acier, chaque jour est représenté par un fil, dont la longueur correspond à la valeur du Dow Jones à la fermeture de la Bourse.    Face à cette masse d'informations, on comprend vite que chacun des jours pris individuellement ne porte pas un poids si important dans le monde circulaire et imprévisible du marché boursier. / 2009 / fil, poids d'acier 1/8 onces /

### 2
### 2AM–2PM
#### R. Justin Stewart

2H — 14H explore les ramifications d'une tentative d'analyse de la masse d'informations visuelles qui nous assaillit chaque jour. Pour donner du sens à tout cela, nous avons tendance à éliminer les données non essentielles en ayant recours à l'abstraction, à l'abréviation ou à la catégorisation.    La carte d'un système de transport serait un bon exemple de simplification visuelle; des itinéraires complexes sont réduits à des schémas simples et les milliers d'arrêts prévus sont intégrés dans une matrice navigable.

2H — 14H supprime ces filtres et ravive la complexité déroutante de la chorégraphie des transports publics à l'aide de plusieurs maquettes en trois dimensions du système de trafic dominical de Minneapolis / St. Paul.

Dans ces nouvelles «cartes» tridimensionnelles, les axes horizontaux représentent le mouvement directionnel, tandis que les axes verticaux indiquent le temps. Un total de 47 strates horizontales nous montre les itinéraires des bus pendant un laps de temps donné et, pour chacune de ces strates, les itinéraires de transport actif sont représentés par des boules de bois placées aux arrêts prévus. / 2008 / Cuivre, bois, fil, acier /

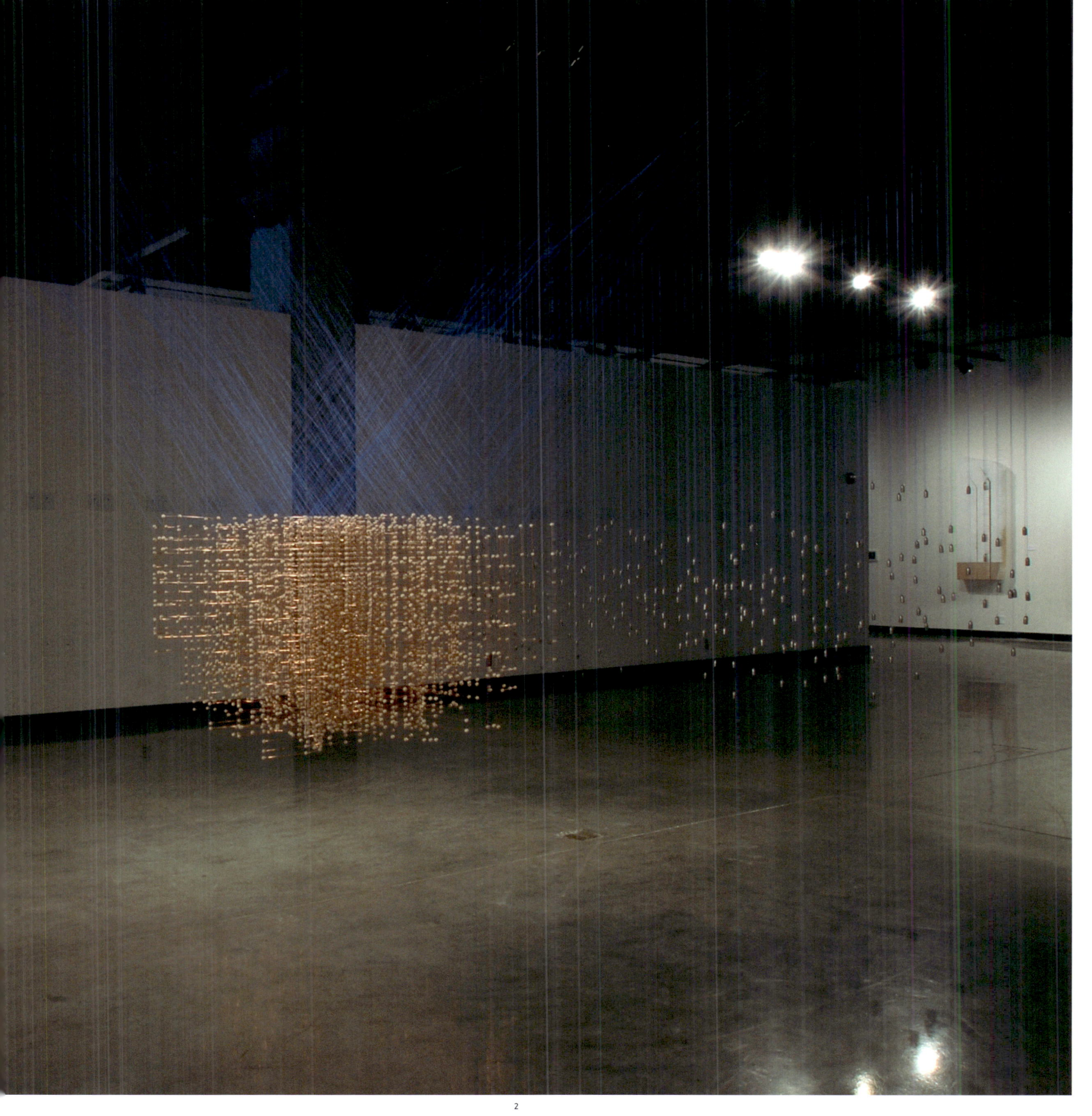

# DATAESTHETIC

**1**
**TOMMY STØCKEL'S ART OF TOMORROW**
Tommy Støckel
Dans la représentation abstraite de ses futurs projets, des choses à venir et de ce qui pourrait se passer, Tommy Støckel tente de prédire son propre avenir artistique en le visualisant sous forme de sculpture de l'esthétique et des tendances futures. /2009/Papier, impression jet d'encre, carton, bois, polystyrène/Copyright Tommy Støckel et VG Bild-Kunst, Bonn/Photo: Carl Newland/

**2**
**CARD CATALOG**
Tim Schwartz
Il y a seulement une dizaine d'années, la capacité de stockage sur un lecteur de CD, de minidisques ou de cassettes était d'à peu près 20 chansons. Depuis, la technologie numérique a fait des bonds de géant, et les collections de musique ont suivi le rythme de la croissance exponentielle des baladeurs numériques. Illustrant cette idée, le CATALOGUE DE FICHES de Tim Schwartz contient les 7390 chansons de l'iPod de l'artiste, classées par ordre chronologique inversé.

3
SYSTEM OF KNOWING 02
(RED CAPS)
4
SYSTEM OF KNOWING 05
(ORANGE RINGS)
R. Justin Stewart

Inspiré par l'évolution de l'interprétation des idées, SYSTÈME DE CONNAISSANCE étudie la manière dont l'information est traduite, transformée et transmise dans l'espace et le temps. Mélange de dessin et de sculpture faite d'anneaux en Téflon et de liens pour câbles, ni le dessin ni la sculpture ne représentent le début: tous deux sont des représentations égales de la même information dans des cadres différents. /SYSTEM OF KNOWING 02 (RED CAPS) / 2009 / Anneaux en Téflon, liens de serrage, crayon et encre sur papier, bois, peinture / SYSTEM OF KNOWING 05 (ORANGE RINGS) / 2009 / Anneaux en Téflon, liens pour de serrage, crayon et encre sur papier, bois, peinture /

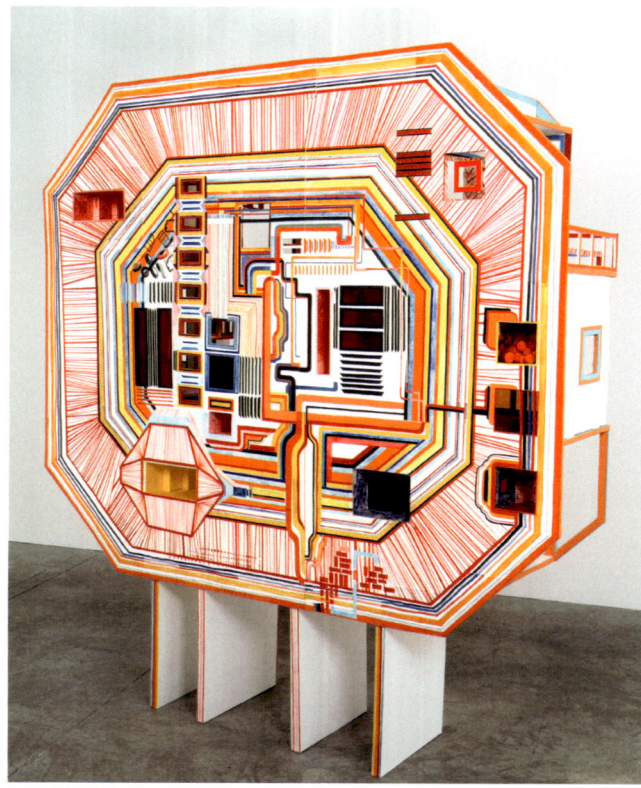

1
**SPEEDWAY**
Diana Cooper
Installation à la Postmasters Gallery de New York. /2000-2002/Cadre mousse, encre, acrylique, marker, acétate, mousse, photographies, pompons et bois/77×69.5×14.5 pouces/Photographié par Bill Orcutt à la Postmasters Gallery, New York/

2
**EMERGER**
Diana Cooper
Installation au Whitney Museum of Art de New York./2005-2007/Acrylique, encre, acétate, feutre, cadre mousse, épingles, bois, velcro et papier/165×144×36 pouces/Photographié par Allison Wermager au Whitney Museum of Art, Altria, New York/

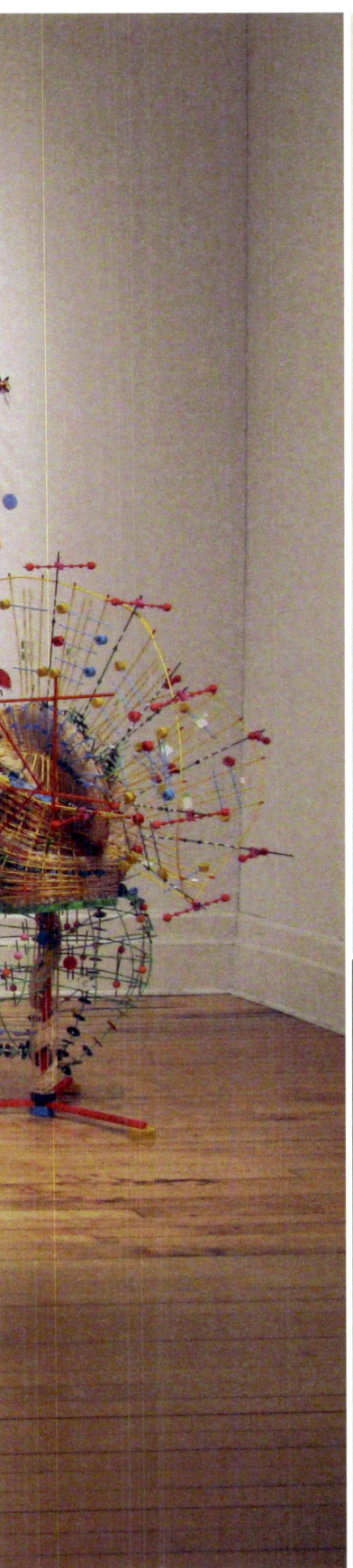

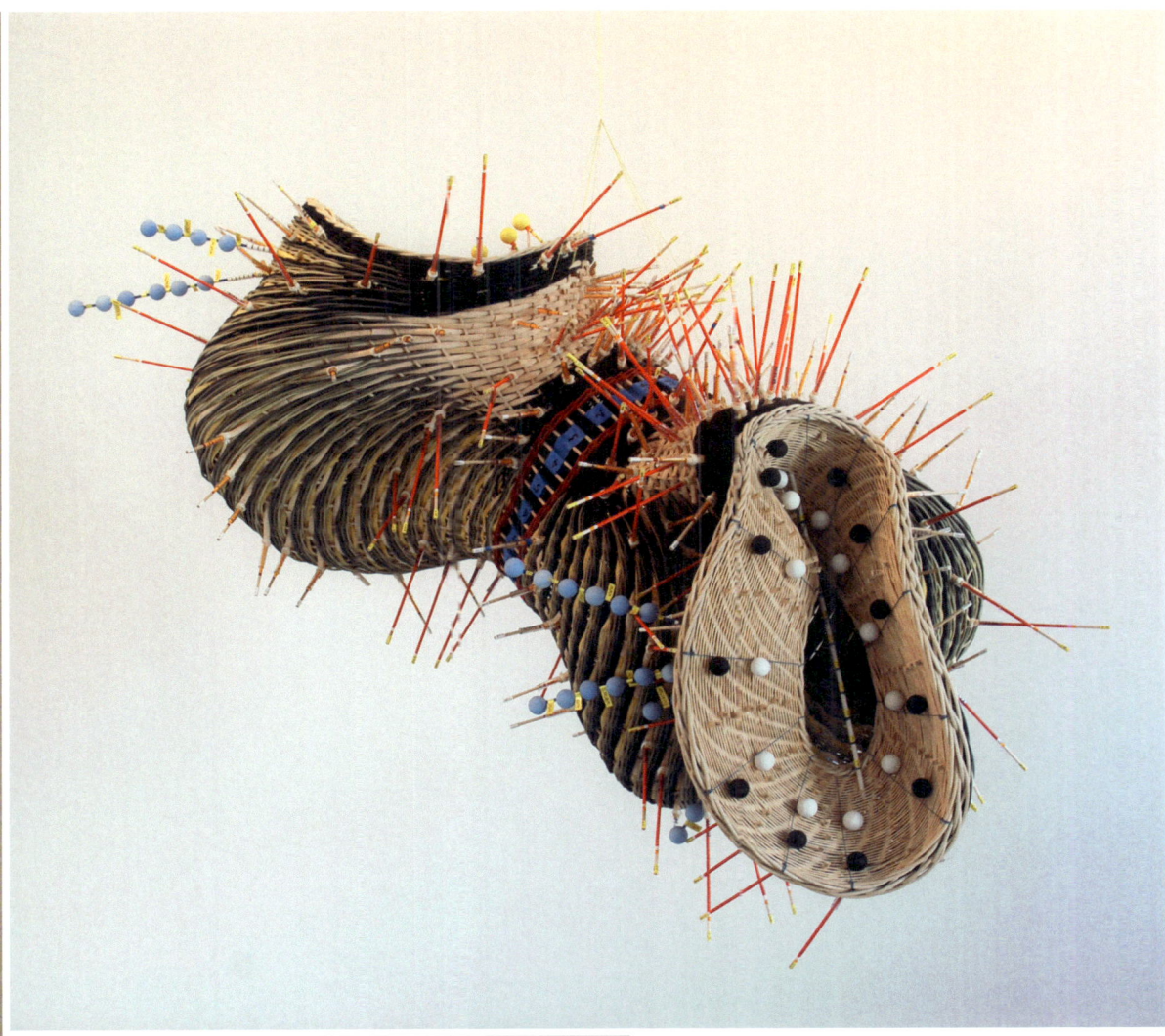

1
URBAN WEATHER PRAIRIES
SYMPHONIC STUDIES IN D
Nathalie Miebach
MÉTÉO URBAINE DES PRAIRIES compare des données rassemblées à Omaha (Nebraska) à une orchestration symphonique. Comme un instrument — qui joue une partie du morceau — chaque sculpture et objet mural évoque un aspect particulier de ces données. Tous les éléments sont assemblés en une symphonie d'informations avec de vastes schémas comportementaux qu apparaissent lentement au fil du temps /2009/ Roseau, bois, aggloméré, origami, données/

2
TWILIGHT, TIDES AND WHALES
Nathalie Miebach
CRÉPUSCULE, MARÉES ET BALEINES étudie les relations entre le lever et le coucher de la lune et du soleil, le relevé des marées et du crépuscule (à Provincetown, Massachusetts) et les apparitions de baleines sur la côte de la Nouvelle-Angleterre en février et mars 2006.

3
ANTARCTIC TIDAL RHYTHMS
Nathalie Miebach
RYTHME DES MARÉES EN ANTARCTIQUE transforme une foule de données sur les marées (janvier–décembre 2005) en une construction complexe. La structure intérieure convertit des informations sur le lever et le coucher du soleil et de la lune en une structure ondulée. D'autres repères montrent le relevé des marées, les cycles lunaires, le relevé du midi solaire et la structure moléculaire de la glace /2006/ Roseau, bois, Styrofoam, données/

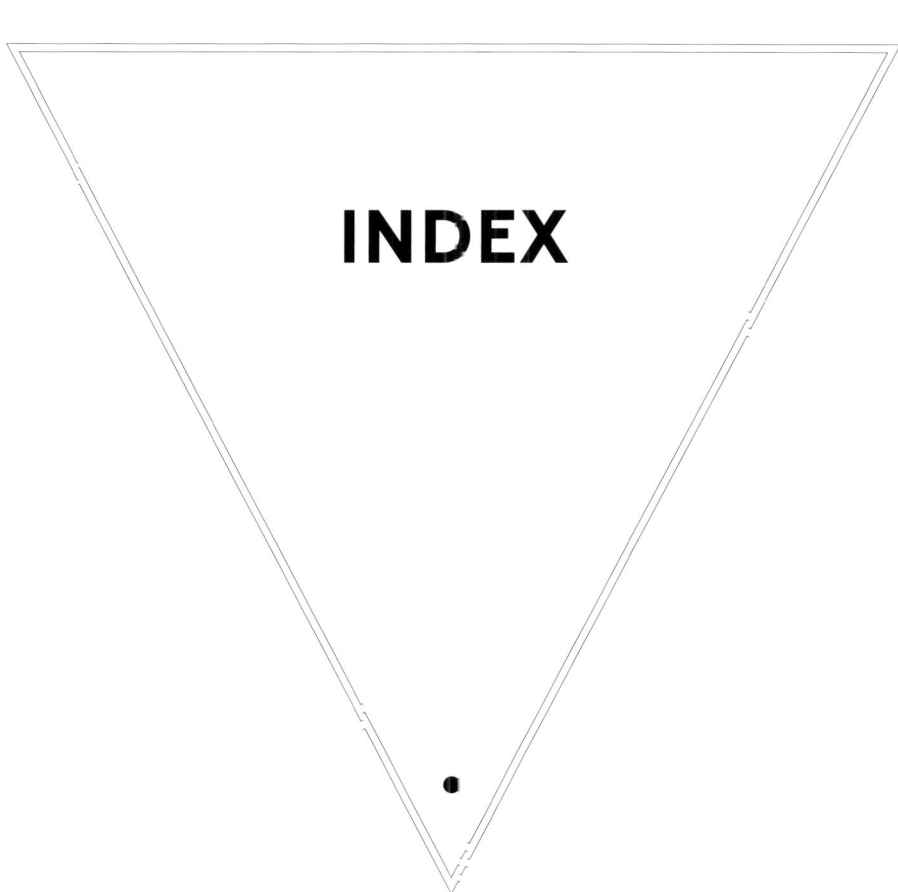

# 123

**1kilo**
Suisse
www.1kilo.org
/ › P. 212 /

**5W Infographics**
USA
www.5wgraphics.com/en
/ › PP. 20, 21 /

# A

**abiabiabi**
Canada
www.abiabiabi.com
/ › PP. 191, 225 /

**Christopher Adjei & Nils Holland-Cunz**
Allemagne
www.visualizinglastfm.de
/ › PP. 83, 89 /

**Kevin Van Aelst**
USA
www.kevinvanaelst.com
/ › P. 132 /

**alwayswithhonor**
USA
www.alwayswithhonor.com
/ › P. 134 /

**ART+COM AG**
Allemagne
www.artcom.de
/ › PP. 65, 99, 107, 231, 256, 257 /

# B

**Christopher P. Baker**
USA
www.christopherbaker.net
/ › PP. 165, 176, 177 /

**Ball Nogues Studio**
USA
www.ball-nogues.com
/ › P. 217 /

**Kerstin Ballies**
Allemagne
www.kerstinballies.de
/ › P. 76 /

**Marian Bantjes**
Canada
www.bantjes.com
/ › P. 179 /

**Xavier Barrade**
France
www.xavierbarrade.com
/ › PP. 84, 103 /

**Daniel Becker**
Allemagne
www.daniel-a-becker.de
/ › PP. 111, 173, 174 /

**David Bizer**
Allemagne
www.davidbizer.com
/ › P. 113 /

**Chris Bodle**
Royaume-Uni
www.watermarksproject.org
/ › PP. 129, 160 /

**David Bowen**
USA
www.dwbowen.com
/ › PP. 48, 49, 158 /

**Jude Buffum**
USA
www.judebuffum.com
/ › PP. 13, 24, 25, 134 /

# C

**C2F: Cybu Richli & Fabienne Burri**
Suisse
www.c2f.to
/ › PP. 55, 68, 69 /

**Catalogtree**
Pays-Bas
www.catalogtree.net
/ › PP. 72, 73, 94, 168, 223, 224 /

**Clio Chaffardon**
France
www.cliochaffardon.com
/ › PP. 44, 204 /

**Amy Cheung**
Hong Kong
www.amycheung.hk
/ › P. 253 /

**Sean Clarke**
Royaume-Uni
www.sean-clarke.co.uk
/ › P. 170 /

**Fabiano Coelho**
Brésil
www.2dcrew.com.br
/ › P. 232 /

**Diana Cooper**
USA
www.dianacooper.net
/ › PP. 5, 264, 265 /

**Joshua Covarrubias**
USA
www.joshuacovarrubias.com
/ › PP. 13, 39 /

**crush**
Canada
www.crushinc.com
/ › PP. 136, 137 /

# D

**Valentina D'Efilippo**
Royaume-Uni
www.vale-n-tina.com
/ › PP. 110, 177 /

**Ian Dapot**
USA
www.iandapot.com
/ › PP. 166, 167 /

**Quentin Delobel**
Belgique
www.quentindelobel.com
/ › P. 184 /

**Benjamin Dennel**
France
www.benjamindennel.com
/ › PP. 34, 35 /

**DensityDesign**
Italie
www.densitydesign.org
/ › PP. 14, 15, 16, 22, 172, 208, 209 /

**Ritwik Dey**
USA
www.ritwikdey.com
/ › P. 67 /

**Matthias Dittrich**
Allemagne
www.matthiasdittrich.com
/ › P. 120 /

**Draught Associates**
Royaume-Uni
www.draught.co.uk
/ › PP. 23, 131 /

# E

**EAR Studio**
USA
www.earstudio.com
/ › P. 258 /

**Daniel Eatock**
Royaume-Uni
www.eatock.com
/ › P. 152 /

# F

**Caroline Fabès**
France
www.carolinefabes.com
/ › PP. 55, 60, 61 /

**Yvonne Feller & Florian Flechsig**
Allemagne
www.wirsindjungundbrauchendasgeld.de
/ › P. 181 /

**Nicholas Felton**
USA
www.feltron.com
/ › PP. 88, 198, 199 /

**Anna Filipova**
Royaume-Uni
www.anfilip.com
/ › PP. 87, 105, 118 /

**Rosemarie Fiore**
USA
www.priskajuschkafineart.com
/ › PP. 47, 229, 252 /

**Andreas Nicolas Fischer**
Allemagne
www.anfischer.com
/ › PP. 124, 125, 216 /

**Lars Thorben Fischer**
Allemagne
www.vonvon.de
/ › P. 143 /

**Fluid Forms**
Autriche
www.fluid-forms.com
/ › PP. 216, 217 /

**flying saucer**
attraction design & engineering
Allemagne
www.flyingsaucer.de
/ › P. 259 /

**Fogelson-Lubliner**
USA
www.fogelson-lubliner.com
/ › PP. 39, 147, 155 /

**Katy Foster**
Royaume-Uni
www.cargocollective.com/katyfoster
/ › P. 58 /

**four23**
Royaume-Uni
www.four23.net
/ › P. 58 /

**Francesco Franchi**
Italie
/ › PP. 18, 19, 90, 206, 207 /

**Jason Freeny**
USA
www.moistproduction.com
/ › P. 17 /

**Max Frey**
Autriche
www.maxfrey.net
/ › P. 232 /

# G

**Arno Ghelfi**
USA
www.starno.com
/ › P. 70 /

**Bryan Nash Gill**
USA
www.bryannashgill.com
/ › P. 157 /

**Andy Gilmore**
USA
www.kunstformen.blogspot.com
/ › P. 233 /

**GMI Grandmother India Design**
Inde
www.grandmother.in
/ › P. 195 /

**Golden Section Graphics**
Allemagne
www.golden-section-graphics.com
/ › PP. 24, 109, 202, 203 /

**Martin Gorka**
Allemagne
www.martingorka.de
/ › PP. 42, 97 /

**John Grimwade**
USA
www.johngrimwade.com
/ › P. 71 /

**Charlie de Grussa**
Royaume-Uni
www.charliedegrussa.com
/ › P. 153 /

**Joost Grootens**
Pays-Bas
www.grootens.nl
/ › P. 211 /

# H

**Clemens Habicht**
France
www.clemenshabicht.com
/ › P. 245 /

**Chad M. Hagen**
USA
www.chadhagen.com
/ › PP. 231, 236, 237 /

**Hahn und Zimmermann**
Suisse
www.von-b-und-c.net
/ › PP. 64, 90, 91 /

**Nadeem Haidary**
USA
www.nadeemhaidary.com
/ › PP. 129, 138, 139, 146, 151 /

**Adam Hancher**
Royaume-Uni
www.adamhancherillustration.blogspot.com
/ › P. 26 /

**Hoagy Houghton**
Royaume-Uni
www.hoagyhoughton.co.uk
/ › P. 59 /

**Haohao Huang**
Royaume-Uni
www.haohaohuang.com
/ › PP. 55, 74, 75, 154, 155 /

**Torgeir Husevaag**
Norvège
www.torgeirhusevaag.com
/ › PP. 46, 191, 210, 244 /

# I

**Sarah Illenberger**
Allemagne
www.sarahillenberger.com
/ › PP. 127, 130 /

**Sara Ivanyi**
Pays-Bas
www.formfollowsfreedom.com
/ › P. 241 /

# J

**Jin Jung**
Corée du Sud
www.therewhere.com
/ › P. 171 /

**jung+wenig**
Christopher Jung & Tobias Wenig
Allemagne
www.jungundwenig.com
/ › P. 41 /

# K

**Nina Katchadourian**
USA
www.ninakatchadourian.com
/ › P. 246 /

**Johnny Kelly**
Irlande
www.mickeyandjohnny.com
/ › PP. 11, 34, 53 /

**Dongwoo Kim**
USA
www.networkosaka.com
/ › P. 106 /

**Joshua Kirsch**
USA
www.joshuakirsch.com
/ › PP. 100, 101 /

**Tim Knowles**
Royaume-Uni
www.timknowles.co.uk
/ › PP. 50, 51, 161 /

**Aaron Koblin**
USA
www.aaronkoblin.com/work.html
/ › PP. 119, 173 /

**Germaine Koh**
Canada
www.germainekoh.com
/ › P. 161 /

**kyouei design**
Japon
www.kyouei-ltd.co.jp
/ › P. 218 /

# INDEX L-Z

## L

**Jason Lee**
USA
www.jasonlee.com
/ › P.135 /

**Jax de León**
USA
www.jaxdeleon.com
/ › PP.57, 95, 170 /

**Jonas Loh & Steffen Fiedler**
Royaume-Uni
www.digital-identities.com
/ › PP.122, 123 /

**Martin Kim Luge**
Allemagne
www.martinluge.de
/ › P.159 /

**LUST**
Pays-Bas
www.lust.nl
/ › PP.76, 77, 178, 205 /

## M

**Rodrigo Machado**
Portugal
www.px-11.com
/ › PP.83, 98, 218 /

**Rafaël Macho**
USA
www.rafaelmacho.com
/ › P.27 /

**Élodie Mandray**
France
www.elodie-mandray.com
/ › P.43 /

**Daniel Alfonso Massey**
USA
www.oddsympathy.com
/ › P.119 /

**Luna Maurer**
Pays-Bas
www.poly-luna.com
/ › P.56 /

**Benjamin Maus**
Allemagne
www.allesblinkt.com
/ › PP.48, 216 /

**Nathalie Miebach**
USA
www.nathaliemiebach.com
/ › PP.266, 267 /

**Simon Mortimer**
Royaume-Uni
www.headingseven.co.uk
/ › P.142 /

**Boris Müller**
Allemagne
www.esono.com
/ › PP.63, 153 /

## N

**Michael Najjar**
Allemagne
www.michaelnajjar.com
/ › PP.248, 249 /

**Gretchen Nash**
USA
www.gretchenetc.com
/ › P.78 /

**Adrian Newell**
Royaume-Uni
www.adriannewell.co.uk
/ › P.169 /

**Christoph Niemann**
Allemagne
www.christophniemann.com
/ › PP.23, 32, 83, 85, 107, 132 /

**Toby Ng Kwong To**
Hong Kong
www.toby-ng.com
/ › P.131 /

**NOCC**
France
www.nocc.fr
/ › PP.105, 112 /

## O

**onlab**
Suisse
www.onlab.ch
/ › P.31 /

## P

**Iohanna Pani**
Israël
www.iohidesign.carbonmade.com
/ › P.150 /

**Hyebin PARK**
Corée du Sud
www.binsworld.com
/ › PP.218, 219 /

**Physical Interaction Lab**
Suède
www.physicalinteractionlab.com
/ › P.66 /

**Tsilli Pines**
USA
www.tsilli.com
/ › P.239 /

**Pitch Interactive**
USA
www.pitchinteractive.com
/ › P.186 /

**Shaheena Pooloo**
Royaume-Uni
www.shaheenapooloo.co.uk
/ › P.62 /

**Stefanie Posavec**
Royaume-Uni
www.itsbeenreal.co.uk
/ › PP.165, 187 /

**projekttriangle**
Allemagne
www.projekttriangle.com
/ › PP.30, 156 /

## R

**Ross Racine**
Canada
www.rossracine.com
/ › PP.231, 240 /

**Shannon Rankin**
USA
www.artistsshannonrankin.com
/ › PP.245, 247 /

**Giles Revell**
Royaume-Uni
www.gilesrevell.com
/ › P.144 /

**Stine Belden Røed**
Norvège
www.stinestine.no
/ › P.222 /

**rollergirl**
Suisse
www.rollergirl.ch
/ › PP.226, 227 /

## S

**salottobuono**
Italie
www.salottobuono.net
/ › PP.13, 36, 37, 151 /

**Kenjiro Sano**
Japon
www.mr-design.jp
/ › P.146 /

**Katrin Schacke**
Allemagne
www.katrinschacke.de
/ › PP.13, 40, 41, 180, 182, 183 /

**Eva Schindling**
Autriche
www.evsc.net
/ › PP.121, 123, 252 /

**Corriette Schoenaerts**
Pays-Bas
www.corrietteschoenaerts.com
/ › P.189 /

**Benjamin Schulte**
Allemagne
www.benjaminschulte.com
/ › PP.148, 149 /

**Tim Schwartz**
USA
www.timschwartz.org
/ › PP.212, 213, 262 /

**Mehdi Sedira**
France
www.mehdisedira.com
/ › P.195 /

**Adrien Segal**
USA
www.adriensegalfurniture.blogspot.com
/ › PP.105, 124 /

**Judith Seng**
Allemagne
www.judithseng.de
/ › P.152 /

**Sakurako Shimizu**
USA
www.sakurakoshimizu.com
/ › P.113 /

**Matt Shlian**
USA
www.mattshlian.com
/ › PP.241, 242 /

**Mariano Sidoni**
Argentine
www.marianosidoni.com.ar
/ › P.79 /

**Slang**
Allemagne
www.slanginternational.org
/ › P.146 /

**SOUNDS.BUTTER**
Royaume-Uni
www.soundsbutter.com
/ › P.115 /

**Tommy Støckel**
Allemagne
www.tommystockel.net
/ › P.262 /

**stamen**
USA
www.stamen.com
/ › P.81 /

**Moritz Stefaner**
Allemagne
moritz.stefaner.eu
/ › PP.55, 66 /

**R. Justin Stewart**
USA
www.rjustin.com
/ › PP.216, 260, 261, 263 /

**studio veríssimo**
Portugal
www.studioverissimo.net
/ › P.150 /

**Sugar Stacks**
USA
www.sugarstacks.com
/ › PP.129, 133 /

**Richard Sweeney**
Royaume-Uni
www.richardsweeney.co.uk
/ › P.241 /

## T

**Clémentine Tantet**
France
www.clemographe.com
/ › PP.194, 195 /

**Jer Thorp**
Canada
www.blprnt.com
/ › PP.73, 108, 165, 185, 213 /

**ToDo**
Italie
www.todo.to.it
/ › PP.163, 175 /

**TOKO**
Australie
www.toko.nu
/ › P.172 /

**Trikoton**
Allemagne
www.trikoton.com
/ › P.114 /

**Manuel Trüdinger**
Allemagne
www.manueltruedinger.de
/ › P.92 /

**TUBE Graphics**
Japon
www.tubegraphics.co.jp
/ › P.23 /

**Tutu**
Royaume-Uni
www.catchtutu.co.uk
/ › PP.33, 38 /

**Twopoints.Net**
Espagne
www.twopoints.net
/ › P.45 /

## U

**Guðmundur Ingi Úlfarsson**
Pays-Bas
www.gudmundurulfarsson.com
/ › P.145 /

## V

**Jorinde Voigt**
Allemagne
www.jorindevoigt.com
/ › PP.105, 116, 117, 243 /

**Johann Volkmer**
Allemagne
www.johannvolkmer.de
/ › PP.220, 221 /

## W

**Marius Watz**
Norvège
www.unlekker.net
/ › P.125 /

**Mark Webber**
Royaume-Uni
www.markandrewwebber.com
/ › PP.191, 200, 201 /

**Andrew van der Westhuyzen**
Australie
www.collider.com.au
/ › P.96 /

**WHITEvoid**
interactive art & design
Allemagne
www.whitevoid.com
/ › PP.254, 255 /

**why not smile: Hoon Kim**
USA
www.whynotsmile.com
/ › PP.60, 191, 196, 197, 235 /

**Laurens van Wieringen**
Pays-Bas
www.laurensvanwieringen.nl
/ › P.219 /

**Matt Willey**
Royaume-Uni
www.studio8design.co.uk
/ › PP.86, 144 /

**Mark Wilson**
USA
www.mgwilson.com
/ › P.234 /

**Sam Winston**
Royaume-Uni
www.samwinston.com
/ › PP.238, 239 /

## Z

**Piero Zagami**
Italie
www.pierozagami.com
/ › PP.42, 93 /

**Zalibarek**
Pologne
www.zalibarek.net
/ › P.244 /

**ZERO PER ZERO**
Corée du Sud
www.zeroperzero.com
/ › PP.192, 193 /

**Éditeurs:** Robert Klanten, Sven Ehmann, Nicolas Bourquin, Thibaud Tissot
**Avant-propos, introductions des chapitres et entretiens:** Johannes Schardt
**Descriptions des projets:** Sonja Commentz

**Couverture:** onlab, Thibaud Tissot et Johanna Klein
**Photographie de couverture:** Michael Najjar, high altitude / lehman_92–89, 2008–2009, avec l'aimable autorisation de l'artiste et de la Galería Juan Silió
**Mise en page:** onlab, Thibaud Tissot et Johanna Klein
**Polices:** Eesti par Reto Moser et Tobias Rechsteiner (www.grotesk.cc) et Farnham par The Font Bureau

**Direction du projet:** Julian Sorge pour Gestalten
**Direction de la production:** Vinzenz Geppert pour Gestalten
**Traduit de l'anglais par Stéphanie Lux**
**Relecture:** Valentine Meunier
**Imprimé par Eberl Print GmbH, Immenstadt im Allgäu**
**Fabriqué en Allemagne**

**Publié par Gestalten, Berlin 2010**
**ISBN 978-3-89955-296-6**

© Die Gestalten Verlag GmbH & Co. KG, Berlin 2010
Tous droits réservés. Aucune partie de ce livre ne pourra être reproduite ni diffusée sous aucune forme ni par aucun moyen électronique, mécanique ou d'autre nature sans l'autorisation écrite des propriétaires des droits et de l'éditeur.

Respectez les copyrights, encouragez la créativité !

Pour de plus amples informations, veuillez consulter www.gestalten.com

Informations bibliographiques publiées par la Deutsche Nationalbibliothek.
Cette publication est répertoriée dans la Bibliographie nationale allemande (Deutsche Nationalbibliografie) de la Deutsche Nationalbibliothek; une notice bibliographique détaillée est disponible sur Internet à l'adresse suivante http://dnb.d-nb.de.

Aucune des œuvres de cet ouvrage n'a été publiée contre rémunération de groupes commerciaux ou des designers; Gestalten a sélectionné tous les travaux sur le seul critère de leur qualité artistique.

L'impression de ce livre respecte les normes internationales FSC de protection de l'environnement, qui définissent les conditions d'un système de management environnemental.

Gestalten est une entreprise climatiquement neutre, et nos produits le sont également. Nous collaborons avec myclimate, fondation à but non lucratif pour la protection climatique (www.myclimate.org) dont l'objectif est de neutraliser l'empreinte écologique laissée par les activités internationales de l'entreprise en investissant dans des projets qui réduisent les émissions de $CO_2$: www.gestalten.com/myclimate